半 塘 文 库

江苏省重点高校建设项目
"人文传承与区域社会发展"重点学科
"文学转型与区域社会发展"研究方向课题成果

人文传承与区域社会发展研究丛书

· 半塘文库 ·

METAPHYSICS IN WEI-JIN DYNASTIES
AND CHINESE AESTHETIC PARADIGM

魏晋玄学与中国审美范式

苏保华◇著

社会科学文献出版社
SOCIAL SCIENCES ACADEMIC PRESS (CHINA)

本书为国家社科基金一般项目的阶段性成果，项目批号为 11BZW014。

总　　序

　　文化是构成国家综合国力的重要组成部分，文化作为软实力日益受到各国的高度重视。一个国家、一个民族的发展程度是与其文化的发展紧密联系的。当今世界，国家与国家之间的发展差距，不仅体现在经济和军事实力，更体现在文化发展水平，这已为历史和现实所证明。

　　上世纪80年代以来，随着人们对地理人文空间因素的日益重视，我国人文社会科学学术领域出现了区域化研究的趋势。新世纪以来，区域文化的研究与开发较以往呈现出更加丰富的内涵和更加锐利的前进态势，围绕各大区域文化进行的文化学、人类学、政治学、经济学、社会学研究也不断深入进步。从理论与现实角度考察，面对经济全球化的浪潮，要实现区域经济的现代化发展必须高度重视和发挥区域文化的优势，挖掘区域文化的资源。

　　江苏历来是人文荟萃、文化昌盛之地。新世纪以来，为发扬优秀区域文化精髓，建设文化强省，促进全省各项事业又好又快地发展，江苏省人民政府制定了《江苏省2001~2010年文化大省建设规划纲要》，明确指出："江苏省在历史演进过程中，形成了吴文化、楚汉文化、淮扬文化、金陵文化等一批特色鲜明的地域文化以及一批具有全国影响的学术流派，要在加强研究、保护的基础上继承创新，赋予传统文化以新的生命力。"在此思想指导下，江苏各地纷纷提出建设文化大市、文化强市的目标，学术界率先行动，出版了一批区域文化研究的论著，江苏省教育厅则及时地批准成立了扬州大学"淮扬文化研究中心"等一批区域文化研究的重点基地，以推进区域文化的研究和深入发展。

江苏高校林立，各大学因其所处的具体地域不同，在某种意义上也归属于特定的区域文化。特定的区域文化始终对大学的文化形成和发展有着重要的影响。同样，大学所负载的学术、文化与社会责任也日益被推上了更高层次的战略平台。因此，研究、挖掘、整合区域文化使之与大学文化有机地融合，不仅对推动区域文化研究与发展，提高区域文化软实力、构建区域和谐社会、促进区域科学发展具有重要意义，而且，大学吸取特定区域文化精髓的过程，对创建大学自身的特色文化氛围、凝炼大学精神也具有重要意义。在某种程度上甚至可以说，一所缺乏文化传统和历史记忆的大学不是一所好大学；同样，一所没有文化底蕴和历史积淀的大学也绝非真正意义上的高水平大学。

哈佛大学前校长德里克·博克说过："无论是在城市还是乡镇，大学的文化、反世俗陈规的生活方式和朝气蓬勃的精神面貌，常常成为刺激周边社区的载体，同时也是他们赖以骄傲的源泉。"

扬州大学所处的苏中地区，是淮扬文化的核心区之一。作为淮扬文化区域唯一的省属重点综合性大学，扬州大学具有学科门类齐全、多学科交叉融合的显著特点。学校集中人文社会科学诸学科的精干力量，发挥融通互补、协同作战的优势，继承发扬以任中敏先生为代表的老一代学术大师的风范，对内涵丰富、底蕴深厚的中国传统文化包括区域文化进行多方面的综合研究，挖掘整理其丰厚资源并赋予时代精神，阐扬其独特蕴涵并寻找其与当前经济建设、社会建设、政治建设、文化变革相结合的生长点，以求对地方乃至全省经济社会发展作出积极的贡献。

江苏省人民政府在"九五"和"十五"期间对扬州大学进行

重点投资建设的基础上，在"十一五"期间对扬州大学继续予以重点资助，主要培植能够体现学科交融、具有明显生长性且预期产生良好经济、社会效益的五大重点学科，其中包括从人文社会科学诸学科中凝炼而成的"人文传承与区域社会发展"重点学科。这一重点学科的凝成体现了将江苏优秀的古代文化与灿烂的现代文明有机交融、相得益彰、交相辉映和发扬光大的理念，符合扬州大学人文社会科学诸学科已有的专业背景、研究基础和今后的学科发展和学术追求。该重点学科包括"文学转型与区域社会发展"和"历史文化与区域社会发展"两个研究方向，其建设的标志性成果就是以任中敏先生别号命名的《半塘文库》和以区域名称命名的《淮扬文化研究文库》，总计 50 余种学术专著，计 1500 万字。"文库"是"十五"期间"扬、泰文化与'两个率先'"重点学科研究成果的新发展，汇集了扬州大学众多学者的智慧和学识，体现了社会各方面的关心和支持，可谓是一项规模宏大、影响深远、功在当代、利在千秋的大型文化工程。可以期待，"文库"的出版将对当前物质文明、政治文明、精神文明、社会文明和生态文明等"五个文明"建设，对构建和谐社会、促进区域科学发展起到积极有力的推动作用。

在人文传承与区域社会发展研究丛书出版之际，我们向始终支持和关心"人文传承与区域社会发展"重点学科建设的教育部社科司、江苏省教育厅的领导及专家表示衷心感谢，对负责定稿的中国社会科学院诸位专家学者表示衷心感谢！同时也衷心感谢社科文献出版社的领导和编辑为丛书出版付出的辛勤劳动！

扬州大学人文传承与区域社会

发展研究丛书编辑委员会

2010 年 12 月

序

朱立元

当我拿到保华博士《魏晋玄学与中国审美范式研究》这部近40万字的专著时,感到非常兴奋和欣慰。这是他十多年持续努力研究的心得和成果,可以说其中字字渗透着他的心血和付出,真是可喜可贺!回想起21世纪刚刚来临之际,我受教育部高教司委托主编"面向21世纪课程教材"《美学》,保华当时正由我指导攻读博士研究生,他的博士论文以审美形态为选题,他也分担了《美学》教材"审美形态论"一章的初稿撰写工作。我想,这应该是他关注审美形态研究的缘起。

编写那部《美学》教材时,我有一个基本意图,就是继承和发展我的导师蒋孔阳先生以实践论为哲学基础、以创造论为核心的审美关系理论,在此基础上构建实践存在论(当时的名称是"实践本体论")美学理论框架,努力在全书中贯穿"审美是一种基本的人生实践""审美是一种特殊的、比较高级的人生境界"的主旨。保华根据这个主旨,从人生实践与人生境界的角度切入审美形态研究领域。他注意到了基于不同的文化背景和传统,中西方审美形态之间存在着重大差别,他提出把中国审美形态归纳为中和、气韵和意境三种(在后来《美学》修订版中,我们增加了"神妙"形态)。这可能是保华对于中国审美形态所做的最初思考。

十多年来,保华坚持把实践本体论(存在论)作为其审美形态研究的理论前提，经过不断的探索和思考，在具体的研究思路、范围、对象以及研究深度上都有了明显的突破，并且取得了可喜的进展。这部专著就是他长期从事审美形态研究所取得的一个重要收获。

可能是考虑到概念、术语应该具有实践与精神的双重属性，同时也有别于以西方美学为主要参照系的审美形态论，所以，保华这里改用"审美范式"概念，应该说是有道理的，也是可以成立的。那么，首先值得称道的是，这部专著以魏晋玄学美学为切入点，通过探讨社会历史、哲学、思维及语言等因素对中西方审美范式的影响，提出了自己划分中国审美范式的标准和根据。在中国美学发展史上，魏晋玄学是特别值得注意的哲学、美学思潮和文化现象。在中国审美范式的生成发展之中，玄学具有一种承前启后的作用。作者抓住这个关键点，就有可能为阐释中国审美范式的内在体系性提供一个更加开放且切实可行的逻辑思路。沿着这个思路，作者不同于以往学术界所热衷的对于儒释道美学互补关系进行静态的分析，而是把中国美学精神和艺术精神视作一个生成发展的动态过程，进而把审美范式置于这个过程中来探究其传承、变化、转折与融合。

在华夏民族史上，审美范式的形成既反映出特定时代物质实践与审美实践所达到的总体水准，也与该时代特定的审美主体（群体）的哲学观念、审美情感、对于形式规律的把握以及主体自身的审美能力息息相关，同时也是对于特定时期特定人群人生实践与人生境界的理论概括。这部专著梳理了中国审美范式的发展脉络，揭示了中国审美范式的基本内涵，对于中国审美范式的种种表现展开了具体生动的描述。通过对中国审美范式进行实证研究，作者努力揭示"中和""意象""气韵"和"意境"四种审美范式的精神特质、内在理路、表现特征以及美学价值，以求建构中国审美范式的理论框架。这不仅显示出作者广阔的理论视野和扎实的专业功底，也表现出作者有意识地推动中国审美范式研究由认识论、反映论向实践本体论（存在论）的总体转向。

如保华同志在书中所言，这部书既不属于从宏观上比较玄学与美学、文学之关系，也不同于微观分析玄学与美学具体命题之勾连，而是尽量避免宏观研究的"空"和微观研究的"碎"，自觉地对魏晋玄学进行中观把握和深入分析，进而从玄学角度来重新对中国古代审美范式加以审视、梳理和理论概括。所以，他在书中揭示了"三玄共生"的中国艺术精神，即深入探究了老子"无"的哲学、《周易》"健"的品格和庄子"逍遥"的境界如何共同建构起中国艺术精神；阐明了儒道两家"中和"观所具有的积极意义及丰富底蕴；论证了中和、气韵、意象、意境是在不同阶段、不同向度上形成的审美范式；明确指出"无""健""逍遥"既构成了中国审美文化的独特意蕴，也是中国审美范式所特有的形式意味。在我看来，这些观点是富有启发性的，对于当下中国审美范式研究而言，无疑也是颇具建设性的。

我们且来看书中对于中国审美范式所进行的梳理：

中国审美范式存在着一个相互勾连又拓展突破的过程，"中和"审美范式形成之初，带有更多的哲学色彩。强调对于有无关系的折中调和。随着魏晋玄学的兴盛，气韵和意象作为审美范式在审美实践上得以呈现，在美学理论中得到重视和总结，渐次建构起中国书画美学及中国诗学，较好地解决了"无"和"有"的关系。到意境作为审美范式成熟之后，意象、气韵、中和三大范式自下而上融合为一个有机整体，从而具有了更大的包容性，意境包含了气韵生动，也包含了意象的拟真，它既涵盖了不同艺术门类的审美特征，也标志着中国艺术精神所达到的巅峰状态。

这样，就理清了中国审美范式由产生、发展到成熟的内在脉络，揭示了由中和到气韵和意象，由气韵和意象到意境，中国审美范式经历的一个合—分—合的进程。而书中所谓"分"的阶段对应于魏晋玄学的兴起，作者有意识地突出了玄学美学对于儒道中和观的解构与重建以及对中国艺术精神的开启作用。在这样一个论证逻辑中，作者既注意到中国审美范式之演进与中国美学理论的发展是同步的，也说明了中国审美范式与不同艺术门类所存在的一般对应关系。这一方面为进一步充实中国美学理论留下了余地，另一方面也对中国美学史研究的深入提供了一个重要的路径。

总体看来，这部专著对中西美学本体论的比较研究，对"中和""意象"及"气韵"审美范式的研究是充分而独到的，而"意境"审美范式研究，或许作者考虑到国内学术界已经出版了多部研究专著，所以，其在整部著作中所占的比例稍小，不过，作者似还可以从玄学角度进一步展开。

听保华讲，这部专著既是他在扬州大学"211 工程"三期建设项目"人文传承与区域社会发展"中所负责的一个子项目的结项成果，也是他主持的国家社科基金一般项目《魏晋玄学：日常生活转型及文学镜像重建》的中期研究成果。有这样一个坚实的基础，我相信他对魏晋玄学美学开展的断代研究一定能够取得更大的成绩。

2012 年 6 月 1 日

目　　录

前　言

　　"汉末魏晋六朝是中国政治上最混乱，社会上最苦痛的时代，然而却是精神史上极自由、极解放、最富于智慧、最浓于热情的一个时代。因此也就是最富有艺术精神的一个时代。"① 宗白华先生兼有学者和诗人的双重身份，这段文字亦可被视为艺术家的慨叹与学问家的论断。就艺术精神而言，我们可以由现象推导本质，由客体反观主体。东临碣石，以观沧海：嵇、阮之文，陶、谢之诗，二王之书，顾、戴、陆、张之画，皆可谓卓尔不群，古今独步；足见其人格之超迈、情思之专注、技艺之精绝、余韵之久传。酣畅淋漓之体，岂无细微幽深之道；别具一格之形，必有自由飘逸之神。就精神思想之流变而论，集自由、解放、智慧于一体的则首推魏晋玄学。华夏精神思想的主脉由儒、道、玄、释、理顺次展开，玄学不仅居其一，而且居其中。当然，笔者所说的"居中"之"中"不是中心、内核之意，而是喻指渡河之舟及行路之杖，意在强调魏晋玄学是华夏思想之重要转捩点。倘若没有玄学，儒道融合难成大势，释家恐难见容于中土儒道，宋明理学亦无从

---

　　① 宗白华：《美学散步》，上海人民出版社，1981，第177页。

谈起。故而侯外庐先生亦指出，魏晋"是中国思想洪流里的一个划期的阶段"①。

一

自汉末黄巾起义爆发（184），到隋朝灭南陈统一中国（589），四百年间，玄学为中华学术思想体系中最具影响力之潮流，其人物众多，头绪纷繁，观点杂陈，概念命题如过江之鲫，令观者目不暇接，见仁见智、六经注我之言说亦在所难免。在笔者看来，玄学思想阐释历经三变：一为由魏晋玄学蜕变为唐代成玄英之重玄学；二为宋明理学对于玄学非理性主义的扬弃；三为现代学人以西学为理论参照系对于魏晋玄学的重新审视。此三变实际上就是玄学在中国学术思想史上所呈现的起、承、转、合。在这样一个过程中，我们尤须注意的是，中国学术思想原本有着浓厚的政治色彩，对于玄学的功过是非之评价亦时常与政治功利性密切相关。其中最为常见的观点即"清谈误国"论，认为魏晋玄学致命的缺陷在于务虚，主要的特征在于浮夸，直接的后果是无利于国计民生，有害于社稷邦国。此种观点滥觞于西晋傅玄："近者魏武好法术，而天下贵刑名；魏文慕通达，而天下贱守节。其后纲维不摄，而虚无放诞之论盈于朝野，使天下无复清议，而亡秦之病复发于今。"②承传于明代东林学人，如顾炎武所言："演说老、庄，王、何为开晋之始。以至国亡于上，教沦于下，胡戎互僭，君臣屡易，非林下诸贤之咎而谁咎哉！"（《日知录》卷十七"正始"条）下及于清代性灵派，如赵翼所言：六朝玄学清谈是"风气所趋，积重难返，直至隋平陈之后，始扫除之。盖关陕朴厚，本无此风，魏、周以来，初未渐染，陈人之迁于长安者，又已

---

① 侯外庐等：《中国思想通史》第 3 卷，人民出版社，1957，第 26 页。
② 房玄龄等：《晋书》卷四十七，中华书局，1974，第 1317～1318 页。

衰微不振，故不禁自消也"①。当代学者张海明指出："两晋六朝人对玄学的批评指责，大体上集中在三个方面。一是批评玄学家长于空谈而短于实干，将晋室的灭亡归之于清谈。如颜之推之《颜氏家训》、干宝之《晋纪总论》所论可为代表。二是批评玄学家背离儒家之道，不遵礼教。这见于裴颛之《崇有论》及《晋书·范宁传》等。三是批评玄学家生活放荡，疏于自检，假通达之名以行荒放之实。葛洪所著《抱朴子》于此批评最多。应该承认，以上三个方面的批评，都有事实可征，并非无的放矢，纯出主观憎恶。"② 张海明的这种看法是客观公允的。不过，笔者认为，王朝兴衰成败，或君主昏聩，或祸起萧墙，或外戚专权，或异族入侵，个中原因不一而足。但归根结底，经济与政治的总体状况才是具有决定性的因素。以顾炎武所言之"国亡于上，教沦于下，羌戎互僭，君臣屡易"，根本祸根不在玄学清谈，而在于东汉末年出现的地方著姓、经学世家、世代显宦三位一体的门阀士族以及西晋时九品中正制的变质变味。如果说魏晋玄学蕴涵着文化非理性精神的话，那么门阀制度则集中体现出政治、经济的集权和非理性特征。相比之下，后者才是亡国灭种的根源所在。因此，我们可以得出一个基本判断：国非为清谈所误，艺则与玄学相生。

　　"一个民族的精神结构是由多种层次组合而成的。如果说包括国家法学、情思、风尚和道德在内的文化是它的精神结构的核心和基础，那么哲学作为对文化本身的反思和理解，则是这个民族的精神结构的神经中枢。"③ 倘若我们跳出政治学和伦理学的窠臼，就会发现"哲学思想的发展是一个虚与实不断转化的辩证的运动过

① 赵翼：《廿二史劄记》卷八（六朝清谈之习），凤凰出版传媒集团、凤凰出版社，2008。
② 张海明：《玄学及其影响的再评价》，《中国文化研究》1997年夏之卷（总第16期）。
③ 余敦康：《魏晋玄学史》，北京大学出版社，2004，第30页。

程。有时候，越是忙碌于现实，反而不能把握现实，如果和现实保持一定的距离而转回到自身，却能更深刻地把握现实"①。在魏晋南北朝时期，国家分裂、政权更迭、战争频仍、人生动荡、生命飘零，所有这一切，既造成了知识阶层普遍的苦闷、颓废、愤激和无奈，也恰恰逼迫着他们在社会的边缘冷静地观察现实，在竹林山野之中释放自我，保全心性的自然，孕育丰富的玄思。有无与虚实、自然与名教、才性与玄理、山水与人格，哲学作为形而上学第一次与人生的存在价值、存在方式的诗意如此亲近。正是在这样一个宏大却又灵动的背景之中，中国哲学由先秦之原创期、秦汉之奠基期进入了魏晋南北朝之汇通期。②

　　魏晋玄学不仅是一种具有独特内涵的哲学思潮，甚至也可以说是一种广泛意义的美学理论。至少，我们可以肯定一点，魏晋玄学与中国传统美学之间存在着千丝万缕的联系。对此宗白华先生早有阐述，他说："中国美学竟是出发于'人物品藻'之美学。美的概念、范畴、形容词，发源于人格美的评赏。"③ 而刘若愚先生更是明确强调了玄学美学的重要性，他说："很可能中国最终对具有普遍意义的文学理论做出的显著贡献就在于此。"④ 可以说，中国的美学和文学理论体系之最初建构的直接土壤就是魏晋玄学。中国文论、诗论、画论、书论都是在魏晋之后才开始出现理论专著的，魏晋玄学可谓功不可没。

<h1 style="text-align:center">二</h1>

　　鲁迅先生曾经指出："用近代的文学眼光看来，曹丕的一个时

---

① 余敦康：《魏晋玄学史》，北京大学出版社，2004，第50页。
② 关于中国学术分期，参考了张立文主编《中国学术通史·总序》，人民出版社，2004。
③ 宗白华：《美学散步》，上海人民出版社，1981，第178页。
④ 刘若愚：《中国的文学理论》，赵帆声等译，中州古籍出版社，1986，第20页。

代可以说是'文学的自觉时代'，或如近代所说是为艺术而艺术（Art for art sake）的一派。"（《魏晋风度及文章与药及酒之关系》）李泽厚则进一步认为："所谓'文的自觉'，是一个美学概念，非单指文学而已。其他艺术，特别是绘画与书法，同样从魏晋起，表现着这个自觉。它们同样展现为讲究、研讨、注意自身创作规律和审美形式。"① 文学自觉于魏晋是当代学术界的一个主流观点。如游国恩等主编《中国文学史》第一册说建安时代"表现了文学的自觉精神"（第198页）。王运熙、杨明《魏晋南北朝文学批评史》说："鲁迅曾将这一时期概括为'文学的自觉时代'，确是十分精当的。"（第7页）蔡钟翔、黄保真、成复旺著《中国文学理论史》第一册说王充"之后一个世纪，中国文学进入了'自觉时代'"（第147页）。② 另，张立文主编、向世陵著《中国学术通史（魏晋南北朝卷）》第九章为"文学的自觉与新的艺术风貌"；陈炎主编、仪平策著《中国审美文化史（秦汉魏晋南北朝卷）》第三部分有"'文的自觉'：艺术美学的开掘与突破"。20世纪90年代，张少康先生著文《论文学的独立和自觉非自魏晋始》，主张文学的独立与自觉明确于西汉中期。他认为西汉时刘向的《别录》和刘歆的《七略》"都把诗赋独立为一类，而与经传、诸子等相并列，说明他们已经明确肯定了文学不同于政治、哲学、历史等的独立地位……在文学观念上和先秦相比已经有很大的发展，认识到了文学（尤其是诗赋）有其不同于其他学术和文章的特点"。同时，"专业文人创作的出现和专业文人队伍的形成是文学独立和自觉的重要标志"，"多种文学体裁的发展和成熟是文学独立和自觉的重要佐证"，"汉代文学理论批评发展的新特点表明文学已经独立和自觉"。张少康先生文章刊出后，引发了关于中国文学自觉时代的讨

---

① 李泽厚：《美的历程》，《美学三书》，安徽文艺出版社，1999，第103页。

② 以上三条资料由张少康先生所摘出，见张少康《论文学的独立和自觉非自魏晋始》，《北京大学学报（哲学社会科学版）》1996年第2期。

论。其中有代表性的是李文初先生先后发表三篇论文反驳西汉说及宋齐说。①

　　重新梳理和剖析关于文学自觉时代的争论是极有必要的，因为，至少这场讨论既带给我们一些启示，也应该引起我们的深入反思，而这些启示和反思对于我们研究魏晋玄学与哲学、美学以及文学之间的关系都有一定的帮助。首先，学界在沿用鲁迅先生所讲的"文学自觉"命题时，并没有非常认真地对待鲁迅自己所作出的补充说明。鲁迅先生讲的"文学自觉"与"为艺术而艺术"具有互文性。鲁迅先生使用"为艺术而艺术"这一术语时，只是借用和转用，而不是在严格意义上使用其本义。"为艺术而艺术"这一术语最早由法国哲学家 V. 库辛于 1818 年在一次讲演中提出，后来由浪漫派诗人戈蒂耶加以明确。"为艺术而艺术"的主旨在于强调艺术的独立自主性，拒绝创造资本主义制度下所谓"有教益的艺术"。而当鲁迅先生借用这一术语时，所表达的意思却是随着社会、文化以及审美实践发展到一定阶段，文学创作成为了一种主体自觉的审美实践活动。到了李泽厚的《美的历程》中，鲁迅的"文学的自觉"被转换为"'文'的自觉"，其内容被改造为"讲究、研讨、注意自身创作规律和审美形式"。李泽厚的这种思想说穿了，只是穿着鲁迅"文学自觉"论的外衣，其理论资源实际上来自马克思的"人也按照美的规律建造"。其次，李泽厚所使用的理论资源也就是李文初先生在《三论我国"文学的自觉时代"》中所采用的重要理论资源（见该文注释第8、第9条），即马克思《1844 年经济学哲学手稿》中对"自由""自觉"的相关论述。遗憾的是，李泽厚和李文初先生都忽略了一点，马克思所讲的"合规律性"（自由）与"合目的性"（自

----

① 李文初：《从人的觉醒到"文学的自觉"——论"文学的自觉"始于魏晋》，《文艺理论研究》1997 年第 2 期；《再论我国"文学的自觉时代"——"宋齐说"质疑》，《学术研究》1997 年第 11 期；《三论我国"文学的自觉时代"》，《文艺理论研究》1999 年第 6 期。

觉），针对的并不是审美实践与物质实践如何分离的问题，而是探讨人与动物的区别。以此作为理论前提加以推导，则不仅魏晋之文学艺术是自觉的（合目的的），而且所有的文学艺术（包括原始艺术）都是自觉的（合目的的）。再次，沿着"合目的性"的思路进一步挖掘，则鲁迅所言"文学自觉"之含义近于康德所讲的"无目的的合目的性"，而不是马克思所讲的"合目的性"。以"无目的的合目的性"为考量标准，断定文学或艺术自觉始于魏晋，大体是可以成立的。最后，李文初先生在论证过程中，提到："魏晋南朝风靡朝野的玄学，实际上就是'庄'学在新形势下的新发展，它扬弃'庄学'原来不切实际的空想，吸取儒学某些尚实的精神，将个体生命与宇宙人生联系起来加以思考。当时有关名教与自然关系的论辩，就是'庄'学向玄学转化的重要标志。"① 这种论述不符合魏晋玄学形成、发展的实际。玄学不单单是"'庄学'在新形势下的新发展"，也包含了"易学"和"老学"的新发展，后期玄学还融合进了佛家思想，亦可算做佛学的易地发展。概言之，笔者赞同李泽厚、李文初先生的结论，却不能认同两位先生的理论逻辑。

　　客观地说，鲁迅先生所讲的"文学自觉"本来就比较含混，张文康先生举楚辞、汉赋为例，以证明文学独立早于魏晋，并非全无道理。在笔者看来，从魏晋时期士之自觉入手或许在逻辑上更为顺畅严谨。余英时先生曾经撰长文《汉晋之际士之新自觉与新思潮》对此进行深入探究。余先生论述逻辑如次：（一）士之群体自觉，言"士大夫之社会成长为构成其群体自觉之最重要之基础"，"人己之对立愈显，则自觉之意识亦愈强"。（二）士之个体自觉，言"欲从内心方面探求当时士大夫之自我觉醒，则不能不一究其思想情感、行为模式及人生理想诸端"。如避世思想、养生与老庄、经济背景、山水怡情、文学与艺术，等等。（三）汉晋之际新

---

① 李文初：《三论我国"文学的自觉时代"》，《文艺理论研究》1999 年第 6 期。

思潮之发展，言"东汉中叶以后儒学之发展，自马、郑以至荆州，皆以鄙章句之繁琐而重经典之本义，为其间一贯线索。其流变所及则渐启舍离具体事象而求根本原理之风，正始玄音乃承之而起，此学术思想将变之候也"①。从士人群体自觉意识及个体思想情感、行为模式和人生理想来审视文学艺术的自觉，实际上比在概念上纠缠更具有建设性。

三

以上两部分讲了四个问题：玄学无罪有功、内容复杂、影响巨大、疑点甚多。四者皆指向深入研究的必要性。因此，我们还须对玄学研究之历程、现状做一简略考察，以求描述出展开进一步研究的既有基础。就国内学界的研究状况而言，魏晋玄学研究主要可以分为四大块，即对玄学的哲学思想及文化史研究、玄学与艺术及文学关系研究、玄学美学研究。这三大块之间表现出了玄学研究历时性的逻辑演进，可视为玄学研究发展的三个阶段。第一阶段，现代玄学研究的初创期，由 20 世纪 20 年代至 70 年代，着重对玄学的哲学文化史研究，代表性学者为容肇祖、刘大杰、贺昌群、汤用彤、牟宗三等。② 容肇祖"以自然主义为思想线索来诠述魏晋玄学的宇宙论、人生哲学与政治哲学，但所述甚简疏"。刘大杰"从社会政治背景、宇宙学说、政治思想、人生观、文艺思潮、清谈思潮中的派别这几大方面描述魏晋思想总貌……在内容的广度和诠释上对魏晋玄学研究都有所推进，自具一格"。贺昌群"顺汉魏间学术

---

① 余英时：《中国知识人之史的考察》，广西师范大学出版社，2004，第 213、246、277 页。

② 容肇祖：《魏晋的自然主义》，商务印书馆，1935；刘大杰：《魏晋思想论》，中华书局，1939；贺昌群：《魏晋清谈思想初论》，商务印书馆，1946；汤用彤：《魏晋玄学论稿》，人民出版社，1957；牟宗三：《才性与玄理》，香港人生出版社，1962。

思想的流变，阐述魏晋学术思想之'儒道兼综'的特点，确认由王弼发其端的魏晋'儒道兼综'思想沟通两家本体论，将汉代王霸政治之说纳入于玄学本体论中，为体用一如、本末具备的伟大崇高之思想体系，实是很有价值的研究"。汤用彤"着眼于哲学问题和义理的分析。它揭述'汉代寓天道于物理，魏晋黜天道而究本体'，脱离汉代元气论的宇宙论，经由'儒道会通'，建立体用一如的本体哲学，并集中探讨了魏晋玄学本体论的方法论'言意之辨'及'圣人有情论'"。牟宗三则"从哲学层次上，又兼具哲学思想史意义的，有系统地诠表魏晋学术思想"。① 另，脱稿于1929年前后的钱穆先生之《国学概论》已列"晚汉之新思潮"及"魏晋清谈"两章，虽篇幅简短，却条理井然且见解独到。如钱先生认为汉末之新思潮首倡于王充，起于"四反"："反对天人相应阴阳灾变思想"，"反对圣人先知与神同类之说"，"反对尊古卑今之论"，"反对专经章句之学"。② 这种观点可谓一语中的。而"陈寅恪在《金明馆丛稿初编》（上海古籍出版社，1980）等论文集中，对魏末'四本论'蕴涵的特殊政治意义，玄学名士的人格特征，竹林七贤称谓的由来，两晋之际玄学与佛教的关系等，都提出了独到见解，尤其是关于名教与自然关系的论述，成一家之言，产生了深远影响。又如唐长孺《魏晋南北朝史论丛》（三联书店，1955）在清议与清谈关系、魏晋才性论、魏晋玄学思潮形成和发展等问题上，都不乏真知灼见"③。还有，日本汉学家冈村繁在20世纪60年代初亦写就了一系列探讨玄学的论文，其中《清谈的系谱与意义》和《"才性四本论"之性格及其形成》④ 两篇亦应被视为玄学

① 罗义俊：《牟宗三与魏晋玄学研究——读牟先生〈才性与玄理〉》，见牟宗三《才性与玄理》序，广西师范大学出版社，2006，第1～2页。
② 钱穆：《国学概论》，商务印书馆，1997，第127～130页。
③ 王晓毅：《魏晋玄学研究的回顾与瞻望》，《哲学研究》2000年第2期。
④ 两篇论文皆收入《冈村繁全集》第3卷《汉魏六朝的思想和文学》，上海古籍出版社，2004。

研究的代表性成就。

第二阶段，20 世纪 80～90 年代，国内玄学研究进入新的繁荣期，这种繁荣是以对玄学思想理性客观的评价为前提的。1980 年李泽厚发表了《魏晋风度》一文，明确指出："魏晋恰好是一个哲学重新解放、思想非常活跃、问题提出很多、收获甚为丰硕的时期。虽然在时间、广度、规模、流派上比不上先秦，但思辨哲学在所达到的纯粹性和深度上，却是空前的。"[①] 正是因为有了这样一种认识，国内学界的研究者继承了此前侯外庐、任继愈先生对思想史和哲学史研究的重视态度，田文棠所著《魏晋三大思潮论稿》、许杭生和李中华所著《魏晋玄学史》以及后来出版的张海明所著《玄妙之境——魏晋玄学美学思潮》为其代表。但是，与侯、任两位先生注重从社会制度、经济模式及阶级斗争等要素研究玄学的思路不同，田文棠、许杭生、李中华、张海明等人更加注意从学理内在的逻辑关联性和玄学发展的阶段性来梳理玄学思想体系及其发展脉络。同样是坚持这样一个学术立场，20 世纪 90 年代初，刘纲纪先生就在《〈周易〉美学》里提出了关于玄学学术思想历史的评估定位问题，他认为玄学美学与儒家美学、道家美学、楚骚美学、禅宗美学和人本美学并列构成了中国美学的六大思潮。重视从学理本身来研究玄学直接导致了 20 世纪 90 年代国内学界玄学研究的两个倾向：其一，回归玄学研究之学术传统，继续深入探讨玄学与文学的关系问题。较早的是孔繁所著《魏晋玄学与文学》，侧重从哲学角度探讨玄学对于文学创作的影响；继而陈顺智的《魏晋玄学与六朝文学》与袁峰的《魏晋六朝文学与玄学思想》则明显把关注的焦点转向了文学自身规律，成为这个研究方向上取得的收获；但这种研究一直没有停止，其后出版的唐翼明所著《魏晋玄学与文学》，虽只是收录了作者的 11 篇论文，但由于唐翼明先生研究清议、清谈本已硕果累累，在此基础上论析清谈与文学之关系，自然

---

① 李泽厚：《魏晋风度》，《中国哲学》第 2 期，三联书店，1980。

新见迭出。其后卢盛江先生所著《魏晋玄学与中国文学》着力研究玄学兴盛与中国文人性格以及中国文学民族特点之关系，梳理由魏晋至明清文学发展过程中的玄学印迹，亦给人以新的启示。其二，站在社会学和史学的高度，对魏晋玄学加以宏观把握、横向比较及细部剖析。如罗宗强所著《玄学与魏晋士人心态》，戴燕所著《玄意幽远——魏晋玄学风度》，余敦康所著《何晏王弼玄学新探》，赵书廉所著《魏晋玄学探微》，洪修平、吴永和所著《禅学与玄学》，王晓毅所著《王弼评传：附何晏评传》、《郭象评传：附向秀评传》，高晨阳所著《阮籍评传》，韩传达所著《阮籍评传》，等等。这些著作的出版，大大拓展了玄学研究的视野，丰富了玄学研究的血肉，同时也暗含了玄学研究由哲学思想研究、文学研究向美学研究的转型。例如，余敦康所著《何晏王弼玄学新探》，所采用的方法实际上已经突破了传统意义上的义理考据，而是大胆借用了西方的现象学、阐释学方法。

第三阶段，新世纪玄学研究。《书屋》1999 年第 4 期曾经刊发过一篇何清涟和李辉的对话录，题为《我们仍然在仰望星空——世纪之交的回望》。同理，在两个世纪之交的门槛上，在众多学者仰望星空般的笃诚和虔敬中，玄学研究开始呈现出新的转型和超越。新世纪玄学研究转型出现了两个紧密相关而又各不相同的探索方向。首先，众多研究者开始深入研究玄学与美学的内在联系。高华平所著《魏晋玄学人格美研究》、徐斌所著《魏晋玄学新论》、李戎所著《始于玄冥　反于大通：玄学与中国美学》是 2000 年国内玄学研究的重要收获。几年之后，康中乾《有无之辨——魏晋玄学本体思想再解读》、余敦康《魏晋玄学史》、王晓毅《儒释道与魏晋玄学形成》、许建良《魏晋玄学伦理思想研究》、邬锡鑫《魏晋玄学与美学》相继出版，标志着玄学美学研究的新创获。另外，袁济喜对魏晋南北朝美学的断代研究，张家梅对于言意之辨与中国美学关系的研究，都对于玄学美学研究有着重要的启示。其次，一些学者开始专注于研究玄学与诗学的关系。其中徐国荣的

《玄学和诗学》、王德有的《魏晋玄学：高蹈飘逸的闲适人生》以及胡海的《王弼玄学的人文智慧》可为代表。另外，毕耀中先生所著之《玄学文字学》，虽为玄学研究之异类，却也可以纳入到"玄学与诗学"研究中来。"玄学与诗学"的关系显然不同于"玄学与诗歌"的关系，它不是 20 世纪学术热点问题"玄学与文学关系研究"的翻版，而是着力研究玄学与中国文艺学体系建构的内在联系。

<h1 style="text-align:center">四</h1>

　　玄学研究发展到今天，我们应该清楚地意识到，对于魏晋玄学的还原、梳理和阐释工作所取得的丰硕成果固然为我们重新审视和评价中国哲学、美学和文学艺术奠定了雄厚而独特的基础，也为我们建构中国特色的当代美学理论体系提供了一种新的可能性，但这种可能性要真正转化为现实性，则首先需要对中国美学研究的现状进行尽可能全面的考察和冷静客观的评估。在笔者看来，把 20 世纪 90 年代曹顺庆先生提出的"中国文论失语症"观点扩展到中国美学范围，大体也是符合事实的。对于中国美学来说，也有一个"失语"与"话语重建"的问题。所以，笔者赞同傅谨先生对于中国美学现状的总体评估："尽管中国美学已经走过了 100 年历程，从学理的角度说，'中国美学'这个短语的含意恐怕还有待于厘清。在某种意义上说，近 100 年的中国美学更多地像是'西方美学在中国'，而不是真正意义上的'中国美学'。"[①]

　　先来看国内学术界在中国美学的研究上取得了哪些成绩。20 世纪 50 年代美学大讨论，朱光潜、蔡仪、李泽厚、高尔泰、吕荧、蒋孔阳等新中国第一代美学家围绕美的性质展开论战，

---

① 　傅谨：《中国美学面临的三大问题》，《学术月刊》2000 年第 4 期。

标志着国内学者美学体系意识的发轫，毋庸置疑，这种美学体系意识建立的基础是西方美学而不是中国美学。六位美学家中，主要有朱光潜、李泽厚、蒋孔阳三位先生在中国美学研究上取得了重要成果。朱光潜先生在 1942 年发表了《乐的精神与礼的精神》，是礼乐角度研究中国儒家美学思想较早的成果。朱先生讲：

> 乐的精神是和，静，乐，仁，爱，道志，情之不可变；礼的精神是序，节，中，文，理，义，敬，节事，礼之不可易。乐的许多属性都可以"和"字统摄，礼的许多属性都可以"序"字统摄。[①]

朱光潜先生的这个观点几为学术界共识。而朱先生的另一篇《目送归鸿，手挥五弦》则从美学层面对于赋、比、兴手法及"言有尽而意无穷"的诗歌意象进行了深入分析。[②] 另外，朱光潜先生还通过评析古代诗歌名作来阐释自己对于诗歌审美性质的见解，如《说"曲终人不见，江上数峰青"——答夏丏尊先生》《读王静安的浣溪沙》《读李义山的锦瑟》等。[③] 但朱光潜先生应用西方美学的观点来阐释中国古典诗歌的做法，也引起了一些争论。如对于钱起《湘灵鼓瑟》收尾句是否表现了静穆之美，就引发了与鲁迅先生的论争。李泽厚的《美的历程》篇幅虽短，却可算做第一部中国美学简史。而他的《华夏美学》以及与刘纲纪先生合著的《中国美学史》则是中国美学研究的标志性成果。蒋孔阳先生所著的《先秦音乐美学思想论稿》收 11 篇论文，"采用中西比较、古今结合的研究方法，力图在方法论上，结合历史和美学，努力开辟出一

---

① 朱光潜：《朱光潜全集》第 9 卷，安徽教育出版社，1993，第 95 页。
② 朱光潜：《朱光潜全集》第 10 卷，安徽教育出版社，1993，第 350~353 页。
③ 朱光潜：《朱光潜全集》第 8 卷，安徽教育出版社，1993，第 393~397 页、第 405~409 页。

条‘历史——美学’双向研究的崭新道路”①。可以说，侧重于中国美学发展史的研究以及注重历史与美学方法的统一成为了当代中国美学研究的基本特色。

在朱光潜、李泽厚和蒋孔阳先生之后，中国美学研究大体可以分为三个部分。其一，通史类研究。代表性著作有敏泽著《中国美学思想史》，叶朗著《中国美学史大纲》（1985），周来祥主编《中国美学主潮》（1992），张涵、史鸿文著《中华美学史》（1995），陈望衡著《中国古典美学史》（1998），张法著《中国美学史》（2000），祁志祥著《中国美学通史》，王振复主编《中国美学范畴史》，等等。另外，国内不少学者就不同门类艺术美学史、诗性文化史展开研究，如刘士林著《中国诗性文化》、陈炎主编《中国审美文化史》等。其二，门类美学研究，如中国诗学、音乐美学、戏剧美学、文艺美学、建筑美学，可谓著述甚多，此处不再列举。其三，中国美学的具体范畴研究。国内学界围绕中国美学具体范畴展开的研究可谓成果斐然，不仅有大量很有分量的论文和论著发表出版，也形成了众多有价值有启发的理论观点。例如，袁济喜的《和——中国古典审美理想》（1989），吴调公的《神韵论》（1991），陈良运的《文与质·艺与道》（1992），汪涌豪的《中国古典美学风骨论》（1994），蔡钟翔、曹顺庆的《自然·雄浑》（1996），汪裕雄的《意象探源》（1996），蓝华增的《说意境》（1996），陈应鸾的《诗味论》（1996），蒲震元的《中国艺术意境论》（1999），薛富兴的《东方神韵——意境论》（2000），钟跃英的《气韵论》（2000），古风的《意境探微》（2009），张国庆的《中和之美——普遍艺术和谐观与特定艺术观风格论》（2009），叶朗的《美在意象》（2010），等等。

中国美学范畴研究的总体状况是成果最丰富，分歧也最大。中

---

① 蒋凡：《新开拓与新起点——读蒋孔阳〈先秦音乐美学思想论稿〉》，朱立元编《当代中国美学新学派》，复旦大学出版社，1992，第140页。

国美学核心范畴、基本范畴是什么，中国美学范畴存在何种内在逻辑以及发展脉络，研究中国美学范畴应该使用何种有效的方法，中国美学具体范畴的内涵外延如何界定，美学范畴与非美学范畴怎样加以区别，在这一系列问题上都还没有达成共识。在中国美学核心范畴问题上，汪裕雄先生认为中国美学的核心范畴就是意象，意境是受佛学影响后出的，不应视为中国美学自身的范畴。朱立元先生主编《美学》把中国审美形态分为中和、气韵、意境和神妙四种。王振复先生认为中国美学范畴是由人类学、哲学、艺术学三位一体构成的立体结构。齐海英认为中国美学的元范畴是"气"。还有一些学者认为中国美学核心范畴是"优美和壮美"或"人"或者"文"。在中国美学范畴体系的内在逻辑问题上，国内学者的看法也不统一。王振复先生认为："范畴是关于思想与思维趋于成熟，或已经成熟的一种知识形态与理性形态。作为人类理性、知性及其思维的言辞表述，它体现一定事物的本质属性及其内在联系。任何学科领域，一旦出现范畴与范畴群落，一定程度上则意味着这一学科的知识、理论范型正在甚或已经建构。范畴是思想、思维及其理性的标志，它体现了一定历史、人文阶段的人之认识的自由。"①"只有承认与论证中国美学范畴史的所有美学命题与范畴既是诗性也是思性的，既是天人合一也是天人相分的，才能在理论上奠定中国美学范畴史研究的方法论依据。"② 朱立元先生认为"审美是一种基本的人生实践"、"审美是一种特殊的、比较高级的人生境界"。从这个思路出发，他认为中华民族美学范畴的主体部分是对于生命体生命活动情态及体验的描述，"这种描述是按中国古人对人这一生命体之结构的理解展开的。首先是形式因素，就生命形式而言，它的外在形式被理解为'肉'；其次是支撑这一外在形式的结构性因

---

① 王振复：《中国美学范畴史研究的一点思路》，《上海大学学报（社会科学版）》2006 年第 2 期。

② 王振复：《诗性与思性：中国美学范畴史的时空结构》《学习与探索》2006 年第 1 期。

素——‘骨’；然后是对生命情态的体验与领会——‘韵’；最后是对生命状态与生命本质的终极领悟——神、气。这就构成了审美对象范畴的四个层次”①。

朱立元和王振复两位先生对中国审美范畴的看法是彼此映衬而又相互补充的关系。中国美学范畴体系既离不开静态结构分析，也不能脱离动态的逻辑梳理。在笔者看来，中国哲学是天人合一的生命哲学，中国的人类学是个体人格与群体和谐相结合的伦理学的人类学，中国的艺术学是主体对于生命以及形式意味进行双重体验的艺术学。天人合一的生命哲学产生于商周（含春秋），伦理学的人类学成于魏晋，对生命、形式意味加以双重体验的艺术学盛于齐梁。一般而言，审美范畴是对于审美观念与审美实践的理论总结，因而，审美范畴从形成、发展一直到定型有一个漫长的孕育期，而这并不影响与此范畴相关的审美观念和审美实践已经先此而流行。故而，中国的生命哲学产生于商周，而作为对于生命哲学加以理论整合的中和审美范畴却在战国时期才逐渐定型；中国的伦理学的人类学就是玄学，玄学是对于先秦两汉儒道两家思想的升华和超越，是从人类学的角度去阐释伦理学，是在名教与自然之间所进行的调和与辩证，而建基于玄学之上的审美范畴气韵和意象到齐梁间才渐趋成熟；中国的艺术学注重对生命意味与形式意味的双重体验，而这种体验至庄禅合一之后才逐渐明晰，进而形成了意境审美范畴，经历了唐代司空图、宋代严羽、清末民初的王国维三个发展阶段，意境作为古典美学范畴才得以终结。综上所述，从逻辑与历史相统一的原则出发，笔者认为中国美学中最重要的范畴应该是中和、意象、气韵和意境四大范畴。

与西方古典美学基本范畴相比，中国古典美学的范畴有其独特的性质及特色。其一，西方美学范畴最具代表性的是优美、崇高、

---

① 朱立元、刘旭光、寇鹏程：《从中西比较看西方美学范畴的特质》，《厦门大学学报（哲学社会科学版）》2005 年第 1 期。

悲剧、喜剧、丑、荒诞六个范畴，其中"丑"与"荒诞"基本上是伴随西方现代美学而生的范畴，就纯粹古典美学而言，就只剩下了前四个范畴，也就是 20 世纪国内多数美学教材中所总结的四大审美形态。相比之下，中国的美学范畴形成了一个成员众多的范畴家族，笔者粗略地统计了一下，近二十年来国内学者著专文研究的美学范畴有五十多个：化、趣、态、观、味、气、兴、象、仁、志、空、意象、媚美、性、奇、正、寄、赏、意境、气韵、道、游、虚—实、真、乐、隐秀、雅、比、情、欲、理、韵、无、玄、妙、意、妙悟、圆、神理、大、悟、趣、人、文、道—美、和、中和、中、志—情、言意、风骨、神思、墨戏。由此可见，西方美学范畴的纯粹单一性与中国美学范畴的丰富多样性形成了鲜明的对比。其二，西方美学范畴是逻辑思辨的结果，而中国的美学范畴却与感性体验有更密切的关系。故而，西方美学范畴在内涵上具有抽象概括性，在外延上具有确定性，在理论表述上具有可定义性；而中国美学范畴的内涵和外延都不同程度地具有描述性、模糊性、象征性和不可定义性。其三，西方美学范畴是就审美对象的性质、本质及其特征在认识论层面作出的理论概括，而当审美对象被置于认识论框架之中时，就必然出现两种倾向。一方面是理性和逻辑使得对象借助于概念、判断、推理、分析、批判得以条理化和明晰化；另一方面，主体与审美对象的天然联系被割裂开来，在"思"的演进过程中通过抛弃和遮蔽"诗"的生命性而获得理论意义的自洽。而这一点最终导致了西方美学在哲学层面上呈现出认识论与本体论之间的不可调和，在美学层面上呈现出理性主义与经验主义、科学主义与人文主义的对立，在艺术学层面出现诗与思的巨大鸿沟。而中国美学范畴本身就不单指向审美对象，同时也指向审美实践主体以及主体的审美创造与审美鉴赏活动，并且由于认识与情感向本体的转移过渡，艺术与生命的不离不弃，审美对象与审美主体的相融无间，最终使得中国美学范畴具有了形而上性质、生命有机性与艺术流动性的有机统一。其四，正因为西方美学的范畴论是置于认识论框架中的，不同的美学范畴很少能够找到相通性，只有上升到哲学的高度，才能在对真、善、美的本体论把握中求得共同性。而在不同的中国美学范畴之间，存在着千丝万缕的联系，我们既不能把它们截然分开，也不能简单等同。在笔者看来，由形而上性质、生命有机性与艺术流动性所决定，中国的美学范畴虽出现在不同的历史时期，它们之间却有着共同的性质，就是"玄远"。"玄"是在精神上对于逻辑与理性的超越，"远"是在实践上对于世俗与功利的扬弃。"中和"美学范畴主要是易、儒、道三种思想凝合而成的"玄远"；"意象"和"气韵"美学范畴主要是玄学视野下的三玄之"玄远"；"意境"主要是庄禅合一兼容宋明理学形成的"玄远"。

正是基于中西方美学范畴之间的根本差异，当我们在中国古典美学研究中使用"范畴"这个词汇时应该持审慎态度。首先，"范畴"一词源出于《尚书·洪范》中"洪范九畴"的说法，但在现代学术体系中，"范畴"主要是一个哲学名词，是对于希腊语中kategoria 的翻译。《辞海》"范畴"条解释为：

> 马克思主义哲学认为范畴是反映客观事物本质联系的思维形式，是各个知识领域的基本概念。各门具体科学中都有各自特有的范畴……哲学中的范畴是各门科学共同使用的最普遍、最基本的概念，如矛盾，质和量，本质和现象等。范畴是人们在实践基础上概括起来的科学成果，转过来成为进一步认识世界、指导实践的方法。范畴是人类认识发展的历史的产物，一定的范畴标志着人类对客观世界的认识的一定阶段。它必然随着社会实践与科学研究的发展而逐步丰富和更加精确。①

---

① 《辞海》（缩印本），上海辞书出版社，1979，第573页。

由此可知，范畴就是基本概念，既是认识论概念和知识论概念，又是方法论概念。当我们在研究中国美学时竟然可以列出数十、上百个"范畴"时，实际上已经把范畴和概念、概念和术语、术语与名词统统划了等号。这是笔者在本书中使用"审美范式"而不愿意使用"美学范畴"的原因之一。其次，范畴既然属于认识论和知识论概念，那么其能够成立的前提条件就是下定义，即在逻辑上规定该范畴的准确内涵和清晰外延，而实际上，我们对于所谓中国美学范畴进行定义的条件还不完全成熟，我们所进行的研究主要属于前定义研究；而从建构中国美学体系角度看，没有定义的范畴在学科层面上还只是一种假想性范畴。这是笔者在本书中使用"审美范式"而不采用"美学范畴"一词的第二个原因。再次，从实践本体论角度研究中国美学，研究的对象主要不是概念本身，而是隐身于概念或者术语之后的审美实践的真实存在。审美实践是一种特殊的人生实践，具有实践与精神双重属性，仅仅着眼于概念内涵外延的探讨，其实质是西方主客两分、观念先行的传统套路。笔者使用"审美范式"一词的根本原因在于扬弃本质主义美学以"美本质"为逻辑起点营构理论体系所导致的对中国审美范式的轻视、忽略和曲解。

小　结

成复旺先生曾经指出："中国美学研究就需要突破'古代'的雷池，从中国传统美学的思路出发，考虑美学原理的问题和现代美学的问题，以便疏通中国美学从古到今的血脉，使中国传统美学与美学原理和现代美学'接轨'。笔者把这叫做中国美学研究的自我突破。"[1] 综观当下绝大部分美学教材，关于审美形态（即审美范式）理论系统还远谈不到"接轨"。其一，不同研究者对审美范式

---

[1]　成复旺：《中国美学研究的自我突破》，《北京社会科学》2001 年第 4 期。

的定义和阐释各不相同。有的把审美范式等同于认识对象，有的把审美范式归为文化风格，还有一些人把审美范式直接等同于人类审美心理结构形式。其二，由于对审美范式内涵理解不同，导致了审美范式界域划定的模糊不清，例如，基本的审美范式到底应该包含哪几种，划分的依据以及范畴的界域是什么，其内在机制是什么，教材编者的解释和论断多不一致。其三，由美学体系西方化的传统所致，中国审美范式被排斥在了很多教材之外。有些教材虽然论及中国审美范式，却呈现出"西学为体、中学为用"的特点，即审美范式理论的核心概念、逻辑关系、论证过程、话语方式几乎全部西化，只是在实例分析时，适当使用一些中国美学里的术语，如境界、气韵、形神、风骨等。其四，还有一些教材编者把中国古代文论的一些审美范式或术语抽出来与西方美学中的审美范畴形态加以比较，如意境与典型、阳刚之美与崇高等。表面看来，这种比较似乎把中国美学和西方美学置于同等重要的地位，实际上，这种机械的附会和比较往往为了理论体系的完整性而牺牲了理论范畴本身所应有的丰富性。甚至有些编者为了体系的完整，临时从中国审美范式中抽取一两个范畴，与西方传统的审美范式捏合到一起，如把审美范式划分为优美、中和与崇高三类。但实际上这种做法既是不科学的，也是非常粗糙和粗暴的。理由很简单，中国古典美学里面的"中和"并非介于西方美学之优美与崇高的中间状态，"中和"也不是杂糅优美和崇高而形成的混合物。

鉴于上述情况，本书以实践本体论为理论前提及基本研究思路，以魏晋玄学美学为切入点，通过探讨社会历史、哲学、思维及语言等因素对于中西方审美范式的影响，提出了自己划分中国审美范式的标准和根据；从审美范式与主体的哲学观念、审美情感、不同层次的形式感以及主体的审美能力等四个方面形成的特殊关系入手，梳理中国审美范式的发展脉络，揭示中国审美范式的基本内涵，描述中国审美范式的种种表现；通过对于中国审美范式进行实证研究，努力揭示"中和""气韵""意象"和"意境"四种审美范式的基本内涵、内在理路、表现特征、美学价值，以求建构中国审美范式的理论框架，进而推动中国审美范式研究由认识论、反映论向实践本体论的总体转向。

本书主要研究玄学美学与中国审美范式存在的内在关系，实际上就是通过研究中国艺术精神来重新审视中国审美范式形成及发展的内驱力，目的在于揭示中国古代审美范式的理论内核、基本内涵、审美价值以及现实生命力之所在。本书既不同于宏观比较玄学与美学及文学之关系，也不同于微观分析玄学与美学具体命题之勾连，而是力图回避宏观研究的"空"和微观研究的"碎"，对魏晋玄学进行中观把握和深入分析，进而从玄学角度来对中国古代审美范式有别于西方审美形态的渊源、构成和价值取向加以说明。所以，在书中将阐述三玄共生的东方艺术精神，即老子"无"的哲学、《周易》"健"的品格和庄子"逍遥"的境界所共同建构的中国艺术精神。三玄包含了"无"的哲学、"健"的宇宙观和"逍遥"的人生境界，这三者共同构建了中国艺术重视"中和"的底蕴；而"气韵""意象""意境"这三种审美范式乃"中和"在不同阶段和不同向度上针对不同的审美领域而呈现的特殊形式；"无""健""逍遥"既是中国审美文化意蕴的基本层次，也是审美范式所具备的形式意味。中国审美范式存在着一个相互勾连又拓展突破的过程，"中和"审美范式形成之初，带有更多的哲学色彩，强调对于有无关系的折中调和。随着魏晋玄学的兴盛，"气韵"和"意象"作为审美范式在审美实践中得以呈现，在美学理论上得到重视和总结，渐次建构起中国书画美学及中国诗学，较好地解决了"无"和"有"的关系。到"意境"作为审美范式成熟之后，"意象""气韵""中和"三大范式自下而上融合为一个有机整体，从而具有了更大的包容性，"意境"包含了"气韵生动"，也包含了"意象"的拟真，它涵盖了不同艺术门类的审美特征，标志着中国艺术精神所达到的巅峰状态。

本书所使用的基本方法在宏观层面上是历史与逻辑统一的方法，在操作层面上则是实践存在论、形式主义美学以及知识考古学的三位一体。中国审美范式是随着审美意识的不断丰富、审美理论的不断突破、审美实践的日趋复杂而滚动式发展的，我们所剖析的这个角度，既是对中国美学理论的重新阐释和对中国传统美学的价值重估，也是对审美范式研究本身的拓展性研究。

第一章 中西方哲学及美学之本体论思想比较

据笔者统计，从 20 世纪 80 年代末到 2001 年，国内学术界每年发表与本体论相关的研究论文 100 多篇，从 2002 年至 2011 年，每年发表的本体论学术论文则达到 200 篇以上，[①] 由此可见，本体论研究在国内学术界已经持续了近 30 年，其发展依然未显颓势。应该说，本体论成为众多学者持续关注的学术热点问题，这种现象在整个哲学、社会学、美学以及文艺学研究领域都是非常独特的，既值得我们深思和回味，也很值得我们加以梳理、总结和拓展。

如果仅仅从字面上理解，"本体论"几乎是一个没有歧义的概念。"本体论"是对英语 ontology 这一范畴的翻译，而 ontology 一词原本来自拉丁语 Ontolagia，其意义大致可以理解为"关于 On 的学科或者学问"。拉丁语中的 On 大体相当于英语中的系动词 Be 或

---

① 国内学术界对于"本体论"的关注始于 20 世纪 80 年代西方哲学、美学名著的翻译出版，据笔者不完全统计，从 1979 年至 2012 年，国内已发表与本体论相关的学术论文共计 2570 篇，1980 年 1 篇，1981 年 1 篇，1982 年 16 篇，1983 年 38 篇，1984 年 48 篇，1985 年 46 篇，1986 年 56 篇，1987 年 74 篇，1988 年 116 篇，1989 年 186 篇，1990 年 196 篇，1991 年 180 篇，1992 年 184 篇，1993 年 186 篇，1994 年 140 篇，1995 年 103 篇，1996 年 106 篇，1997 年 98 篇，1998 年 106 篇，1999 年 107 篇，2000 年 124 篇，2001 年 154 篇，2002 年 200 篇，2003 年 251 篇，2004 年 260 篇，2005 年 239 篇，2006 年 256 篇，2007 年 288 篇，2008 年 288 篇，2009 年 290 篇，2010 年 330 篇，2011 年 312 篇，2012 年 134 篇。

Be 的动名词形式 Being，那么，同理可推出 ontology 就是关于 Be 或 Being 的学问。但事实上，经过国内学术界众多学者持续近 30 年的研究，无论是"本体论"内涵还是适用范围，依然是众说纷纭。海德格尔曾注意到"存在"与"存在者"的区别，并强调了"存在"的被遮蔽，实际上，由于"本体论"研究者所持观点的千差万别，最终形成了话语的狂欢，导致的就不仅是"存在"的被遮蔽，连作为个体的"存在者"也自然地湮灭于群体之中。语言是存在之所，言语则是存在的梦魇。因此，在笔者看来，就研究"本体论"而言，只有充分注意到"存在者"的意义，我们才有可能步入"存在"的疆域。

第一节　中西方"本体"追问方式的不同

在"本体论"研究者的群落中，已经有一大批专家、学者提出了新颖、独到且富有建设性的观点，如罗光、李泽厚、朱立元、邓晓芒、俞宣孟、苏宏斌、赵剑英、俞吾金、谢维营、张瑜等人。在笔者看来，国内学术界对于"本体论"的研究最值得肯定的有三个方面：其一，大致形成了研究"本体论"基本思路的共识；其二，开始注意到了中西方"本体论"所存在的差异；其三，把西方哲学、美学中的本体论思想与实践美学加以整合，对包括马克思主义哲学、美学在内的实践存在论美学更加重视。所有这些研究成果都成为我们进一步探究"本体论"的良好基础。如学者贺来就认为俞宣孟先生归纳出了"本体论"的三个特征："在'理论实质'上，'本体论'是与经验世界相分离或先于经验而独立存在的原理系统，这种哲学应归入客观唯心主义之列。在'研究方法'上，'本体论'采用的是'逻辑的方法'，主要是形式逻辑，到了黑格尔发展为辩证逻辑的方法，但无论怎样，离开逻辑的方法就没有'本体论'。在'表现形式'上，'本体论'是关于'是'的哲学，'是'是经过哲学家改造以后而成为的一个具有最高、最普遍的逻辑规定性的概念，它包容其余种种作为'所是'的逻辑规定性。Ontology 因之而得以命名，即它是一门关于'是'的学问，其较适当的译名应为'是论'。"① 笔者并不完全同意俞宣孟先生的观点，首先，"本体论"是否一定与经验世界相分离，是否有必要把"本体论"归结为一种客观唯心主义，这是值得进一步研究的；其次，"本体论"是否能够包容种种"所是"的"逻辑规定性"，或者，"本体论"在何种意义上包含了"所是的逻辑规定性"，这也是值得我们继续追问的。但尽管笔者不完全同意俞宣孟先生的观点，也并不否认他的观点对笔者是有启迪的。笔者的看法是，"本体论"研究，尤其是比较中西方"本体论"的差异，离不开梳理形而上学传统、反思罗格斯中心主义以及进行语言学分析这三个向度。

当今学术界有一种观点，认为中国古代没有形而上学，没有逻辑学，由此推断，也就没有"本体论"。这种观点自然不是空穴来风，事实上，中国现当代学科体系的建立主要还是借力于西方，是西学东渐的结果，如果以西方学术传统为唯一标准来考量中国古代的学术思想，中西方学术传统的差异性势必导致对中国文化的否定性结论，这是不言而喻的。甚至我们还可以进一步断定中国古代也没有语言学、修辞学，因为从现象层面看，中国只有文字学、音韵学，一直到 1898 年马建忠出《马氏文通》，中国学人才开始研究"隐寓"在汉语中的所谓"规矩"。然而，我们又不能不说这类观点是片面的，它所遵循的衡量尺度完全来源于西方世界，根本谈不到客观比较。笔者的观点是，中国古代哲人不仅很早就关注到本体问题，而且也形成了独具特色的"本体论"思想，只是中国古代的"本体论"与西方"本体论"存在着追问方式的重大差异。

---

① 　贺来：《"本体论"究竟是什么——评〈本体论研究〉》，《长白学刊》2001 年第 5 期。

一

　　中国古代"本体论"建立的基础是人生哲学，而西方"本体论"建立的基础大致可以归为求知冲动。中国古人从先秦诸子开始，最为关心的是揭示人生的意义，涉及人性善恶、生存方式、人生价值、处世之道、美善统一、天人合一等诸多问题。西方世界从古希腊开始，人们最关注的是解释世界的奥秘，涉及宇宙起源、物性自足、种属关系、终极真理、理性内涵、运动永恒、主客对立等问题。当然，这样一种基本判断也包含适用范围的问题，在中国主要是针对儒道思想而言，在西方主要是就由自然哲学肇始至柏拉图、亚里士多德完善的理性主义而论。无论在中国还是西方，都有过一些当时影响很大却没有在后世成为哲学主流的哲人和观点，如中国先秦时期的杨朱和墨家以及西方古希腊时期的安提西尼和他的弟子狄奥根尼所代表的犬儒主义。即便如此，这些非主流的观点也多少带有东西方形而上学的各自特征。在中国，杨朱学派与墨家代表了人生价值观的两极；在西方，犬儒主义以及芝诺开创的斯多葛学派，也是理性主义的极端化表现。

　　人生哲学和求知冲动都会涉及对于世界的根本看法，都内涵了价值取向的原则立场和衡量尺度。换言之，无论中国还是西方，在早期形而上学中关注永恒所具有的意义是两者之间可以进行比较的基础。只不过，中国古人关注永恒的出发点是现实人生，即有限的生命如何具有无限的价值，古希腊人关注的永恒是如何通过爱智慧而最终通达永恒的智慧。

　　有限的生命如何实现无限的价值？儒道两家提出了不同看法。道家最核心的主张是顺生，儒家最核心的观点是仁学。从表面上看，顺生取消了主体的能动性，无为才是无所不为；而儒家仁学则提倡知其不可为而为之，强调主体努力向上、积极进取才是人生价值所在。两者似乎存在着天壤之别。实际上，儒道之所以能够互补，其内里实有相通之处，那就是退而有道和进而合度，就学理而言，两者都从《周易》中汲取了必要的理论营养。

"周易"之名最早见于《周礼》，虽然《周礼》的断代在学术界尚有争议，这多少影响到我们对《周易》成书年代的断定，但一般认为《周易》是周朝的占筮之书，只不过，"周易"中的"周"字既代指周朝，也包含周备、完全之意。东汉郑玄认为："易一名而含三义：简易一也；变易二也；不易三也。"即认为"易"包含了三种意思："简易""变易"和"恒常不变"。"天地之大德曰生"（《系辞下·第一章》），"生生之谓易"（《系辞上·第五章》）。这里讲的"生"并不单指有机体，而是指作为整体的世界都具有内在的生机，也就是说世界本身具有一种内在的能动性，具有运动变化的基质。"生生"是指万事万物的运动存在着内在秩序和外在表现。"生"是常性，"易"是常理，构成这种常性和常理的原动力就是阴阳两种力量的制衡、冲突、转化，也就是《周易》中讲的"一阴一阳之谓道，继之者善也，成之者性也"（《系辞上·第五章》）。由此可见，郑玄《易论》中对于"易"的解释，还是比较接近"易"之本意的。《周易》为群经之首，对中国文化发展生成和发展影响极大。只是春秋、战国时期，适逢乱世，诸家所提出的安身立命之主张不同，也就站在不同的立场上解释、吸收、发展着易理。在笔者看来，道家之易学提倡的是"恒易"①，主张顺天、知命、守常、达观；儒家之易学提倡的是"变易"，主张修齐治平，重铸人心和改造社会；墨家之易学强调的是"简易"，主张尚贤、尚同、节用、节葬。道家之"易"基于判断力，儒家之"易"基于实践理性，墨家之"易"基于纯粹理性。如康德所言，在纯粹理性与实践理性之间存在着天然鸿沟，所以儒墨之间也形成了尖锐的对立：儒家好礼好乐，墨家非礼非乐；儒家

---

① 台湾学者罗光先生总结道家形上学所讲的核心为"动"、为"变易"。该观点见于孙兵《恒与变：中西本体论的融通——台湾新士林哲学家罗光形上学问题新探索》，《理论界》2011 年第 8 期。笔者认为道家就人生哲学层面而论，其精神实质是以不变应万变，所以，其基本立场是"恒易"而非"变易"。

以义利别君子小人，墨家主张"兼相爱，交相利"。正因为"恒易""变易"及"简易"都属于"易"本有之意，所以，各持一端而发论的道、儒、墨就不仅具有了互补性，也为后来留下了继续发展的必要和余地。如国内有些学者指出："在稷下，孔子之儒学由孟轲、荀况分别加以弘扬、改铸、重建；墨子之学在宋钘、尹文那里发生了重大变异；老子之学由慎到、田骈等人的创造性发挥，大大改观……通过稷下，先秦诸子之学得到了综合、批判，孕育产生出了适应时代要求的新思想、新观念。"① 以纯粹理性的立场分析，墨家所主张的属于合理而难普及的理想化的人生哲学。一方面，墨家特别重视逻辑学和认识论，而从逻辑起点上看，无论宇宙之道还是人生之道，最根本的一定也是最简易的。另一方面，墨家简易之道必然遭遇历史和现实的双重困境：就历史延续角度看，周礼推崇等级制，如丧葬之礼因等级不同而厚薄有别，墨家推崇节葬无疑有很大的难度；而从现实角度看，春秋、战国时期是礼坏乐崩、诸侯纷争的时代，霸道远比王道有更大的市场，墨家推行兼爱和非攻，虽思想高尚、行为磊落且直指时弊，最终一切努力难免付诸东流。所以，墨家的衰微成为一种必然，到了西汉之后墨家基本消失。

西方哲学大体经历了本体论、认识论和语言学三个发展阶段，从古希腊、罗马到 16 世纪，是本体论阶段，西方哲学主要是关于"是"或"存在"（being）的学说，即用概念的逻辑所推论和建构起来的、追求普遍性和必然性的纯粹原理。从文艺复兴以后到 19 世纪，是认识论阶段，西方哲学开始"从关注作为世界整体的存在转向了关注人本身对于世界的认识、人获取真理的途径、过程和方法，人如何确定知识的可靠性、真理性，等等"。"这一转向是从法国哲学家笛卡儿开始的，由大陆理性主义与英国经验主义共同发展，而由德国古典哲学最终完成的。"到了 19 世纪末 20 世纪初，

---

① 刘蔚华、苗润田：《稷下学史》，中国广播电视出版社，1992，第 53 页。

西方哲学又出现了"语言学转向","原先从属于理性,仅仅充当工具的语言迅速崛起,逐渐取代了理性的地位而上升到哲学的王座上"①。

西方的"本体论"的基础大致可以归为一种求知冲动,当西方哲学把对于智慧的追求转变为探讨普遍的知识时,不论这种普遍知识是存在(being)还是人的本质或者人类凭借语言而构筑的文化体系,都意味着人们希望通过逻辑演绎、思想认识和语言分析,可以使得存在者何以存在的问题得以昭示。西方哲学从此走上了对于"真"的探寻之路。在西方,哲学(philosophia)的本意就是"爱智慧"。什么是智慧?如果从康德对于意识所划分的三大块谈起,严格意义上的智慧应该附属于纯粹理性,而实践理性与判断力只能算智慧在特定领域的表现。如果从一般意义上讲,智慧大致指掌握较多知识与技能之后形成的主体素质。顾名思义,"智者"就是有智慧的人,但我们应该注意一个现象,就是在古希腊既出现了智者,也产生了哲人,智者和哲人并不能画等号。在苏格拉底那里,"智者"这个称谓时常带有贬义并受到嘲笑,苏格拉底自称自己是没有什么智慧的,后人常常以为这只是苏格拉底表现出的一种谦虚从而忽略了其言说的严肃性。倘若我们视苏格拉底这种言说是一种足具严肃性或者客观性的表述,就有必要区别智者与哲人,也有必要回溯古希腊的具体情形。在古希腊,讼师在法庭进行的辩护中发挥着极其重要的作用,这种作用的直接结果是导致讼师获得优厚待遇的同时也得到了比较高的社会地位,间接结果是辩论之风在社会上开始盛行,并出现了专门教授他人进行辩论的教师。而高超的辩论术通常所依赖的是逻辑和语言,辩论与真理无关。所以,所谓智者更接近于我们今天的最佳辩手。显然,在苏格拉底看来,所谓智者只是一些擅长于耍小聪明的人,而绝非明哲大贤。作为以追

---

① 蒋孔阳、朱立元主编《西方美学通史》第 1 卷,上海文艺出版社,1999,第 18 ~ 28 页。

求终极真理为使命的哲学家，能够做到的只是不断地接近而不是掌握真理，苏格拉底亦不例外。

然而，苏格拉底对智者的蔑视在很大程度上又是极不公正的。尽管智者喜欢在辩论中偷换概念，喜欢使用华词丽语，但智者的辩论术背后隐藏着逻辑与语言的支撑，不但在无形之中促进了逻辑学、语言学、修辞学的成熟，而且，当智者把逻辑和语言推至信仰的高度时，操纵逻辑与语言的主体的重要性就被凸显出来，比如，普罗泰哥拉就提出："人是万物的尺度，是存在者如何存在的尺度，是非存在者如何非存在的尺度。"这个观点不仅在内容上开人本主义精神之先河，在形式上也达到了语言和逻辑的高度统一。由此我们可以看出，智者在逻辑学、语言、修辞学上所进行的研究、拓展，与后来亚里士多德把形而上学和数学、物理学加以明确区分并把形而上学称为"第一哲学"有极为密切的关系。

追溯西方本体论思想之源到智者是不够的，同样，国内有些学者把西方本体论思想归为巴门尼德的发现，也是远远不够的。终极真理是什么？如何突破个体经验的局限而接近和努力把握终极真理？这是西方本体论所面对的难题，早在自然哲学那里就开始着手解决这个难题并提供了不同的解释。可以说，在古希腊哲学中本体论思想有一个发展、演变的阶段性进程。我们可以从总体上加以概括，也可以通过梳理其基本脉络来了解西方本体论所涉及问题的复杂程度。就总体而言，古希腊哲人对本体论思想进行探讨的基本途径和主要方式是：把个体与整体相联系，把现象与本质相区别，以永恒统摄瞬息万变，以逻辑思辨代替经验实证。如果对古希腊本体论思想的发展脉络进行梳理的话，笔者认为可以划分为自然哲学系统论、形式逻辑本质论和精神哲学本体论三个阶段。

古希腊哲学肇始于自然哲学，自然哲学的第一个学派是在公元前6世纪后半叶由泰勒斯开创的米利都学派，与米利都学派差不多同时活跃于哲学领域的还有毕达哥拉斯学派。米利都学派与毕达哥拉斯学派的互通之处是"始基说"，"始基说"直接关注的是宇宙万事万物由无到有的起源问题，其中隐含了视宇宙为一个整体系统的观念。只不过这种系统观念是想象与思辨结合的产物，而不是科学研究的结果。有些研究者认为，从米利都学派的泰勒斯、阿那克西米尼再到毕达哥拉斯以及赫拉克利特，存在一个滚动发展的过程。笔者的看法是，米利都学派与毕达哥拉斯学派确实有一些表现形态上的不同。比如，泰勒斯很注意观察星空，而毕达哥拉斯却重视很多禁忌；米利都学派重视学理探讨，毕达哥拉斯学派更重视实践应用；米利都学派很少探讨美学问题，毕达哥拉斯学派却提出了不少美学主张。尽管如此，笔者依旧认为米利都学派与毕达哥拉斯学派在本体论意义上呈现出更多的共同性，两者关注的核心内容是宇宙万物何以由无到有的问题，其本体论思想都是"以无为本"。泰勒斯认为万物起源于水，关注的是无形：水——随物赋形——生成性；泰勒斯的再传弟子阿那克西米尼认为万物起源于气，关注的是无性：气——因时变性——运动性；毕达哥拉斯认为万物起源于数，关注的是无象：数——以一总多——概括性。无论生成性、运动性还是概括性，都是从系统论角度将自然作为一个整体进行阐释。另外，在自然哲学阶段，基于常识而形成的想象与独断占据上风，逻辑还处于一种潜伏状态，只不过由肯定——否定——否定之否定这样一个探索过程所凸显的矛盾和悖论赋予了逻辑学产生的必要性和可能性。

由自然哲学系统论上升到精神哲学本体论，过渡环节是爱利亚学派的形式逻辑本质论，而在自然哲学系统论与形式逻辑本质论之间，又有一个过渡人物，就是赫拉克利特。赫拉克利特与米利都学派及毕达哥拉斯学派的共同之处是仍旧在努力寻觅宇宙万物的始基，细节的不同在于，赫拉克利特认为万物的始基是宇宙的活火。与泰勒斯主张的水为万物始基、阿那克西米尼主张的气为万物始基不同，赫拉克利特认为火为万物始基，这在逻辑上突破了"形式因"和"质料因"的局限，把关注点转移到"动力因"上面。更为关键的是，赫拉克利特注意到了一个对于本体论思想突破具有重要意义的逻辑悖论，就是存在与不存在之间有难以调和的矛盾，宇宙中包括人在内的一切始终都处于变化之中，"人不能两次踏入同一条河流"，"我们存在而又不存在"，你可以说多活一天是一天，也可以说一天死一点。只有变化才是永恒，凭借感性我们可以感知变化，凭借理性和逻辑，我们却可以推导出永恒，这就是自然哲学系统论向形式逻辑本质论转向的必要性所在。

赫拉克利特所揭示的逻辑悖论推动了自然哲学系统论向形式逻辑本质论的迈进，实际上隐含了哲学视角的转变，即由仰望星空转向了审视自身，感知和体悟运动与永恒之间的关系，已经触及感性与理性之间的矛盾，这可以视作西方本体论思想具有主体性的初步。之所以说这只是主体性的初步，有三个原因：其一，赫拉克利特本人只是发现了问题，并没有真正找到解决问题的途径。其二，在赫拉克利特之后兴起的爱利亚学派依然在神与逻辑、语言之间徘徊，其中色诺芬区别了"意见"与"真理"，认为我们对于事物的某种看法只能算做意见，而不能等同于真理。真理是唯一的，也就是属于神的，神是无处不在和永恒不变的"唯一"。色诺芬把真理与意见加以区分无疑具有启示，但他提出"唯一"的神显然不同于希腊神话体系中十二大神，也不同于在神界居于统治地位的宙斯。希腊的神系并不能提供唯一性和永恒性，那么，他所指的唯一永恒的神是什么，这很令人困惑。其三，到了巴门尼德，尽管没有明确断定神是不可追问和质疑的唯一，但他却采用了明智的回避态度并找到可以自圆其说的方法——通过逻辑论证和语言驳难来建构本质本体论。在逻辑层面巴门尼德强调指出"存在是存在的，非存在则不存在"，在语言层面，他明确肯定了"能够被表述和被思想的必定存在"。这实际上已经间接地触及语言是存在之家的思想并预示了"我思故我在"的本体论发展方向。

从形式逻辑本质论向精神哲学本体论的发展是一个螺旋式上升的过程，换言之，自然哲学系统论与形式逻辑本质论所形成的阶段观点在精神哲学本体论上留下了深深烙印，只是精神哲学本体论的代表人物苏格拉底、柏拉图和亚里士多德不再简单地重复前人，而是努力在精神层面把本体与真理、本体与理性的关系确定下来（当然，这里所说的“精神”的内涵和我们今天所说的与物质相对立的意识不是一回事）。柏拉图把“存在”换为“理念”范畴，使之包含两个相互联系的内涵：理念是一种先验存在；个别事物是分有理念的感性存在。亚里士多德的存在论虽然其内涵与柏拉图的理念论有较大不同，但思路却是一致的，也是探讨存在之所以存在的理由以及存在所具有的属性，即沿着存在是什么的思路展开进一步的思考。在亚里士多德看来，存在是从个别的存在物中抽象和概括出来的，是对于世界总体的一般概括。他在《形而上学》中把存在的属性归纳为三点：①“于定义为始”，即人类在种属关系中对具体存在物下定义时所必须依赖的本体基础；②“于认识之序次为始”，即意义的基础，在认识具体事物时，首先必须从本体论的角度来把握之，也就是首先必须研究的是“何以是”的问题；③“于时间为始”，存在是元范畴，是其他一切范畴的逻辑起点。[①]

很显然，无论是柏拉图的理念论还是亚里士多德的存在论，从本体论的角度看，思考问题的逻辑起点是一般与个别相区别，抽象与具体相对照，主体与客体相分离，天理与人情相对立。这种哲学理论的构建与逻辑演绎有着直接的关系，而且，依赖的是人的理性与经验。这种哲学传统是贯穿西方哲学史始终的，也就是说，在西方，哲学的使命就是思考“存在者之存在”的学说，而这种学说的根本基础也就是我们所说的“柏拉图主义”。所以，海德格尔认为形而上学就是柏拉图主义，黑格尔则是西方形而上学的集大成者，这种看法是很有道理的。阿那克萨戈拉的自由而不受控制的“努斯”被苏格拉底引向了德性目的论；色诺芬对“意见”与“真

---

① 亚里士多德：《形而上学》，商务印书馆，1981，第 125~126 页。

理"的区分被柏拉图发展为理式的自我呈现，理式是普遍性与根本性的统一；赫拉克利特的"无物常驻"被亚里士多德改造为三个判断：本体离不开个体；本体不是个体，而是个体之所以为个体的原因；在个体活动中形成了本体论与价值论的秩序。这就形成了西方理性主义本体论的三个向度，即本体论层面的伦理学、认识论和判断力。

二

如上所述，西方本体论从自然哲学开始到精神哲学之成熟，经历了自然哲学系统论、形式逻辑本质论和精神哲学本体论三个发展阶段，如果我们从逻辑角度来加以概括，实际上这三个阶段分别探讨的是整体性、普遍性与目的性三个核心问题。说到底，整体性是一种自下而上的逻辑归纳，普遍性则是自上而下的演绎，目的性则是赋予整体性与普遍性以主体特征，从而努力填平存在于主客世界之间、纯粹理性与实践理性之间的鸿沟。所以，在西方本体论思想的产生和发展中，原本有一条比较清晰的逻辑发展脉络，同时，其关注焦点也非常清楚，那就是追寻终极真理，回答本体"是什么"的问题。与西方本体论思想发展相比，中国很难梳理出一条历时性的逻辑发展脉络。我们所讲的"三玄"，即《周易》《老子》《庄子》，就其整体状况而言，还属于元哲学形态。也就是说，在"三玄"中，是杂糅整体性、普遍性和目的性于一体的，它既要回答宇宙如何生成问题，也要回答世界如何统一的问题，还要回答意义如何营构的问题。然而，倘若我们从中西方本体论所提供的结论出发进行比较，实际上又是行不通的。造成这种情况的原因是中西方本体论的逻辑出发点不同。

无论是中国还是西方，哲学产生的前提都是对于意义的先验假设，也就是假设有一种终极的毫无缺陷的意义存在。正如康德所说："本体论是我们所有先验认知元素的纯粹原理。或者说，本体论是我们具有先验事物的所有概念的总和……本体论是我的概念的原理，概念对于我的理解而言只能是一种先验。"① 这种本体假设既要为哲学产生和发展提供必要性和动力源，更要为"人之所以为人"提供充足理由。本体论指涉的终极意义实际上又是一种理想的境界，它不等同于任何经验现象和具体事物，对这种终极意义的设定背后隐含着人的信仰和乐观主义精神。问题在于，理想的境界也是可以加以区别的。就常识而言，境界可以分为"知之极境"与"行之极境"两种。把"知之极境"视作意义追问的终点，其划定的领域囿于纯粹理性，是偏于理论形态的形而上学。而把"行之极境"视作意义追问的终点，其划定的领域则囿于实践理性，是偏于行动的人生哲学。前者是西方本体论的逻辑基础，后者则是中国本体论的基本立场。偏于理论形态的形而上学所遵循的是自上而下的思辨逻辑，而偏于行动的人生哲学则遵循自下而上的体验性的情感逻辑。它们的共同之处有两个：其一，都不能违反基本的逻辑规律，如同一律、矛盾律、充足理由律等；其二，作为本体论，都属于"是"的学问。但两种本体论又有着本质区别，西方本体论发展的根本逻辑是"是其所是"，而中国本体论的根本逻辑则是"不是其所是"。换言之，西方本体论强调点是"本体就是本体"，人们所关注的是本体何以成为本体，本体在何种意义上与万物发生联系，本体自身应该具有哪些属性。沿着这样一条思路，西方本体论逐渐形成了庞大复杂的思想体系，也形成了理性主义思辨的总体特征。中国的本体论强调点是"本体不是非本体"，人们关注的是如何从本体的误区中摆脱出来，如何通过纠正人生实践的不足来得到升华和净化，如何最大限度地限制"非本体"的负面影响。就这个角度看，李泽厚先生晚年提出的"主体性实践哲学""人类学本体论""情本体"，倒是基本符合中国传统的本体论发展逻辑的。

---

① 转引自李鹏《本体论的逻辑形态解读》，《求索》2006 年第 1 期。

　　邓晓芒先生曾经提出一个观点，认为西方本体论属于客观唯心主义；王元骧先生也直接批评李泽厚晚年的本体论观点是一种倒退，"他以'情本体'为核心所构建起来的美学理论对一系列问题的论述都脱离了历史唯物主义的基本精神"，"心理建设……只属于人生论、伦理学和美学研究的领域，不能取代历史哲学，特别是历史唯物主义"。① 在研究西方哲学和研究马克思主义哲学、美学方面，邓先生和王先生都是大家，他们的观点无疑是有见地的。笔者所要强调的与他们的观点并不矛盾，即本体论的逻辑假设与经验之间有着极为复杂的关系，以唯心与唯物进行划分只是一个角度或一种标准而已。

　　就起源论而言，逻辑命题源于经验，只有在经验事实的无数次重复之后，人们才得以意识到并逐步确定对象彼此之间的逻辑关联性。问题在于，从主体角度看，经验本身是理解力和想象力共同参与作用于对象的产物，理解力越有限，则想象力越丰富，而丰富的想象力赋予经验与逻辑一种非常不可靠的性质。比如，非洲原始部落成员会认为野牛数量的减少与画家在画纸上描绘了野牛有着必然的关系。这种认识其实就是基于经验的虚假的逻辑判断。笔者的意思是，强调逻辑命题源于经验，既不能保证经验的真实性，也不能保证逻辑判断的真理性，还不能说明源于经验的认识一定就是唯物主义的。从客体角度看，对于经验的世界我们可以分为四种类型的对象：一种是纯粹自然的对象，如日月星辰、江河湖海以及动物植物；第二种是人化自然，即经过人们加工改造之后的客观存在，如打磨之后的石头、驯养之后的动物、种植的农作物等；第三种是精神产品，如宗教器物、艺术作品以及象征权力的"金枝"；第四种是作为经验对象的主体以及主体的活动，如示爱与婚媾、英雄与传奇、狩猎与种植、征战与盟誓等。我们不能肯定导致逻辑产生的经

---

① 王元骧：《李泽厚美学的思想基础还是历史唯物主义吗?》，《文艺研究》2011年第5期。

验所面对的对象仅仅是纯粹自然的对象。比如，在原始部落时代，伴随生产活动的还有宗教活动，很难想象，只有生产活动才能产生逻辑判断，而宗教活动只是与逻辑毫无关系的迷狂。因为，一切宗教活动，背后都隐含着直接或者间接的功利目的，同理，通过宗教活动不论是否真的达到了预设的目的，也是极有可能诱导逻辑判断产生的。

如果仅仅把经验对象局限于我们划分的第一、第二类对象领域，很容易对本体论的逻辑假设作出否定。如罗素曾经提出的："只有一个世界，这就是'实在的'世界。"① 当认为经验只应该指那些关涉实在的经验时，本体论的逻辑就被通过归谬法而抛弃了。所以，罗素又说："要人们相信本体论论证一定有错误，比准确地说出它到底在哪出了问题要容易得多。"② 但从我们对于经验所进行的分类来看，本体论的逻辑假设是完全可以成立的，对此布伦塔诺的观点是比较贴切的说明："对象不必是实在的，实在性并不是某物作为对象意向地包含在精神之中的条件。"③ 无论是逻辑还是经验，都有一个滚动发展的过程。首先，经验在原初状态——比如，石器时代——指向的主要是物质世界，因为当时人与自然的关系更侧重于一种生理上的需求，人们的认识、情感、意志都围绕着物质实践展开，生产经验是当时接近唯一的经验。以生产经验为基础的逻辑思维活动，实际上根本还上升不到本体论的高度。其次，随着生产力水平的提高，人们的认识水平也相应得到了提高，本体论思想才得以在纯粹理性和实践理性两个维度上得以生成。一方面，人们开始探索所面对的世界是否具有统一性、普遍性和目的性；另一方面，人们也反观自我，探讨人生如何最大限度地达到自由和自觉。在第一个维度上，经验和逻辑的关联已经与原始状态有

---

① 罗素：《数理哲学导论》，商务印书馆，1982，第159页。
② Russell, *A History of Western Philosophy*, Simon and Schuster, 1972, p. 586.
③ 涂纪亮主编《现代欧洲大陆语言哲学》，中国社会科学出版社，1994，第14页。

了质的区别。在第二个维度上，本体论的逻辑指向则是以具有精神性的各类意识形式及人类实践活动为对象的。

在西方，沿着逻辑和语言之路走得更远的是恩培多克勒、阿那克萨戈拉以及智者学派。在恩培多克勒和阿那克萨戈拉那里，早期米利都学派的始基说被发展为元素说。阿那克萨戈拉把精神性的力量视作元素相互作用的原动力，他提出了一个重要概念"努斯"，其含义类似于柏拉图所说的灵魂和黑格尔主张的"绝对精神"。智者学派的代表人物是普罗泰戈拉和高尔吉亚，两人的观点相互对立又相互补充，构成了形式逻辑本质论的正反面。在普罗泰戈拉看来，存在和不存在都必须依赖逻辑和语言来加以表达，操纵逻辑和语言的人类就是存在的根本依据。而高尔吉亚则从反面提出了三个论断："无物存在""即使有某物存在也不可认识""即使被人们认识了也无法告诉别人"。通过这三个论断，高尔吉亚显然认为语言和逻辑不仅不能揭示存在，反而在一定程度上遮蔽了存在。就形式逻辑本质论的正命题而言，本体之所以是本体，既依赖于语言层面的命名，也仰仗着逻辑层面的推演，脱离了语言和逻辑，存在也就陷入了混沌状态。就形式逻辑本质论的负命题而言，强调了语言和逻辑的后起性质，在逻辑上本体本来就是一种假设，这种假设并不单指向逻辑和语言之外，同时也指向了逻辑和语言本身，逻辑和语言的有限性注定了它们面对本体所呈现的窘境，回答本体是什么，其答案只能是本体就是本体。因为逻辑要处理的事物之间存在种属关系，而本体显然不能和任何具体的事物形成固定的种属关系。本体是不可定义的，所以语言只能对本体进行描述，而无法进行严格意义上的论证。

在西方本体论思想的发展过程中，高尔吉亚的主张显然不占主导地位，因为不仅在纯粹形而上学中，即便是在基督教的形而上学中，理性主义精神也都明显地表现为一种对于建构本体的自信。基督教的神学哲学家常常专注于论证上帝何以必然存在，至少在表述形式上，他们与一般的哲学家并无太大差别。比如，柏拉图的理式说与圣托马斯的太一说，无论论证方式还是最终结论，都旨在借助思辨来证明本体假设是一种合法性存在。《老子》里讲："为学日益，为道日损，损之又损，以至于无为。"（《老子》第四十八章）在西方本体论发展轨迹中，为道恰恰是通过"为学日益"得以建构的。然而，在中国则走上了另一条道路，即中国自己独具特色的本体论思想——"道论"。中国的"道论"最重要的组成部分是道家之道和儒家之道两种。就逻辑论证方式方法而言，如果我们把西方本体论思想的主流看做正论的话，在中国无论道家还是儒家，其本体论思想的基本逻辑论证方式则是驳论。笔者认为道家和儒家的本体论思想大体可以用两个成语来概括，那就是"若无其事"和"过犹不及"。如果说西方本体论思想侧重于肯定的、建构的逻辑论证方式，那么，中国的儒道本体论思想则侧重于否定的、解构的逻辑论证方式。

先来分析道家本体论思想在逻辑论证方式上的"若无其事"。"若无"在道家本体论中具有极其重要的地位，"若无"既不等于"无"，也不等于"有"；既包含了"无"，也包含了"有"；"道"所包含的"无"和"有"并非能够独立分裂的两个世界，而是互相包容、渗透、影响、转化的有机统一体。故而老子说："道可道，非常道；名可名，非常名。无，名天地之始；有，名万物之母。故常无，欲以观其妙；常有，欲以观其徼。"（《老子》第一章）那么我们来看"道"本体具有哪些属性。老子如此描述："有物混成，先天地生，寂兮寥兮，独立而不改，周行而不殆，可以为天下母。吾不知其名，字之曰道，强为之名曰大。"（《老子》第二十五章）"有物混成"说明"道"亦是物，但它不同于我们日常经验之物，它先天地而生，具有绝对的原创性；它"独立而不改"，具有自我的完整性和永恒性；它"周行而不殆"，具有超乎万物的普遍性；它"可以为天下母"，具有无比强大的生成性。道并不依赖语言和逻辑而存在，我们用"道"这个名字来称谓它，只是不得已而为之，当然，也可以称之为"大"。既然"道"在空间和时间上都具有无限性，那么我们一方面难以依靠感官来把握它，同时也难以依赖与经验紧密相关的逻辑来证明"道"的存在。老子的高明之处在于，他并没有完全丢开经验坐而论道，而是处处不离经验却又从否定的角度让我们体悟"道"之本体。"视之不见名曰夷，听之不闻名曰希，搏之不得名曰微。此三者不可致诘，故混而为一。其上不皦，其下不昧。绳绳不可名，复归于无物，是谓无状之状、无物之象。是谓惚恍。迎之不见其首，随之不见其后。"（《老子》第十四章）当然，我们还不能直接把视觉、听觉、触觉不能把握的"夷""希""微"三种状态直接等同于道本身，老子归纳出这三种状况既强调了人的知觉有限性，也强调了"道"具有形而上的特征，"道"能够超乎具体的知觉经验而诉诸我们的直觉或者统觉，所以，在某种意义上说，道也是"无状之状，无物之象"。故老子说："道之为物，惟恍惟惚。惚兮恍兮，其中有象；恍兮惚兮，其中有物；窈兮冥兮，其中有精；其精甚真，其中有信。"（《老子》第二十一章）

知觉固然不能直接把握"道"之本体，却可以为体悟"道"之本体提供助力。首先进入知觉的是自然世界，整体把握，求同存异。事物意义之生成原本离不开相比较而存在，相联系而发展。故"有无相生，难易相成，长短相形，高下相盈，音声相和，前后相随"（《老子》第二章）。作为对立面的双方同时也是可以转化的："曲则全，枉则直，洼则盈，敝则新，少则得，多则惑。"（《老子》第二十二章）老子对于这个道理做了自己的阐释："大曰逝，逝曰远，远曰反。"（《老子》第二十五章）"大""逝""远""反"从表面看只是描述了"道"的运行轨迹，实际上却隐含了逻辑层面的两方面内容：一方面，事物有向相反方向发展的趋势，也就是我们通常所说的反其道而行的意思，即老子所说的"反者道之动"（《老子》第四十章）；另一方面，事物的发展既前行，也回归，即我们常说的万变不离其宗的意思，也就是老子所说的"夫物芸芸，各复归其根"（《老子》第十六章）。概括两方面的内涵，我们可以看出来，老子已经具有了朴素的正、反、合的辩证思想。

老子的这种辩证思想既可以视作宇宙生成论，也可以视作人生哲学和简约形态的社会学。作为宇宙生成论，我们在上文中进行了阐述，作为人生哲学和社会学，则需要进一步加以阐明。首先，从人生哲学角度看，"人法地，地法天，天法道，道法自然"（《老子》第二十五章）。人既是宇宙之精华，万物之灵长，同时，人自身也是一个小宇宙，人生之道也要遵循自然之理。"人之生也柔弱，其死也坚强；草木之生也柔脆，其死也枯槁；故坚强者死之徒，柔弱者生之徒……强大处下，柔弱处上。"（《老子》第七十六章）老子这里讲的意思和叔本华的人生哲学近似，人生而有欲有求，故生是有前提条件的生，只有死才不需要条件。与死相比，生本来就是柔弱的，这是其一；人生之中，个体总是居于各种关系之中，只有退而求全，不争保身，才能减少或避免被伤害，故而柔胜于刚，这是其二。正所谓"上善若水。水善利万物而不争，处众人之所恶，故几于道。居善地，心善渊，与善仁，言善信，正善治，事善能，动善时。夫唯不争，故无尤"（《老子》第八章）。

其次，人生哲学的形成离不开具体的社会历史基础，老子对于当时社会现状的观察是冷峻而细腻的。"民之饥，以其上食税之多，是以饥；民之难治，以其上之有为，是以难治；民之轻死，以其上求生之厚，是以轻死。"（《老子》第七十五章）按照常态来讲，人本来应该重生死，但社会统治者的过度盘剥导致了下层百姓欲顺生而不得。故而对于普通百姓来说其结果是轻死，对于统治者来说其结果是治理天下困难重重。"天之道，损有余而补不足，人之道则不然，损不足以奉有余。孰能有余以奉天下者？唯有道者。"（《老子》第七十七章）老子显然认为损有余而补不足是天下失道的具体表现。天下失道单靠礼乐是不能解决问题的，这是道家不同于儒家的根本之处。"故失道而后德，失德而后仁，失仁而后义，失义而后礼。"（《老子》第三十八章）天下失道之后人们才开始强调道德约束的重要性；人们丧失了共同遵循的道德法则才开始强调仁者需要爱护他人；一旦自私成为一种天经地义的人生信条，才凸显出急公好义是多么地迫在眉睫；没有了急公好义，就只有依赖礼制来建立等级秩序。所以，只有提倡绝仁弃义、绝圣弃智、绝礼弃学，使人心归于"愚"，天下才能归于有道状态。显然，老子反对的是被工具化的德、仁、义、礼，是"道"被抛弃或异化之后的结果。

　　再来分析儒家本体论思想中"过犹不及"的逻辑论证方式。儒家认为"过"与"不及"皆有违天地人生共有之道，这里面显然存在着一个先验设定的标准，有了这个标准才能衡量具体情况究竟是"过"还是"不及"。《易经·系辞传》中有如下说明："仰以观于天文，俯以察于地理，是故知幽明之故。原始反终，故知死生之说。精气为物，游魂为变，是故知鬼神之情状。"通过这段话，我们能够看出两层意思。一是"过犹不及"的主旨为何，主要还是讲人生之道，在幽明、生死、鬼神之中，"知生"才是最关键的。二是讲"知"的途径和方法，主要有观察天文地理、追溯生命始终和明了变化之道。但我们也应该意识到，儒家之生命本体、"情本体"或者伦理本体同样隐含了一个逻辑假设，那就是人道即天道，或者说人道是天道的一种表现形式，所以，《易经·系辞传》又说："与天地相似，故不违。知周乎万物，而道济天下，故不过。旁行而不流，乐天知命，故不忧。安土敦乎仁，故能爱。"有了这样一个逻辑假设，就奠定了个体体悟"道"之本体的根本。故孔子讲："天何言哉？四时行焉，百物生焉，天何言哉？"（《论语·阳货》）

　　《易经·系辞传》的描述中除了揭示了儒家本体论之"知生"的实质，说明了体验的必要，势必还要关涉天人共有之道的内涵究竟为何的问题。在笔者看来，尽管儒家道论并不依赖逻辑来加以深入论证，但还是注意到了变与恒、虚与实、诚与伪等诸种逻辑关系，这点在孔子的《论语》以及后来的《中庸》里都有进一步的说明。孔子曾经感叹道："逝者如斯夫！不舍昼夜。"（《论语·子罕》）朱熹在《四书集注》中对此作出的注释是："天地之化，往者过，来者续，无一息之停，乃道体之本然也。"值得注意的是，朱熹并没有从"逝"的角度进行阐释，而是从"化"的角度加以生发，这一点应该是符合孔子本意的，同时也是《中庸》中的一个核心观点："唯天下至诚，为能经纶天下之大经，立天下之大本，知天地之化育。夫焉有所倚？肫肫其仁，渊渊其渊，浩浩其天。苟不固聪明圣知达天德者，其孰能知之？"由此可见，在生死之间，儒家更强调生之意义，这与道家之"道"有着明显区别。道家之"道"是生死并存的，而且在有无之间似乎更强调无，生与死相比，其实质是柔弱。当然，"道"化育万物的思想在道家思想中亦有表述，这点印证了笔者前面提到的观点，《周易》不仅影响到了儒家，也影响到了道家，尽管《易经》中主要包含的还是儒家思想。

正因为儒家视天道之根本在于化育万物而不是像道家所说的"天地不仁，视万物为刍狗"，故而成就了儒家的伦理本体，这种本体观说穿了就是认为天道人道归于一体，就是化育众生的"善根"。对于主体而言，"善根"不是习得的结果，而是顺其自然生长出来的。所以，《中庸》指出："诚者，天之道也，诚之者，人之道也。诚者不勉而中，不思而得，从容中道，圣人也。诚之者，择善而固执之者也。""不勉而中""不思而得"，既不需要外力的强制，也不需要苦思冥想，自然而然地从善如流，这就是"诚"的表现形态。"唯天下至诚，为能尽其性；能尽其性，则能尽人之性；能尽人之性，则能尽物之性；能尽物之性，则可以赞天地之化育；可以赞天地之化育，则可以与天地参矣。"（《中庸》）在儒家看来，只有至诚，才能尽人性与物性。这种观点表面上看比较费解，实则有内在的逻辑依据：天道之根本在化育万物而不是毁灭万物，人道与天道应归于一体，所以人道的根本也是"化育"而非伤害。究其实质，这种观点属于贯彻到底的性善论。《中庸》中又讲："诚者自成也，而道自道也。诚者物之始终，不诚无物，是故君子诚之为贵。诚者非自成己而已也，所以成物也。成己，仁也；成物，知也。"这段话对于我们理解"仁"的内涵具有很重要的意义。很多人认为"仁者爱人"主要就是孟子所说的"老吾老"和"幼吾幼"之类，其实不尽然。儒家本体论是伦理的性善本体，仁并不单是爱他人，实际上爱别人的同时也成就和成全了自己，爱别人是"尽心"，在"尽心"的过程中对于自己而言则是"尽性"，只有尽性才能使得个体获得本体意义上的圆满。所以，施仁于人的意义是以仁成己，以知成物。以仁成己是自我价值的确认，以知成物是实践理性的外化。

按照上述观点的逻辑思路来理解孔子"尽善尽美"的主张，我们可以有新的认识。通常人们认为，"尽善尽美"就是完美与完善的统一，或者说就是美善合一。其实这种观点既没有深入儒家思想的核心，也与孔子其他言语之间存在着矛盾。比如，"巧言令色者，鲜矣仁"，讲的是内容与形式之间的矛盾，也是美与善的不统一。不错，孔子极力推崇韶乐作为"尽善尽美"的典范，问题在于，"尽善尽美"的内涵究竟是什么。首先，在笔者看来，"尽善尽美"是与"尽美而不尽善"、既不尽善也不尽美这两种情况相比较而存在的，所以，我们可以通过分析后两者的含义来理解"尽善尽美"的内涵。武乐是被孔子视为尽美而没有尽善的音乐，大致是因为武乐中包含了杀伐之气。问题在于，为什么包含杀伐之气的武乐会被孔子认为是美的呢？内里原因实际上来自《周易》所表现的"天行健"的观念。换言之，只要是能够表现出一种生命的"力"的壮美，那都是天地化育出来的结果，也就是美的。然而，天地化育出来的这样一种主体的"力"之壮美又可能带来对于其他生命的伤害，这与尽性知物的理想境界并不能完全吻合，从仁的角度既达不到"成己"的目的，也很难说是全面完整的"知物"，故只算是尽美而不尽善的作品了。至于被孔子归于"淫"的郑声，那就不仅损害主体自己的以仁成己，同时也有违天地精神之劲健向上，无论从天道还是从人道上讲，都是颓废负面的，故而孔子把它归入美与善的对立面。从这个逻辑判断引申开去，涉及儒家对于伦理实践行为的整体看法。台湾新士林哲学认为这一点正是中西方哲学的互通之处，他们看到西方圣托马斯也说过："行有两种，一种是从行动者出发而达到外在的物质……这种行动不是行动者的现实和成就，而更是'受'者的现实和成就。如烧、锯……另一种行动，是停在行动者自体以内，是感觉、认识和愿意，这种行动乃是行动者的成就和实现。"① 故新士林哲学也将"行"分为很多种，"最重要的几种，是精神之行和物质之行，自动之行和被动之行，内在之行和外在之行"②。笔者认为这种观点与儒家本意有出入，儒家实际上并没有把精神活动归入实践领域，只是在儒家看来，伦理实践不是一个单向施与而是一个双向互动的过程，即所谓成人亦成己，毁人亦毁己，也就是说实践本身是主客体熔融的过程，实践不仅指向客体，也造就着主体。

三

从思辨哲学与人生哲学、形式逻辑与情感体验逻辑两个层面比较中西方本体论追问方式的差异之后，构筑本体论所必须凭借的语言本身就凸显出来，因为语言既是思维工具，也是理论存在之所，任何一种理论最终都必须依靠语言得以呈现，这是不言而喻的。然而，我们不得不承认，面对本体追问，语言往往表现出明显的有限性，这种有限性在中西方本体追问过程中皆暴露无遗。就西方而言，本体追问最终要么认为"本体"是难的，要么认为"本体"就是本体而不是非本体，要么认为"本体"必须依靠语言与逻辑才能得以彰显，但在逻辑上这种彰显必须依赖于先验的本体假设，在语言层面离不开一个指向意向性对象的本体承诺。就中国而言，本体追问从宽泛意义上讲就是"道"论，"道"论主要包括道家之道和儒家之道。无论道家还是儒家，他们所关注的核心问题其实都

---

① 转引自孙兵《恒与变：中西本体论的融通——台湾新士林哲学家罗光形上学问题新探索》，《理论界》2011 年第 8 期。
② 罗光：《罗光全书》第二十册，学生书局，1958，第 923 页。

不是"道是什么",而是"道的表现有哪些"以及"得道的表现是什么",而所有这些都是在现象层面和实践层面来讨论本体。即便在现象层面和实践层面讨论道之本体,依旧存在言不达意的问题。我们注意到,在语言层面,西方本体论通常表述为"A 是 A",而中国本体论却更强调"A 非 A"和"A 若(犹、如)B"。据笔者的统计,《论语》中用"如"字 154 处,用"若"字 16 处,用"犹"字 23 处;《老子》中用"若"字 45 处,用"是"字 69 处,其中作"是谓"固定搭配使用计 23 处。由此可见,中国的本体论具有独特的语言表现形式。

黑格尔曾经认为《老子》和中国哲学没有创造一个"范畴"〔规定〕的王国,因为"中文里面的规定〔或概念〕停留在无规定〔或无确定性〕之中","中国语言""还简直没有,或很少达到""对思维规定本身有专门的和独特的词汇的地步"。[①] 有些学者认为这是黑格尔对于中国古代哲学的误解和贬低,却没有意识到,正是因为黑格尔以西方本体论"A 是 A"为基本理论立场才得出这种结论。"A 是 A"的话语方式与"A 非 A"和"A 若(犹、如)B"之间不仅有着形态差异,更具有本质的区别。从"A 是 A"的角度考量,讨论"A 非 A"和"A 若(犹、如、似)B"都是在"A"的外围绕圈子,并不能揭示"A"本身。表面看来,这种说法似乎也是有道理的,可是如果我们回顾一下当年亚里士多德在《形而上学》中对"A 是 A"这个判断的讨论和反思,我们就知道,"A 是 A"在逻辑上并不能保证外延和内涵的充分一致和圆满,故亚里士多德认为"A 是 A"在可行性上讲,应该转移到"A 属于什么"和"A 包含什么",即"$A + B + C + \cdots\cdots = ?$"以及"$B + C + D + \cdots\cdots = A$",实际这种做法也是在"A"之外寻找"A"之所以为"A"的存在理由。如果简化一下这个算式,我们就看得很清楚,西方本体论强调的是"$A = B + C$",中国本体论强调的是

---

① 黑格尔:《哲学史讲演录》第 1 卷,商务印书馆,1978,第 128、132 页。

"A≠B"和"A≠C"。如果仅讨论到这一步，那么，黑格尔说中国哲学并没有给一个概念以准确的界定，也还是可以勉强说得通的。问题的关键并不在于此，而在于本体不是物体，本体论的建构不可能依靠确定对象的数量和质量得以把握，哲学之所以是数学和物理学之后的学问，就在于本体具有不可测的性质。所以，我们也就很难在本体是什么和本体像什么（内含了本体不是什么）中判定哪一种更能够彰显本体自身。

中国本体论之所以采用"A 非 A"和"A 若（犹、如、似）B"这样的语言表述方式，并非出于一种或然因素，而是基于一种对于语言与逻辑是否真正能够呈现或者阐释本体的深刻怀疑。这种怀疑直接来自中西方语言文字之性质、功能、表现形式等方面存在的根本差异。首先，汉字是表意性的象形文字，西语是表音性的抽象符号。汉字作为象形文字，无论"象形""形声""指事"还是"会意"，能指和所指结合得都很紧密，一个汉字简直可以称为一个意象，它本身已经融合了人作为主体的感觉、体验和想象。所以，汉字可以"声入心通"，也可以"形入心通"。鲁迅把汉字的审美效果总结为："意美以感心，一也；音美以感耳，二也；形美以感目，三也。"① 闻一多则断言："惟有象形的中国文字，可直接展现绘画的美。西方的文学要变成声音，透过想象才能感到绘画的美。"② 但拼音文字就大不相同，能指和所指是完全随意性的，是理性的产物。其次，不同于西方语言尤其是拉丁语系的语言对于语法的高度重视，汉语是一种有着古老源头的高度重视词汇的语言。从一定程度上说，重视语法把西方语言引向了哲学本体论，即系词（be）在语言中起到核心的作用，语言的主要功能就成了求"是"，即对于世界万事万物给予普遍性的定义，凝聚语言的力量是逻辑性

---

① 鲁迅：《汉文学纲要》，《鲁迅全集》第 9 卷，人民文学出版社，1961，第 344 页。

② 闻一多：《女神之地方色彩》，《创造周报》1923 年第 5 期。

而非想象力。而汉语重视词汇的结果则通过思维中丰富的想象来凝聚语言，表现在句子形态上，汉语多数是简单句，句子与句子中间富有跳跃性，这种跳跃性在打破或者忽略逻辑性的同时也赋予语言以抒情性和诗性。鲁枢元先生曾指出："较之于'关系框架'为组成法则的西方语言，中国的汉语言是一种'流块建构'的语言，其特点是'句读简短，形式松弛，富于弹性，富于韵律，联想丰富，组合自由，气韵生动'，是一种更符合文学创作特点的语言。"① 引申开来，我们可以说汉语本身更具有形象性和审美性，而西语更具有抽象性和逻辑思辨性。而这样的特点不仅表现在文学创作中，更深层地潜伏在中西方人的思维深处，并在整个审美实践和美学演进中发挥着重要的影响。

接着我们来讨论《周易》所隐含的汉语语言观念。《周易》最基本的构成要素是阳爻和阴爻，通过把三爻重叠组成了八卦，即乾、坤、震、艮、离、坎、兑、巽，在八卦的基础上再两两重叠，由六爻所处位置不同形成了六十四种排列组合，即六十四卦。《周易》包括卦象、卦名、卦辞、爻辞四个部分。卦辞用以解释全卦的含义，爻辞用以解释每一爻的意义。对这样一个结构我们也可以视作逻辑上存在一个先后关系。卦象与卦名相比，更具有本体性；卦名与卦辞相比，更具有概括性；卦辞与爻辞相比，更具有总体性。换言之，语言的阐释应该以命名作为前提，命名的基础则是数与象组成的卦象。显然，这里面暗含了对于语言能够准确阐释本体的怀疑态度，否则，就会直接用语言来概括本体而不是通过卦象来呈现本体了。而对于语言所持的怀疑态度不仅在《周易》中表现出来，同时也是老子、孔子和庄子所共有的。

我们先来探讨老子的语言观。"道可道，非常道，名可名，非常名。"老子认为"道"既不能用语言直接加以言说，也不能通过语言命名来得以固定。这两句涉及两组关系，一是恒与变的关系，

---

① 鲁枢元：《超越语言》，中国社会科学出版社，1990，第237页。

二是名与实的关系。"道"不可言说和命名，语言是有声亦有形的，而"大音希声""大象无形"，"道"之本体是近乎于无声无形的。语言和称谓都可以变，道不变，故而所有凭借语言来呈现的都不是永恒不变之道，所有依赖语言命名的也不会是不变之名。但是，若真正无语自然也就没有了《道德经》。存在即合理，老子撰《道德经》五千言，行动的依据即"道"不可言，但"道"性又是可以和有必要讨论的，世界万物性质形状虽各有不同，可归根结底，其性无非"有"与"无"。天地之间有万物，这是事实；万物变化有始终，这是常识。从事实与常识出发，"道"性亦不离"有无"。"无，名天地之始；有，名万物之母。"强调"无"，是因为在天地这样一个包容万物的大容器产生之前是什么，我们不可想象，那么只能归结于"无"；强调有，是万物必生于天地之间，先有天地后有万物，天地就是万物之父母，先有天地之"有"，然后才有万物之"有"。"故常无，欲以观其妙；常有，欲以观其徼。"从"无"角度可以看"道"之"妙"，从有的角度可以看道之"徼"。自本体论层面来说，"道"妙不可言，变化多端，所以老子在语言层面采用正反相对的成组词语来阐释"道"的内涵，在正反之间构建联系的词自然不同于西语中的判断词"是"，而只能使用表示相似关系的"若"字。学术界有些学者把这种论证方式概括为"正言若反"。

在《老子》中使用"若"字形成"正言若反"之关系的有如下句子：

上善若水（上善之人像水那样）（《老子》第八章）
宠辱若惊（受宠若惊，受辱也若惊）（《老子》第十三章）
豫（焉）［兮］若冬涉川，犹兮若畏四邻，俨兮其若（客）［客］，涣兮［其］若（冰之将）释，敦兮其若朴，旷兮其若谷，混兮其若浊。（谨慎啊，就像冬天涉足大河；警觉啊，就像害怕有四邻来攻；庄重啊，就像是做宾客；散淡啊，

就像是冰消融；敦厚啊，就像未经雕琢的朴木；旷达啊，就像空阔的山谷；浑厚啊，就像浑浊的流水。）（《老子》第十五章）

明道若昧，进道若退，夷道若纇；上德若谷，大白若辱，广德若不足，建德若偷，质真若渝。（光明的道好像暗昧，前进的道好像后退，平坦的道好像尽是坑注；高尚的德好像低下的山谷，最亮的白好像一片黑暗，广大的德好像不足，刚健的德好像怠惰，质地纯真好像污秽变质。）（《老子》第四十一章）

大成若缺，其用不（弊）［敝］。大盈若虚，其用不穷。大直若屈，大巧若拙，大辩若讷。（最圆满的好像缺损，它的作用不会衰败。最充盈的好像空虚，它的作用不会穷竭。最正直的好像弯曲，最灵巧的好像笨拙，最有辩才的好像说话迟钝。）（《老子》第四十五章）①

另外，在《老子》第五十九章有"治人事天莫若啬"，第六十章有"治大国若烹小鲜"，等等。归纳所有这些"若"字使用的规律，大体可以分为以具象喻抽象、以反象明正象两类，或者两类兼而有之。这两类用法实际上都表明了我们在上文所述的老子对于语言的基本态度，那就是认为有形有声的语言只能形容道性，而不能对道加以命名，也不能准确揭示道之本体。

老子认为语言实际上是不能真正呈现"道"之本体的。首先，老子认识到："天之道不争而善胜，不言而善应。"（《老子》第七十三章）"道"不言而又无处不在。"道"并不依赖语言而存在，任何论"道"之言皆不等于"道"本身，因为在老子看来，人作为主体，其常态是"知者不言，言者不知"（《老子》第五十六章）。对象作为客体，其常态是"大方无隅，大器晚成，大音希声，大象无形"（《老子》第四十一章）。其次，他也很清晰地认识到："吾言甚易知、甚易行。天下莫能知、莫能行。"这中间虽然

---

① 《老子》，李存山注译，中州古籍出版社，2004。

也有知行合一的问题，也有知言养气的问题，但更主要的原因还是说明完整把握隐含于"言"与"行"背后的"道"实际是有难度的。再次，在老子看来"道"是最高的真实，而语言却可以具有不真实的属性，即所谓"信言不美，美言不信；善者不辩，辩者不善"（《老子》第八十一章）。

再来探讨儒家对于语言的态度。与道家彻底否定"言"的必要性有所不同，儒家对语言的态度存在着内在的矛盾。一方面，孔子认为言与行是对立统一的关系，很多时候两者之间有冲突、差异和对立。"巧言令色，鲜矣仁"（《论语·学而》），"巧言乱德"（《论语·宪问》），可见孔子是很鄙弃"巧言"的。在孔子看来，君子应该"敏于事而慎于言"（《论语·学而》）。孔子对"群居终日，言不及义"（《论语·卫灵公》）极为反感，从孔子的弟子口中我们也可以看出来孔子的话语方式："子夏曰：'君子有三变：望之俨然，即之也温，听其言也厉。'"（《论语·子张》）孔子的话语方式是原则性极强的。孔子认为要想重铸人心，不仅礼教和乐教皆属不可忽略之环节，言传身教也是必须重视的途径。为了达到教化目的，不违礼乐制度的语言实在不可或缺。故孔子说："有德者必有言，有言者不必有德。仁者必有勇，勇者不必有仁。"（《论语·宪问》）也就是既注意到了言与德的关系和仁与勇的关系类似，皆非一对一的关系，也重视到言说的实际意义和价值。

孔子意识到个体的言说总离不开具体的语境，并且，言说语境通常会受到礼乐制度的制约，也就是在特定的场合、情态下应该有相适宜的言说方式，君子应该做到"非礼勿视，非礼勿听，非礼勿言，非礼勿动"（《论语·颜渊》，着重号为笔者所加）。而孔子也正是这么做的："孔子于乡党，恂恂如也，似不能言者。其在宗庙朝廷，便便言，唯谨尔。"（《论语·乡党》）这是在不同场合言说的方式有所不同。"朝，与下大夫言，侃侃如也；与上大夫言，訚訚如也。君在，踧踖如也，与与如也。"（《论语·乡党》）这是针对不同的对象选择不同的话语方式。在孔子看来："可与言而不与之言，失人；不可与言而与之言，失言。知者不失人，亦不失言。"（《论语·卫灵公》）换言之，正确的做法就是在合适的地点与合适的对象以合适的方式言说。有三种情况孔子认为是不可取的："言未及之而言，谓之躁；言及之而不言，谓之隐；未见颜色而言，谓之瞽。"（《论语·季氏》）

孔子并不是把语言与道视为抽象的逻辑关系，而是在实践层面上探究语言的社会功能。"名不正，则言不顺；言不顺，则事不成；事不成，则礼乐不兴；礼乐不兴，则刑罚不中；刑罚不中，则民无所措手足。故君子名之必可言也，言之必可行也。君子于其言，无所苟而已矣。"（《论语·子路》）语言实践最根本的原则是要名实相符，只有名实相符才能言顺事成、礼乐兴盛和赏罚得当，百姓才不至于在生活中手足无措。正因如此，君子不说违心苟且之言。

孔子也是在人与人的关系之中强调语言的合理性。对于自己来说，要避免言过其实，"君子耻其言而过其行"《论语·宪问》。对于别人进行评价时，又要遵循"不以言举人，不以人废言"（《论语·卫灵公》）的原则。我们甚至可以说，在孔子的语言观背后，隐含了他的人生准则或人生哲学，如孔子对"恕"道的强调："子贡问曰：'有一言而可以终身行之者乎？'子曰：'其恕乎！己所不欲，勿施于人。'"（《论语·卫灵公》）

孔子非常重视"言"与"学"的关系。他认为："不学《诗》，无以言。"何以如此？首先，在孔子生活的时代，《诗经》不只是一部诗集，也是一部考察、体验、领悟生活的百科全书，正如孔子所言："小子何莫学夫诗。诗，可以兴，可以观，可以群，可以怨。迩之事父，远之事君；多识于鸟兽草木之名。"（《论语·阳货》）《诗经》除了可以"兴观群怨"，也是重要的文献资料，孔子主张言必有据，他曾说："夏礼，吾能言之，杞不足征也；殷礼，吾能言之，宋不足征也。文献不足故也。足，则吾能征之矣。"（《论语·八佾》）显然，孔子言礼乐同样重视文献的佐证功能。其次，孔子是把《诗经》视为修身教科书的。他说："兴于诗，立于礼，成于乐。"（《论语·泰伯》）对这段话后人多有阐释。何晏《论语集解》引包咸注："兴，起也，言修身当先学诗。礼者，所以立身。乐以成性。"刘宝楠在《论语正义》中说："学诗之后，即学礼，继乃学乐。盖诗即乐章，而乐随礼以行，礼立而后乐可用也。"二人皆认为孔子提倡学诗与礼教乐教有着密切的关系。

Be 在英语中是一个系动词，同时它又具有名词存在形式，即动名词 Being。这一点与汉语有着极其重要的区别。在汉语中，没有一个完全对应于 Be 或者 Being 的词汇。导致这种差异的直接原因是在汉语中动词不分时态，没有过去式、一般式、进行式、完成式和将来式，自然也就没有了原形。在这里存在着一个问题，汉民族属于内陆农耕民族，空间感不强我们可以理解，因为日出而作日入而息，空间变化原本就不明显。但汉民族对于时间流逝却向来是非常敏感的："子在川上曰，逝者如斯夫，不舍昼夜。"形容词也没有比较级和最高级的差异。究其原因，笔者认为大体可以分为三个层面。其一，任何对于语言进行的分析，都离不开语言固有的形态。语言处在一个不断生成和演变的过程之中，语言的生成和演变固然与外部世界的变化、民族共同体成员思维的进步以及主体意识的日益丰富有着密切的关系，也就是我们通常所讲的来自客体的、思维的（即语言实践的）与精神的三重原因，但当我们只是泛泛谈论世界的变化，如从石器时代、青铜时代、铁器时代、工业时代发展到今日的信息时代，这种社会的发展带给民族共同语演进以极大的动力；当我们只是谈论思维能力的提高，比如，由线性思维转向了辩证思维甚至立体思维也会带给语言实践以及语言演变以极大动力；当我们进而论及语言是思想寄居之所，精神世界扩张之后，语言的疆界也必然随之拓展。可以说，我们所谈论的这些话题其实是所有民族共同语所共有的，也是所有语言必然要解决的问题。换言之，这些研究所具有的针对性是就语言何以变化、语言运动需要哪些因素来加以推动进行思考，却没有有效回答汉语何以没有一个对应于西语 ontology 的词汇。语言的生成和演变的动力来自语言的深层结构，语言深层结构提供了语言发展的需求，进而形成来自语言结构内部的规律。正是这种语言内部规律决定了古汉语中只有判断句却没有 Be 或 Being。对于 Being 这个概念，国内学界主要有三种翻译："有""是"和"存在"，所以，关于"有""是"或"存在"的学问就被称做"万有论""是论"或"存在论"。在笔者看来，"本体论"既涉及主体对于世界最根本的看法，也构成了哲学体系的基本内核。"本体论"范畴的广延性可以避免使用"本质论"这一术语所带来的浓郁的理性主义色彩，也可以规避使用存在与意识这样一组范畴所具有的主客两分语境带来的机械和绝对化的倾向。

但是，当我们从本体论出发来审视东方玄学之时，我们就势必遭遇一种言说的窘境，即，西方本体论所关注的对象是"万有""存在"和"是"，中国玄学所关注的恰恰不是"有"而是"无"，不是"存在"，而是对于"存在"的超越，不是"是其所是"，而是"是其所不是"或"不是其所是"。当然，如果以辩证法的观点来审视，有和无、存在与虚无、是与非，所有这一切都是对立统一的矛盾体，但即便如此，也并不能完全解决由思维立场、话语方式、学术框架本身种种不同带来的诸种差异，也不能昭显中西方在对于世界、社会、人生以及人本身进行把握的各自优势，不能昭显在对立之中各自在何种程度上或何者更具有本真性，更具有价值终极性，更具有现实针对性。只是，我们可以确切地说，如果西方理性主义传统、主客两分、逻各斯中心主义笼罩下的"万有""存在"和"是"属于本体论，那么，中国玄学中"尚无""辨非"和"识虚"同样也属于本体论。

第二节　如何认识玄学美学本体论的内涵

当我们能够粗略窥见中西方本体论原本存在着两种不同的追问

方式时，接踵而至的问题就是，我们究竟应当如何看待玄学美学本体论，换言之，即玄学美学本体论基本的内涵是什么。汤用彤先生认为，汉代玄学"不免本天人之义，由物象之盛衰，明人事之隆污。稽察自然之理，符之于政事法度。其所游心，未超于象数……魏晋之玄学则不然，已不复拘于宇宙运行之外用，进而论天地之本体。汉代寓天道于物理。魏晋黜天道而究本体，以寡御众，而归于玄极；忘象得意，而游于物外。于是脱离汉代宇宙之论（Cosmology or Cosmogony）而留连于存存本本之真（ontology or theory of being）"①。汤先生的观点实际上涉及三个问题：一是玄学在本体论层面所具有的创新性；二是玄学与经学的关系；三是魏晋玄学与汉代玄学的关系。在笔者看来，第一个问题是具有根本性的问题，后两个问题是由第一个问题延伸拓展而形成的。正因如此，我们有必要在魏晋玄学哲学的大背景下来阐释魏晋玄学美学的本体内涵。

一

陈来先生曾指出："自汤用彤先生之后，关于玄学有无之辩讨论的问题，学术界在看法上已趋一致，即肯定玄学有无之辩着眼于现象之后的宇宙本体，重在探求宇宙万物及社会人生的根据。从而把玄学与两汉自然哲学着重讨论的宇宙生成问题区别开来"②。这种看法得到不少学者的认同，如王晓毅先生认为"贵'无'论玄学属于本体论范畴，而汉代神学目的论则表现为宇宙生成论。汉魏之际人物批评所诞生的贵'无'人材哲学与汉儒关于宇宙产生之前元气混先无形观念的结合，是宇宙生成论向玄学本体论的转化契机"③；辛冠洁先生认为"玄学是通过本末、有无这些特有的范畴探讨宇宙本体亦即万有的根据的学说"④；许杭生先生认为"正式

---

①　汤用彤：《魏晋玄学论稿》，人民出版社，1957，第48~49页。

②　陈来：《魏晋玄学的"有""无"范畴新探》，《文史哲》1985年第4期。

③　王晓毅：《宇宙生成论向玄学本体论的转化》，《文史哲》1989年第6期。

④　辛冠洁：《玄学散论》，《文史哲》1985年第3期。

把'本末''体用'当作哲学概念来考察的，是魏晋玄学家的王弼、何晏等人。王弼明确提出了'以无为本''以有为末'和'崇本举末'（或崇本息末）的思想，并且以此建立起他的'以无为本'的本体论哲学体系'①。尽管如此，我们依旧不能简单地认为玄学的本体内涵甚至玄学美学的本体内涵至此已被彻底厘清。分歧意见主要表现在三个方面：其一，在玄学发展的不同阶段上，分别形成了"贵无""崇有"以及"独化"等不同观点，单纯对王弼"贵无"论所包含的本体内涵进行解释，并不能涵盖玄学本体内涵的全部。比如，刘立夫、刘忠于先生认为："就魏晋玄学而言，与本体论联系最为密切的就是玄学的'有''无'之辩……在贵无派那里，有无问题基本上是一个本体论问题，而在崇有派那里，有无问题则是一个宇宙生成论的问题。"② 可见，仅仅承认王弼的"贵无论"是本体论思想不能解决如何看待"贵有论"及"独化论"之本体内涵的问题。其二，对于宇宙本体论在玄学中是否居于中心位置，本身也存在争论。许杭生先生认为："魏晋玄学哲学的基本特征，一般人们都把它定作为宇宙本体论，以辩论有无问题为其中心议题。但除了何晏、王弼主张'以无为本、以有为末'的宇宙本体论外，玄学家嵇康、阮籍并不讨论有无与本体问题，向秀、郭象更是主反本体论的。因此，用宇宙本体论来概括玄学哲学的基本特征似有缺陷。我们认为玄学哲学的普遍共性，并不是宇宙本体论，而确切地说，应是讨论的宇宙万物的自然本性论问题。"③ 显然，许杭生认为即使王弼"以无为本"的本体论属于"宇宙本体论"，也不意味着宇宙本体论具有统摄玄学整体的功能。其三，"贵无论"所涉及的"有无""本末"等概念在王弼之前就已经被讨论过，如果仅从概念本身来讨论玄学的本体内涵，反而容易遮蔽

---

① 许杭生：《何王玄学管见》，《文史哲》1985 年第 3 期。
② 刘立夫，刘忠于：《"有""无"之辩与魏晋玄学的本体论问题》，《船山学刊》2003 年第 3 期。
③ 许杭生：《关于玄学哲学基本特征的再研讨》，《中国哲学史》2000 年第 1 期。

王弼在玄学乃至于中国哲学史上的贡献。如王明先生所言："在葛洪的文章里也遇见有、无、本、末的词儿，当他论形神关系时，曾提到'有无'……可是葛洪谈的是：'有'依靠'无'而生，'形'依靠'神'而立。玄学主张以'无'为本，'有'为末，不谈什么'无'生'有'的问题。所以'有无'两个词儿虽则相同，但彼此所表述的宗旨是根本不同的。他无非借'有无'来说明形神的关系罢了。"[1] 王明辨析了玄学"有""无"与形神论的差异，同时，也隐含了把形神论从玄学中分离出去的意思。

　　上述三种分歧意见只是在哲学层面对王弼"贵无论"加以评述引出的玄学本体论的哲学思考，如何把玄学本体论由哲学本体论延伸或过渡到美学本体论中来，换言之，如何把握玄学美学的本体内涵，依旧需要进一步讨论。就笔者所涉猎的材料来看，学术界就此形成了三类观点。第一类是避开"无"而专论"体"的意义及价值，如刘康德先生认为：

　　　　对于"圣人体无"，通常理解是指"圣人能在生命中将无体现出来。'体'是体现的意思。'无'是要体现出来而不是可以语言来训解的"（牟宗三语。《中国哲学十九讲》，第231页）。这里的"体"，还不仅是"体现"之意，还有"体验、体会、体认、体察、体悟"之意。而这种"体验、体会、体认、体察、体悟"等认知都是指真正渗入到主体自身之中的内在经验。它以感觉为主，但在一定程度上已是对事物某种质的认知，所以它既能单刀直入，简洁明了，又能刺入蕴底，揭示本质。[2]

这种以"体"为本的观点有点类似于现象学里所讲的"本质直

---

[1]　王明：《魏晋玄学研究中的两个问题》，《文史哲》1985 年第 3 期。

[2]　刘康德：《玄学生成与圣人体无》，《复旦学报（社会科学版）》1990 年第 5 期。

观"，就学理而言，是能够兼具哲学和美学双重属性的。这种"本质直观"不只是认识论意义上的，更是伦理学意义上，如孔繁先生所言："天地万物皆以'无'为本，乃玄学之根本主张，'无'为天地万物包括社会伦理之本源。"① （着重号为笔者所加） 通过"本质直观"，玄学本体论的美学内涵逐渐得以呈现，因为，"魏晋玄学本体论区别于汉代宇宙生成论，不仅考察世界本原意义上的'本体'与'现象'的关系问题，还注重对自然存在与社会存在的辩证关系、人类情性和社会道德关系的分析"②。当这种"本质直观"被贯穿于实践活动之中，就为玄学美学的主体性人格本体论奠定理论基础，进而实现玄学向人学的转变，使玄学哲学本体论转变为玄学美学的审美人格本体论，如以李泽厚先生为代表的个体人格本体论、仪平策先生为代表的群体人格本体论、高华平先生为代表的文化人格本体论等。李泽厚先生强调的个体自我精神，其背后起支撑作用的是他的"情本体"（人类学本体）；仪平策先生认为玄学的实质是"统无御有""崇本举末""体用一如"，其价值在于和"人"的紧密结合；高华平着重剖析魏晋人格美具有"自然主义"和"个性主义"意蕴。三种玄学美学的人格本体论之间存在相通之处，即化玄学之"体"为人学意义上的"主体"，从而突出了玄学美学本体论所包含的主体性价值取向。

　　第二类是通过扩大范畴的内涵和外延来贯通"本末"与调和"体用"。如沈顺福先生认为："魏晋玄学的基本主张是崇本举末、体用不二。这是一种新型本体论，即事实本体论。它主张：现象和本体一起共同构成存在的真正存在方式，二者的统一才是存在的本体。名教与自然的统一、形神的统一、言与意的统一等，分别从不同的角度证明了这一理论。"③ 乍一看，这种"事实本体论"似乎

---

①　孔繁：《我对魏晋清谈之理解》，《文史哲》1985 年第 3 期。

②　吴丹：《魏晋玄学本体论的特质》，《北方论丛》2010 年第 1 期。

③　沈顺福：《论魏晋玄学形而上学的特点及其贡献》，《东岳论丛》2011 年第3 期。

存在着内在逻辑的矛盾，"现象和本体共同构成的真正存在方式"就是"存在本体"，等于在说"本体＝现象＋本体"；但实际上，沈顺福先生的这种观点是符合中国美学尤其是玄学美学内在精神的，只不过，在玄学美学里，"现象"往往是作为"被否定的现象"而凸显的，否定性现象与本体意义的肯定在审美实践层面完全可以做到有机统一。如高晨阳先生所言："玄学所理解的宇宙本体，乃系于主体的'体无'之境而言，或者说，玄学的有无本末之辨，旨在解决工夫和境界的可能与途径，它与'道法自然'问题相关联，'所凸显的是一种崇尚自然的精神。"①

在强调"体用不二"上，第二类观点与玄学人格本体论并无不同，只是一旦把"体用"落实到"事实""功夫和境界"层面，就势必暗含了一种意义，即视玄学美学的本体内涵为一种民族文化精神的发扬光大。正如张岱年先生曾指出的："中国古代本体论的创始者是老子，庄子又加以发展。老子所说的道，既是天地的来源，又是天地万物所以存在的根据。老子的哲学既是一种宇宙生成论，又包含一种本体论……王弼的本体论比老子更进了一步，所谓'以无为本'、所谓'寂然至无，是其本矣'，认为无是天地万物之本，他以为无是本、有是末，比老子更明确了，但是基本上还是老子学说的发展"②。王晓毅先生也讲道："王弼哲学本质上是天人之学。凡中国古代成熟的哲学，大都是以沟通天人关系为基本特征……天才少年王弼之所以独步当代思想论坛，就在于他成功地运用了社会普遍接受的名理方法，解释了流行的道根论、贵无论和自然无为思潮之间的关系。"③ 这些观点等于直接肯定王弼的"贵无论"是传统文化精神的发扬光大。

第三类认为玄学美学的本体内涵就是生命美学本体论。皮元珍

---

① 高晨阳：《玄学的本质及其对道家思想的继承和发展》，《中国哲学史》1996年第4期。

② 张岱年：《魏晋玄学的评价问题》，《文史哲》1985年第3期。

③ 王晓毅：《对王弼哲学的几点新认识》，《文史哲》1985年第3期。

先生曾指出："魏晋名士们所倡导的玄学，以其博大精深、玄妙幽眇，成为了中华民族智慧发展历程中的一座不朽的丰碑。不仅最集中地反映了以冥想与思辨为论述方式的新式哲学之特征，也可以说它以极有价值的变迁，昭示出超越生死的基本路向与生命的终极关怀。"① 潘知常先生也认为玄学是在对老庄思想的沿革之中形成的，玄学继承了老庄思想尤其是庄子思想中天人合一的观点，只不过玄学是用人格理想来代替老庄尤其是庄子所说的不可违之天命以及自然，因而，玄学美学之路也就是向生命的复归之路。潘知常先生的观点中依然隐含儒道合一的意思，虽然表面上他讲玄学继承的是老庄天人合一的观点，而实际上，塑造理想人格恰恰是儒家的使命，只不过，儒家塑造的理想人格不是一种自然人格，而是一种社会人格而已。潘先生的观点似可以给我们这样一个暗示，那就是当儒家的社会人格与道家的逍遥哲学相融合的时候，玄学也就转向了生命美学，玄学美学的本体内涵也就成了追求主体性，即他所说的"生命复归之路"。

二

关于魏晋玄学的精神实质，汤用彤先生曾经提出一个观点："魏晋时代'一般思想'的中心问题为：'理想的圣人之人格究竟应该怎样？'因此而有'自然'与'名教'之辨。"② 汤用彤先生的观点在学术界产生了较为广泛的影响，也得到了很多研究者的共鸣。如高晨阳先生认为"玄学是以本体论的层面来解释自然与名教的关系的"③；张承宗先生也认为"魏晋玄学的本质，就是自然与名教的矛盾与统一。要在名教的范围内得自然之趣，并真正达到

---

① 皮元珍：《超越生死的基本路向——论玄学与生命的终极关怀》，《长沙大学学报》2009 年第 4 期。

② 汤用彤：《魏晋玄学论稿》附录《魏晋玄学之发生与成长》，上海古籍出版社，2001。

③ 高晨阳：《玄学的主题：自然与名教之辨》，《孔子研究》1994 年第 3 期。

二者的合一……"① 赵建军认为"玄学是美学之文化背景由谶纬神学向哲学理性的一种归复，是美学之文化精神由沉沦到提升的一种必然体现"，"这种美学本体论否定谶纬学宇宙论神本观念，肯定人本存在的精神价值，具有系统的新人文品格和理性精神"。② 在笔者看来，如何整合"有无之争"与"自然与名教之辨"，既涉及玄学及玄学美学产生的必然性及必要性问题，也涉及对于玄学美学本体内涵的总体看法，值得我们进一步深入探讨。

在笔者看来，探究玄学美学之本体内涵，有三个我们不能回避的前提。其一，玄学及玄学美学产生来自汉末社会发展的实际状况，既与当时两汉正统经学及经学美学的衰落有关，也与当时居于政治显要位置的曹氏父子的个人喜好有着密切关系。其二，魏晋玄学兴盛与当时的文化时尚、风气有内在关联，清议、清谈和品评人物是玄学及玄学美学产生的助推剂。其三，玄学的哲学本体内涵与美学本体内涵尽管有外延上的差别，但实质是相通的，而且，都在一定程度上依赖于对已有思想资料的梳理、反思和重构。因此，玄学家多把目光投向注释和讲论"三玄"，只不过，玄学家的注释并非只是追溯经典本义，而更带有"六经注我"之色彩。我们应该充分重视玄学家对于先秦诸子思想的补充、完善和拓展，因为恰恰是这种补充、完善和拓展才真正地赋予了玄学美学一种现实的生命力。

首先，欲言两汉经学之衰，必先探究经学何以兴盛，若兴盛之理由、根据不存在，则经学由盛及衰的道理也就不言自明。经历秦末兵火浩劫，西汉初年，国家经济凋敝，民生艰难，当此百废待兴之际，黄老思想乘势而上并成为主流意识形态。黄老思想并非单单出于先秦道家学说，究其实质乃老庄清静无为思想与法家刑名主张

---

① 张承宗：《魏晋玄学的形成与发展》，《苏州大学学报（哲学社会科学版）》2002年第3期。

② 赵建军：《论玄学美学范畴的本体论建构》，《中国石油大学学报（社会科学版）》2006年第1期。

的结合与折中。无为而治旨在休养生息，刑名之学则既肯定君臣统治秩序之合理，也保证现实行为之有章可循。至文帝之时，中央与地方、农民与地主、国家与商人、汉王朝与匈奴等诸种矛盾皆有激化之势，贾谊提出兼用礼义法治，区别道虚道术。在汉景帝时，儒家辕固生就曾与道家黄生争辩过"汤武革命"究竟是"受命"还是"放杀"①，辕固生的"受命"说显然更容易得景帝心悦。贾谊、辕固生等论说儒学于宫廷，可以说是道、法结合走向道、法、儒三者结合的表现，也是向独尊儒术的过渡。至武帝建元二年（前 139）十月，窦太后贬抑儒臣，赵绾、王臧下狱自杀，丞相窦婴、太尉田蚡免官，道法之说接近巅峰状态。然而，就是在这种巅峰之中，道家学说之现实根基渐显动摇。这种动摇表面上看，是由儒家古文经学大师董仲舒完成了关键一击，背后却潜伏着历史发展之必然趋向。只不过，受形势所迫，文景之治休养生息之根本国策不宜骤变，道家之说得以苟延而已。此种情形至汉武帝时董仲舒天人感应说一出，继之以武帝"表彰六经""独尊儒术"，明经取士不仅对士大夫文人是直接诱导，同时也呼应了西汉国策之由"无为"向"有为"的转变。国运兴盛之际，明经取士与提出别的选拔人才标准就功能而言，并无质的区别，因为标准本身一旦具有极大的包容性，庶几可以囊括一时精英人物。问题关键在于，两汉历经四百年，由西汉武帝到东汉桓灵之世，也有三百余年，就统治者而言，提倡经学早已由辨才取人转为消磨士人志向，而在一般文人那里，皓首穷经已经与名节、人格严重脱节。可以说，经学之朽腐与名教之虚伪令有识之士明白儒学实已至不得不变革之地步。

　　两汉数百年间学术主脉承传的结果使儒学居于绝对主流之学术思想位置，故由儒入道、由儒向玄等解体转变实际上都是自儒生自己的觉悟开始的，此所谓俗语所说：苹果从心里烂起。比如，扬雄著《太玄》，桓谭作《新论》，马融、郑玄注老庄，王充著《论

---

　　① 　班固：《汉书》，中华书局，1962，第 3612 页。

衡》，都表现出了经学内在渐次发生的裂变。概而言之，玄学兴起与批判谶纬之学确有内在关系，但这种倾向本身并非始于东汉末年，而是肇始于西汉末年、王莽新朝以及东汉光武之世。只不过，彼时玄学雏形方具，诸学者所做的工作除破除迷信之外，基本立场皆属于融道家学说于儒教之中，就其身份或思想倾向而言，多未脱儒生原型。如扬雄认为"经莫大于《易》""传莫大于《论语》"，故模仿《周易》和《论语》分别写出《太玄》和《法言》。《周易》包括"易经"和"易传"两部分，《易传》和《论语》皆为儒家经典，但扬雄之作尤其是《太玄》则明显有别于传统儒学，而是融"易学""老学"为一体，首开以玄注经之风。再如桓谭，他是扬雄的学生辈人物，王莽新朝时任掌乐大夫，刘玄更始年间拜太中大夫，东汉光武帝时任议郎给事中。光武帝刘秀惯以谶语决疑难，与新朝王莽并无二致，桓谭乃上《抑谶重赏疏》，劝谏"以仁义正道为本"，并引《论语》为证，指出："孔子难言天道性命，子贡等人不得而闻，后世俗儒岂能通之！"由此可见，反谶纬的风气绝非始于魏武之世，而是出于古文经学自身之蜕变。

唐代房玄龄等著《晋书》，指出："魏武好法术，而天下贵刑名；魏文慕通达，而天下贱守节。其后纲维不摄，而虚无放诞之论盈于朝野。"[①] 这段话影响很大，但实际上并不准确。时代风气与统治者的提倡的确有非常密切的关系，不过，这种关系通常很少会是一对一的线性关系。如上文所讲，王莽、刘秀辈皆迷恋谶纬之说，却并不妨碍出现扬雄、桓谭以及后来的王充反对谶纬。同理，玄学产生并非单纯为了投合魏武、魏文之好，而是受时代社会形势之感召。甚至，我们可以说，连曹氏父子之不信谶纬、反对名教也都是乱世之中英雄出于草莽、求贤须问民间的现实所致。不过，如张承宗先生所言："出身于宦官世家的曹操也并不拘泥于儒家的法度。他崇尚法术刑名，提倡'唯才是举'，使儒学章句受到鄙弃，

---

① 房玄龄等：《晋书》卷四十七，中华书局，1974，第 1317 ~ 1318 页。

而使老庄思想抬头。"① 曹氏父子还是在客观上促进了经学和名教的进一步衰落。若进一步考校，曹氏父子在美学、文学上的影响应该超过了其在学术和哲学上的影响。

其次，魏晋玄学兴盛与当时的文化时尚、风气有内在关联，清谈和品评人物亦是玄学产生、发展的助推剂。国内有些学者认为，"清谈"出现在竹林玄学之后、江左玄学之前，即西晋中后期，这种观点与事实不符。也有学者认为"清谈"只是在内容上围绕"三玄"进行的谈论，在形式上往往表现为"玄远"。这种观点实际上也是不准确的。清谈之风源出于汉末清议，《后汉书·党锢列传》载："逮桓、灵之间，主荒政缪，国命委于阉寺，士子羞与为伍，故匹夫抗愤，处士横议，遂乃激扬名声，互相题拂，品核公卿，裁量执政，婞直之风，于斯行矣。"② 就"品核公卿"而言，牟宗三先生在《才性与玄理》一书中有专章"魏晋名理正名"进行了深入讨论，他指出："汉魏间人皆注意察举上之名实问题是已。名不副实，影响政治及社会风气甚大。"③"魏初品鉴人物之名理固有其现实之因缘，即一方面因汉魏间政论家之重名实，一方面亦因魏帝（曹氏父子）之好法术而注重典制与刑律，此皆为政治上之实用者。政治上之实用与品鉴常是平行而起。如在东汉末年，因察举而重名实，故有对于人物之题拂品核，此即所谓品鉴，品鉴有两指向：一是实用之指向，一是内在于人格之本身而为纯美之欣赏。前者为外在之利用，后者为内在之兴趣。"④ 牟宗三先生所说的为内在之兴趣而品鉴人物实际上点出了由清议转向清谈的关键所在。更加值得重视的是牟宗三先生对于才性名理与玄论的辨析：

---

① 张承宗：《魏晋玄学的形成与发展》，《苏州大学学报（哲学社会科学版）》2002 年第 3 期。
② 范晔：《后汉书》卷六十七，中华书局，1962，第 2185 页。
③ 牟宗三：《才性与玄理》，广西师范大学出版社，2006，第 200 页。
④ 牟宗三：《才性与玄理》，广西师范大学出版社，2006，第 202 页。

　　刘劭、傅嘏、卢毓、李丰、王广，兹舍其个人之事业、
人品不论，就其论才性言，为同一系，可名曰"才性名理
系"。钟会稍晚，已接上王弼，俱在少年知名于世。钟会注
《老》、论《易》，可谓由"才性名理"至"玄学名理"之转
关人物。魏初以才性问题为主，不见有谈老易之玄学者。其
人亦不名曰名士。但《人物志》既列入名家，故谈才性者，
史传皆直接名之曰谈名理。又其人皆比较实际，谈名理者又
皆较为精炼或校练。而谈玄学者则比较"玄远"而有"高
致"。故傅嘏与荀粲对言，则曰："嘏善名理，而粲尚玄远。"
钟会与王弼对言，则曰："会论议以校练为家，然每服弼之
高致。"①

笔者认为，谈名理者与谈玄学者固然有倾向于精练与倾向于玄远之
别，精练侧重逻辑，玄远偏于趣味，但两者又实有相通之处，即有
趣与有理以特定的方式得以统一。以牟宗三先生论及的荀粲为例，
陈寿《三国志》引《晋阳秋》所言：

　　嘏善名理而粲尚玄远，宗致虽同，仓卒时或有格而不相得
意。裴徽通彼我之怀，为二家骑驿，顷之，粲与嘏善。夏侯玄
亦亲。②

从中可以看出，傅嘏是擅长谈名理的，而荀粲则更喜欢谈玄学，但
正如文中所说，两者"宗致"还是相同的，其交汇点即裴徽的
"通彼我之怀"。换言之，两者的相似点就在于对现实世界的超越，
对主体客体的融通，虽然，超越的工具可以是名理之学，也可以是
玄学。余敦康先生曾提出一个观点：

---

① 牟宗三：《才性与玄理》，广西师范大学出版社，2006，第204页。
② 陈寿：《三国志》卷十，中华书局，1959，第320页。

　　玄学的主题是自然与名教的关系，道家明自然，儒家贵名教。因而如何处理儒道之间的矛盾使之达于会通，也就成为玄学清谈的热门话题。玄学家是带着自己对历史和现实的真切感受全身心投入这场讨论的，他们围绕这个问题所发表的各种看法，与其说是纯粹思辨哲学的一种冷静的思考，毋宁说是对合理的社会存在的一种热情的追求。①

他所讲的"冷静的思考"即傅嘏一类的谈论名理，而他所说的"热情的追求"即荀粲一类的热衷玄远。余敦康先生拈出的"冷静"和"热情"这两个词很传神，谈名理的必然涉及抽象概念的阐释理解和发挥演绎，故偏于冷静的逻辑；而谈玄学者时常语涉三玄之境及万物旨趣，故偏于情感的意趣。不过，我们也须看到，既然只是"谈"而无法致用，那就意味着无论是谈名理还是谈玄学，背后都隐含了对于现实的不满和疏离，同时也表现出某种程度的无奈和无力，这是其一。无奈和无力还会随着时代遽变而产生新的变化，特别是嘉平元年（249）司马懿胜曹爽兄弟，诛杀附属于曹氏集团的名士何晏、丁谧、李胜、毕轨、桓范等，正元元年（254）司马懿之子司马师又诛杀名士夏侯玄、李丰、许允等，面对高压恐怖与血腥屠戮，玄学之士对于追求合理社会现实的热情必然也会冷却下来，这是其二。

　　再次，玄学的哲学本体内涵与美学本体内涵本质上是相通的。从以何晏、王弼、阮籍、嵇康为代表的"贵无论"，到以裴頠为代表的"崇有论"，再到以向秀、郭象为代表的"独化论"，固然有着学理立场和视角的差异和变化，而实际上，背后隐含着的或者发挥关键作用的还是现实社会历史状况的剧烈变化。汉、魏、晋三朝更迭不过是五十年之间发生的事情，在半个世纪之中，王朝政治的风云变幻不仅影响到了每一个人的命运，也影响到了民众特别是士

――――――――――

　　①　余敦康：《魏晋玄学史》，北京大学出版社，2004，第1页。

阶层的心理。士阶层担负着在形而上层面为统治者制造精神幻想的重任，也有在形而下层面维持日常社会秩序的职能，还有承传与弘扬民族文化的使命。然而，汉、魏、晋三朝更替是如此急促而出人意料，致使民族文化精神之继承、意识形态之建构、统御之道之权衡既成为迫切而现实的问题，又显露出匆忙而矛盾的窘态。所以，分析玄学家的哲学观念与美学趣味，实在有必要注意他们分别附属于不同的政治集团。

从家族世系承袭上来看，何晏和王弼最为接近。何晏祖父辈何进为汉室大将军，其母尹氏又被曹操纳为小妾，所以，他也是深得曹操喜爱的假子。王弼祖上亦是汉代官僚世家，其六世祖王龚官至太尉，位列"三公"；其五世祖王畅与其曾外祖父刘表同被列入汉末"八俊"，王畅官至司空，刘表身为荆州牧；其继祖王粲为"建安七子"中的代表人物，才高八斗；其父王业，官至谒者仆射。也就是说，何晏和王弼祖上皆为汉臣，同时又投身于曹操集团。夏侯玄的祖父是汉末曹操部下大将夏侯渊，其父是魏大臣夏侯尚，其叔为曹魏大将夏侯霸，与大将军曹爽为姑表兄弟。阮籍的父亲是"建安七子"之中的阮瑀。嵇康与魏宗室通婚，拜中散大夫。通过梳理这五位玄学家的家族世系，我们可以看出来，这五人不仅是魏国旧臣，甚至都属于接近魏核心权力圈的人物，故而，他们无论在政治立场上还是个人情感上倾向于曹魏都是顺理成章的。当然，对于他们来说，如果改仕司马氏政权，无疑也是有损于气节的事情。相比之下，与嵇康通好的向秀、山涛、吕安等人就不存在这样的问题，他们的身份顶多只算遗民而不是前朝故吏，面对短命的魏国，爱国主义精神实际上根本还没培育起来，向秀、山涛出仕晋朝只不过是与老朋友的政治立场不合，或者与自己过去的隐逸之趣相悖，却实在谈不上有损名节。有学者指责向秀之变节，所持标准多少有些苛刻。从道理上讲，魏代汉统与晋代魏统只是四十五年之间发生的两件极其相似的历史事件，汉朝旧臣既然可以仕魏，岂有魏国百姓不能仕晋之理。至于郭象和裴颁，魏国覆灭时郭象只是十几岁的少年，裴頠还没有出生，他们视司马氏政权为正统则是完全不需要有心理障碍的。

三

我们梳理玄学家身世自然不是为了对他们的气节人格进行评判，而是为了补充说明他们的哲学观念所赖以产生的现实依据。当然，这里面也涉及对于一些历史文化现象的重新评估，比如，怎样看待嵇康所写的《与山居源绝交书》，如何更加客观地评价山涛其人，如何看待竹林人物的分流，但这些不是我们在这里讨论的重点。我们所要强调的是，无论哲学思潮、美学观念还是文学风格走向，它们都离不开社会的政治、经济、道德、文化等各方面的制约，这种制约既形成了哲学、美学和艺术之间的密切关联，也使得三者在总体价值取向、内在精神蕴涵以及外在形态上表现出广泛的一致性。

（一）

社会存在决定社会意识，经济基础决定上层建筑。汉魏时期的经济、政治实际状况广泛影响到了社会，对于当时的玄学哲学、美学、艺术具有极大制约性——这种总体的和根本性的制约，是玄学哲学、美学和艺术产生、发展、演变的现实基础，也使得三者在内涵及价值取向上呈现趋同之势头。因而，玄学哲学与玄学美学及艺术的彼此影响、相互渗透、相互促进是符合逻辑的，也是社会历史发展的一个必然。忽略了这个前提和基础，对于玄学在不同层面的具体表现就很难准确理解和深入分析。

在政治哲学层面，早期玄学在积极方面倾向于自然有为，何晏、王弼所推崇的统治之道主要还是着眼于理顺君臣之关系。天子居于九五之尊，执政应该遵循自然之理，最重要的是把不同的人才安置在不同的位置，使其各尽其才。臣子处于施政岗位，绝不可尸位素餐，而应勤勉吏事，积极有为。这种主张的提出在当时具有明确的现实针对性，这实际上也就是早期玄学家建立内圣外王政治格

局的理想。玄学政治主张的消极方面在于忽略了儒道两家思想原本
具有的精神幻想的色彩，在现实社会之中，王道与霸道、仁爱与刑
名、礼教与权谋之间的矛盾是不能回避的问题，如前所述，儒道两
家之外，法家、阴阳家、兵家的理论与主张从来就没有真正被抛
弃。如果我们稍加比较何晏、王弼与汉文帝时贾谊政治主张之不
同，就能够觉察出何晏、王弼的玄学政治主张多了一些理想色彩和
书生意气，所以，在面对司马氏集团的暴力时完全不具有现实的抵
抗能力。这也正是在后世玄学影响主要局限于人生哲学和艺术哲学
领域的关键所在。

　　现实之不切实用与精神之希望尚存在魏晋玄学那里是一对矛盾
统一体，特别是当理想追求与人格追求相结合的时候，我们就更加
需要具体问题具体分析。早期的玄学家多从属于曹魏政治集团，对
曹魏政权的向心力直接渗透到他们的哲学、美学思想之中。在何
晏、夏侯玄、王弼那里，其玄学理论说穿了，乃旨在托古改制的政
治玄学。据《三国志·魏志·管辂传》，管辂认为何晏有“经国才
略”。正始年间何晏官至侍中、吏部尚书，典选举，爵列侯，其目
的是“植人才于曹氏”，其标准是“除无用之官，省生事之故，绝
流遁之繁礼，反民情于太素”。[①] 其效果是“内外之众职各得其
才”。与何晏相比，王弼似乎因缺少经世致用的能力而更接近于一
个纯粹的理论家。王弼著有《周易注》《周易略例》《老子注》
《老子指略》《论语释疑》等。以短暂的二十四年生命，其学术成
就之卓著、影响之深远，令人叹为观止。许多学者常注意到王弼以
道家思想释《易经》，却往往忽略了王弼同时也在以儒家思想改造
老庄，这两者其实在王弼玄学思想中统摄于一个整体的思路，那就
是政治玄学所具有的现实针对性。一方面，以道家思想解释《易
经》是为了纠正汉儒长久以来通行的以象数名理之学来解释《易

---

① 何晏：《景福殿赋》。《文选》卷十一，吉林出版集团有限责任公司，2005，第
　300 页。

经》。王弼并不反对儒家把《易经》之根本精神归结为"天行健"，他只是反对那种通过训诂考据之学把易学封闭在书斋中的腐儒做法，所以他说乾坤之道与牛马无关。另一方面，王弼以儒家思想改造老庄，提出"贵无"说或"崇本息末"的主张。我们知道，老子所讲的"道"是"有"与"无"的统一，在玄学产生之前，人们对于老子的主张也都是持亦步亦趋、不敢越雷池一步的态度。如：

> 夫有形生于无形，乾坤安从生？故曰：有太易，有太始，有太素也。太易者，未见气也。太始者，形之始也。太素者，质之始也。气形质具而未离，故曰浑沦。（《乾凿度》）
>
> 天始起，先有太初，后有太始，形兆既成，名曰太素。混沌相连，视之不见，听之不闻，然后剖判。清浊既分，精出曜布，度物施生。（《白虎通·天地》）
>
> 天地未分之前，有太易。元气始萌，谓之太初。气形之端，谓之太始。形变有质，谓之太素。质形已具，谓之太极。（《孝经·钩命诀》）

对三段引文提出的观点稍加比较，就会发现不仅观点显然毫无创意，行文极其啰唆，而且太易、太始、太素、太初、太极之类概念堆砌，简直就是一笔糊涂账。而王弼就非常简明地说："天地虽广，以无为心；圣人虽大，以虚为主。"（《老子注》）"无形无名者，万物之宗也……听之不可得而闻，视之不可得而彰，体之不可得而知，味之不可得而尝……故能为品之宗主，苞通天地，靡使不经也。"（《老子微指略例》）王弼的"贵无论"不仅被用来解释道家思想，也被用以阐释儒家经典："道者，无之称也，无不通也，无不由也，况之曰道。寂然无体，不可为象。"（《论语释疑》）在调和儒道的基础上，他强调指出："绝圣而后圣功全，弃仁而后仁德厚。"（《老子指略》）很明显，在强调"道"的不用之用上他沿袭了老庄的观点，在肯定儒家重行轻言的基础上，他又消解老庄思想的社会批判功能。从这一点引申开去，就产生了对于言、象、意关系的深入探究。应该说，不论对于中国的哲学还是美学以及审美实践，王弼都产生了极其深远的影响。

（二）

当我们论及儒道互补及调和儒道之时，实际上已经涉及了对中国文化基本精神的讨论。玄学哲学与玄学美学及审美实践之间的相通之处亦无法超出文化基本精神的樊篱。当然，在玄学发展的后期，还有佛学渐入、玄佛融合的问题。儒道互补在中国文化精神的发展轨迹之中，既是一以贯之的主脉，又有因时而动的变革。而儒道思想的奇正、恒变在魏晋玄学那里就主要表现为如何看待和处理自然与名教的关系。对名教与自然之关系许杭生先生曾加以论述："从某种意义上来说，实是儒家名教（名分等级的礼义教化）的有为之治与道家顺应自然的无为之治的两者关系问题，在以往的历史上，往往是把儒家名教的有为之治与道家顺应自然的无为之治，当作是两种对立的政治主张来看待的。魏晋时代玄学兴起，它总结了汉代儒家名教之治失败的教训，从而研讨了名教（有为）与自然（无为）关系问题，希望能把两者统一起来，以救汉代名教之弊。"① 这个观点有一定道理。不过，在笔者看来，魏晋玄学之所以希望统一名教与自然，其统一的内容未必仅仅包含"有为"与"无为"，实际目的可能是通过重新阐释儒道两家不同的"自然"内涵来为调和名教与自然之间的矛盾冲突奠定基础。故而，"名教"与"自然"的对立并非仅仅指"有为"与"无为"，更包含了自然与不自然，即纵情任性与虚饰造作之间的对立。事实上，名教发展至汉末，其弊端不在有为而在作伪，这种作伪的名教等于是对儒家名分、礼仪、教化的异化和扭曲，救名教之弊不可能从先秦

---

① 许杭生：《谈谈玄学中"名教与自然"问题和"有无"之辩的关系》，《孔子研究》1994 年第 3 期。

儒家、道家"有为"和"无为"主张中直接求得药方，而是必须着眼于现实官场士风之实际情形。

联系王弼的"贵无"思想，我们可以把"有无之辨"和"名教"与"自然"之争略加辨析。王弼论"有""无"的基本立场是以"无"为本，而他讲的"无"与他所讲的"道""太极""一""太始之原""玄""本"等概念在内涵上其实差不多，就是形而上之本体。不过，王弼所讲的"无"不同于老子所讲的"道"。老子所讲的"道"本身包含了"有"和"无"两个方面，也就是说，老子的形而上本体是超越于"有""无"之上的"道"；而王弼却认为本体即"无"，万物皆有一个由无到有的过程，"无"是不可言说的，老庄的所谓言说、言说的对象并不是"无"本身，而是"有之不足"。在王弼眼中，孔子倒是深深懂得"无"不可言说的道理，所以，孔子不言性与道，而孔子的行动也就不存在"有之不足"，那么，孔子也就是深通或者暗合"无"之大道了。由此可见，王弼心中的"有无之辨"不在"无为与有为"而又不离"无为与有为"。换言之，"有为"不必妨害"无"之圆满，"无为"未必有益"无"之呈现。正是王弼所开创的这样一个崭新的视角，才使他真正在哲学层面超越了先秦儒道两家的思想局限，具有了直接指向现实、参与现实的实践品格，也才使他的思想成为那个时代的精神标杆。要言之，王弼是在魏晋乱世之中真正把儒道两家思想在本体层面和实践层面努力融通的第一人，而这种融通的努力，不仅拓展了一代文人的精神视野，也深刻地影响到了美学、艺术理论的拓展和飞跃。

（三）

中国儒道思想不仅是一种政治哲学，更是一种人生哲学和艺术哲学。玄学在调和儒道、酌而用之的过程中，有力地影响到魏晋士人的人生追求、审美观念及审美实践。

在人生哲学层面，玄学倡导了一种自由主义和个性主义结合的人生价值观念，特别在现实之中当名教与自然失去统一的基础和可能之后，玄学崇尚的自然无碍的个性、人格、情感就呈现出前所未有的意义：其一，在玄学观照下，日常生活具有了审美意义，个体存在方式具有了多种选择，纵情任性成为呈现自我存在的有效途径；其二，玄学促使人的主体意识觉醒，变观念形态的天人合一、异化形态的"天人感应"为人生实践形态的山水人生；其三，玄学活动所涉及的思、说、游丰富了人生的趣味性，也赋予了人生一种别样的审美况味。

在艺术哲学层面，玄学是中国美学思想由儒道对立到儒道互补，再到儒释道融合汇通的重要纽带，玄学为中国审美范式的形成、发展、成熟奠定了基础，成为中国最初形成的自觉的艺术精神。

审视汉魏时期的审美实践，可以见出玄学对于中国审美范式之积极作用。汉代是中华民族的第一个鼎盛时期，与汉王朝相对稳固的政治统治以及雄厚的国力相适应，经学哲学、美学与崇尚雄阔浑厚、华丽典雅、气势磅礴的艺术风格有机统一起来，但这种统一在华夏审美文化发展演变的历程中还属于初次尝试，对于经学哲学而言，美学和艺术实质上居于附属地位。所以，在两汉时期，尽管艺术实践已经达到了很高的水准，却很少能够看到个体艺术家和专门的美学思想讨论。以代表汉代主流文学成就的汉赋为例，与早期贾谊的《吊屈原赋》、淮南小山的《招隐士》、枚乘的《七发》相比，尽管鼎盛时期的汉赋在语言技巧、结构章法、描写手段上日益成熟，但在表现作家主体精神上反而严重衰退，其总体审美趣味更接近于《诗经》中的雅颂，可谓对于《诗经》国风中比兴优良传统的反动。总体来看，汉赋的美学意义不在内容，而在为形式而形式。为形式而形式既是文学自觉的必不可少的铺垫和准备，也是文学发展本身的歧途。至东汉末年，黄巾起义的冲击和董卓之乱使帝国最终分崩离析，群雄割据与世族庄园经济强盛为个体生存与自我意识觉醒提供了相对独立的空间，人们在乱世之中寻求生命的价值与意义、人格的独立和超越、审美的个性和自由，最终借助玄学的深入影响，实现了审美观念与审美实践的转向。

　　再来简要考察一下汉魏时期审美观念的演变和发展。由于审美主体还没有充分觉醒，致使汉代民间审美观念与主流审美观念既有着一致性，也有极大的差异性。一方面，通过设立乐府机构和建立采诗制度，民间诗歌创作的写实主义诗风得以流布，朴实真率的审美观念对于整体的审美实践产生了重要影响。另一方面，汉代承袭了秦朝以大为美的审美观念，积极向上、大气磅礴、典雅雄浑成为占据主导地位的审美价值取向。不过，这种以大为美的审美观实际上不仅要求具备一种形式上的追求，更提出了表现内容上的基本要求。在秦朝，由于崇尚武力，战事频仍，建立军功成为改变个人生存境况的唯一出路，其结果是使得个体行动直接地淹没于带有非理性特征的集体英雄主义之中，进而在审美观上形成了一种带有盲目性而又不乏真实感的崇高追求。在今天出土的秦始皇兵马俑上，我们可以非常清晰地看到这一点。到了汉代，与秦朝相比战争性质有了改变，一种是抗击异族入侵的卫国战争，如汉朝与匈奴之间的征战，另一种是平息诸侯叛乱的国家内部战乱。前者可以推动爱国主义热情的高涨，后者通常只是引发人们对战争本身的谴责和对于百姓流离失所的慨叹。正因如此，汉代审美观念中，既有歌颂爱国主义的崇高主义，也有描写战争灾难的写实主义。问题在于，两汉三百多年，战争状况并非常态，崇高主义和写实主义在日常生活中通常是没有多少内容支撑的。故而，推崇"以大为美"这样一种审美价值取向，其结果就形成了形式恢弘华美而内容空洞干瘪的汉赋。除去文学发展自身规律不谈，汉赋成为汉代的主流艺术样式，既是王朝国力强盛的表现，也在一定程度上显示出审美文化精神的苍白。

　　审美实践呼唤着自由主体的自由创造，魏晋社会动荡造成了极大的现实苦难，却也推动了个体精神的自由升腾。就审美观念而言，有三个向度值得我们注意。其一，由汉大赋的赋物造型转变为对"有无之辨""言、象、意"的进一步思考和追问；其二，对审美价值取向中的雄浑大气转变为对"自然与名教""气"和"韵"

的进一步探讨；其三，对汉代强调的审美实践与王朝宏观生活之关系转变为对审美实践与个人山水人生的重视。这三个转变无论对于中国审美文化、审美实践还是美学理论而言，都是至关重要的。

第三节　玄学美学本体论具有内在体系性

玄学美学的本体论大体呈现出三个向度：强调主体性的本体，强调客体性的本体，强调主客体统一的生命本体。第一，强调主体性本体，旨在强调玄学之玄关键在于内在精神品格的超验性、超越性和超然性，说到底，即态度决定一切，没有对现实的超越，没有对经验的升腾，没有对功利性的疏离，不能形成一种内在的审美人格的话，玄学也就失去了其生成和发展的土壤，所谓玄思妙想、玄境空明等皆无从谈起。换句话说，这种看法内含着一层意思，也就是意指玄学说到底是一种源于主体人格的价值观念。第二，玄学美学的客体性本体强调玄学是一种宇宙观，即玄学揭示的依旧是宇宙所固有的属性和规律。透过现象看本质，这种观点把宇宙从"万有论"拉到"虚无"论中的时候，其目的倒不在于要否定宇宙的意义，而在于在否定之否定中来确立人生与宇宙所具有的内在同一性，从而在一定程度上突破人生的种种限度。正如何晏所说："天地万物皆以无为本。无也者，开物成务，无往不存者也。阴阳恃以化生，万物恃以成形，贤者恃以成德，不肖恃以免身。故无之为用，无爵而贵矣。"① 这种观点实则给了悲观主义宿命论一个豁达释然的充足理由。第三，强调主客体统一的生命本体。究其实质，有一点类似于人们所说"大宇宙""小宇宙"。人是自然之子，同时又是宇宙之精华，万物之灵长。作为自然之子，人不能脱离宇宙而独立，人性不能完全脱离物性而自生。作为万物之灵

---

① 房玄龄等：《晋书》卷四十三，中华书局，1974，第1236页。

长，人又是认识主体，万物因人的存在而逐步成为人化的自然，因成为人化自然而获得存在的价值和意义。而人作为认识主体，其所认识的万物中，当然也包括作为自然之子的人自身，万物因人化而具有意义和价值，人本身也同样因人化而更加具有价值和意义。当人作为人的对象出现时，他就不仅是一个认识者，也是一个认识对象，而作为一个认识对象，我们当然不会把人的精神和肉体、存在和意识、客观和主观人为地割裂开来，恰恰相反，我们在让对象尽可能地还原为生命的同时，自己也以完整的生命活动方式，即审美方式去把握生命之魅力。当主客体如此错综复杂地糅合为一体时，我们可以说人完全地融入了世界，世界也完全地融入了人的生命，用海德格尔的话来说，就是生命在去蔽之后处于敞开状态。而从去蔽到敞开的整个过程，也便是把玄学融入生命的过程。

一旦把玄学融入生命，玄学便具有了精神属性和实践属性，玄学本体论就既是对一种哲学观念的整合和体系化，也是对一种思维方式的推崇和应用，还是对一种实践存在方式的选择和总结。所以，牟宗三先生在总结玄学名士的总体特征时做了如下概括：

> "名士"者清逸之气也。清则不浊，逸则不俗。沉堕而局限于物质之机括，则为浊。在物质机括中而露其风神，超脱其物质机括，俨若不系之舟，使人之目光唯为其风神所吸，而忘其在物质机括中，则为清……精神落于通套，顺成规而处事，则为俗。精神溢出通套，使人忘其在通套中，则为逸。逸者离也。离成规通套而不为其所淹没则逸。逸则特显"风神"，故俊；逸则特显"神韵"，故清；故曰清逸，亦曰俊逸。逸则不固结于成规成矩，故有风；逸则洒脱活泼，故曰流：故总曰风流。风流者，如风之飘，如水之流，不主故常，而以自在适性为主，故不着一字，尽得风流。是则逸者解放性情而得自在，

亦显创造性。故逸则神露智显。逸者之言为清言，其谈为清
淡。逸则有智思而通玄微，故其智为玄智，思为玄思。[1]

显然，玄学名士之所以为名士，既呈现出超越物质机括、不顺成规
处事的实践存在方式，又具有清逸脱俗、风流洒脱的人格和性格，
还形成了形而上的智思与操作层面的清谈之间的相融相济。

---

[1]　牟宗三：《才性与玄理》，广西师范大学出版社，2006，第58页。

第二章 "三玄"与玄学美学本体论的三个向度

玄学中"玄"这一概念原出自《老子》:"玄之又玄,众妙之门。"本来,在汉初人们信奉黄老之学,倒不是取《老子》的"玄",而是青睐于把《老子》对于"无为"的推崇和法家刑名之学自然结合起来。因为,经历了秦朝末年的长期战争,国困民穷已经到了非常严重的程度,于国于民而言,都需要休养生息。在景帝以前,尽管儒家的代表人物辕固生曾和道家的代表人物黄生就"汤武革命"究竟是"受命"还是"放杀"的问题进行争论,但道家的黄老思想受到当时统治者青睐是可想而知的事情,《老子》主要就是为无为而治提供了理论支撑。到汉武帝时司马迁在《史记·老子韩非列传》中说:"世之学老子者则绌儒学,儒学亦绌老子。"这说明儒道之间既存在着彼此排斥、互不相容的矛盾,也说明当时黄老之学与儒家思想还处于对峙状态。随着国力恢复到一定程度之后,国内外的具体形势也产生了很大的变化。在国内,农民与地主、商人之间,中央集权与地方势力之间,百姓与官僚之间,各类矛盾都逐渐尖锐起来。同时,在汉族与异族政权,特别是汉朝与匈奴之间的冲突也具有了武力解决的可能。可以说,文景之治后国力增强与国内外形势的变化,使得无为的思想无论对于上层还是对于知识精英人物,都逐步失去了吸引力。所以,董仲舒提出的"罢黜百家,独尊儒术"的主张得以贯彻,并最终使儒家取得了独尊的地位。值得注意的是，即便在儒术流行之时，也还是有不少知识分子，如扬雄、桓谭、王充等人对于"天人感应"神秘主义观念提出质疑，而他们所做的工作都是较早进行儒道合流的努力。也就是结合儒家传统的仁义思想和黄老学说中的"天道无为"思想，以"天道自然论"去批判"天人感应"说。所以，以为儒道之间的融合始于魏晋，实际上是一种误解。

进一步说，不仅儒道融合不始于魏晋，连玄学形成也并不是魏晋时期的事情。对于玄学的迷恋我们至少可以追溯到汉代的扬雄。扬雄既是儒家人物，同时又是道家思想家严遵的学生，所以他模仿《周易》著成《太玄》一书，认为"夫玄者，天道也，地道也，人道也，兼三道而天下名之"。只不过，到魏晋时期，由于社会动荡，外戚或宦官专权，名教沦丧，知识分子普遍放弃事功而转向提高内心修养，转向放迹山水，转向清谈和人物品评，随之而来的则是玄学的全面兴盛。由此可知，玄学的兴盛是合力的结果。不过，我们应该清楚，玄学兴起并不意味着以道家思想来代替儒家观念，而是对于道家思想和儒家观念同时进行新的阐释，形成了某种意义上的新儒家与新道家思想，进而使得儒道两家在更新的水准上获得融合。

如何使得儒道两脉在更高层次上融合？一个很重要的途径就是对于《老子》《庄子》《周易》《论语》等儒道经典重新进行研究和解释。四部书相比较，《论语》的文风和内容最为晓畅明白，或者说《论语》以其平易具体而最缺少神秘主义色彩。与《论语》的平易具体不同，《老子》《庄子》《周易》更具有形而上学的特征，魏晋时期人们便把这三部书合称为"三玄"（《颜氏家训·勉学》说："《庄》《老》《周易》，总谓'三玄'"）。这三部书顺理成章地成为魏晋玄学产生的思想资源，如何晏作《道德论》；王弼注《老子》《周易》，著《老子指略》与《周易略例》；阮籍作《通老论》《达庄论》和《通易论》；向秀、郭象等人皆倾心于注释《庄子》；连鼎鼎大名的嵇康也称道老庄之学说："老子庄周，

吾之师也。"而我们知道,《周易》一书影响原本不及对《周易》
进行解释的《易传》,《易传》的思想主要属于儒家体系,魏晋玄
学名士解《周易》并未沿袭儒家传统,反而努力以老庄的道家思
想来阐释《周易》,比如,王弼的《周易注》和《周易略例》,究
其实质,正表现了儒道两家思想在新的历史条件下所呈现的彼此融
合和彼此妥协。这一点,我们再看王弼、郭象的具体观点,就会看
得更加清楚。王弼用老子的思想解释《论语》的时候,认为名教
是自然的表现;郭象注释《庄子》的时候,则干脆认为名教即是
自然。由此可见,玄学并非崇道贬儒,而是儒道合一。

　　魏晋名士通过重新阐释《老子》《庄子》和《周易》,不仅构
建起来一种崭新的哲学,同时,也使得中国美学发生了根本性转
向,甚至,直接影响到了中国艺术精神的内涵与旨归。那么,"三
玄"对于玄学美学体系的构建各自具有什么作用呢,换言之,即
"三玄"在玄学美学中究竟占据了何种位置? 只有深入研究这个问
题,求得符合事实同时也符合逻辑的答案,我们才有可能进一步研
究玄学美学对于中国审美范式形成产生的影响,才有可能从玄学美
学的角度来划分、把握和阐释中国审美范式。

第一节　有无体用:玄学美学与《老子》

　　在中国哲学史上关于"有""无"的讨论是从《老子》开始
的,也正是从《老子》开始,形成了中国道家哲学"以无为本、
以有为末"的基本主张。但究竟老子所讲的"无"是什么内涵,
却引发了众多学者的争议。魏晋玄学既然是对《老子》的重新解
释,自然也就对《老子》中关于"无"的理论产生了新的理解。
而这种理解不仅于玄学本身至关重要,于玄学美学也同样是至关重
要的。

　　毫无疑问,《老子》中对"无"是分外重视的。这一点也是历
来所有释老的学者所形成的共识。但究竟什么是老子所说的"无"

的内涵，可谓众说纷纭。《老子》第四十章说："天下万物生于有，有生于无。"目前国内不少学者认为，老子之所以这么讲，是从宇宙论的角度来言说，即一切事物都是从无到有的。甚至有学者认为，"老子"与玄学的区别就在于《老子》的"无"是宇宙论，玄学中的"无"是本体论。其实，这恰恰是对于《老子》的误读。我们要准确理解《老子》中"无"的含义，就必须结合老子另一段关于万物产生的描述："道生一，一生二，二生三，三生万物，万物负阴以抱阳，冲气以为和。"（《老子》第四十二章）两相对比，从表面上看，"道"似乎就是"无"，其实不然。和万物相比，老子所言之"道"只是与"无"有更多的接近之处，"无"意味着"无数""无相""无体""无用"，《老子》描述的"道"也正具有这样的性质。但"有生于无"和"道生一"其实不能等同。如果说"道生一，一生二，二生三，三生万物"带有宇宙论色彩的话，那么"有生于无"则属于地道的形而上学，也是纯粹的本体论。

《老子》描述万物生成的过程还笼罩着象数思维的影子。首先，万物皆有象，象与数相伴而又不同，数是抽象的，物象是具体的，数可以用来代表不同的物，象却不具有如此功能。从由小到大的数列来看，最容易让人想到的就是"一"，"一"是最小的"有"。但就万物而言，能够真正与"一"相匹配的就绝对不能是具体的事物，因为具体的事物总是在有别于他物的情况下才能凸显出来，既然有此物与他物的差异，那就不再是"一"而是"多"。其次，当我们能够确定凡是具体的事物都不能和"一"完全匹配时，那么，和"一"匹配的就只有那"唯一"的整体，也就是所谓浑然一体的对象，这浑然一体的对象既然不是具体的事物，那当然也就没有具体之象了。按照《老子》所说的"万物负阴以抱阳，冲气以为和"来看，阴阳显然属于二气，由此推断，老子所说的"一"多半是指浑然之气。再次，在浑然之气之前，也就是"一"之前，本来就是"无"，可"一"属于"有"，由"无"产生

"有"，必有其道，道应该不是"有"，但道也不完全等于"无"，只不过，道更接近的是"无"而不是"有"。这相当于说"零"是一个数，"零"又不是"一"这个数。

《老子》对于"无"的推崇原本具有明确的现实针对性，也就是因为在他所处的时代，所看到的一切无不令人失望，无不令人感到可恶、可怜或者可笑，也就是说现实世界的"有"皆呈现出无价值的特性，所以需要超越有形、有限、有象、有数的一切，在有无关系中强调"无"，在体用关系中强调"体"。正是在这种情形之下，老子才说："五色令人目盲，五音令人耳聋，五味令人口爽，驰骋畋猎令人心发狂，难得之货令人行妨。是以圣人为腹不为目，故去彼取此。"（《老子》第十二章）也就是说圣人对于这种现实中的铺张奢侈是不屑的。圣人贵无，所以老子又说"大音希声""大象无形"。

对于《老子》第四十章所言"天下万物生于有，有生于无"，王弼的注释是："天下之物，皆以有为生。有之所始，以无为本。将欲全有，必反于无也。"从字面上看，他所说的"以无为本"与《老子》的观点并无不同，但他说"将欲全有，必反于无"，这就是新的发挥。如何通过返无全有？我们且看他对于《老子》第四十章的注释：

> 万物万形，其归一也。何由致一？由于无也。由无乃一，一可谓无。已谓之一，岂得无言乎？有言有一，非二如何？有二有二，遂生乎二。从无之有，数尽于斯，过此以往，非道之流。故万物之生吾知其主，虽有万形，冲气一焉……以一为主，一何可舍？愈多愈远，损则近。[1]

这里除了笔者在上文中所说的对于"数"的推断之外，还提出了

---

① 楼宇烈：《王弼集校释》，中华书局，1980。

一个更加重要的命题，就是为道日损。我们可以说，"将欲全有，必反于无"是目的，为道日损是手段和表现。目的和手段相结合，就是王弼所说的"圣人体无"。"圣人体无"的说法出处有二：

> 时裴徽为吏部郎，弼未弱冠，往造焉。徽一见而异之，问弼曰："夫无者诚万物之所资也，然圣人莫肯致言，而老子申之无已者何？"弼曰："圣人体无，无又不可以训，故不说也；老子是有者也，故恒言无所不足。"（《三国志·魏书·钟会传》裴松之注）

> 王辅嗣弱冠诣裴徽，徽问曰："夫无者，诚万物之所资，圣人莫肯致言，而老子申之无乙已，何邪？"弼曰："圣人体无，无又不可以训，故言必及有。老庄未免于有，恒训其所不足。"（《世说新语·文学篇》）

两段文字有细微不同，相比之下，《世说新语》中"恒训其所不足"较裴松之注中"恒言无所不足"在表达上似更清晰一些。在王弼看来，《老子》之所以言"无"，有两个原因，首先是"圣人体无"，圣人总是注重体认和领悟"无"的，或者说圣人是以无为体的；其次，《老子》之所以如此反复强调"无"，有其现实针对性，也就是通过言"无"来审视现实的种种不足。

一面说"圣人体无"，一面又说《老子》言"无"等于是言"无"所不足，也就是在对照"无"的标准来审视自己和世界。这中间就出现了一个矛盾，那就是，真正"体无"的话，是不会"言无"的，如同真正的武林高手绝对不会夸耀自己的武术一般。王弼在解决这个矛盾时无疑体现出超人的智慧。他说：

> 圣人茂于人者神明也，同于人者五情也，神明茂故能体冲和以通无，五情同故不能无哀乐以应物，然则圣人之情，应物

> 而无累于物者也。今以其无累，便谓不复应物，失之多矣。①

圣人应物而无累于物，所以，圣人"明足以寻极幽微，而不能去自然之性"。换言之，圣人尽管具有超人的洞察力，但圣人依旧有自然之性，面对顺境或逆境，依旧有正常人的悲喜，即"遇之不能无乐，丧之不能无哀"。从老子讲无欲到庄子讲无情，再到何晏、钟会等人主张的"圣人无喜怒哀乐"说，圣人有理无情本来是多数人所持的观点，而王弼却偏偏要强调圣人有情，只是应物而不累于物，其目的其实是在尊崇一种自然人格："喜惧哀乐，民之自然，应感而动，则发乎声歌。"② 王弼的这个观点可谓陆机、钟嵘等人所主张的"缘情说"的滥觞。

总结上面所说的几个方面，我们可以看出，王弼对于《老子》的阐释，乃至对于《论语》的解释，既有本体论，强调圣人体无，"将欲全有，必反于无"；也有方法论，即为道日损；还有人性论和实践观——应物而不累于物，圣人不失自然之性。仔细分析，王弼的理论既不是纯粹的道家，也不是纯粹的儒家，而是对于儒道两家的综合和改造。在道家"无为"观中，王弼加入了圣人有情论，圣人既然有情，就不忍遗世而独立，所持的无为主张就成了"无为而无所不为"，这实际上是给文人入世事功提供了理由。在儒家礼乐文化中，王弼又强调圣人不失自然之性，圣人要应物而不累于物，这又是以贵无思想来降低礼乐对于个人的约束力，王弼的这种主张与中国艺术强调空灵、师法自然、不事雕琢的总体走向还是一致的。另外，我们也应该看到，王弼所处的时代与嵇康、阮籍的时代有所不同，王弼和何晏当时都是活跃在大将军曹爽辅佐国政、筹备"正始改制"的时代，他们都还未到彻底绝望的境地，相反倒

---

① 陈寿：《三国志·钟会传》注引何劭《王弼传》，《三国志》卷二十八，中华书局，1982，第 755 页。

② 王弼：《论语释疑》，北京大学《国学季刊》，七卷三期。

还在跃跃欲试，所以，调和儒道为我所用实在是其来有自。不过，值得肯定的是，王弼的这种哲学观对于魏晋时期美学观念的转型也具有积极的促进作用。如在魏晋时期，人们已经注意到了形神虚实之间的关系，所以，无论在品评人物时，还是在艺术创作中，一流的名士或者文人，都很强调虚实形神的统一。

第二节　虚静逍遥：玄学美学与《庄子》

老子和庄子合称老庄原本不无道理，魏晋时期的玄学家也往往是同好老庄、难分轩轾的。如玄学家何晏"好老庄言"①，王弼"好庄老"②，《晋书·王衍传》也说："魏正始中，何晏、王弼等祖述老庄，立论以为天地万物皆以无为本。"即便经历正始十年屠戮之后，这种情况也没有根本变化。阮籍"博览群书，尤好庄老"（《晋书·阮籍传》），就是更有血性的嵇康也称"老子、庄子，是吾师也"（《与山巨源绝交书》）。不过，我们说，庄子虽然继承了老子道法自然的观点，在言道尚无方面，庄子与老子可谓一脉相承，但是，在玄学美学中，或者在对于中国审美范式的影响上，老子和庄子却在同中有异。

首先，老子和庄子都是在否定中建构，都是在消解之中言说。但从否定的立场和否定的内容来看，两者是有一定区别的。《老子》中一方面贵无，一方面言道，尽管在魏晋时期王弼解释老子的"贵无"和"言道"就是为道日损，可《老子》所损的主要还是外界的局限性，《老子》强调的道乃对于有形、有声、有色的世界的超越性。至于心性，《老子》并未深究，《老子》的主张是无欲。王弼对《老子》进行解释时，则认为《老子》虽然强调了无

---

①　陈寿：《三国志·魏书·何晏传》，见《三国志》，中华书局，1984，第292页。
②　刘义庆：《世说新语·文学》注引《王弼别传》。

欲的重要，但圣人能够体无却不可以无情。那么，到了《庄子》，我们就可以很清楚地看到，庄子不仅主张无欲，也是主张无情的。也就是说，在庄子看来，圣人不仅不累于物，还不能累于情。这是庄子与老子的一个明显区别。

其次，庄子在继承了老子的一些学说思想的同时，也沿用了老子所使用过的一些概念，如"无""静"等，但在这些概念的使用过程中，或者进行了重组，或者进行了改造。总之，与老子原先的意思有所不同，在多数情况下是对老子思想的发展，在个别情况下，也可能具有了更大的消极性。如我们上文提到的在《庄子》和《老子》中"尚无"含义的不同，那属于庄子改造了老子。而像庄子所主张的"虚静"，虽然在《老子》第十六章中就有"致虚极，守静笃"的说法，可我们很难说庄子所说的"虚静"的内涵就是《老子》中的"致虚极，守静笃"。

再次，即便我们不从概念范畴出发，而是从总体上进行把握，《老子》和《庄子》的区别也是显而易见的。《老子》更接近于原哲学形态，尽管文中也有比喻，也有描述，但老子属于哲学著作则无疑。到《庄子》，情况明显不同了，《庄子》固然具有哲学性，但同时也具有很强的文学性，《庄子》中有些篇目，如《秋水》《逍遥游》等，本身就是极其优美的散文，而在这些篇目中，庄子也是作为认识主体和审美主体双重身份出现的，故而，《庄子》中所提出的概念往往比《老子》更具有美学性。

另外，我们还不能不留意一个基本情况，那就是先秦诸子中夹杂着不少后人的伪作。以《庄子》为例，全书原本有 52 篇，现存只有内篇 7 篇，外篇 15 篇，杂篇 11 篇，计 33 篇。一般认为内篇为庄子著，外篇、杂篇为庄子后学所著。诸子著作中的伪书问题，胡适之先生在他的《中国哲学史大纲》中有较为客观的评析。比如我们讨论的"虚静"，在《管子·心术上》中也有阐述："去欲则寡，寡则静。静则精，精则独，独则明，明则神矣。"意思是说，只有寡欲才能心静，只有心静才能专一，只有专一才能具有洞察力，只有具有了洞察力，才可能把握对象的精神实质。这种思想其实差不多是对于《老子》的注释而已。而胡适之先生认为《管子》也属于伪书。在儒学大师《荀子》那里，也提出了"虚一而静"的主张（《荀子·解蔽》），即便不属于伪书，其内涵也与《老子》所说的"静笃"极其相近。而《管子·心术上》中所说的"阴则能制阳矣，静则能制动矣"，从道理上讲其实并不是通畅的。

在笔者看来，无论是《老子》的"致虚极，守静笃"，还是《管子》的寡、静、精、独、明、神，都只是把虚静作为手段而不是终极目的，《庄子》则不同，庄子并不把"虚静"看做达到"逍遥游"的手段，而是把"虚静"视作"逍遥游"的一个方面。说到底，"虚静"就是强调人对超功利性的赞许和对审美态度的重视，庄子"以虚静作把握人生本质的工夫，同时即以此为人生的本质，并且宇宙万物，皆共此一本质。所以可称之为'大本大宗'"①。也就是说，在庄子看来，"虚静"和"逍遥"即一个硬币的两个面，都是诗意人生的重要组成部分。

我们之所以说"虚静"和"逍遥"是一个硬币的两个面，是因为如果不能逍遥，主体自然也就不能"虚静"，而如果不曾"虚静"，主体也不可能"逍遥"，说到底，"虚静"和"逍遥"的关系既是一种共生关系，又是一种互补关系。

首先，"逍遥游"的实质是忘其形之所限，虚静的内涵是得其意之升华。若只是从逻辑上而言，则虚静显然是逻辑链环上的第一环。因为"道心惟微，人心惟危"，以"惟危"之人心去求道，就必须"以虚静推于天地，通于万物"（《天道》）。只有如此，才能达到庄子所谓的"天乐"境界。在"天乐"境界中，呈现的也正是庄子的审美理想：齐物我，忘生死，超功利，摒知性，等等。其实，"虚静"就是一种审美心态，"逍遥游"就是天人合一的状态。

---

① 徐复观：《中国艺术精神》，商务印书馆，2010，第86页。

按照海德格尔的观点来说，只有以"虚静"的心态来领会人与天地万物相贯通的同一性，才能去蔽，才能悟道，才能实现对绝对自由的观照。只有摒弃一己之偏见，才能达到"与天地精神往来""万物与我并生，天地与我为一"的逍遥境界。

其次，庄子所谓"道""游"观念本身亦具有虚静的性质。这一点内中包含着的是为道日损的原理。"天地有大美而不言，四时有明法而不议，万物有成理而不说。"（《知北游》）实际上，不是"不言"而是难言或不能言，不是"不议"而是难议和不能议，不是不说，而是难说和不能说。道的"不可言说"性决定了只有在对"非道""无道"的否定中，我们才可能接近道。值得注意的是，庄子的对"非道"和"无道"也只是言说而已，并不是付诸行动。

再次，要想达到虚静，单靠认识论和逻各斯显然是不能解决问题的，因为虚静作为一种审美心态，与认识和逻辑皆无关系。故庄子在对于如何达到虚静和逍遥，在操作层面上是很费踌躇的。最后庄子提出的方法是"心斋"和"坐忘"。《庄子·人间世》中有对"心斋"的解释："若一志，无听之以耳而听之以心，无听之以心而听之以气。耳止于听，心止于符，气也者，虚而待物者也。唯道集虚，虚者心斋也。""无听之以耳而听之以心"是超越感官的束缚，即不依赖于知觉而是依赖直觉来把握世界；"无听之以心而听之以气"是对认识本身的超越，即消除主客体之间的对立，使主客体浑然无间，外观和内省合二为一。《庄子》对于"坐忘"的解释是"堕肢体，黜聪明，离形去知，同于大道，此谓坐忘"（《庄子·大宗师》）。"离形去知"讲的也是两个方面，即摆脱形体和精神的双重束缚，庄子在这里所讲的"肢体"也就是我们日常生活中所说的肉体、身体，庄子所讲的"聪明"即我们所说的经验和知识。在庄子看来，人生在世不称意，无非由肉体的有限性与精神的有限性两者组成。一者，吾生也有涯，知也无涯；二者，一己之智慧有限，大道无边。所以，只有"离形去知"、止耳止心才能够通于大道。应该注意的是，庄子不仅消解了直接的功利性，更消解了人类知识和认识的有限性，还消解了主体客体之间存在的对立性。在庄子看来，有了这三个消解，就能做到"至人之用心若镜，不将不迎，应而不藏，故能胜物而不伤"（《庄子·应帝王》）。心灵像镜子一样既不完全占有客体，也不牺牲自身去曲意逢迎对方，也就是在主客体之间形成的是彼此融合而又两不相扰的状态，"云在青天水在瓶"，动静都是自然而然的事情。"心斋"所说的集虚去实与"坐忘"所说的"离形去知"又是达到虚静的两个条件。"心斋"主要是处理主客体关系，"坐忘"主要是解决主体自身的和谐，只有在主客体之间融洽无间，主体自身也摆脱了肉体和精神的束缚，才能做到"外天下""外物""外生"和"朝彻"，才能达到心身的和谐以及与世界共处的和谐。对于这个过程，《庄子·达生》用一个寓言来加以描述：

> 梓庆削木为鐻，鐻成，见者惊犹鬼神。鲁侯见而问焉，曰："子何术以为焉？"对曰："臣，工人，何术之有！虽然，有一焉，臣将为鐻，未尝敢以耗气也，必齐（斋）以静心。齐三日，而不敢怀庆赏爵禄；齐五日，不敢怀非誉巧拙；齐七日，辄然忘吾有四枝（肢）形体也。当是时也，无公朝，其[内]巧专而外滑消。然后入山林，观天性形躯，至矣，然后成见鐻，然后加手焉。不然则已。则以天合天，器之所以疑神者，其是与！"

虚能致和，静能生慧，慧可悟道。庄子的高明之处在于，他实际上对于主体的有限性有非常通彻的认识，看到了主体无论肉体还是精神，都具有极其明显的局限，直接消除这两种局限几乎没有可能，肉体不可以永存，智慧亦不可以通达。故而，庄子索性从根本上加以否定和消解，通过否定肉体和精神来强调"以天合天"。"以天合天"意即"以我之自然，合物之自然"（〔宋〕林希逸注），"离形去知"的目的就是要让一切自然而然。

我们说庄子的"虚静"强调的是让一切皆自然,肉体融入自然的同时精神亦符合自然之理。而自然从来就不是死寂的,而是行云流水,静中有动,形神兼备。所以,庄子认为,当主体通过"心斋""坐忘"而达到"虚静"之后,主体不仅没有变成行尸走肉,反而能够逍遥自由,故静能生动,静能生慧。这一点,在《庄子·天道》中有进一步的说明:

> 万物无足以铙心者,故静也。水静则明烛须眉,平中准,大匠取法焉。水静犹明,而况精神!圣人之心静乎!天地之鉴也,万物之镜也。夫虚静恬淡、寂漠无为者,天地之平而道德之至,故帝王圣人休焉。休则虚,虚则实,实者伦矣。虚则静,静则动,动则得矣。

庄子在这里所说的"虚则实""静则动"实际上已经形象地说明了"虚静"与"逍遥游"之间的辩证关系。对此宋代苏轼在《送参寥师》一诗中有很好的解释:"静故了群动,空故纳万境。"

庄子的"虚静"和"逍遥游"既是一种人生态度,也是一种审美人格,甚至也可以说是一种审美理想。所以,在《庄子》中有多处对此进行了描绘,如"天地有大美而不言""朴素而天下莫能与之争美""既雕既琢,复归于朴"①,等等。庄子这种崇尚自然、反对人工雕琢的审美主张,对于魏晋六朝美学乃至整个中国艺术精神,都具有极大和极其深远的影响。如钟嵘的《诗品》说:"汤惠休曰:谢诗如芙蓉出水,颜诗如错采镂金,颜终身病之。"说明在当时人们已经普遍认为"初发芙蓉"之美要高于"错采镂金"、铺锦列绣的美。到宋代,苏东坡也提出文章写作要"如万斛

---

① 分别见《庄子·知北游》《庄子·天道》《庄子·山木》。

泉源，不择地皆可出……常行于所当行，常止于不可不止"①，也就是要有如行云流水般的自然之美。所有这些，不能不说与庄子的主张有一种内在的关联。

但是，反观魏晋玄学，尽管在玄学早期即何晏、夏侯玄、王弼的时代，玄学家都是老庄并举的，但到了正始十年之后，庄子的"虚静""逍遥"观却更加大行其道。究其原因，时代风气的转向还是与政治气候的变化有着密切关系。在正始十年，发生了司马氏政变，何晏、邓扬、丁谧等人随曹爽"同日斩戮"，年仅24岁的王弼也继而病逝，接着是正始名士领袖夏侯玄为司马氏所杀。血雨腥风之下，天下名士减半，早期玄学家利用黄老之学改制的梦想随之破灭。所以，此后的玄学名士阮籍和嵇康在精神上就更倾向于庄子的"虚静"和"逍遥"了。

先看阮籍，《晋书·阮籍传》载："籍容貌瑰杰，志气宏放，傲然独得，任性不羁，而喜怒不形于色。或闭户视书，累月不出；或登临山水，经日忘归。博览群籍，尤好《庄》《老》。"《三国志·王粲传》则载："瑀子籍，才藻艳逸而倜傥放荡，行己寡欲，以庄周为模则。"两则资料进行比较，可见阮籍在读书上是兼好老庄，在行动上却更偏向于学习庄子。再看嵇康，在《与山巨源绝交书》中嵇康自道："又纵逸来久，情意傲散，简与礼相背，懒与慢相成……又读庄老，重增其放，故使荣进之心日颓，任实之情转笃。"

第三节　立象尽意：玄学美学与《周易》

《周易》书名最早见于《周礼》，而关于《周礼》的年代，学界尚有争议。有人认为《周易》的"周"所指就是周朝，也就是说《周易》在周朝已经成书并流行；也有人认为司马迁在《史记》中说"文王拘而演周易"，说明《周易》的作者就是周文王。但我

---

① 苏轼：《苏轼全集》下册，上海古籍出版社，2000，第2100页。

们今天读诸子文献，如《论语》《庄子》《左传》，却只称《易》，
而不提《周易》一名，据此推断，《周易》书名中的"周"字应
该是秦汉时期的人们后加上去的。为了论述上的方便，我们依旧使
用《周易》这个约定俗成的书名，但不再对《周易》书名中的
"周"字加以阐释和发挥。

　　从《周易》的文字来看，应该是记录上古人们卜筮算卦的一
部著作。易卦系统最基本的要素为阴阳概念，易卦用阳爻（－）
和阴爻（－－）表示阴阳。将阴爻阳爻按照由下至上顺序重叠三
次，就形成了八卦，即"乾，坤，震，巽，坎，离，艮，兑"八
个经卦，再把八卦两两重叠，就得到了六十四个别卦，接着对阴阳
概念做进一步的划分，分出"老阴，老阳，少阴，少阳"四种情
形，六十四别卦每一卦都可能具有四种阴阳状态。《周易》经部文
字说明的内容就是对六十四卦系中部分易卦的象征意义的解释以及
相应的人事吉凶判定（称为占断）。由于时代久远，我们似乎已不
可能对《周易》的实用价值作出接近科学的评断。《汉书·艺文
志》中说："《易》道深矣，人更三圣，世历三古。"也就是说，在
汉代，人们已经不能读懂《周易》了。我们所研究的对象当然不
是《周易》用以预测吉凶的卜筮理论，而是关注《周易》把宇宙
和人生复杂的变化规律通过象征手法加以简单图释背后所隐含的数
象思维，以及在中国文化系统和美学体系中人们如何阐释《周易》
和改造《周易》，尤其是要关注玄学和玄学美学形成之后《周易》
所具有的本体论层面的启示。故而，我们对《易传》的重视要远
远超过对于《周易》本身的重视。

　　到先秦诸子的时代，对《周易》进行解释且影响最大的是
《系辞传》，《系辞传》显然是把《周易》纳入了儒家的礼乐文化
系统，《系辞传》说："圣人立象以尽其意，设卦以尽情伪，系辞
焉以尽其言，变而通之以尽其利，鼓之舞之以尽神。"① 这就提出

---

　　① 《周易·系辞传》。

了对于后代尤其是魏晋玄学影响甚大的两个命题：立象尽意和设卦尽情。加之到东汉郑玄那里，又在《易论》中进一步阐发出"易"的三种含义："易一名而含三义：简易一也；变易二也；不易三也。"也就是说易包含了三种意思，即"简易""变易"和"不易"。"简易"近于一种自然状态，"变易"是动荡和革新，"不易"指一贯性和永恒性。经过这样一个过程，《周易》已经完成了由卜筮之书向哲学著作的转变。

到了魏晋玄学时代，玄学家糅合儒道为一体，开始在传统易学的基础上接着解说。具体而言，就是以老庄思想为基本立场，来对《周易》进行新的阐释。因为在《老子》中开篇便说"道可道，非常道"，"道"是可以言说的，但"道"却不等于我们寻常所说的意思，并且老子还说"道"对于我们来说是"视之不见""听之不闻"和"搏之不得"（《老子》第十四章）。为什么"道"是我们所看不见、听不到、抓不住的？老子打比喻说"大音希声""大象无形"。言下之意，也就是说能够承载"道"的只有无声无形的"大象"和"大音"。到庄子那里，就更加直接地说："道不可闻，闻而非也；道不可见，见而非也；道不可言，言而非也。知形形之不形乎！道不当名。"（《庄子·知北游》）这些观点都给玄学家阐释《周易》提供了重要的理论资源，故而王弼在《周易略例·明象》中说："夫象者，出意者也。言者，明象者也。尽意莫若象，尽象莫若言。言生于象，故可寻言以观象，象生于意，故可寻象以观意。意以象著，象以言著。故言者所以明象，得象而忘言；象者，所以存意，得意而忘象……得意在忘象，得象在忘言。故立象以尽意，而象可忘也。重画以尽情，而画可忘也。"[1] 王弼的这段话在整个魏晋玄学有关言意关系讨论中极其经典，也很值得我们进行深入的研究。

首先，我们从词源学角度考察，王弼所说的"言""象"

---

[1] 《王弼集校释》，楼宇烈校释，中华书局，1980，第609页。

"意"原本皆有特指。"言"指《周易》中的卦爻辞以及后来的易传，"象"指《周易》的卦和爻，"意"指圣人之意及卦象所表示的具体含意。"尽意莫若象"，意思是说《周易》中的卦和爻最适合表达圣人之意和天道人事；"尽象莫若言"，是说《周易》中的卦爻辞及后来的易传最适合解释《周易》的卦和爻。何以如此？王弼并没有说清楚，这有点类似康德哲学中的先验假设。不过我们今天可以做进一步的分析。既然是圣人之意，那就必然距"道"不远，或者干脆就是道，而在老庄的理论中又说"道"是无形的，要在书面上传达表示无形的"道"，很难做到准确，更不可能做到一一对应。故此，用具体到某一客观事物的象，即物象来形容和传达"道"的话，就一定会碰壁。怎么化解这个悖论？比较有效的办法是使用特殊符号，这符号一定具有抽象的具体和具体的抽象的双重属性。因为完全抽象，等于什么都没说；完全具体，等于彻底地胡说。而《周易》中的卦和爻恰好就是这样一种形式，与形而上的"道"相比，卦和爻相对具体；与具体个别的事物相比，它们又相对抽象。所以说"尽意莫若象"，没有什么形式比它们更加适合于表现圣人之意的了。问题在于，当用一种半抽象的符号来传达圣人之意时，由于符号本身有着与"道"相类似的含混性，所以，还需要加以进一步明确解释，在王弼看来，《周易》中的卦爻辞及后来儒家的《易传》就是对于卦爻最理想的言说。

　　尽管王弼所讨论的"言"、"象"、"意"皆属特指，但把"言"、"象"、"意"作为一个整体来加以讨论本身就是具有创造性的。加之，王弼并未局限于《易传》中"立象尽意"的观点，而是使用了逆向思维，既然"尽意莫若象"，那么，在"尽意"方面"言"一定也是不及"象"的，由此引出的"言不尽意"命题对后来中国美学的影响也非同一般。之后南北朝时钟嵘的《诗品》讲"言有尽而意无穷，兴也"，唐代司空图的《二十四诗品》里讲"超以象外，得其环中""落花无言，人淡如菊""不着一字，尽得风流"，无不受到王弼的启发。可以说，王弼原先探讨的"言"只是特指《周易》的卦爻辞以及后来的《易传》，但他所衍生出的却是中国文论和美学关于语言有限性的讨论与体认，并且，也直接催生了中国美学中的意象审美模式。由此生发出的论说中倡"得意忘言"之说，意义已经远超解易注经，而是上升到普遍的哲学思维方法的高度。因此它普遍适用于天道和人事。

其次，我们还应该注意，王弼说"言生于象，故可寻言以观象，象生于意，故可寻象以观意"。这中间既存在着先后主次的关系，也有一个自然而然的过程。"生"是滋生，是生发，所以不需要人工雕琢，更忌讳割裂肢解。之所以能够寻言观象和寻象观意，说到底，在于三者本身存在着有机的联系。

最后，在"言"、"象"、"意"三者中有轻重本末之别，言阐明的是"象"，象呈现的是"意"，在"言"与"象"之间执于"言"和在"象"与"意"之间迷于"象"，就类似于买椟还珠。不仅如此，要真正求得圣人之意，还须经过一个否定之否定的过程，而每一次否定就是在特定阶段上的超越。所以，王弼说，"言者所以明象，得象而忘言；象者所以存意，得意而忘象"，"是故存言者非得象者也，存象者非得意者也"，"忘象者，乃得意者也；忘言者，乃得象者也"，表现在对于文学作品的阅读欣赏中，王弼的这个观点同样属于真知灼见。文学作品既不能为语言而语言，片面追求辞藻的华丽；也不能为意象而意象，一味讲究意象的堆砌。不论语言采用何种形式和风格，不管作者创作出何种审美意象，关键还要看是否能够让读者获得审美享受，是否让读者领悟到审美意味，是否能够给读者提供诗意化的世界。

第三章　中国审美范式形成的社会、文化根源

　　中国文化是一种数千年不曾断流的本土文化，尽管在汉代之后融入了佛教文化，明代之后融入了基督教文化，但异族文化东渐皆未能改变其民族文化精髓。从原始部落文化开始，经过夏、商、周三代发展到春秋、战国时期，最终迎来了文化上的化蛹为蝶及审美活动的渐趋展开。自公元前8世纪到公元前3世纪，中国处于由青铜时代向铁器时代的过渡时期，铁器的广泛使用，大大提高了社会生产力的总体水平，促进了社会分工，并进入了一个社会的转型期。春秋、战国是奴隶制向封建社会的变革时期，新兴地主作为社会力量登上历史舞台，伴随着井田制的解体，封建地主阶级逐渐登上历史舞台，在文化上呈现出多元发展的态势，在学术上出现了百家争鸣的局面。这个时期中国文化的繁荣总体表现在民族文化的细化和深化上，其具体表征为，伴随着哲学家群体的产生与先秦诸子学说的成熟，不同哲学、政治、文化观念之间形成了冲撞和交锋，并最终形成了在后世历史发展中占据了思想主脉的儒道两家观念体系。也正是在这个时期，音乐、诗歌、舞蹈突破了原始艺术三位一体的存在方式，形成了各自不同的艺术特色。针对不同的审美对象，中国先秦诸子在哲学樊篱之内提出了具有社会政治、伦理色彩的美学观点，围绕这些美学观点，形成了中国最初的审美命题及审美范式。主要是儒家的"过犹不及"和"尽善尽美"、

道家的"大音希声"和"大象无形"以及儒道两家的"中和"审美范式。

　　首先，审美实践是一种特殊的人生实践，在人生实践与审美实践之间具有一种特定意义的种属关系，从而使得审美实践的具体内容、方式与人生实践的内容形式有着紧密的联系。而从人生实践的层面加以考察，中国内陆农耕文明为中国审美范式的产生提供了现实根基，并决定了中国审美范式在基本内涵、现实针对性、审美价值取向以及审美理想追求上呈现出特定的独特的个性。其次，主体作为思维着的主体，对于任何一个具体对象进行把握的过程，都必然受其思维方式的制约。换言之，任何一种知识体系的构成，理论形态的生成，实质上都是思维之树上绽放的花朵。在农耕文明的演进之中，逐渐形成了中华民族的主体性思维方式，这种思维方式有别于西方二元对立的理性逻辑的思维方式，而是强调天人合一、主客不分的浑然一体性，此岸与彼岸、消逝与实存的精神相通性，个体与群体、人类与自然的整体和谐性。这种思维方式直接影响到审美范式的总体风貌及基本走向，并最终形成一系列承载华夏民族共同体之审美观念与审美实践的概念、范畴和理论命题。再次，人类所建构的任何一种知识体系，不仅包含了思维方面的因素，而且包含着语言的因素。语言作为与思维同步发展的符号系统，在一定程度上，决定着知识体系存在的实际状态。语言对于审美实践具有双重的功能：作为知识体系构成所必备的表述功能与对于审美活动的参与和架构功能。当语言在存在层面发挥作用时，语言在事实上也就成为了审美范式必不可少的构成要素。最后，强调天人合一、主客不分说到底还只是一种总体的思想立场和性质，在思想发展的不同阶段，政治学、哲学、伦理学和美学有着各自不同的旨趣和内涵。亚里士多德曾经说过，哲学是"寻求最高原因的基本原理"①，而代表这种"意义的意义"的哲学，在华夏文明的开端之时就别

———————

①　亚里士多德：《形而上学》，商务印书馆，1983，第56页。

具特色，并有力地影响着人们的伦理意识、审美意识，进而为中国审美范式形成奠定了思想基础。

第一节　"需要层次论"与"集体无意识"

审美活动作为高级的人生实践，是人的全部实践的有机组成部分。人生实践所具有的社会历史、环境、种族特质，决定着主体审美观念、审美创造、审美物态化成果的存在方式，也决定着审美主体在以特有的方式和角度欣赏和体验其创造成果的同时，如何直观审美观念的本质以及审美创造的规律。马克思主义认为，社会存在决定社会意识，经济基础决定上层建筑。这种历史唯物主义的观点对于我们研究中国审美范式产生的社会、文化根源具有指导意义。在这个大的理论前提之下，我们既可以结合种族、时代和环境等具体因素加以进一步的发挥和引申，也可以借用西方人本主义心理学的研究成果，从集体无意识的角度阐明华夏审美文化内里潜伏着的精神内核和运行血脉。

一

如果说，奥地利心理学家弗洛伊德开创的精神分析学派大大加深了我们对于人格、心理、人的意识、本能与文化诸方面的认识，那么，弗洛伊德的学生、瑞士著名的心理学家卡尔·荣格（1875～1961）的集体无意识理论则更使我们能够从人类总体发展的角度来看待这一切，从而，也能够给我们研究审美范式提供有益的启迪。

荣格认为，人的心灵或精神由三个彼此不同而又相互作用的系统或层次所构成，即意识、个人无意识和集体无意识。与弗洛伊德理论的一个明显区别在于，荣格不再只是把人的精神世界分为意识和无意识两大块，而是增加了一个集体无意识的部分。荣格的心理学理论显然受益于弗洛伊德的无意识理论，这种受益不单表现在他所建构的理论体系包含了"无意识"这样一个层面，更主要的是他把弗洛伊德在本能、压抑、人格结构等基础上阐述的无意识理论改造成两个部分，即个人无意识和集体无意识。而这个改造基于荣格的两大发现。其一，从无意识的来源上看，有些只是源于个人获得的东西，虽然它也会因为属于本能、本我而会被压抑和遗忘，但这种压抑和遗忘并不具有普遍性，因为"一些人能够意识到另一些人所意识不到的东西，我把这类内容称为下意识（subconscious）或个人无意识（the personal unconscious），因为就我们所能判断的，这些内容完全由个人因素即由那些构造整体人格的因素所组成的"①。把这种观点移入审美实践领域，我们可以看到艺术家个人的禀赋、性格、内心体验（当然也还有艺术才能）等因素促成了他与其他艺术家以及普通人（非艺术家）之间的区别。比如，同为竹林人物，阮籍和嵇康不同；同是亡国之君，蜀后主刘禅与南唐后主李煜也大不相同。如果荣格的理论仅仅发展到这一步，那顶多只是对我们理解艺术家之间的风格差异具有一定的启发。重要的是，荣格进一步指出："在无意识的两个层次中，或多或少属于表层的无意识无疑含有个人特性，我把它称之为'个人无意识'，但这种个人无意识有赖于更深一层，它并非来源于个人经验，并非从后天中获得，而是先天地存在的。我把这更深的一层定名为'集体无意识'。"② 抛却荣格集体无意识理论的神秘主义成分，我们可以看到，在审美实践主体的创造活动中，既包含和呈现了民族的意识和审美意识，也隐含着民族的哲学及美学的集体无意识的潜质。在荣格的理论体系之中，"集体无意识"是一个大的概念范畴，它包括了"本能"和"原型"。本能是"典型的行为模式"，原型是"典型的领悟模式"，并且原型是集体无意识的重要内容和承载方式。在笔者看来，在集体无意识的笼罩下，无论本能还是原型，

① 荣格：《分析心理学的理论与实践》，三联书店，1991，第37页。
② 荣格：《心理学与文学》，三联书店，1987，第52页。

对于个体而言，都具有必然的超越性。而从一定程度上讲，对于审美实践而言，审美范式总是具有"本能"和"原型"的双重性质，其形成的根源自然要到华夏初民的原始生命活动中去寻找和探究。

如果仅从集体无意识角度审视民族审美观念形成的原始动力，实际上等于走上了西方美学由柏拉图到黑格尔的老路。因为，不论意识还是无意识，不论个人无意识还是集体无意识，它的产生和发展都不是一个"自生""自动"的过程，而是出于主体（现实主体或先验主体）的客观需要。只不过，在历史发展过程中，所有既往的群体性质的主体基于需要而产生的意识观念及无意识皆成为后来者审视世界及自身的思想背景。正是在这样一个理论逻辑之中，原始时代及奴隶社会的观念系统才具有了民族思想观念之"源始"性质，审美观念亦不例外。

既然主体观念滋生于主体"需要"，则必须进一步剖析主体"需要"的内在构成及其蕴涵。弗洛伊德主义产生的另一重要意义就在于揭示人的本能欲望与理性及社会伦理之间的矛盾，在西方哲学和美学发展史上，这样一种矛盾也正是自叔本华、尼采唯意志论的生命哲学所力图阐明的内容。以尼采为例，他所讲的酒神精神与日神精神，实质上就是本能冲动与理性节制的象征。换言之，酒神精神与日神精神之间的对立体现出来的也便是生命本能需要与社会文化需要之间的对立。尼采之所以张扬酒神精神和强力意志，根本目的就在于彻底否定西方哲学和美学自古希腊以来占据主导地位的理性主义传统。倘若我们承认本能需要与文化需要皆为人的生命需要，则必须对酒神精神与日神精神加以融合与折中。如美国人本主义心理学创始人马斯洛（1908~1970）所言："古典浪漫主义的酒神与太阳神的对立必定会解决。至少就它的某些形式来说，它同样是建立在不合理的动物的低级需要与反动物的高级需要的分裂之上的。与此同时，我们也必然要对理性与非理性的概念，理性与冲动之间的对立，以及作为本能生活对立物的理性生活的一般概念，作很大的修正。"① 因为，从根本上讲，"科学是建立在人类价值观基础上的，并且它本身也是一种价值系统。人类感情的、认识的、表达的以及审美的需要，给了科学以起因和目标"②。

考虑到人类意识系统的复杂性和多元性，若要揭示人类需要与人类观念意识之间存在着的有机联系，则先得对人类的需要本身做一逻辑层次的划分。马斯洛在 1943 年出版《动机与人格》一书时，把人的需要分为五层：生存需要，安全需要，爱和归属的需要，自尊的需要，实现自我价值的需要。其中，生存需要和安全需要是人的基本需要或者低级需要，爱和归属的需要、自尊的需要以及实现自我价值的需要属于具有精神性的高级需要。"高级需要的发展只有建立在低级需要的基础上，但最后一旦牢固建立，就可能相对地独立于低级需要。"③ 马斯洛的这种观点无疑体现着唯物主义和辩证法精神。细加分析，他所说的基本需要，主要是人类与物质生活资料之间的能量交换以及人在肉体上的不受侵害；他所说的高级需要主要是指个体与个体、个体与群体及社会之间保持情感、理性以及行为上的亲和关系。但是，在情感之中，除了爱与归属，人类还有审美的需要；在理性里面，不仅涉及人的尊严，更大的部分是人对自然、社会以及自身的认识。或许正因为认识到了我们所讲的这个道理，马斯洛在 1970 年《动机与人格》修订版中，在尊重需要之后，实现自我价值之前，加入了认识需要和审美需要。④

比较荣格与马斯洛的观点，我们可以发现马斯洛基于认识论的"需要层次理论"与荣格基于心理学的集体无意识理论具有一种互补关系，这种互补关系正好可以彰显我们追寻中国审美范式本源的必由之路。荣格在强调集体无意识对于人类精神世界之重要性时，并不意味着他对于集体无意识持一种肯定甚至赞美的态度，而且，

---

① 马斯洛：《人的潜能与价值》，华夏出版社，1987，第 205 页。
② 马斯洛：《动机与人格》，华夏出版社，1987，第 7 页。
③ 马斯洛：《人的潜能与价值》，华夏出版社，1987，第 208 页。
④ 马斯洛：《动机与人格》，华夏出版社，1987，第 58 页。

他并不认为原始人的意识就是文明人之集体无意识的直接来源。因为，在荣格认为：

> 集体无意识绝非一个被压缩的个人系统，它是全然的客观性，既和世界一样宽广，又向全世界开放。在那里，我是每一个主体的客体，截然不同于我的平常意识，因为在平常意识中，我总是有客体的主体。在那里，我与世界完全合一，如此深刻地成为世界的一部分，以致我轻而易举地忘记了自己曾经是谁。①

只不过，在原始人那里，由于意识本身具有不确定性，无意识很容易吞噬主体而使其忘记自我，进而使得主体在行动中失去目的性，因此，"原始人害怕无拘无束的情感，因为意识会在其重压之下崩溃和让步。人类一切努力因此指向了对意识的巩固。这便是仪式与教义的宗旨；它们是防范无意识的危险、'灵魂的危险'的堤坝与墙壁"②。问题在于，"有灵魂的存在是有生命的存在，灵魂是人身上的有生命之物"。荣格进而提出无意识精神生活的一个原型——阿尼玛。"阿尼玛是一个自然的原型，令人满意地总结所有关于无意识、原始精神、语言及宗教的历史的论述。它是名副其实的一种'主因'。人类无法创造它；相反，它在人类的情绪、反应、冲动及自发产生于精神生活的其他任何东西之中，始终是一个更为重要的因素。"③ 不论荣格对于阿尼玛的态度如何，我们追问中国审美范式的原动力时，华夏初民的阿尼玛正是我们必须直面之观念镜像，而此种镜像之所以能够呈现出的不同维度，则与原始初民在环境、种族、时代三要素合力作用下形成的物质和精神的需要休戚相关。

---

① 荣格：《原型与集体无意识》，国际文化出版公司，2011，第20页。
② 荣格：《原型与集体无意识》，国际文化出版公司，2011，第20页。
③ 荣格：《原型与集体无意识》，国际文化出版公司，2011，第24页。

二

马斯洛建构其"需要层次论"的基础是借助现代自然科学与人文科学对文明社会之个体需要加以逻辑分析，就逻辑本身而言，"需要层次论"具有超越时代的性质并且是可以回溯的。只不过，即使不同时代可以有相似或相同的需要层次论的逻辑形式，其实际内容也定然千差万别。换言之，我们可以从逻辑上推定生存需要和安全需要亦是古人的基本需要，甚至我们亦可以猜测古人同样有爱的需要、自尊的需要、认识和审美的需要以及实现自我价值的需要，但在具体内容上，所有这些"需要"又一定会因为时代、环境、种族的差异而大不相同。尤其是当我们把"需要层次论"上溯到史前时代或文字刚刚产生的时代，如果我们依旧坚持历史优于逻辑的原则，那么，我们要还原这些"需要"的本来面目则一定是极其困难的。所以，我们要在还原华夏初民"需要"基础上梳理华夏民族的观念内涵，确定其精神内核，描述其表现形态，进而说明审美范式形成之社会文化根源，就不能单单依靠理论逻辑与现有知识体系的结合，而是要立足于我们坚信其具有历史有效性的种种因素，如环境、种族、生产力水平，着重阐释我们坚信其具有原初性质的种种材料，如神话传说、甲骨文字、当代原始部落现状等。

华夏文明作为典型的农耕文明，日出而作、春种秋收是基本的生活方式，祈求风调雨顺、农业丰收成为华夏初民最为强烈的生命意识。其一，在中国神话之中，与农业生产有关的神祇占有相当大的比例。比如，炎帝为神农氏和帝皇，其形象就是牛首人身；炎帝之后代祝融亦有抚育万物之能；黄帝种植五谷，有农神的职能。其二，对于年成的重视成为华夏初民思想观念之重要内容。如甲骨文中载：第1条（1）"……大令众人曰：协田。其受年。十一月"（商王曾给众（自由民）发布命令说："协力种田吧。"会得到好年成吗？这是武丁王某年十一月占卜的）；（2）"……受年"（好年成吗?)。又如第25条"癸亥卜,争,贞我黍,受有年"(癸亥日占卜,贞人争问卦,贞问:商王的王田上种植黍子,会得到好的年成么?);第191条"癸卯卜,争,贞今岁商受年"(癸卯日占卜,贞人争问卦,贞问商地今年会有好收成(丰收)么?)。其三,农业生产对于水利的依赖性,促成了中国崇水文化的形成,除了人类始祖女娲有"积灰止水"的故事,还有鲧、禹父子以不同方法治水的传说。在人们的日常实践活动中,通过祈雨来求丰收也是一个十分重要的内容。甲骨卜辞中记载了大量通过祭祀河神、祭祀祖先、先王来祈雨的活动。如第129条"贞(翌)庚申我伐,易日。庚申明雾。王来途首。雨小"(贞问未来的庚申日商王行杀伐牺牲之祭,天气阴蔽么?……庚申那一天天明有大雾商王途及首地而来,并下起了小雨);第94条(1)"今丙午不其延雨"(今天丙午日雨不会再延续了吧?);第175条"贞往于河有雨"(贞问往祭于河神(或为黄河)会下雨么?)。[①] 其四,农业收成对于水的依赖,不仅使人们在想象之中创造了具有神秘力量的河神、水神,而且赋予了"水"以善的德性。如《老子》第八章:"上善若水。水善利万物而不争,处众人之所恶,故几于道。"同时,在无数次想象过程中丰富了主体对于"水"的感性知觉能力。例如,在《诗经》中出现了大量的水意象、渡河意象、鱼意象,反映了古人对于水滋润万物、孕育生命的诗意想象。而在作为感性经验之理性概括的文艺美学之中,也出现了大量以水喻文的例子。对此,吴中胜先生进行过有益的探讨:

> 陆机《文赋》以"浮天渊以安流,濯下泉而潜浸"来比创作构思的颠峰状态,以"或沿波而讨源"来比"选义按部,考辞就班"的思维路径,以"水怀珠而川媚"论作文利害关

① 王宇信、杨升南、聂玉海主编《甲骨文精粹释译》,云南人民出版社,2004,第1442、1455、1509、1483、1475页。

键，以"言泉流于唇齿""豁若涧流"来描述创作灵感"来不可遏，去不可止"的神秘状态。刘勰《文心雕龙》原文章之道有"山川焕绮""泉石激韵"（《原道》第一），析情采关系有"水性虚而沦漪结"（《情采》第三十一），论诗人养气有"水停以鉴"（《养气》第四十二）。籍"形在江海之上，心存魏阙之下"（《神思》第二十六）以说明神思乃是一种由此及彼不受身观局限的想象活动。韩愈《答李翊书》以"水大而物之浮者大小毕浮"，申说"气盛则言之短长与声之高下者皆宜"。苏洵《上欧阳内翰第一书》说："韩子之文，如长江大河，浑浩流转，鱼鼋蛟龙，万怪惶惑，而抑遏蔽掩，不使自露，而人望见其渊然之光，苍然之色，亦自畏避不敢迫视。"①

从以上四个方面的论述中我们可以得出一个基本的判断，就是审美观念甚至审美范式的形成离不开上古先民的生存需要，在生存需要的基础上形成的原始审美观念，具有原初的善与美相统一的性质。而华夏民族之美善统一的传统，不仅表现在观念形态的认识和感悟上，也具体地影响到观念物化形态的具体形式。

从自然地理环境和生活方式看，中国几千年一贯的大陆农业生活模式，决定着华夏民族独特的时空意识。中国地域广大，土地肥沃，农业生产主要依赖的是天候与节令，春种秋收，周而复始，是一种内在自足的自然经济模式，所面对的世界除季节变化之外，在空间上缺少变化性；而生命本身在土地上劳动、栖息，最后又回归自然，如陶渊明诗歌中描绘的"死去何所道，托体同山阿"，对象世界与主体之间不存在难以逾越的沟壑，从空间上看自然与人是一种亲密无间的关系；土地是华夏民族社会生活中最为重要的依托，而与土地相联系的是四季的轮回，所以，对中国人而言，人生与自

---

① 吴中胜：《文学如水——中国古代文论以水喻文批评》，《理论月刊》2004 年第7 期。

然是在时空中交织到一起的。《尚书·洪范》云："五行：一曰水，二曰火，三曰木，四曰金，五曰土。"对《洪范》所言"五行"，刘宗迪先生据庞朴先生之观点加以辨析说：

> 《洪范》中五材的排列顺序一水、二火、三木、四金、五土，却与五行说体系中五材的排列顺序大相径庭，既非五行相生的顺序木、火、土、金、水，亦非五行相胜的顺序土、木、金、火、水，《洪范》之阐述又只言及五材各自单独的属性和功用，而于五行各要素之间的对立统一关系未及一词，也就是说，从《洪范》五行说根本不可能引申出五行生克的奥义。①

据此进一步探讨，刘宗迪先生认为：

> 在古书中，金、木、水、火、土的字样尽管常常出现，但凡是五行说作为一个系统出现的地方，凡是在着意阐发五行体系的系统涵义和功能的地方，总是以四时五方的范畴为理论基础，即使用金、木、水、火、土诸名目标示五行，着眼点仍在于五行的时、空模式，如《淮南子·天文训》所谓："壬午冬至，甲子受制，木用事，火烟青。七十二日，丙子受制，火用事，火烟赤。七十二日，戊子受制，土用事，火烟黄。七十二日，庚子受制，金用事，火烟白，七十二日。壬子受制，水用事，火烟黑，七十二日而岁终。"《春秋繁露·五行顺逆》云："木者，春生之性；……火者，夏成长；……土者，夏中成熟；……金者，秋杀气之始也；……水者，冬藏至阴也。"《白虎通义·五行篇》云："水位在北方。北方者阴气，在黄泉之下，任养万物。……木在东方。东方者，阳气始动，万物

---

① 刘宗迪：《五行说考源》，《哲学研究》2004 年第 4 期。

始生。……火在南方。南方者，阳在上，万物垂枝，……金在
西方，西方者，阴始起，万物禁止。"这里说的完全是一年之
中的天气变化、四时推移。它表明，在五行体系中，金、木、
水、火、土空有其名而无其实，它们不过是用以表示四时五方
的符号而已。

对于古代月令笔者没有研究，所以，不便就五行与月令之关系加以
辨析。不过，在笔者看来，刘宗迪先生所引用的三段文字，除了包
含着时空意识之外，另外还有两层意思：一者包含了以"土"为
中的思想意识。这种意识从上古典籍中可以间接看出一二。如
《上海博物馆藏战国楚竹书》中有："禹然后始为之旗号，以辨其
左右，思民毋惑。东方之旗以日，西方之旗以月，南方之旗以蛇，
中正之旗以熊，北方之旗以鸟。"《汉书·武帝纪》颜师古注引
《淮南子》："禹治鸿水，凿轘辕山，化为熊谓涂山氏曰：'欲饷，
闻鼓声乃来。'禹跳石，误中鼓，涂山氏往，见禹方作熊，惭而
去。至嵩高山下化为石，方生启。禹曰：'归我子！'石破北方而
启生。"① 由大禹化熊故事猜测，居于中正之位的熊旗，应该是大
禹部落的图腾。由大禹之父亲鲧以息壤治水故事推断，鲧、禹皆与
土相关。但鲧从文字本义上讲为"鱼"，系水族，而"禹"字据顾
颉刚先生考证为"虫"，则应系土族之神。熊旗据中正之位应包含
土居中央之意义。二是包含了重视农事的意识。甲骨纪实刻辞中有
"东方曰析，风曰协，南方曰夹，风曰微，西方曰夷，风曰彝，
〔北方〕曰宛，风曰伇。"② 四方之神以风加以区分，其立足点在农
事。《淮南子·天文训》之"土用事"，《春秋繁露·五行顺逆》
之"夏中成熟"，皆与农事相关。而刘先生《白虎通》引文中没有

① 班固：《汉书》，中华书局，1962，第190页。
② 王宇信、杨升南、聂玉海主编《甲骨文精粹释译》，云南人民出版社，2004，
　第576～577页。

引出的一段文字"土在中央者，主吐含万物。土之为言吐也"，恰恰说明五行不单与时间相关，更与农事紧密相连。

笔者之所以强调五行说与农事之间的内在关联性，主要表达三层意思。其一，我们应该重视五行说里"土为中"的土地意识。其二，五行说包含的相生相克之理，虽然在后世形成了对立统一的辩证哲学思想，但从其起源上讲，则直接来自古代社会的农业生产活动。其三，五行所含之"木、火、土、金、水"五种物质材料皆来自农业生产之必有之物，如刀耕火种之"金"与"火"，植物生长之"水与土"，而"木"不仅有燧人氏钻木取火之传说，有孟子所主张的"斧斤以时入山林"思想，学术界更有所谓在石器时代之前存在一个"木器时代"的推断。概言之，五行相生相克思想实际上反映出古代初民在农事活动中所形成的"冲""和"观念，即得天时地利以为"和"的自然和谐观。

原始性质的美善统一观、自然和谐观与文明时代的理性犹有极大的距离。正如马克思与恩格斯所言："当人们还不能使自己的吃喝住穿在质与量方面得到充分供应的时候，人们就根本不能获得解放。'解放'是一种历史活动，而不是思想活动。"① 换言之，那些原始性质的美善统一观及自然和谐观中所包含的"善"与"和谐"主要还被局限在物质生产的领域，而很少具有社会伦理的性质。一方面，这些观念本身体现着初民的真实需求，这种需求既是物质层面的，也是情感层面的。另一方面，尽管人类早期还不能够把自身的意识独立出来作为一种审视的对象，但如荣格所说，在无意识状态下，"我"同时也是所有人的客体。通俗地讲，人们会从每一个个体生命的诞生、成长、消亡上培养起一种对于自然的敬畏，并且，开始憧憬和想象生命背后隐藏着的冥冥主宰，进而思考生命从何处来到何处去的问题。这就涉及我们接着需要讨论的神人相通思

---

① 马克思、恩格斯：《德意志意识形态第一卷片断》，《马克思恩格斯全集》第42卷，人民出版社，1979，第368页。

想的种种表现。

首先，中国神话中一个很重要的特征是天地神人浑然一体，建构中国诸神谱系与华夏种族的寻根问祖是同一个过程。先来大致看一下中国诸神的谱系。《国语·晋语》中记载："昔少典娶于有蟜氏生黄帝、炎帝。"《大戴礼·黄帝德》中也有："黄帝，少典之子也，曰轩辕。"少典实际上就是日神，有蟜氏则是创世大神和大地之神女娲。这两段记载既说明了人类祖先来自于天地之合，也说明了除了我们的祖先，并无另外一个高高在上、超然物外的宇宙大神。另据《通志》中所引《春秋世谱》："华胥，生男子为伏羲，生女子为女娲。"伏羲又名太昊，从其所具神性来看，也是日神。由《风俗通义·皇霸篇》《白虎通》和《通鉴外纪》等典籍记载可知，伏羲被排列在三皇之首，是华夏民族的始祖神之一。又如中国的社神后土，也很典型地表现了这种以祖先为神的倾向。笔者在《扬州文学镜像研究》一书中曾进行过梳理，现引来以加以佐证。

关于后土究竟为何方神圣，说法不一。有说后土是官职，在甲骨文中"后"字与"司"字互通，"后土"即"司土"，也就是掌管土地的意思。有说后土是人名的。《礼记·祭法》："共工氏之霸九州也，其子曰后土，能平九州，故祀以为社。"《山海经·海内经》："共工生后土，后土生噎鸣，噎鸣生岁十有二。"《山海经·大荒北经》："大荒之中，有山名曰成都载天。有人珥两黄蛇，把两黄蛇，名曰夸父。后土生信，信生夸父。"也就是说后土是共工的儿子，是噎鸣（时间之神）和信（日落之神）的父亲，逐日好汉夸父的爷爷。在《左传》中是把神职和神名结合起来的。《左传·昭公二十九年》记载："故有五行之官，是谓五官，木正曰句芒，火正曰祝融，金正曰蓐收，水正曰玄冥，土正曰后土。颛顼氏有子曰黎，为祝融。共工氏有子曰句龙，为后土。后土为社。"即后土是神的

　　名字，也是神的职务。[①]

由此可见，在中国古代神话里，人与神的界限也非常模糊，或者说，在天地神人之间并没有一条明确的界限。在先民的观念世界中，创世神、天地大神常常被视为华夏民族的远祖或者先王。

　　其次，在中国古代神话中，神迹多与人事结合在一起。其一，在中国古代神话系统中，所描述的神既具有人格化特征，也呈现出象征性的观念化倾向。以盘古和女娲为例，盘古开天辟地，包含了中国早期天圆地方的猜测（盘古用双脚踢碎蛋壳，分离为天地）、气的思想（气之轻者上升为天，气之浊者下降为地）以及万物一体、天人合一（盘古的身体变化为天地间的万物）的观念。女娲在中国神话里是大地之母，她的主要事迹是补天、造人和制笙簧等。与西方神话相比，女娲作为地母，其形象非常独特。在西方许多神话中都有大地母神这一角色，比如，古代埃及神话中的伊西斯，古希腊神话中的得墨忒耳，她们皆具有双重的特征：美丽与丑陋、仁爱与专横、光明与黑暗、理智与任性。而女娲在整个民族信仰以及古今神话中所体现出来的品质则比较单纯一致，即致力于人类生活的和谐与幸福。[②] 其二，祖先神中大多数具有农神的性质。三皇五帝的具体事迹多与农业生产结合在一起，如后羿射日、大禹治水、黄帝教导人们耕作等；至于伏羲，虽然不是农业生产的直接指导者，如《九章·序文》中所说："古者包羲氏画八卦，以类万物之情，以通神明之德，作九九之术，以合六爻之变。"但他的太极八卦仍然与农事紧密相连。《周髀算经》中说："古者包羲氏立周天历度。"（《路史·后记》）《物原》说："伏羲初置元日。"（《广博物志》）《春秋内事》说伏羲氏"推列三光，建分八节，以

---

① 苏保华：《扬州文学镜像研究》，社会科学文献出版社，2009，第238页。
② 参见张振犁、陈江风《东方文明的曙光——中原神话论》，东方出版中心，1999。

文应气，凡二十四，消息祸福，以治吉凶"（《太平御览》卷七十八）。这些资料说明了伏羲所画八卦实际上与古代的历法有着直接关系，而二十四节气则直接作用于农耕活动。

再次，从甲骨卜辞中所载商代祭祀活动情况来看，祭祀目的从性质上可以分为求吉和避凶两类。求吉主要包括贞告和祈求农业丰收、分娩顺利、征伐获胜，治疗疾病等。避凶主要是祈求先王鬼神不要作祟，其内容与天灾、瘟疫、疾病、战争失败相关。如第 253 条"贞问好不延疾"（贞问商王之妇名妇好者不疾病迁延么？）；第 56 条"贞母丙允有蛊"（贞问商王武丁之母丙者果然作蛊害么？）。① 并且，"贞告""勿告""告于""勿告于"在很多卜辞中重复出现，从中可以看出殷商之人对于祭祀祷告极其重视和笃信。

总结我们对于中国古代神话及祭祀活动的梳理，我们可以清楚地看出，所有这些中国早期神话及祭祀活动中对于神的身份、性质、功能的定位直接导致了后代祭神活动的两个特征：祭神如祭祖，或者相反，祭祖如祭神，总之，祭祀活动直接与人的现实实践行为以及实践目的相结合，使祭祀活动具有了严肃和理性的内涵；神直接参与了人的生活，神的世界与人世合而为一。据此我们也可以大体得出几个基本的判断。在古人的观念世界之中，万物有灵，生生不息；远祖为神，近祖为鬼，神常有德，鬼易作祟；祭祀远祖与祭天地相类，祭祀近祖与祭鬼相类；祭祀天地常用于求丰收，祭祀山河之神常用于求雨去灾，祭祀先王常用于祈求护佑，去除蛊祟。而中国神话及古代祭祀活动中体现出的外部特征和包含的内在观念都构成其天人相通的内容，并有力地影响到周代礼乐文化的兴盛、数象思维的成熟以及天人合一之哲学思想的形成。

---

① 王宇信、杨升南、聂玉海主编《甲骨文精粹释译》，云南人民出版社，2004，第 1528、1465 页。

第二节　审美观念原型：美善、五行与天人观

中西方不同的社会实践与不同的思维方式相结合，形成了中西方哲学的双峰对峙，二水分流。西方哲学主要的精神是理性主义和经验主义，西方哲学的特点在于把人和外部客观世界明确割裂开来，坚信人们通过逻辑演绎、认识活动或语言分析，可以求得真正的知识，真理可以得以昭显。西方哲学所依赖的一是逻辑，二是既有的知识和思想体系，三是语言。与西方不同，中国哲学主要是伦理生命的宇宙观，其本质内涵是天人合一，人的心灵与外部世界相互感应，相互沟通，你中有我，我中有你，智慧的呈现不外乎天理人情；哲学的宗旨在于使人安身立命，把握世界所依赖的是主体心灵的体悟和在实践中所形成的本质直观，而这种体悟和本质直观的对象得以实现的前提条件即视宇宙为彼此作用、完美无缺的有机体；仰观天文、俯察地理既已构建起主客之间相融无间的世界，则最终必然回归于视主体本身为对象，以确立主体价值、规范主体行为为目的的生命伦理学领域，由此确立了完美尽善的理想追求。

一

中国古代社会是以血缘和伦理为纽带的宗法社会，宗法制度是从原始公社后期的家长制发展而来的。周在征服殷之前，大体上仍然保持着原始公社的形式。被公认为在周朝初年确立下来的一整套典章、制度、规矩和礼仪，其基础实质上是原始巫术礼仪，周代政治体制，也仍然被氏族血缘所包裹着。这一点我们可以从古籍中得到印证。《墨子·非攻下》："赤乌衔珪，降周之岐社。"《吕氏春秋·应同》："文王之时，赤乌衔丹书，集之周社。"由此可见，礼乐文化兴盛的直接基础需要到周代祭礼中寻觅。

周征服殷商以后，周天子把本氏族中的贵族封为诸侯，使得统治阶层保持了氏族的血统，这些贵族以氏族家长的身份取得统治地

位，政权与族权相结合，形成了以礼治为核心的宗法等级制度。但是，周朝取代商的统治不能简单等同于后来中国封建时代的天下易姓。后世王朝易代往往不言前朝开国之君的开明贤德，只言前朝亡国之君的昏庸残暴。夏商周三代则不然，夏之开国之君大禹被列入古代贤王，从道理上讲，夏朝开国者大禹既然被尊为贤王，则商朝开国者商汤亦应被推崇和赞美。商、周两代存在着部落姻亲关系，故而《周书·洛诰》载周公之言："王肇称殷礼，祀于新邑，咸秩无文。"王晖先生对此有考证和分析：

> 《墨子·非攻下》所言"分主诸神，祀纣先王"及周原甲骨刻辞中周王祭祀殷诸先王如出一辙，其原因是商末殷周两族的通婚而形成的共祖现象。从《尚书·尧典》、《左传》襄公二十五年等文献可知，虞为舜之国号，然有虞氏之祀典中对先舅尧或祀以"宗"祭，或祀以"郊"祭；《礼记·祭法》谓有虞氏"祖颛顼而宗尧"，《国语·鲁语上》谓有虞氏"郊尧而宗舜"。显然有虞氏把母系之父考列入了祀谱。这在母系社会是不奇怪的，而在由母系转入父系制不久的三代也一直存在这种现象。[①]

《墨子·明鬼下》云："昔者武王之攻殷诛纣也，使诸侯分其祭，曰：'使亲者受内祀，疏者受外祀。'"而周代社祭分周社与亳社，杨伯峻先生为《左传》闵公二年作注曰："雉门之外右有周社，左有亳社。间于两社，外朝正当其地，其实亦总治朝内朝言之。治朝不但有君臣日见之朝，诸臣治官书亦在焉。"[②] 王晖先生据此推断亳社为诸侯之祭，是很有见地的。而我们亦可从中见出，所谓周代礼乐文化之"礼乐"，原本与祭祀活动有密切关系，而祭祀活动本

---

① 王晖：《周原甲骨属性与商周之际祭礼的变化》，《历史研究》1998 年第 3 期。
② 杨伯峻：《春秋左传注》第 1 册，中华书局，1981，第 263～264 页。

身具有的"内外有别"特性，可视为礼教等级中亲疏贵贱观念的滥觞。

"无论是祭神（献媚于神），还是占卜（破译天命、神旨），抑或驱邪避鬼（对天命和神意的反抗），其最终的目的还是求'神人以和'。这种文化心理决定着人们的价值取向，深刻影响着精神文化的创造，对审美意识产生了直接的影响。"① 罗坚先生从祭神、占卜等活动中看出由"神人以和"到"礼乐之和"的发展，是很有见地的。不过，在笔者看来，这种"神人以和"的文化心理只是直接影响到"礼乐之和"的产生，而对于中国审美意识则只是具有一种间接的影响。直接影响中国审美意识的还是包括"礼乐之和"在内的美善不分、五行相生以及天人合一等哲学观念。

首先，"神人以和"之所以能够过渡和发展到"礼乐之和"，从观念层面梳理，则应该看到理性精神对于祭祀活动的介入。当人们能够从祭祀活动之外来审视祭祀的合理性时，文明之曙光就开始出现了。上文中我们讲到，周代社祭之礼保持了商祭中的亳社，这已经暗含了初步的理性选择。不仅如此，周代祭礼中对于祭祀的次数和祭祀的性质也有了进一步的规定。《礼祀·祭祀》云："祭不欲数，数则烦，烦则不敬。祭不欲疏，疏则怠，怠则忘。"强调祭祀活动既不应该过于频繁，使人生厌而失去敬畏；也不应该过于稀少，使人倦怠而忘记敬畏。而祭礼亦应该名正言顺，"非其所祭而祭之，名曰淫祀，淫祀无福"（《礼记·曲礼下》）②。

其次，"礼乐之和"作为一种日趋清晰的哲学观念，不仅是对于"神人以和"观念的扬弃，也是春秋、战国时期社会发展的伴生现象。在春秋战国这五六百年期间，社会制度发生了巨大的变革，礼坏乐崩、以霸道代替王道适应了诸侯和新兴地主阶级的强烈要求，他们为了巩固自身的既得利益，要求以成文法来确认其拥有

① 罗坚：《从"神人以和"到"礼乐之和"》，《民族艺术》2001 年第 2 期。
② 《十三经注疏》，中华书局，1980，第 1268 页。

大量私田的合法性。鉴于这种情况，鲁国实行了"初税亩"，打破了公田与私田的界限，承认了土地私有的合法化；郑国子产于公元前536年"铸刑书"，把新制定的法律条文铸在铁鼎上。另外，礼坏乐崩也是解放生产力的派生物，客观上也反映出奴隶阶级对私有财产的占有欲望和对人身自由的追求。正是在这样一个大的社会背景之下，"古今""礼法"之争与哲学上的"天人"之辩才应运而生。可以说，自周末形成了士农工商的等级制度，配之以封建的宗法制，使得家国、父子、君臣成为一体化的东西，人伦与教化也随之具有了密不可分的关系。在这样一个制度之中，人的文化生活的核心就是礼乐，礼乐也成为思想观念、伦理道德及审美意识的混合体。如《乐记》中所讲到的："乐者为同，礼者为异；同则相亲，异则相敬。礼义立，则贵贱等矣；乐文同，则上下和矣。"（《乐记·乐论》）即一重血统，二重年齿，通过礼乐来分别贵贱长幼，在不同等级之间，维持一定的联系，保持和谐而有序的格局。作为伦理人情占据核心地位的中国社会，"中和"观念既是社会稳定的前提，也成为人们在现实中所追求的理想境界，这种理想境界就其精神的特质而言，涵盖了天人合一、礼乐相和、美善不分、体用不二的诸种内涵。

倘若局限于"神人以和"、天人相通的情感体验，"礼乐之和"与"天人合一"的理性主义思潮是不可能产生的。我们说，任何一种哲学观念的形成和发展，其背后都隐含着思维认识能力的演进与提高。中国的思维方式与西方不同。西方古代的思维方式很早就经历了一个由具象向抽象转化的过程，其主要的特点是主客两分，重视理性、经验与逻辑分析，最基本的思维单位是概念，最主要的思维方法是逻辑归纳和演绎。而中国古代的思维方式主要是一种象数思维，这种象数思维尚没有从原始思维中完全分离出来，其主要特点是天人合一，主客交融，重视体验、归纳和整体把握；最基本的思维单位是物象与数的结合体；最主要的思维方法是触类旁通、神与物游。因而，我们探讨"礼乐之和""天人合一"，不能不对中国早期的象数思维做一梳理和剖析。

　　早期的象毫无疑问没有从原始思维中完全分离出来，象按照内容可以大体分为四类：鸟类之象、鱼类之象、植物之象、想象混合物之象。我们以鸟类之象为例加以分析。闻一多先生曾经说过："三百篇中以鸟起兴者，亦不可胜记，其基本观点，疑亦导源于图腾。歌谣中称鸟者，在歌者之心理，最初本只自视为鸟，非假鸟以为喻也。假鸟以为喻，但为一种修辞术，自视为鸟，则为图腾意识之残余。"① 《诗经》中不少以鸟类为题材的诗歌，其内容都是思念宗族、故国或者祖先父母，如《小雅·小宛》《小雅·黄鸟》《小雅·鸿雁》《小雅·伐木》《邶·燕燕》等，这并不是偶然的，鸟在此不是比喻之象，而是兴象，即包含了祖先崇拜和对于人自身的自我认同感。《左传·昭公十七年》："秋，郯子来朝，公与之宴。昭子问焉，曰：'少皞氏鸟名官，何故也？'郯子曰：'吾祖也……少皞挚之立也，凤鸟适至。'"《琴操·思亲操》记载："舜耕历山，思慕父母，见鸠与母俱，飞鸣相哺食，益以感思。"《史记·殷本纪》记载商的始祖契是有戎氏之女简狄吞玄鸟之卵而生，《史记·秦本纪》记载秦的始祖伯益是颛顼的孙女修吞玄鸟卵而生。由此可见，鸟作为个别自然的事物，已经"不是以它们的零散的直接存在的面貌而为人所认识，而是上升为观念。观念的功能就获得一种绝对普遍存在的形式"②。这种具有普遍性的观念形式就是中国古代最早的兴象。

　　中国古代的数从来没有获得独立的意义，而是与象混合为一体，共同产生意义。例如，《易传》使用的是由数、象、辞三个子系统整合而成的复合系统，它中间的数"实际是指揲筮操作中运演出来的常数奇偶的排列组合，《易传》认为其中深藏'天下之至

---

① 闻一多：《诗经通义·周南》，《闻一多全集》第 2 册，开明书店，1948，第 107 页。
② 黑格尔：《美学》第 2 卷，商务印书馆，1979，第 23 页。

赜'，但数自身并不能直接呈现这个'赜'，需要将其纳入卦爻之象，并由此推演到自然物象和人文事象，使深不可测的'赜'呈现为经验事实，这才有辨识的可能"[1]。说到底，数象思维的特征不在于抽象的思辨和追问，而在于触类旁通式的玄思，在于通过对于象的描绘来把握隐藏于现象世界之后的意义。例如庄子，从实质上讲是一个相对主义者，如果用西方的话语来形容他的全部著作主题，就是一种彻底的人生相对论，但他却用了大量的天上地下的兴象来描绘出一个活的世界，生动地表达自己对于生命的体验和感受，而这种体验和感受则是无法用逻辑的语言来准确概括的。

数象作为中国古代思维的最小单位，其自身的性质也在一定意义上决定了中国古人思维的基本特征。数象本身就是主客体互相交融、天人相通的产物。数象既不是客观存在的事物本身，也不同于主观的思想情感，数象是在中国古人的生命实践中不断生成和发展的思维范畴，其中，数是象的性质，象是数的载体。数赋予了象以情感性和观念性。正如我们前文所述，在鸟这个物象上，寄寓了古人对于祖先和家乡的思念，而对于整个象的世界在古人的思维中也呈现出了"看山不是山，看水不是水"的特征，正是因为物象在观念中已经改变了性质，中国古人很早就意识到了"大音稀声，大象无形"的道理，而且，在此基础上进一步提出了言不尽意，立象尽意的观点，到了宋代理学家那里，强调"格物致知"，实际上也就是肯定了只有依赖对于象的体悟，才可以获得真正的知识。通过"格物致知"所得到的知识，当然不是纯粹知识论意义上的知识，而是理学家安身立命的存在之所。

综上所述，春秋、战国时期礼乐文化的兴盛与数象思维的成熟为天人合一之哲学思想的明晰化与体系化奠定了坚实的基础。"早在先秦时期，儒家、道家、阴阳五行家就表现了强烈的'天人合一'的文化倾向，并从不同侧面确定了它的基本意蕴。分而言之，

---

[1]　汪裕雄：《意象探源》，安徽教育出版社，1996，第140页。

三家的思想可以分别概括为以天合人、以人合天、天人感应。尽管各家的具体说法有异，但其意旨与理路却大体相同。"① 同时，礼乐文化与数象思维也并未终结于天人合一的哲学思潮之中，而是对于后世中国审美文化观念及审美实践继续产生着非常复杂的影响和作用。

二

中国伦理生命的宇宙观从根本上讲，不是一种理论，而是一种智慧，它企望用一种开放的甚至是充满悖论的语言形式描述出人生最为真实的体验，但这种体验既不能通过科学加以实证，也不能用概念来准确鉴定，这种生命伦理观的核心就是"道"。正如老子所说："道可道，非常道，名可名，非常名。"在言与意之间有着一道不可逾越的鸿沟，根本的"意"就是大道，也就是人生的真谛，而这真谛如禅宗所说的"如人饮水，冷暖自知"，既不是可以直接感知的物理世界，也不是通过概念运行和逻辑推演可以理解和概括的理性认识对象。在华夏古人的哲思里，道是宇宙生命功能的整体，是生命无限可能性的总汇。整体和总汇是无法用普通常规语言说得清的，能说出来的只能是局部和分支，而局部、分支则不足以称为"道"。当语境限制在形而上范围时，说"道常无名""道生一，一生二"等，使用"道"范畴并不会产生言说的困难。但人类不能总在形而上层面讨生活，为解决实际问题，必须涉及形而下的"器"，解决形而下问题。中国古代强调的是悟道，悟有渐悟与顿悟的区别，但两者都不同于西方的认识论，悟与人生结合得更加紧密，它是直接与人自身对于自由和理想的追求统一在一起的。它解决的是人安身立命的问题。所以，正是因为中国以"道"为核心的哲学强调了人生实践实存性的一面，所以，它虽然并不是反经

---

① 高晨阳：《论"天人合一"观的基本意蕴及价值——兼评两种对立的学术观点》，《哲学研究》1995 年第 6 期。

验、反认识、反逻辑的，但却具有了超越具体认识、经验和逻辑实证的特征。

　　道家和儒家的伦理生命观有所不同，道家认为："天地有大美而不言，四时有明法而不议，万物有成理而不说。圣人者，原天地之美而达万物之理，是故至人无为，大圣不作，观于天地之谓也。"（《庄子·知北游》）所以人应该"堕肢体，黜聪明，离形去知，同于大通"（《庄子·大宗师》）。老庄不相信提倡仁义教化可以解决人生问题，在他们看来，善恶、美丑只是人为的分别，人心不平才是祸乱的根源，人们只有回归自然，跳出价值选择的怪圈，才能够真正与道相通，进而解决人生终极关怀的问题。儒家却以强调人附庸于社会的理论说明了个体与社会融合，在孔子那里，个体只有抑制自我追求而无条件地依附社会，个性只有消失在社会中，才能区别于动物，达到"仁"的境界。"人而不仁如礼何？人而不仁如乐何？"（《论语·八佾》）以仁为核心正是礼乐意义所在。孔子显然认为道德教化与礼乐制度对人生是有价值的，人只有以人道来遵循天道，以自己内心的德性来体悟把握终极的道，道才真正融入现实的人生之中，才具有体用不二的特点。在儒道之外，中国哲学的另一个重要分支是佛学。佛教起源于印度，它的目的是帮助人们解脱轮回怖苦。在佛教的哲学中有着许多思辨的成分，但这恰恰对于中国影响不大，中国化的佛学也绝非印度佛学的本来面目，"最能够表现中国文化精神的佛教的几个支脉是华严、天台与禅。华严与天台重圆融的中道，而禅宗更另辟蹊径，当下即是，着重日用常行。对轮回的信仰与思辨的方法虽仍保持着，但已不再是中心的关注所在，仅只被判为初阶的表现。大体中土佛学的支脉所凸显的仍然是实存性的体悟……"[①] 总之，无论道家、儒家还是中土佛学，都强调人生实践的能动性，强调人与自然在实践基础上的和谐统一。体现在审美范式上，中国的审美范式与中国人的人生追求结

---

　　① 刘述先：《理一分殊》，上海文艺出版社，2000，第37页。

合得更加紧密，人生境界就是审美境界，人生理想就是审美范式。"中和"、"意象"、"气韵"和"意境"代表着中国文化的整体特征。

在西方，"哲学"（philosophy）一词出于希腊文，原先的意思是"爱智慧"，而"爱智慧"也是希腊人最初为哲学所界定的方向。"智慧"的含义极其广泛，几乎在人类所有的实践活动中都闪烁着智慧的光芒，而且，人类所有的实践活动也都可以成为获得智慧的途径。然而，在几乎与"哲学"这个词出现的同时，希腊人就把智慧与"普遍的知识"混为一谈，并最终把哲学成功地转变成了寻求普遍知识的学问。俞宣孟先生认为："智慧是每个人自己的生命中的能力，这种能力使人成就各种事业，然而它本身却始终隐藏在不可见的地方。凭借智慧这种能力，人能学习、研究并获得各种知识，包括关于人自身机体的生理知识，但是人们却没有关于智慧本身的知识。知识和智慧是有联系又有区别的两样东西：知识是人行使智慧的一种重要结果，通过知识，我们确信人是有智慧的生命；智慧是使知识成为可能的人的禀赋。一切知识都是可以明白表述的；智慧则是使知识得到明白表述的条件和保证，它本身是无法被明白表述出来的。"① 也就是说智慧是一种无法用下定义的方式来准确把握的人的生命能力和禀赋。我们且不说这样论述是否非常准确，我们应该意识到的是当我们追问"智慧是什么"的时候，我们就已经陷入了西方语言和逻辑的陷阱。也就是我们追问的这种特殊的方式实际上是知识论专有的追问方式，即承认智慧是一个认识本体论意义上的问题，但我们在论述之前就已经肯定了智慧不是一种可以认识的知识，把智慧归于生命禀赋和能力也就不可能揭示智慧的全部内涵。

中国则正好相反，中国审美实践的直接目的就是创造现实的理想境界，美是对于现实的升华，是在此岸建筑起来庇护人们心灵的大厦。

---

① 俞宣孟：《本体论研究》，上海人民出版社，1999，第4页。

三

　　中西方哲学不同的最终目标决定了它们不同的价值尺度，这种价值尺度体现在具体的人生实践之中，或者说在中国与西方有着不同的人格追求。中国古代主要追求的乃是一种自然化的人格和自然化的人生，也就是以人道合乎天道。中国人并非没有意识到人与天的对立以及人道与天道的不同，庄子早就说过：

　　　　有天道，有人道。无为而尊者，天道也；有为而累者，人道也。主者，天道也；臣者，人道也。天道之与人道也，相去远矣，不可不察也。(《庄子·在宥》)

　　但道家更强调无为与自然。就是以人道去顺应天道，达到天人合一的境界。如果说道家讲的合乎天道是塑造自然人格和创造自然化的人生的话，那么，儒家追求的则是自然的人的本性，这种本性在儒家看来就是"仁"，"仁"是超越生理需求的精神追求和人格力量的抽象概括。对于"仁"，孔子在《论语》中有多方面的阐释。如：

　　　　颜渊问仁。子曰："克己复礼为仁。一日克己复礼，天下归仁焉。为仁由己，而由人乎哉？"颜渊曰："请问其目。"子曰："非礼勿视，非礼勿听，非礼勿言，非礼勿动。"(《论语·颜渊》)
　　　　仲弓问仁。子曰："出门如见大宾，使民如承大祭。己所不欲，勿施于人。在邦无怨，在家无怨。"(《论语·颜渊》)

　　这两段对话分别从仁学和仁政的角度论述了孔子关于仁的主张，这种主张很明显与人生实践有密切的关系，仁就贯穿于人的日常行为之中。儒家的道实际上主要强调的是人道。

　　然而，在儒家看来，人道又绝非背离天道而独立存在，而是与天道相融合的。《周易大传·象传》中讲："大有，其刚健而文明，应乎天而时行。"又说："天行健，君子以自强不息。"这种刚健自强的思想在孔子看来，是与仁相通的，所以，他说："刚毅木讷近仁。"（《论语·子路》）孟子提倡的浩然之气实质上就是天人合一的一种表现形式："其为气也，至大无刚，以直养而无害，则塞于天地之间。其为气也，配义与道；无是，馁也。是集义所生者，非义袭而取之也。"（《孟子·公孙丑上》）孟子的浩然之气显然混合天道与人道为一体，但天道又绝非可以脱离人道而具有独立意义，天道是人道的依据，人道是天道的现实展开，君子立身处世的关键在人不在天。所以，孟子说：

　　　　居天下之广居，立天下之正位，行天下之大道；得志与民由之，不得志独行其道。富贵不能淫，贫贱不能移，威武不能屈，此之谓大丈夫。①

在孟子看来，人皆有不忍之心，人行仁义乃是天性所致，所以，只要人能够把自己的良知良能发挥出来，就可以与天地之道相通。除在行为之中贯穿仁义之道外，儒家在《易传》里还提出"生生"的价值观念，即不仅有自然意义上的生命，而且，如果现实生命中有违背生命本质的态势时，人可以通过内在对于生命的终极关怀和信仰来加以纠正，用当代的眼光来审视这个观点的意义，其实质是人的实践全面体现人的本质。在中国式的价值尺度影响之下，中国审美范式呈现出了双重特征：在审美范式中总是包含着形而上的大道、生气以及对于现实功利人生的超越。

　　在西方哲学中体现的是一种为真理而献身的精神。在西方哲学

---

　　① 《孟子·滕文公章句下》，《四书五经》上册，天津古籍书店影印，1988，第44页。

的视界里，真理始终是和现实相对的一个内在自足完满的世界，真理可以是柏拉图所说的理念，也可以是基督教观念中的上帝或文艺复兴以后的人性人道，但不论是何种意义的真理，都强调人们应该为真理而献身，强调在追求真理的过程中舍弃现实人生中人的情感与欲望。柏拉图的理念是独立于现实世界之外的，它和现实世界的桥梁是柏拉图所主张的"分有论"；基督教的上帝也是一个具有超越性的人格神，失乐园以后的人有原罪，需要通过耶稣基督的他力得到救赎，超世与俗世形成了强烈的对比。这种上帝在中世纪与希腊哲学中的理念论结合在一起被视为"永恒的存有"，从而把超世与现世彻底截断，人失去了自己的家园，失去了自己的本质，成为被抛弃的流浪者，只有在否定自我之中才可以有限度地实现人生的价值。正因为如此，在西方哲学求真途中，命运成为客观存在与人之外的一个不可知因素，它并不因为人的思想与感情具有合理性，就有所改变。俄狄浦斯虽然自身没有错误，是一个贤能的君主，但仍然逃不脱命运的捉弄，最终要弑父娶母。说到底，这是完全彻底的宿命。而当一种价值论建立的基础是宿命论时，人的生存价值就会受到挑战，因为人失去了自身存在的意义，人生存于世界之中这个事实就只会成为悲剧，而悲剧也就成为最具有严肃性的人生实践。也正是在这样的价值尺度支配下，在西方，无论是人生实践还是审美实践，总体上是在比较中审美，并进而形成了成双成对的审美范式，如悲剧和喜剧、优美与崇高、丑与荒诞；同时，在审美价值上，认为悲剧高于喜剧，崇高高于优美，荒诞比丑的否定性更强。

第四章　中国审美范式的内在
诗意与观念逻辑

　　与一般意义上的物质实践、认识活动相比，审美实践具有其特殊性，它是一种实践精神地把握世界的方式，是一种特殊的人生实践。审美范式作为对于审美实践的逻辑梳理及理论概括，既要涉及精神层面，即审美观念之中所包含着的基本理论内涵、向度及逻辑层次；也要涉及审美实践的不同方式，即审美实践在不同历史阶段、实践领域（如生产、交往、伦理等）、艺术门类里面所具有和呈现的种种个性；还要涉及凝结、呈现着审美意识、审美情感、审美趣味的审美成果。在中国审美范式的生成、发展、丰富和成熟的背后，潜伏着审美经验的积淀层累、审美观念的滚动发展、美学概念及范畴的成型演变；所有这一切，都离不开其赖以产生、发展的社会历史前提。而这种社会历史前提的构成是一个非常复杂的系统：其一，在特定历史阶段社会生产力发展及人们思想认识所达到的总体水平；其二，作为审美主体在特定审美实践发展阶段上所习惯运用的审美符号形式；其三，审美主体基于特定社会情状所形成的基本生存方式，其中包含了人与社会、人与自然、人与自我等不同层面的关系模式。

　　中国审美范式既是不断变化的，也是相对稳定和渐进延续的。就发展性而言，中国审美范式不是凝定静止的，而是正与奇、通与变、静与动、实与虚的辩证统一。每一种审美范式都是普适性与针对性、自洽性与矛盾性的融合，这就使得中国审美范式形成了一个开放流动的结构。例如，中和审美范式主要代表着先秦至秦汉之间的审美观念，主要包含了儒道两家的音乐美学思想，主要以艺术哲学的形式而存在。但并不意味着在魏晋之后气韵和意象审美范式生成定型之后，中和审美范式就失去了理论活性，中和观念对于诗学意象以及书画气韵两种审美范式都有着规范制约作用，只不过经过魏晋玄学的重新阐释，秦汉之前的中和观念产生了新的变化，具有更加丰富的内涵。就稳定性而言，中国审美范式在理论层面形成了一系列核心范畴，这些核心范畴既是对于审美实践中审美主体与审美对象共同拥有的性质、状态、表现形式的具象性概括，也呈现着在社会历史的特定阶段上审美意识所达到的自觉程度，同时，也以相对恒定的集群概念的形式进入到中国美学体系中来。如围绕气韵之"气"渐次形成了"气势""气象""气骨""气味""气格""文气""风气""意气""神气"等概念，围绕气韵之"韵"形成了"风韵""意韵""神韵""韵味""韵致"等概念。因此，我们既要充分重视不同审美范式之间所存在的彼此渗透、互相促进、共生共荣的关系，也要深入研究其各自不同的内涵、性质、表现以及局限，只有这样，才有可能做到历史与逻辑的统一。

　　首先，在华夏审美实践发展进程中，不同审美范式之间存在着一个滚动发展、积淀突变的过程，要揭示这个过程所包含的内在规律，不仅要把审美范式研究置于整个社会历史发展的总体背景之下加以考察，还要梳理基本审美范式背后潜伏着的核心审美观念，进而深入剖析此种审美观念的丰富内涵及表现形式。换言之，在历史的和逻辑的层面，我们需要把握的是审美观念、审美实践及审美成果三者的结合方式。而魏晋玄学的产生，不仅直接推动了中国古代审美观念的自觉和裂变，也使得审美实践与个体生命的审美活动更加紧密地结合起来，同时，又促使不同的艺术类型——文学、书法、绘画、雕塑等——得到了极大的繁荣。可以说，魏晋玄学美学具有承前启后的重要地位，它既是中国艺术精神生成的直接源头，也是中国美学开始逐渐挣脱哲学束缚的分水岭。

其次，玄学美学为我们研究中国审美范式提供了一个很好的逻辑切入点。中国思想体系的主要构成部分是儒释道三家，但离开了魏晋玄学，我们就不能理解儒道两家的哲学思想、文艺社会学观念是怎样被中国美学体系所吸收的；离开了魏晋玄学，我们同样不能理解佛学东渐是通过何种方式与传统儒道渐趋融合的。只有紧扣魏晋玄学这样一个关键，我们才能更好地把握和总结中国审美范式所呈现的阶段性特征，揭示同一种审美范式在不同时期具有不同的内涵和意义，领悟其理论内核所具有的渐进与突变的双重属性。玄学美学视野下的中国审美范式始终具有开放性特征，它既指向历史，也向未来敞开。对于历史而言，它是对自先秦、两汉以来居于主流的"中和"审美范式的继承、反思、解构和重建，也是对于魏晋之后意象论、气韵论的引导、奠基、生成与推进。可以说，魏晋玄学美学是在审美实践空前繁荣、审美意识空前觉醒的前提下，对于既往的民族审美经验、审美心理、审美观念及审美实践的深度反思与重新建构。

再次，审美范式是对于不同类型的人生艺术境界所进行的理论概括与归类。没有人生的艺术化与艺术的人生化，审美实践就不可能从物质实践与认识活动中独立出来，也就不会形成纯粹意义的审美主体和审美对象。魏晋之前，艺术最主要的性质体现为功利性、伦理性、认识性，更早一些时候，还具有浓郁的宗教色彩；除了汉代赋家之外，很少有所谓的个体艺术家；艺术很少作为独立的认识和研究对象出现，也没有真正意义的艺术批评理论。伴随着魏晋玄学及名士群体的出现，审美实践开始独立，审美主体开始自觉，审美对象开始确定，美学理论也逐渐形成了系统。其中，对于意象和气韵两种审美范式的研究和概括，实际上意味着美学已经逐步与先秦儒道两家的礼乐文化相分离，并且在继续探究音乐之美的同时，开始建构纯粹审美意义上的中国诗学与中国书画美学。

第一节　从人生实践的角度审视审美范式

审美实践作为人类的特殊实践形式，具有超越民族的普遍意义，因此，就决定了审美范式的普遍有效性，也就是说无论对于中国还是对于西方的基本审美实践状态所进行的归类，都不仅仅是个别的现象，而是具有人类审美活动的共同规律性。例如，西方美学中的崇高与中国古代美学中的壮美、阳刚之美，西方的优美与中国的阴柔之美，西方的和谐论与中国的中和思想，西方的喜剧与中国的滑稽，等等，其中都具有可以比较之处。又如，我们把悲剧划归到西方的主要审美范式，并不意味着在中国古代的审美活动中没有悲剧意识或者中国人对于悲剧所代表的审美意境缺乏鉴赏能力，也不意味着中国审美实践中没有悲剧审美范式。实际上恰恰相反，中国人的悲剧意识觉醒得很早，对人生中的悲剧状态也具有自己深刻而独特的领悟和理解。在早期作品中，大量反映了中国的悲剧观，包含着人生价值观和宇宙观等不同的层面。例如，《诗经》和"楚辞"以及《庄子》中都对人生中有价值的东西被毁灭表现出无奈和感伤，都对人生的终极结果表示了疑虑，对生离死别从审美角度上进行了把握和描绘，对悲剧心理与文学创作的关系进行了有益的探讨。中国文论中讲的"发愤著书""不平则鸣""穷而后工"等命题都与悲剧功能的研究有关。西方喜剧中经常出现大团圆的结局，而这正是中国古典戏剧的套式。西方的丑和荒诞与中国的滑稽、丑也是异中有同，不能截然分开。但是，我们应该看到的是，由于中西方在各个方面的差异，导致了中国美学与西方美学范畴在内涵和使用上有着很大不同，拿西方美学史上现成的范畴来概括中国的审美实践，就难免有隔靴搔痒之感，不仅不贴切，而且会扭曲中国审美实践的本来样式。反之亦然。

一

对于审美范式划分所使用的范畴在美学史上有一个形成和发展

的历史过程，特定的范畴有特定的内涵和外延，范畴之间形成了严密的逻辑联系，从而构成了有机的美学体系。在不同的美学体系中所存在的范畴受到了整体系统的制约和影响，即范畴是系统中的范畴，具有系统所具有的特色与理论立场。如果简单、孤立地使用该范畴来代替其他系统中的美学范畴，就会不可避免地导致机械、生硬和曲解。例如，西方美学史上经常运用的"优美"和"崇高"的范畴，与中国美学史上使用的"阴柔之美"和"阳刚之美"就不能完全等同。西方的悲喜剧与中国古典戏剧中的悲愤、凄苦以及滑稽不同，这种区别可以说是一种本质差异，与西方美学史上同一范畴在不同历史时期所产生的变化发展不能等同。所以，我们在承认审美范式具有世界性的同时，还要注意概括审美范式的范畴所具有的区域性以及这些范畴出现的文化学术背景。这正是我们对于中国审美范式加以区分的逻辑起点。同理，国内有些学者把"优美""崇高""中和"归结为三大范畴的美，也是混同了中西方不同的学术传统和范畴划定标准的差异。

首先，在由个体审美实践所凝聚成的人类审美实践中，我们不同意把审美范式分成三大类：①存在于自然的客观对象；②存在于社会之中的伦理行为；③存在于人的想象中或艺术中的情感活动。在我们看来，对象之所以是对象，不能离开人的存在与人的实践活动，它们是在人的实践活动中获得意义和具有本质的。我们虽然可以把人类的实践大体上分为物质实践与精神实践两大类，但无论是哪一种实践，都是面对着同一个世界，这世界并没有一个先在的本质，而是通过人的不同方式的实践赋予了对象以不同的本质。从这个意义上说，自从有了人类社会，世界就从整体上成为了人的对象和人的本质。无论自然存在、社会存在还是艺术存在，都是人的本质力量对象化的表现。有了实践着的人，不仅社会与艺术体现着人的实践属性，自然也不例外，它不再是纯粹的自然，而是成为了人的精神的外现形式。

从表面上看，自然和社会中的种种表现形式是不受主体观念力量制约的，简单地说，不因为我认为家门前的小山小溪如黄山漓江一般美丽，这小山小溪就可以变成黄山和漓江；但实际上，这小山小溪与黄山漓江的区别不仅是物质形态的区别，还是一种真正意义上的"人"的区别，是整个人类历史积累下来的成果。这种区别不可能先于人的存在与人的实践而独立存在。当然，自然和社会中的种种表现形式并不是审美实践中境界的表现形式，相对于境界的表现形式而言，客观对象的存在形式只是一种"泛形式"，这种形式只是为审美提供了一种可能性。客观事物只有在人的实践中与人发生关系，才在现实性上成为人的对象，在审美实践中与人发生审美关系，才是审美的对象，并构成审美范式的感性的材料。

我们应该强调的是，在审美层次上根本就没有抽象的"自然美"，审美首先不是抽象的"人"的实践活动，而是个体的富有独创性、不可替代性及不可重复性的特殊人生实践，审美实践所具有的这些特性决定了它创造的人生境界也必然有着充分的个性，因而审美范式首先会以个性形式出现于人类历史舞台。在审美实践中，不仅不同的审美主体在富于个性的审美实践中会创造出有着不同表现形式的境界，即使同一主体在不同的人生境遇下，面对自然或社会中存在的相同景象，所创造的境界也是互不相同的。例如月亮，我们且看一看李白的诗歌，写月亮的，既有"儿时不识月，呼作白玉盘"，也有"举杯邀明月，对影成三人"，有"床前明月光，疑是地上霜"，还有"长安一片月，万户捣衣声"。写仕途的，既有"天生我材必有用"，也有"大道如青天，吾独不得出"，有"天子呼来不上船，自称臣是酒中仙"，还有"仰天大笑出门去，我辈岂是蓬蒿人"。如果我们把前面一组归入自然美，后面一组纳入社会美，这种概括显然不符合事实，也缺少说服力。由此可见，所谓的"社会美"与"自然美"还只是一个哲学范畴或者分类方式，它们既不来自于对审美范式的直接观照，更不是审美范式本身。说到底，我们只能说在这些具体的审美范式中，社会与自然为美的境界提供了一些必要的感性材料。

其次，即使从哲学的角度看，我们说自然美、社会美这类概念也不是对于审美范式严格的与科学意义上的划分与概括，而只是对于审美实践领域的含混界定。这类概念导致的逻辑结论就是把美与人的审美实践在一定程度和一定范围上加以分离，认为在人创造的美之外（有时也叫人工美、艺术美），还存在自然美（也被称作纯粹形式的美）和社会美（也被称作纯粹内容的美），其实质就是把美归结为一种客观的存在物或者某种物质属性。但是，如我们前文所述，从实践存在论的角度看，无论审美主体、审美对象、审美形成的境界或者这种境界存在的形式和状态，都是在审美实践中得以形成并获得属性和意义，这种属性与意义具有明显的相对性，它们与自然与社会所提供给主体的原初对象的物质属性不同，它是在审美实践中与审美主体一同生成，并以审美范式相对固定下来的意义和属性。

即使我们所说的自然已经是经过人的物质实践与精神实践改造，体现出人的一定目的性的人化自然，即使我们所说的社会就是主体当下生活的社会，也不意味着它们可以直接地原封不动地成为审美对象、构成人生境界并表现为审美范式。它们仍然与我们所说的审美范式隔着两层：其一，如蒋孔阳先生所说，"人的本质力量不是单一的，而是多元的、多层次的复合结构"，既有物质、自然属性，更有精神、社会属性，它们作为"一切社会关系的总和"而体现出来。对现实的人来说，"这种本质不是多种因素的量的聚合，而是灌注到个性鲜明的生命个体当中，成为一个有机生命体"，但在人与现实发生实用关系时，人往往只以自己某一方面的本质力量同现实的某一方面发生关系；而在审美关系中，人则以自己的全部本质力量与对象发生关系，"所以处于审美关系中的人，才是全面的人，丰富的人，完整的人"。①

审美实践是一种特殊的人生实践，审美实践作为人的本质力量

---

① 蒋孔阳：《美学新论》，人民文学出版社，1993，第169~171页。

对象化的过程，就是人以自己的全部本质力量与对象发生关系，但这种关系不能取代人与对象的其他关系，本质力量对象化完全可以是其他不同的方式，如物质生产、哲学认识、伦理改造等。本质力量对象化的方式不同，就会有不同意义上的"人化自然"，所以，无法保证"人化"就是审美，也不能肯定"人化"的自然就是人生境界，更无法论定"人化自然"的存在形式以及状态就是审美范式。比如，在中国审美实践中，菊花屡屡成为描绘的对象，在陶渊明的审美活动中，它也成了审美对象，"采菊东篱下，悠然见南山"是以菊花喻君子不同流合污的高风亮节，在陶渊明的诗歌中，菊花与草庐、东篱、南山、夕阳以及飞鸟共同构成一种人生的境界，表现为一种独特的审美范式。但这并不能说明菊花就是自然美或社会美，而是仅仅说明了菊花可以触发人的审美活动，具有成为审美对象的潜能，自然的菊花在人的实践之中，可以具有种种不同的价值属性，这些不同的价值属性为人以菊花为对象的实践提供了种种不同的可能性，菊花既可以引发审美活动，也可以泡茶入药。

其二，我们讲人的审美实践和人的本质力量对象化，一方面讲的是人类的本质力量和整体的实践，但另一方面，就实存性而言，只有具体的人和独特的个人体验的人生，审美实践是在个体审美活动中展开的。在现实意义的审美实践中，审美主体是以"个体"的感觉器官来与现实发生关系，是在"个体"超越对于具体物的功利目的的基础上，体验其内在心灵的自由，他的真善美的追求是自己的追求而不是抽象人类的追求，审美对象唤醒的是他的个人情感而不是抽象的所谓人类的情感。正因为如此，他创造的美与表现美的形态虽然只是人类美的长河中的一朵浪花，但却是长河所不能够替代和或缺的，正所谓没有涓涓溪流，就没有了长江大河。

再次，就审美主体所创造的审美范式实际存在状况与存在价值而言，它富于个性、独创性、不可替代性和不可重复性，我们不能笼统地称之为自然美或社会美。但这样讲是不是意味着审美主体的审美实践仅仅是一种个人行为、与自然以及社会无关、审美范式仅仅是作为个体的审美主体所创造的境界的表现形态呢？其实不然。我们是从存在论的角度讲"首先是"，而不是从哲学上讲"仅仅是"。审美范式的个性与共性是一个硬币的两面，是一对孪生兄弟。只不过，对于审美范式而言，如果没有个性，就没有存在的必要性；而没有了共性，则失去了存在的可能性。

　　我们在上文已经讲到审美范式的个性对于其存在的必要性，那么，共性对于审美范式存在的可能性有何重要意义呢？大致讲有三个方面：①审美主体作为人类的一个独特者与独创者，他不可能是一个"空气人"，他所具有的本质力量是"人"的本质力量，他创造的境界及其表现形式是人类审美能力与创造能力的具体呈现，他既无法摆脱人类审美历史的影响，也不能脱离审美实践所处的时代。恩格斯评论歌德时深刻地指出："歌德在德国文学中的出现是由这个历史结构安排好了的。莱辛使之'依靠自身的人'只有在歌德的笔下才能完成进一步的进化。"① 具体到审美主体，我们可以借用鲁迅先生的一段话："明哲之士，必洞达世界之势，权衡较量，去其偏颇，得其神明，施之国中，翕合无间。外之既不后于世界之思潮，内之仍勿失固有之血脉，取今复古，别立新宗。"② 鲁迅先生讲的也适用于美及其表现形式（审美范式）的创造。盖言之，取今复古是别立新宗的基础。至于在审美范式研究领域，对于审美范式共性及个性的逻辑把握，我们将在下文中专门探讨。②审美对象来自现实的人生，也来自迄今为止的人类历史的积淀。在审美实践的历史之中，特定的事物具有了特定的价值属性，并受着种种不同的价值属性的制约。梅、兰、竹、菊之所以能够进入我们今天的审美世界并不是纯粹个体行为所致，而是呈现出历史的必然性。在审美文化视野之中，长江大河与家乡的小河从潜在的审美价值属性来讲毕竟有许多不同之处，所以，我们一方面说情人眼里出

① 《马克思恩格斯列宁斯大林文艺论著选读》，江西人民出版社，1983，第88页。
② 鲁迅：《鲁迅全集》第1卷，人民文学出版社，1981，第192页。

西施，一方面也承认西施与"东邻之女"的不同。而且，审美主体作为个体所创造的人生境界及其表现形式如果仅仅具有个性，实际上就会变成纯然陌生而完全无法被公众理解的审美对象。而美及其表现形式不能仅仅是一种封闭的个体人生境界，还必须具有与其他审美主体可以"沟通"的功能。没有个性的审美范式，其"意义"是一种"无意义"，即没有存在价值；而只有个性，没有共性的审美范式就无法成功地表现出任何意义。我们之所以基于一种假设来分开论述审美范式的共性与个性，仅仅是为了探讨其内在的机理，而事实上任何审美主体的审美实践都必然是个性与共性的统一，审美主体创造出的境界及其表现形式也必然是个性与共性的统一。③我们虽然可以分别探讨审美范式的个性与共性，但作为研究审美范式的学科即审美范式学之所以产生，最主要的原因是在彼此不同的境界表现形式之间存在着关联和共同之处，这样我们才能够依据一定的分类标准、按照求同存异的原则对于审美范式进行归类。这种归类从逻辑上说，既为独立研究基本的审美范式提供了可能性，也为研究不同审美范式之间的相互影响奠定了理论基础。王尔德说过："影响乃是不折不扣的个性转让，是抛弃自我之最珍贵物的一种形式。影响的作用会产生失落感，甚至导致事实的失落。每一位门徒都会从大师身上拿走一点东西。"① 而一旦我们能够就相对独立的基本审美范式以及基本审美范式之间的影响进行研究，审美范式学就有了产生的可能性与必要性。

　　审美范式学应该是实践本体论与认识论的有机结合，研究审美范式，不能够完全摆脱对于审美主体审美活动的审视与考察，不能够脱离审美实践中创造的具体的境界，但又不能局限于审美主体作为个体所创造的感性形式。以特定的表现形式存在着的相对独立的人生境界，之所以可以打动人心、引起普遍的共鸣，一方面，是因为这种境界以及它的存在形态是在整个人类审美实践氛围影响下出

---

① 转引自哈罗德·布鲁姆《影响的焦虑》，三联书店，1989，第4页。

现的，另一方面，还依赖于人类共同美感的形成。在笔者看来，这种共同美感主要由三种感觉组成：五官感觉、精神感觉与实践感觉。三种感觉背后，隐藏着人类的想象力与知解力。想象力与知解力都可以说是一种基本的把握对象的能力，它们对于人的形式感的依赖要比抽象思维大得多。换言之，这两种思维主要是渗透到美感之中，借形态（"象"的形式）来展开的，人的共同美感决定了在审美实践之中想象与理解的互通和接近。例如，我们可以说"一千个读者有一千个哈姆莱特"，但我们不能把哈姆莱特想象和理解为罗密欧，更不可能把他等同于阿Q。所以，我们所讲的审美范式是与审美实践融合为一体的美的表现形式，而我们所讲的审美范式学一方面是对于美的表现形式的描述，另一方面是对于审美范式的认识，无论是描述还是认识，最终的基础还是审美实践和由审美实践所创造出来的人生境界。在此意义上，我们对于审美范式的界定与李泽厚、叶朗和蔡仪等先生的界定有很大区别。

二

笔者认为审美范式研究之所以可以深入，其理论前提是美学由认识论向实践本体论的转变。简言之，在认识论美学中，认为所谓美学就是研究美的本质及其规律的科学，美学的宗旨就是回答"美是什么"和"美在哪里"，至于什么是美的形态仅仅是附带提出的问题；而我所赞同的实践存在论美学并不是不讲本质，而是认为存在先于本质，本质是在实践过程中产生的，离开实践就没有本质可言，实践存在论美学的研究对象不是美的本质及其规律，而是美何以存在以及美以什么方式存在，实际上就是审美实践与审美范式。

客观地说，在中国美学体系建构之初，反映论和认识论被视为美学最基本的哲学基础。蔡仪先生把美看做物的客观属性，美在典型，美感是美在人头脑中的反映；高尔泰先生把美看做自由的象征，美来自人的一种生命的自由感，美的实现主要是个体的审美体验；朱光潜先生认为美不仅在物，亦不仅在心，而在心与物的关系上面。以上面三位先生为代表的客观派、主观派与主客观统一派固然皆从认识论的角度来研究美的本质及其规律，即便我们回顾李泽厚先生的实践哲学的美学观，即把实践范畴作为其美学的哲学基础，推出美感是外在的自然人化与内在自然人化两者发展的历史成果，这样一个理论逻辑实际上仍然没有脱离认识论的樊篱，也还是从认识论层面上解决美的本质问题。问题的关键在于，在认识论樊篱之内，不论如何变换角度，亦不论思辨之中如何充满辩证思想，说到底，历史在他们看来，仅仅是本质的表现形式，相对于本质而言，历史仅仅是现象。故而，他们在认识历史的同时也虚构着历史，在认识审美对象的同时，也遮蔽和扭曲着审美对象。所以，在反映论或者认识论美学中，形式与内容、主体与客体始终是两分的。由认识论出发，所有审美实践的历史就都变成了观念化的历史，所有审美发展史也就被抽象为本质的演变史。

认识论是西方哲学的传统，与中国哲学实际上有着非常大的隔阂，这一点笔者在后文中对于审美范式分类标准进行阐述时还会具体展开。在此先以认识论的集大成者黑格尔对于审美范式的划分为例，简单分析一下认识论在审美范式研究中的弊端。黑格尔的美学是他整个哲学体系的一个组成部分，这个体系的核心是绝对理念，他把客观世界（包括自然、人类社会与思维）的本质、本原归于绝对理念，他的全部哲学就是对于绝对理念发展和运动的描述，而黑格尔所谓的绝对理念，实际上只不过是宗教的上帝换了一副哲学行头而已。尽管他凭借自己的辩证法与洞察力在他的《美学》中对于美的理念与一般的理念明确加以区别，认为：

　　　　就艺术美而说的理念并不是专就理念本身来说的理念，即不是在哲学逻辑里作为绝对类了解的那种理念，而是化为符合现实的具体形象，而且与现实结合成为直接的妥帖的统一体的那种理念。因为就理念本身来说的理念虽是自在自为的真实，

但是还只是有普遍性，而尚未化为具体对象的真实；作为艺术
美的理念却不然，它一方面具有明确的定性，在本质上成为个
别的真实，另一方面它也是现实的一种个别表现，具有一种定
性，使它在本质上正好显现这理念。①

尽管黑格尔对于审美范式的划分也做了逻辑、历史和美学的努力，
但正是因为他的这种努力是从头脚倒置的理念论出发的，所以，他
不仅把美划分为自然美与艺术美两大块（他同时认为自然美是有
缺陷的美，最高的和真正的美是艺术美），而且通过对于艺术的划
分把审美范式划分为崇高、优美与滑稽荒诞和丑三类，这三类审美
范式分属于三种艺术——象征艺术、古典艺术与浪漫艺术，分别代
表了"美是理念的感性显现"的三个历史发展阶段。这样，在黑
格尔的美学中，我们可以清楚地看到他把一部人类艺术实践的历史
解释成客观的绝对理念，精神不断外化自己、显现自己的运动，从
摸索感性形象（象征型）到与形象吻合（古典型），再到返归精神
（浪漫型）的历程，这无疑是极其荒谬的。好在他的《美学》虽以
理念感性显现为体系的构架，但其中的砖瓦木石则全是来自具体的
艺术实践和经验总结。因而他的思辨哲学才着陆到美和艺术的经验
材料中去，获得了源源不断的丰富养料。所以，我们认为黑格尔审
美范式论的成功在于他的认识论美学中包含着的存在论的萌芽，而
他的失败则主要体现为认识论的局限。

三

　　李泽厚先生是从美感的角度研究审美范式的，其审美范式论散
见于他的不同著作中，是他的整个美学体系的一个组成部分，集中
的论述则在他所著《美学四讲》第三讲"美感"第四节中，标题
就是"审美范式"。

_____

　　①　黑格尔：《美学》第 1 卷，商务印书馆，1979，第 92 页。

　　李泽厚首先把审美范式等同于美感的形态，进而反对依据不同审美对象对于美感进行分类，因为，"美感有各种细致精确的不同结构组成，其中微小的差异即有感受的重要不同，例如在所谓优美感、滑稽感、崇高感中便又可以分划出更多的类别来"①。在他看来，这样的划分是无穷无尽的，所以，他从自然人化、积淀和文化心理结构立论，把注意力转向审美过程和结构的完成，即人的审美能力（审美趣味、观念、理想）的拥有和实现，也就是人的感知心意和内在精神的塑造，从而形成了他所谓审美能力的形态学。从这个原则出发，李泽厚把审美范式分为"悦耳悦目""悦心悦意"和"悦志悦神"三个方面。"悦耳悦目"指的是人的耳目感到快乐，是在生理基础上但又超出生理的感官愉悦；"悦心悦意"是通过耳目，愉悦走向内在心灵，是在理解、想象诸功能配置下培养人的情感心意；"悦志悦神"是人所具有的最高等级的审美能力，"所谓'悦志'，是对某种合目的性的道德理念的追求和满足，是人的意志、毅力、志气的陶冶和培育；所谓'悦神'则是投向本体存在的某种融合，是超道德而与无限相同一的精神感受"。

　　李泽厚对于审美范式的论述无疑是对于静态研究美以及美的表现规律的本质论美学的发展和突破，在他的理论中，审美主体不再是与客体对象相割裂的用概念堆积起来的抽象人，而是经过自然人化（指劳动）的历史、人性积淀而具有"人类性"的人，是具有诸种实际能力（逻辑能力、意志能力、审美能力）的人，概言之，就是强调了在历史中产生的人类独有的文化心理结构（也就是李泽厚所讲的心理本体或情本体）对于审美范式形成的重要性。所以，李泽厚就审美范式与主体心理能力的关系所展开的研究事实上丰富了"审美主体"的内涵，而他把"内在自然的人化"作为自己关于美感的总观点，也是在一定意义上对于本质论的重大修正和发展。但是，李泽厚的审美范式论从根本上说，仍然是一种精细化

---

　　①　李泽厚：《美学三书》，安徽文艺出版社，1999，第536页。

的本质论，表现有二：其一，从理论前提上讲，所有的审美范式都是人的心理能力的表现形式，而种种心理能力就是人之所以为人的本质；其二，从理论推演上看，推动体系展开的动力仍然是概念与概念的层次划分。总的来看，是从形而上推导到形而下，从哲学演绎出美学。

笔者认为，人的本质是人以实践的方式存在，实践是人的所有社会关系在活动中的展开，这种活动既包含物质生产、伦理行为，也包含精神生产。审美范式的形成尽管与人的审美能力或美感有关，但两者不能等同。审美范式是在实践中形成的，它是人生境界的表现形式，而不是心理结构的外在展开。所以，笔者认为审美范式与李泽厚所说的美感或审美能力不同。与李泽厚视审美范式为审美能力的外现形式相比，笔者认为把审美范式逻辑地定位在境界的存在方式与表现形式上，更符合审美实践的实际。例如，中国审美实践非常强调赤子之心，同时，中国的艺术家素来有崇尚自然的倾向（如"法贵天真""清水芙蓉"等），然而，我们知道，真正意义上的赤子之心与成年人的审美能力相比，至少在李泽厚先生所说的"悦心悦意"和"悦志悦神"的层面上，其内涵要单薄许多。

"文化风格说"是叶朗先生在他的《现代美学体系》一书中提出的划分审美形态（审美范式）的原则，也是他对于审美范式内涵所持的根本观点。其基本论点有：①艺术形态学与审美范式学不同，艺术形态学以艺术分类研究为主，辅之以艺术风格研究；审美范式学以审美范畴研究为主，辅之以艺术风格和意象流变的研究。②审美范畴一般是经过高度概括的"大风格"（Great Style），是文化的"基本意象"的风格。③文化的"基本意象"是这种文化的"理念"（价值取向、最终关切）的"感性显现"。④古希腊文化的"基本意象"是神庙和神的大理石雕像，其"大风格"是"优美"；基督教文化中的上帝以及后来融合"双希精神"（希腊、希伯来），即融合信仰与理性冲动的"浮士德"形象代表着崇高；现代西方因为信仰与理性的崩溃，西方人便面临一片虚无，于是有了现代派艺术，这种现代西方文化的"大风格"就是荒诞。①

　　叶朗先生所理出的审美范式发展变化的清晰线索（即由优美到崇高再到荒诞），这种看法在当今美学界有一定的代表性，如与周来祥先生对于审美范式的看法就有相似之处。叶朗先生对于审美范式的看法有独到之处，就是把审美范式看做以基本意象体现出来的文化大风格。所以，我们把这种观点归纳为"文化风格说"，这种提法大体可以概括叶朗先生的四个基本观点。

　　叶朗先生的观点自成体系并富有新意，笼统地讲，他的审美范式论属于文化存在论，与李泽厚先生的"心理能力说"相比，其认识论色彩更淡。把文化大风格与文化意象结合起来论述审美范式，可以在一定程度上调和感性经验与理性思辨的矛盾，注意到了审美范式的多样化、复杂性与阶段性、整体性的统一。

　　不过，笔者认为其中亦有值得商榷之处。理由有三个方面：其一，我们承认所有人生实践包括生产、伦理、精神等都是文化活动，审美也不例外，但却不能把审美实践与一般的人生实践等同起来，可以说审美活动是一种文化活动，但不能反过来说所有的文化活动都是审美活动。例如，在生产领域里有企业文化，在流通领域里有商业文化，在这些文化类型中，文化主体的实践不是或主要不是审美实践，但这并不影响这些文化对于所处的时代产生影响，它们同样构成其所处时代的文化风格，同样是文化大风格的有机组成部分。可见，一个民族在特定时代形成的"文化大风格"未必就是审美范式。

　　其二，如果说"文化大风格"相对于审美而言是一个内容过于宽泛的概念，那么，叶朗先生所说"文化意象"，其所指与丰富复杂的审美实践相比，则又过于狭窄了。用一个文化意象象征一个时期，已经是非常困难的事情，用三个或三类文化意象代表整个西方美学史发展的三个阶段，就更难免捉襟见肘、挂一漏万。例如，

　　①　叶朗：《现代美学体系》，北京大学出版社，1999，第37~40页。

且不论古希腊的神庙和神的雕像是否真的就代表着我们所概括的优美，至少神庙和神的雕像不能代表希腊的音乐和诗歌（含悲喜剧），对此，莱辛在《拉奥孔》中有很精辟的比较分析，此处不再赘述。

其三，再看"风格"（style）这个词，style 来自拉丁语 stilus，希腊语为 stylos。作为名词主要含义是指文体、遣词造句的形式和作风、格调以及式样，作为动词有设计、造型、命名和称呼等含义，总的来看，意义比较狭窄。当代意义的风格主要指艺术家的创作特色和个性，有时也有时代风格、社会风格和阶级风格的说法，但当"风格"一词使用泛化之后，其含义就变得模糊起来。因而，用风格来解释审美及审美范式，很难直接引出"优美""崇高"和"荒诞"等范畴。

"形态"在英语中主要有五个大致对应的词：configuration，conformation，form，modality，shape。configuration 来自拉丁语 configuratio 或 configurare，主要指结构、外形和布局；conformation 意指构造；form 来自拉丁词 forma，其含义非常广泛，主要义项有名词性的形式、形状、表现状态、常规及动词性的形成、建立；modality 的含义是形式、形态和特征；shape 的主要含义是可见的形状、特征、形式、外形、方式。现在人们经常用三个概念来概括审美范式：一是风格（style），二是方式（manner），三是范畴（category，源自希腊语 kategoria 或 kategorein，有预言、下定义的意思）。审美范式作为一种有意味的形式不同于与内容相对的形式，不等于纯粹实体的形式，而是一种有机形式。我们试比较英语中的三个短语：in the form of，in the figure of，in the shape of。这三个短语虽然都表示"以……的形式（状）"，但第一个短语强调可以认出的形式（状），第二个短语强调轮廓，第三个短语强调实体，如 entertainment in the form of opera（以戏剧形式的娱乐）；to cut a piece of paper in the figure of a triangle（把纸剪成三角形）；to form a mass of clay in the shape of a man（把一堆黏土塑造成男人的形状）。in shape 表示的"在外形上"，用于具有实体的事物，而 in form 表示的"在形式上"或"在外形上"用于抽象的、无实体的事物。审美范式作为美的境界的表现形式，显然是 form 而不是 shape。

概言之，以审美实践为研究对象，以实践本体论为理论前提，笔者更倾向于赞同苏珊·朗格关于生命形式的看法。她认为，一种形式要真正成为生命的形式，就必须具有四个条件：①它必须是一种动力形式；②它的结构应该是一种有机结构；③整个结构是由有节奏的活动结合在一起的；④"生命的形式所具有的特殊规律，应该是那种随着它自身每一个特定历史阶段的生长活动和消亡活动辩证发展的规律"。[①]

第二节　中国审美范式的特殊底蕴与表现方式

中国审美范式是美作为一种人生境界所必然具有的感性表现形式和存在状态，如果说审美范式是一种形式的话，那么，它的内涵就是在审美实践中不断生成和发展的美的境界。换言之，研究审美范式要以审美实践的实际状况、美的境界的存在状态为基本对象。而这种意义上的研究，无论其理论的出发点为何，在实际上都是没有止境的。因为，审美实践虽然从本质上说是人类才具有的存在方式，而且具有种种社会性和历史性的因素，但毕竟审美主体是具体的个人，审美实践首先是一种个性化的活动，而不是群体性的活动。审美的独创性就根源于审美主体在审美中所表现出来的个性和个体的发现。审美活动既是审美主体对于审美对象的发现和确认，也是对于人性人情富有个性的独特体验。这种体验在很大程度上带有瞬间性，甚至也不可避免地带有随意性和偶然性。

[①]　苏珊·朗格：《艺术问题》，中国社会科学出版社，1983，第49页。

一

　　如果审美仅仅停留在观念之中，仅仅是审美主体内在心理的感受、联想或能动的建构，审美就没有获得可研究性，因为它只是一种"无形"，而不是一种创造性的"表现"。审美是由"无形"向创造性"表现"的转变，即通过巧妙的构思、娴熟准确的技法、生动传神的表现，使得审美体验呈现为一种"象"的形式。成功地呈现审美体验的"象"的形式就是艺术。但这种"艺术"是广义的艺术，而不是我们约定俗成的纯粹艺术。相对于广义的艺术，纯粹艺术在表达主体审美感受和审美情感的时候更加集中和更加具有张力。例如，一年一度，冬去春归，桃花盛开，引发了无数审美个体的审美冲动乃至审美活动，在时空的经纬之中，唐朝诗人崔护面对盛开的桃花所产生的回忆和感慨通过他自己的一首短诗"表现"了出来："去年今日此门中，人面桃花相映红。人面不知何处去，桃花依旧笑春风。"能不能用别的诗歌作品或者别的艺术形式来表现类似崔护的这种情感，甚至能不能用不太纯粹的艺术形式来表现？当然也是可以的。比如，柳永的"今宵酒醒何处，杨柳岸晓风残月"是一种，陆游的《钗头凤》又是一种。在音乐和绘画中也有不少作品抒发了类似的情感。那么，在生活中，人们以自己的行动方式能不能表达类似的情感，并且具有相当程度的"艺术性"呢？自然也是可以的。如《红楼梦》里的黛玉葬花，又如《世说新语》里描述的大司马桓温看柳："桓公北征，经金城，前为琅琊王时种柳，皆已十围，慨然曰：'木犹如此，人何以堪？'"还有庾信在《枯树赋》里所写的"昔年种柳，依依汉南，今看摇落，凄怆江潭，树犹如此，人何以堪"，三个故事讲述的都是当事人的人生慨叹，同时也都具有一定的艺术性。可以说，桓温感叹韶华易逝的惆怅，黛玉自怜生命迅疾的哀伤，都已经在瞬息之间构成了对一般世俗生活的超越。然而，这种超越既是属于生命个体的，也是附带种种条件的。当那些瞬间情境随着时间推移逐渐消失之后，只有借助于相对固定的情感形式，通过重新建构那样的瞬间并重温主人公曾经体验过的情感，这种艺术化的生存方式和生命体验才可以升华为一种普遍的甚至是民族共同体的审美追求。

观念存在的历史要诉诸我们的认识、意志和情感，必须首先有感性形式，审美历史亦然。没有了一个个单独存在的"象"的形式，就没有了审美历史的现实存在。这种"象"的"表现"或"形式"就是我们所说的个体化的审美范式。正是依赖于这些单独存在的"象"的形式，审美主体的审美实践才有可能直接转变为一种现实，审美实践和由审美实践所导出的审美境界才变得可以品评、重现和回味，审美经验才不再是抽象、空洞的东西，反而能够以具体生动的感性形式得以保存并世代产生影响。

实践决定着人的对象、人自身以及人与对象之间关系的实质。由于实践可以具有不同的层面与性质，使得对象可以是功利活动的对象、伦理活动的对象或者审美活动的对象。与对象相对应的是人的认识、意志与情感。人与对象在实践中结成的关系可以大体上分为三种：认识关系、道德伦理关系和审美关系。审美实践是一种特殊的人生实践，美是一种特殊的人生境界，审美实践的特殊性在于实践的对象，目的、方式以及结果与一般的人生实践（如生产实践、伦理实践）不同。我们研究审美与美不是或不仅是在审美历史上寻找某种范畴，而是以审美实践为基础。也就是说，不是从观念出发来解释审美实践，而是从审美实践出发来解释审美观念。即从直接的审美实践来考察审美范式的产生过程，考察在审美实践中所结成的人与审美对象的关系。而这些关系不仅以观念的形式存在于人的精神之中，更以不同的感性形式存在于现实人生之中。因此，我们对于审美范式的研究既包括在审美历史、审美观念的演变和人生的各个方面中对于审美范式的存在方式进行考察与描述，同时，也必须从审美实践的历史出发，阐明不同审美范式之间的异同，并在此基础上追溯它们产生的过程。在这个意义上，审美范式不同于审美范畴，因为审美范畴是一种逻辑的先验设定或总结，会遇到康德所提出的二律背反问题，即审美判断力的辩证论，一方面趣味不基于概念，否则就必须通过论证来判定争辩；另一方面，趣味必基于概念，否则就无法让别人同意此判断。当我们说用范畴来定义形态时，可能会导致这样的错觉：审美范式本身是具有确定性（统一标准）的概念，或者导致审美范式是非确定性（没有统一标准）的概念，从而忽略在诸种审美范式之间所具有的内在有机联系，忽略审美范式划分的相对性，忽略审美范式所具有的存在性。因为审美在康德看来，既不是主观的感官愉快，也不是客观的概念认识，它的"二律背反"的解决指向一个"超感性的世界"。而审美范式是在审美实践中形成的特定的审美关系存在的方式，是一种有意味的形式，是人的本质力量对象化最全面的体现和展示。基于笔者对于美与审美的看法，笔者认为审美范式作为感性的形式，体现出来的正是不同的人生境界。人生有多么丰富，感性形式就有多么丰富。简言之，审美范式是指迄今为止审美作为特殊的人生实践所具有的最基本的存在状态与感性形式。就其内涵来看，是人生境界与人生实践的高度统一。从静态角度看，审美范式主要指的是一系列相互联系而又相互区别、彼此依存却相对独立的人生境界，这种境界本身就是审美实践的结果和结晶，是审美实践的阶段性终结状态。从动态角度看，审美范式是对于审美实践方式和过程的总结与归类。

　　人的本质不是先验地存在于实践之外，而是实践赋予了人的本质，人就是人的本质。人是历史的产物，随着人的实践领域的扩大，人的本质才不断地丰富起来。我们讲人的本质力量对象化，同时也讲实践本体，就是因为本质不能够脱离实践而单独存在，单独出现的本质只是一个认识论范围的范畴或概念，是对于现实中的人的抽象和归纳，无法与现实的人完全合一。美是人的本质力量对象化，这只是从哲学的根源上来探讨美的产生。当我们把历史这个关键的因素引入到人的本质力量对象化这个论述之中时，我们就发现人的本质力量对象化同样是一个历史的过程，具有明显的层次性，即由工具实践到伦理实践再到审美实践（包括实践行为与实践观念）的不断发展。在这三种实践之间，是同中有异的关系。例如，在工具实践阶段，生产力水平极其低下，制造工具获取食物就是人的主要实践行为与实践观念，也是人的本质力量对象化的主要内涵。当然，这不是说那个阶段人类就没有道德、审美的行为与观念，而是说，当时最高的道德和美就是实用，就是对于工具以及劳动的欣赏与赞美。从观念上看，他们会认为有用就是善和美，或者反过来说，美和善就是有用。我们只要考察一下古希腊和中国先秦的哲学（如希腊的柏拉图以及中国儒道墨的观点），就不难看出这一点。

二

审美范式是审美作为特殊的人生实践与人生境界的统一。从人生境界的角度看，审美范式既不是物质的，也不是精神的，而是凝结着人类审美情感的具有开放与发展潜能的审美的状态，是人在特定的前提下或者特定的情景下所身临的生存状态。

笔者之所以认为"中和""意象""气韵"与"意境"是中国人最具代表性的审美人生境界，是因为这四种审美范式有别于人类最为普通的生存状态。审美人生与世俗人生毕竟有着很大的区别。什么是凡俗的人生？即仅仅与人的个体或类的生存、繁衍相关的受种种现实局限的人生。对于多数人而言，其现实的生活状态往往是不自由的，甚至有时是异化的。这种不自由乃至异化表现为三个方面：一是受自然规律的局限以及人类对于自然规律掌握和认识的局限，人类远远没有从对象中获得解放，恰恰相反，人还仅仅处在逃避惩罚中，对象的世界对于人而言依旧是一种异己力量，人的意愿与客观世界的制约有比较尖锐的矛盾，人的言行举止很大程度上要受到当下的情景的限制和束缚。作为个体的人为了屈从于客观的世界，就得学会忍耐和顺服，以求获得物质利益或者在精神上获得特殊的满足。说到底，这样的人生就是功利的人生，就是受必然律控制的人生。二是人类总是努力地改造和征服自然，自然并没有完全成为人类的审美对象或者不可或缺的朋友，所以，在人类除审美实践之外的其他实践行为之中，自然非但不能完全地体现人的本质，有时反而也会成为一种可怕的异己的力量出现在人的面前。在这些实践活动之中，人无法把美的规律与利益的规律统一起来，实践的动机与成果就经常有很大距离。换言之，人类实践行为的结果成为人类无法预料和难以掌握的异己存在，如环境恶化、核竞赛等。三是受前两个方面的决定，人与人的社会关系未能完全超越物化的关系，也就是马克思所说的阶级关系。阶级关系是由不同阶层人们的不同的经济利益决定的当前社会最本质的社会关系。人性和人道主义在物化的人际关系中根本得不到完全的滋生和健康的发展。特别是到了后工业社会，利润决定行动的价值是一条普遍的法则，人与人之间最常见的关系是势利之交。

　　然而，人类对于理想人生境界的追求又是不可遏止的，正是因为审美范式所显示的人生境界与世俗生活存在着巨大的反差，才更加激发了主体审美创造和审美观照的欲望、激情和能力。在境界的显现形式中，集中反映的就是人在特定人生层面上形成的审美情感。我们说，审美范式本身就是人生境界的表现形式，这种表现形式具有理想性并代表主体的总体价值取向，同时，预示了现实生活中主体作为个体最需要具备的品格。对于审美情感的存在样式进行比较，我们会发现中西方有着很大的差异。西方的审美范式特别强调主客体之间的差异和对立，始终没有解决主客体之间的差异和对立。因此，在西方审美范式中最具有代表性的审美范式就是悲剧和喜剧。伴随着对悲剧和喜剧的进一步深入探讨，才渐渐发展出了崇高与优美。传统悲剧和喜剧在严肃性与滑稽性上的两极分化表明了西方在审美上最崇尚的是崇高，是在悲剧冲突之中显现出来的崇高精神。而崇高并不是一种静止和谐的境界，相反，是在主客体激烈斗争相互施压中形成的动态的力之美。在审美范式中集中凸显崇高的意义，说明了西方的审美实践有从美向善转向的趋势。

中国的审美范式非常强调和谐，强调主客体的相互包容和融合。虽然，在中国古代也有阳刚之美和阴柔之美、豪放和婉约等艺术风格追求的差别，但其人生境界始终是以"和"为主，而不是以主客体的对立和冲突为主。所以，在中国人的审美实践中，大起大落、跌宕起伏、毁灭新生的崇高精神较为少见，相反，我们非常强调要"和合"的观念。中国古人强调君子要自强不息，是因为在他们眼中自然的规律就是"天行健"。所以，在中国，审美实践所形成的境界形式不是强调悲的精神，而是强调喜的意识。在悲的精神中可以看到人生的冷峻，在喜的意识中可以看出人生的可爱。在中国的审美实践之中，最重要的是天人合一的观念，这种观念影响下的主体审美情感往往会在乐、诗、画、书各种艺术门类中有所体现。主客、情思、悲喜、动静、虚实甚至生死，种种对立皆可借审美实践获得平衡和调节。在西方审美实践中以分裂与冲突来凸显其中的崇高之美，在中国则既可以通过营构更为基础的人生哲学层面得以调和，也可以在艺术形式的表现中趋于和谐。例如，在中国审美范式中也时有表现崇高的情感，尤其是在悲剧之中通过戏剧性的冲突来突出主体不屈服的精神，如《窦娥冤》《杜十娘》等。但中国的悲剧并不是像西方那样，要悲到彻底和毫无希望，中国的悲剧往往要留一个光明的尾巴，要用大团圆的结局来中和和削弱悲剧的氛围，同时也就降低了崇高的力度，淡化了崇高在审美实践中所具有的重要性。

当然，审美情感方面的差异虽然导致了中西方审美范式的不同，导致了在境界的表现形式上形成强烈的反差对照，但并不说明中西方的审美情感之间就存在一条不可逾越的鸿沟。从主体角度看，我们还是应该承认人类有共同的审美心理结构，也有共同的审美心理活动规律和审美情感形成机制。从客体角度看，无论中国还是西方，人们所面对的世界和所面临的困境以及所遭遇的悲喜事件，还是有很多类似的地方的，从外在到主体的内心世界，都决定了中西方在审美情感上肯定是交错的，是在明显差异中出现你中有我和我中有你的格局，而不是绝对意义上的不可比较和不能沟通。

与人的其他实践相比，审美是超越凡俗人生的一种升华了的境界。它不以对于事物占有的功利目的为目的，而是以欣赏态度在审美对象中体验自己的自觉自由。所以，在中国审美范式中凝结着的是中国人的审美情感。

三

美作为人类特殊的实践活动，与人类的其他实践活动有所区别又相互关联，但最主要的方面则是其自身存在着历史的积淀与突变。对于审美范式的探讨在中西美学史上历史悠久，有一个由萌芽、发展到较为成熟的过程。早期是对于美、审美、美的形态等同于善（伦理、道德等）做浑整把握而不加区别。古希腊时期柏拉图在一系列对话中对于美的本质进行了思索。他把美归结为理念或理式，认为美是对于理念世界的模仿，而认为理念是真善美的统一，美和善是相等的，至善即至美。这与中国古代的情况非常相似，例如孔子在《论语·述而》中讲："志于道，据于德，依于仁，游于艺。""艺"在此处的含义比今天艺术的内涵要宽泛，但依然要依赖于道德、仁义的修养，而且，与道德、仁义相比，"艺"居于次后的位置。孔子虽然区别了美与善，但却强调尽善尽美的人生艺术标准。尽善尽美以及美与善的完全统一从可行性上说，只是人类追求的一个抽象的理想，是一个绝对意义上的价值尺度。

这种对于尽善尽美的梦想在理论层面得到充分的论述，在西方是"理念论"，在中国则是"道"的理论。无论"理念论"还是"道"论，都代表了古典时期中西方的整体观念，并且也统摄着个体意识与人的审美观念。这就导致了当时的哲学与美学所注意的还是社会化的抽象的人与人生，审美的标准与绝对的道德标准扭结在一起。具体表现在审美实践中，就是创造与欣赏尽善尽美的感性形式。中国的宋玉在《登徒子好色赋》中形容美貌女子时说"增之一分则太长，减之一分则太短；施朱则太赤，着粉则太白"，即身材与肤色都到了无可挑剔的绝佳状态；乐府诗《陌上桑》中通过描绘行者、少年、老人和所有的劳动者的陶醉来形容罗敷的完美。西方的悲喜剧通过对于神秘命运的抗争或抽象人性中卑劣滑稽的部分的嘲弄，来达到净化灵魂、健全人性的目的。总之，在"理念论"与"道"论的影响下，美与审美都是绝对和自足的，是现实人生中非常不可思议的情形。为什么会有那样的思想？说到底，是因为人的个体意识还没有完全觉醒，自然个体之间的差异、审美标准的多样性也就无从谈起。整个古典时期，对于审美范式起决定作用的是人作为抽象的社会伦理人所必须遵循的道德原则，在西方，与理念论相适合的审美范式是悲剧和喜剧；在中国，与"道"最适应的是"中和"。

　　在西方世界，承继古典时期的是 14～16 世纪的文艺复兴运动，文艺复兴的功绩在于把人从上帝的樊篱或理念的世界中解脱出来，人不再为上帝而活着，也不再只是一个抽象理念的影子，人对于世界的理性评判成了世界存在的根据。与理性相比，古典的理念和神秘的上帝都显得苍白无力，人类的理性给了人充分的自信，人欲与天理相比，前者重后者轻，以人为中心的审美范式自然而然变得丰富起来，尤其是唤醒了人的巨大的创造力。我们只要看看文艺复兴时期产生了多少伟大的艺术家和永远流传的艺术作品，只要考察一下那一段时光欧洲世界人生有多么多姿多彩，就足以明白这一点。但是，从逻辑上说，人如果完全是理性的，悲剧和喜剧就没有诞生的可能。悲剧必然包含着激情、矛盾和冲突以及正义遭受挫折而暂时失败；喜剧则是情感与人格的扭曲以及生活严肃性的丧失。遗憾的是深受基督教文化影响的欧洲，在心灵的深处早已埋下了悲喜剧的阴影，世界先验地被分为了两极：上帝与羔羊、光明与黑暗、美德与罪恶等。所以，在理性主义（包括上帝与人类理性）风行的时代，哲学和美学解释悲喜剧的唯一依据和解脱的手段就是关于优美和崇高的理论，因为从哲学意义上看，优美是一种彻底的完美主义，既可以解释为上帝光辉普照，也可以解释为以人为中心对于万事万物所持的观赏态度；崇高的核心是肯定人的自我价值和超越自我和外力的力量，但崇高包含的牺牲精神则既可以来自宗教信仰也可以基于人类理性，于是优美与崇高就成了两种产生很早而又在现实中获得新的生命力的审美范式。

中国却从来没有从古典的世界中走出来，中国古代没有文艺复兴运动，也没有新思想的启蒙，有人把五四运动简单地比附为中国的文艺复兴，虽然并不太合适，但至少说明前此不存在主体意识的完全觉醒。社会伦理的人和人生穿越了几千年中国封建历史，"道"也就始终是审美范式中非常重要的范畴和观念。在中国的魏晋时期，人于乱世之中，于生命飘忽、朝不保夕之中，激发出了对于现实人生超越的渴望，激发出在生命的形式中忘记现实苦难的行动。于是，他们把目光从对世界的关注转向对人的心灵与人的形体的精心呵护。从而，在"中和"思想的基础上，发展出了对于审美形式的敏感度，这样，就非常自然地产生了作为审美范式的"意象"和"气韵"。我们说"意象论"和"气韵论"关键在于注重形式，这种形式显然是包含内容的形式，而不是和内容相对立或相割裂的形式。唐代梁肃讲："故文本于道。失道则博（一作传）之以气。气不足则饰之以辞。盖道能兼气，气能兼辞，辞不当则文斯败矣。"① 梁肃当然是讲从实用文学向纯文学转变的道理，但用来分析"意象"和"气韵"两种审美范式如何从"中和"之中产生，同样适合。

推崇崇高和追求完美的审美范式本身包含着内在危机，当优美与崇高失去现实根基以后，可能会成为伪崇高和矫情，优美会向丑转化，崇高则可能成为荒诞，甚至，许多丑陋的事物往往也会以华丽庄严的面孔出现。例如，《伪君子》里的达尔丢夫和《巴黎圣母院》里的神甫孚罗诺，就是这类人物的代表。美和崇高作为审美

---

① 梁肃：《补阙李君前集序》，《全唐文》卷五一八，清刊本。

范式，都是对立统一的思维模式的产物。美的对立面是丑，崇高的对立面是卑琐。而一旦社会进入到美与丑、崇高与卑微失去鲜明界限的时代，一旦人的目的与动机以及效果严重错位时，荒诞的诞生就成为一种必然。在西方，理性被怀疑之后，首先是唯意志论，然后是实用主义、弗洛伊德主义和现象学等，从不同的角度对于理性进行了解构，优美与崇高从此不再是流行的审美范式，荒诞和丑作为特殊的审美对象被广泛和深入地研究。

　　而在中国，"意象论"和"气韵论"方兴未艾之际，与此相关联的"意境论"开始大行其道。从表面上看，"意境"与"意象"及"气韵"相去不远，而实质上所激赏的旨趣大不相同。"意象"和"气韵"基本上是一种"外"思维模式的产物，是在一定程度上对于人生的逃避，有着明显的形式化倾向。而当审美范式注重形式时，即使这种形式是一种有机形式，是包含内容的形式，也极容易流于玄空。当社会由乱世转向盛世，人生由动荡不安转向相对太平，人就不仅会通过审美想象从世界中解放出来，而且，可以在现实生活中让心灵全面地拥抱整个世界，从而把整个人生当做审美观照的对象，也就是会出现人生艺术化的倾向，这种倾向的具体体现就是在唐代产生了"意境论"。"意境"是艺术的泛化与人生的诗化的统一。所以，中国的"意境"可以包括"物境"、"情境"和"意境"三个向度和层面，分别指向自然、情感和思想意志，而所有的境都形成于人的审美实践。气韵强调计白当黑、以虚代实，"意境"却与人生现实结合得更加紧密。

　　综上所述，通过考察中西方哲学、美学与审美实践的发展历史，我们把审美范式大体上分为三个阶段。在西方，是悲剧与喜剧、优美与崇高以及丑和荒诞；在中国是"中和""意象"和"气韵"以及"意境"。这种划分当然不是一刀切的，审美范式的发展是积淀和突变的统一，是"美的层累"，即一种新的审美范式的产生并不能够完全替代旧的审美范式，并不妨碍旧的审美范式的继续发展和具有其独立的价值。

在审美实践中，人的本质力量是以形象化的实践方式来进行，它本身是一种实践活动，主体将自身活泼泼的生命通过感性活动，结合对象的物质材料，全身心地投入，转移到对象中去，创造出体现人的本质力量的第二自然，即有意味的形式。美的"层累"和突变是审美范式产生、发展和变化的规律。审美范式是一种形式的形式，审美实践创造出美，即人生的境界，这种境界以其特有的形式而存在，这种特有的存在形式就是审美范式。同时，审美范式是我们对于在审美实践中创造出的美的第二次把握，是对于美作为有意味的形式在理论上所做的类型化的归纳。

四

我们对于审美范式的分类研究建立在对于审美实践本身的思考与研究之上，审美实践是一种特殊的人生实践，具体体现为对艺术化人生和人生化艺术两个维度的追求，对于前者我们着重考察人生所可能具有的审美品格，后者着重研究审美所具有的人生底蕴。人生可能成为审美的人生，审美必然是在人生中的审美。人生为审美提供了种种可能，审美使人生发生质的改变，前者涉及审美存在，后者涉及审美价值。人生实践是审美范式的现实基础，审美价值是审美范式的存在意义。如果没有特定的人生实践作为现实基础，特定的审美范式就失去了产生的可能性；假设特定审美范式缺少本身所具有的审美价值，那么该审美范式也就失去了产生的必要性。在特定的历史时期产生特定的审美范式乃一种必然，特定审美范式产生的必然性就是由其产生的可能性与必要性所决定的。审美范式产生的可能性决定于审美主体所具备的审美潜能，审美范式产生的现实性决定于人生实践的现实需求。也就是说，人生的境界及其表现形式总是审美主体能够并愿意达到的境界与状态，是审美潜能与人生理想在审美实践中形成的统一体。上文我们分析了中西方不同审美范式所包含的人生底蕴以及产生的必要性，在此基础上，有必要进一步探讨人的审美潜能对于审美范式形成的影响。

我们认为人的审美潜能主要包括三个方面：对于审美境界的感官感觉力、精神感觉力与实践感觉力。任何审美范式都是这三种潜能与现实人生在审美实践中达到的统一，这种统一的方式因审美实践的时代性和个性而呈现出不同的侧重点，借用李泽厚先生的说法，就是有"悦耳悦目""悦心悦意"和"悦志悦神"的区别。

正如我们在上文中比较过的，西方审美实践的根本特征是主客二分，主客二分导致了"耳目""心意"和"志神"一定程度的分离。三种潜能与人生在审美实践历史中结构方式的不同，形成了西方不同的审美范式，也构成审美范式的不同发展阶段。古希腊时期审美实践更重视"耳目"，这种重视是人世与神界开始分离的表现，标志着人的审美感官和感性趋于成熟。所以，古希腊人习惯于把"心意"和"志神"包含于完美的形式之中，这种完美形式的代表是悲剧和喜剧，但并不意味着人世与神界分离和希腊人成熟了的感官感觉能力仅仅以悲喜剧形式表现出来，作为审美范式的悲喜剧要比作为戏剧形式的悲剧（也包括建筑、雕像、史诗等）有更加广泛的意义。因而我们认为悲剧和喜剧的审美范式代表着西方人形式感的趋于成熟，表现了人对于命运的抗争，包含对神灵的奚落和对人生的肯定。悲喜剧的产生是人类直面人生的开始，在悲喜剧中包含着早期人本主义的萌芽。基督教登上历史舞台之后，希腊的众神被上帝所取代，在上帝面前，人部分地失去了对于完美形式的创造和审视能力，"心意""志神"包含于"耳目"的一体性开始分裂，上帝意志和人类理性都对形式感提出了更高的要求，人必须超越希腊的"完美形式"，人不仅需要直面人生，更要面对上帝与自我之间的鸿沟。理性与感性的矛盾，使"耳目"和"心意"向"志神"倾斜，也就是人的感官感觉能力和情感体验形成了对于上帝和理性的依赖，从而产生了优美与崇高的对立。西方进入现代社会之后，人成为了上帝与理性的弃儿，情感泛滥成为时代的普遍特征，精神既不受形式感的制约，也不皈依于上帝和理性，悲剧与喜剧、优美与崇高作为艺术化的人生就遭到了解构，传统的价值观念受到公众无情的嘲弄，继而产生的是艺术彻底的人生化，"志神"和感官感觉都成为"心意"的附庸，于是丑和荒诞冠冕堂皇地进入审美领域，成了西方有代表性的审美范式。

中国审美实践的出发点是天人合一，中国思维的根本特点就是实践感觉，在中国人看来，所谓"耳目""心意"和"志神"根本不能分离，也就是古人所主张的所见所闻所思无非妙道。所以，中国的审美范式发展历程是辐射性的，而不是线形的。中国审美实践的基本性质是"中和"，"中和"也是最根本的审美范式，"意象"、"气韵"和"意境"是对于"中和"的展开，是较"中和"更为具体的审美范式。其区别在于"中和"倾向于静态和玄虚；"意象"是化动为静，实中见虚；"气韵"是由静化动、虚中见实；"意境"是动静结合、虚实相间。

我们对于审美范式进行阶段性的分类，并不是说后起的审美范式在绝对意义上取代了前面的审美范式，相反，所有的审美范式都是审美实践形成的人生境界存在状态与感性形式，而且当它们融入到后来者的审美观念和审美实践之中时，就会形成后来者人生境界的不同层次。所以，在不同的审美范式之间虽然审美价值取向不同，但却相互产生影响，相互渗透。例如，在悲剧中已经有了崇高的雏形，古代希腊的不少哲学、美学家也有把优美与崇高进行比较的简略论述，而且，我们甚至可以说悲剧和喜剧的精神是贯穿西方美学始终的。即使在20世纪丑与荒诞逐渐成为人们重视的审美范式，悲喜剧、优美和崇高也仍然不是过时的范畴。在中国，这种情形就更加明显，意与象、气与韵、意与境在审美实践中之所以能够统一，形成"意象""气韵"与"意境"，潜在发生作用的就是"中和"的审美传统。

第三节　中国审美范式划分的基本原则与标准

与西方审美范畴相比，中国审美范式之所以自成体系且别具特色，与华夏民族的审美实践、审美观念、美学理论的形成和发展密切相关。在中西方比较视野下，我们能够确立划分中国审美范式的基本原则：符合中国审美实践的实际状况；呈现中国审美文化的基本精神及其发展脉络；反映中国美学史对于审美范式所做的传统界定。由这三个基本原则所决定，形成了我们划分中国审美范式的总体标准：其一，在对中国审美实践的总体观照基础之上，以中国审美实践自觉时期为切入点，以集中体现审美实践成果的纯艺术为主要参照系，同时兼顾日常生活领域中具有艺术性的各类精神产品，如建筑、器具、园林、服饰等。其二，在由儒、道、佛共同构成的中国文化精神中，以玄学为中国审美文化基本精神生成之转关，既凸显外来审美文化以何种方式被中国文化融合、吸收和改造，也历史地揭示中国审美文化精神的层累与突变。其三，在对中国美学史的宏观把握与微观分析中，以既有范畴的影响力为基本着眼点，权衡和比较不同范畴所具有的适用范围、涵盖程度、流变线索，进而划定对于中国美学体系具有结构功能的审美范式。

一

无论就发生学角度还是就理论逻辑的严密性而言，论述中西方审美实践状况都不应该忽略对史前艺术及原始初民审美活动的考察和分析。美学家布洛克曾经讲道："我们反对主观主义的立场，赞同人类学家的客观主义的观点，但我们摒弃人类学家的这一结论：即在那些生产和运用原始艺术的土生土长的人们的视野中不存有审美尺度。"[①] 从考古发现的原始岩画、骨器、石雕、陶器、玉器等原始艺术品来看，原始初民不仅有着自己的审美尺度，表现出了极高的审美创造能力，而且，随着生产力水平的提高和社会文明的演进，特别是由旧石器时代过渡到新石器时代之后，其审美实践的丰富性和造型能力的多样化皆有了质的飞跃。

---

① 布洛克：《原始艺术哲学》，上海人民出版社，1991，第 93 页。

　　当代研究者普遍认为旧石器时代的代表性艺术形式是原始岩画。原始岩画在欧洲集中出现在三个地区：佩里哥特的维齐河流域和多尔多涅地区、坎塔布连山脉地区以及比利牛斯山地区；在中国则散布于十六个省区，其中最密集的区域是云南省和黄河中游的河套地区。"一般把黑龙江、内蒙古、青海、宁夏、新疆、甘肃、山西等地区的岩画归为北方岩画；云南、广西、贵州、四川以及东南沿海的江苏、福建、广东、台湾、香港、澳门等地区岩画归为南方岩画。"[①] 欧洲原始岩画的产生年代大致距今 40000 年至 10000 年，属于旧石器时期的艺术。对中国岩画的断代则有不同看法。一般认为，出现于内蒙古阴山、甘肃黑山、宁夏贺兰山、新疆阿尔泰山等地区的岩画，其起始年代能够上溯到原始旧石器晚期，而南方岩画则可能分别隶属于石器时代、青铜时代，甚至铁器时代。就审美实践构成的客体因素而言，处于旧石器时期的人类所使用的绘画工具简陋，颜料单一，作为载体的岩壁也比较粗糙；就创作主体而言，其审美经验薄弱，创作技能朴拙，审美意识混沌。尽管存在着这些不利条件，早期原始岩画依旧呈现了令人震撼的艺术效果，如"西班牙的阿塔米拉洞窟壁画中野牛的形象，线条简洁、色彩丰富，他们用简练的形式描绘出表现对象的大体关系和气氛；法国的拉斯科动物岩画带有强烈的、瞬息变化的感觉"[②]。毕加索、马蒂斯等西方现代著名艺术家都从原始岩画中汲取了有益的营养。

　　随着生产工具革新带来生产力水平的提高，大约在 8000 年之前，华夏大地上出现了使用新石器的父系部落，其中最具代表性的是大地湾文化。大地湾文化之后，大约距今 6000 多年，出现了大汶口文化和仰韶文化；距今 5000 年左右，出现了龙山文化；距今 3800 年至 3500 年，出现了二里头文化。学界对于二里头文化定性

---

①　班澜：《中国南北方岩画的审美特征比较》，《内蒙古大学学报（人文社会科学版）》2002 年第 3 期。

②　孟繁华：《原始艺术的魅力》，《美与时代》2004 年第 11 期（下）。

上有分歧，一般认为二里头文化一、二期属于新石器晚期，三、四期属于夏朝文化，甚至包含了商朝早期文化。与旧石器时期的岩画相比，新石器时期的原始艺术有了长足发展。笔者认为，以审美价值论，最能代表新石器时期艺术成就的是陶器。之所以得出这样的结论，基于以下四个理由：其一，与原始岩画蕴涵的交感巫术功能不同，陶器多属于实用器具，代表了日常生活中的审美趣味，是日常生活审美化的最早表现。其二，与原始岩画多描绘动物形象不同，陶器中出现了不少人物造型，尤其是人首陶壶之类的陶器，能够充分说明原始初民已经把审美目光投向自身，而当主体成为审美对象时，就标志着人类的审美意识自觉达到了更高程度。其三，与原始岩画中线条、色彩受限于表现对象的特征相比，新石器时期的陶器已足以表现出审美主体开始注意到线条本身的美，甚至在色彩的使用上也具有了一定程度的装饰性。其四，与原始岩画粗犷的写实风格不同，陶器既包含了某些象征意义，同时也能够更加准确、生动、细腻、传神地表现审美对象。如仰韶文化中的人面鱼盆，其准确的解剖结构、流畅的线条、娴熟的技法及强烈的艺术感染力，在一定程度上已经表现出职业艺术家才可能具有的创造才华。特别值得注意的是这一时期出现的鸮形陶尊，成为商周青铜器的模仿原型，说明此类作品在审美文化的历时性维度上曾经产生过现实影响。

　　梳理和比较旧石器时期的岩画与新石器时期的陶器，旨在肯定原始艺术以其取得的巨大成就构成了人类审美文化史的逻辑起点。有两点需要补充说明：其一，只要对原始艺术稍加研究，自然会发现原始艺术远不止笔者所谈及的原始岩画和原始陶器，如刘锡诚先生所著《中国原始艺术》就把原始艺术分为人体装饰、新石器时代的陶器装饰艺术、原始雕塑、史前巨石建筑、史前玉雕艺术、原始岩画、原始绘画、原始舞蹈、原始诗歌和原始神话十大类。其二，对原始艺术的内涵应该准确把握，对原始艺术与文明时代纯艺术内涵上的差异应该比较分析。刘锡诚先生指出："原始艺术是指原始社会中发生和发展起来的原始人的艺术。在文化史上，原始艺术也指与文明人的艺术相对而言的那些初级和幼稚的艺术。"① 这个观点在一定程度上可以调和原始艺术存在与价值判断之间的矛盾，但实际情况可能更加复杂。我们在使用"原始艺术"这一概念时，其真实含义近乎"广义的艺术"，即具有审美特征的人类的创造成果，而非仅仅强调其"初级"和"幼稚"。事实上，原始陶器可能是人类创造的最具审美意味的陶器，其艺术性或许超过了文明时代所生产的陶制品；而原始神话更是人类出于特定历史阶段的产物，不能将所谓现代神话与原始神话加以比较，当然也就没有高级的和不幼稚的神话一说。在我看来，区别原始艺术与文明时代的纯艺术，还是应该借鉴恩格斯提出的观点：

> 当人的劳动的生产率还非常低，除了必需的生活资料只能提供微少的剩余的时候，生产力的提高、交换的扩大、国家和法律的发展、艺术和科学的创立，都只有通过更大的分工才有可能，这种分工的基础是，从事单纯体力劳动的群众同管理劳动、经营商业和掌管国事以及后来从事艺术和科学的少数特权分子之间的大分工。②

恩格斯在《家庭、私有制和国家的起源》中把人类有史以来的社会大分工划分为三次：第一次是游牧民族从其余的野蛮人中分离出来；第二次是手工业与农业的分离；第三次是商业与生产的分离。从社会分工角度看，旧石器时期的原始岩画出现于第一次社会分工之后，新石器时期的原始陶器、玉器等艺术形式则是第二次社会分工的产物。到了新石器晚期，不仅有了专门从事手工业生产的劳动者，而且出现了较大规模的商业交换行为。对此学者刘莉曾加

---

① 刘锡诚：《中国原始艺术》，上海文艺出版社，1998，第 11 页。
② 恩格斯：《反杜林论》，《马克思恩格斯选集》第 3 卷，人民出版社，1972，第
　221 页。

以概括：

> 在古代中国最早的国家夏、商、周出现之前，龙山文化便呈现出从平等社会到等级社会的社会转化过程。根据考古发现，一些文化特征的具备标志着社会发展新阶段的到来。比如文字系统可能已经出现；红铜和青铜也已被应用到小型工具和装饰品的制作中；城墙的筑造，暴力和战争的普遍流行；墓葬显示出社会等级的存在；手工制作的专业化程度大大加强，比如陶器制作大概已限于某些家庭；礼仪用品的交换大概跨越地区在贵族间进行；地区文化发展迅速，相互间的交往也空前频繁；最后，该地区的新石器时代文化日趋复杂，奠定了文明发展的基础。[①]

正是在这样一个总体背景下，由于生产力水平的提高和社会分工的细化，文明时代的纯粹艺术才逐步地形成和发展起来。

笔者认为，尽管文明时代的纯粹艺术的生成，离不开原始实用艺术所奠定的基础，我们也可以使用"中和""意象""气韵""意境"等审美范式来分析原始艺术，但中国原始艺术只是构成中国审美范式形成的潜在基础而不是直接基础，原始艺术的诸种类型也不是与中国基本审美范式的内涵相对应的审美对象。与原始艺术相比，伴随生产力进步与社会分工细化而登上历史舞台的纯粹艺术更具理性的人文精神内涵、相对自觉的审美意识以及更加明确的审美尺度，既直接促成了中国基本审美范式，也构成了审美范式的价值取向和内在蕴涵。

文明时代纯粹艺术的生成和发展是一个层累与突变的过程，例如，乐、歌、舞三位一体之艺术形式的产生年代应该早于夏、商、周三代。钱志熙先生认为："我国第一个完整、成熟的雅乐系统是

---

① 〔澳〕刘莉：《龙山文化的酋邦与聚落形态》，《华夏考古》1998 年第 1 期。

西周的雅乐。它继承了黄帝的《云门》、尧帝的《大咸》、舜帝的《九韶》、禹帝的《大夏》、商汤的《大濩》，配上周本朝的《大武》，合称六代之乐，构成了祭祀天地山川、先妣、先祖的完整的祭祀系统。"① 这个论断的主要依据来自《周礼·春官》及郑玄注。《周礼》中对于上古音乐、舞蹈的记载虽未必可以尽信，但结合其他古籍资料，如《吕氏春秋》所载"三人操牛尾，投足以歌八阕"的上古葛天氏之乐，《史记·五帝本纪》记载的"舜曰：'然，以夔为典乐，教稚子……诗言意，歌长言，声依永，律和声，八音克谐，毋相夺伦，神人以和。'夔曰："于！予击石拊石，百兽率舞"，《史记·夏本纪》记载大禹讲"予欲闻六律五声八音"，我们或可以断定，大约在新石器晚期和青铜时代早期以审美鉴赏为主要目的的音乐艺术就已萌芽，而与中国音乐相对早熟的史实相对应，先秦时期的音乐审美意识及审美尺度就集中地表现为"中和"审美范式。

生产力水平的提高与社会大分工不仅促生了纯粹艺术，同时，随着社会经济的发展，受经济基础制约的上层建筑及社会意识形态也日趋丰富复杂，悬浮于上层建筑顶端的艺术随之开始分化和生成不同的门类。继音乐从实用艺术演变为纯艺术之后，经过《诗经》《楚辞》的奠基以及汉赋的拓展，诗歌在内容和形式上也渐趋成熟。可以说，《诗经》《楚辞》和汉赋共同构成了中国诗学的赋、比、兴传统。过去学术界在推崇"诗""骚"传统的同时，对汉赋"劝百讽一"的特征多有针砭，却忽略了汉赋在中国审美范式发展史上的重要性，低估了汉赋对于建构诗歌意象所做出的贡献。无论哪个民族，在早期审美实践活动中都包含了大量的模仿因素，即通过创造符号或图画来模仿外部世界的事物，汉赋正是通过文字符号来实现对于外在物象的模仿和重现。如果说《诗经》和《楚辞》

① 钱志熙：《音乐史上的雅俗之变与汉代的乐府艺术》，《浙江社会科学》2000 年第 4 期。

创造了大量的比兴之象的话，汉赋则更重视"言象"本身的摹仿功能。朱熹对于赋的解释是"敷陈其事而直言之"，就是用文字把事物重新复现出来的意思。模仿的锻炼使人类创造的符号与外界事物具有了知觉层面、心理层面及文化层面的广泛关联性，这种关联性是社会实践的结果，也是审美意识的外在呈现。正是在主体意识层面对于这种关联性的自觉，才诱发了魏晋时期关于言、象、意的讨论，进而在"中和"审美范式之后形成了"意象"审美范式。

　　进一步讨论"象"的问题，我们就会意识到，无论音乐、诗歌还是绘画，都属于人文之"象"，其之所以能与不同的审美范式相对应，取决于主体审美实践在特定历史时期所获得的新进展。一般而言，后起的艺术在其形成自身内在审美规律的同时，审美主体在审美观念上多少都会吸收此前艺术门类所通行的审美尺度。在审美实践进程中，这种传统的审美尺度往往一边分化，一边整合融通。由主要指向音乐的"中和"审美范式演进到主要指向诗歌的"意象"审美范式以及主要指向书画的"气韵"审美范式，一方面是传统审美尺度的分化和细化，针对新的艺术形式，"意象"和"气韵"审美范式提出了崭新的审美尺度；另一方面，"意象"审美范式在一定程度上也融汇了"中和"的审美观念，如孔子提出了"思无邪"的观点，"气韵"审美范式又在一定程度上融汇了"意象"的审美观念，如宗炳所讲的"旨微于言象之外者，可心取于书策之内"，等等。

　　审美实践发展既改变了原始艺术音乐、舞蹈、诗歌三位一体的浑朴性质，也促成了诸多艺术门类的繁荣。不可否认，即使在各类艺术走向成熟之后，不同类型的艺术之间依旧存在着彼此渗透、相互影响，甚至呈现出你中有我、我中有你的熔融状态。其中，第一种情况是由媒介材料和表现手段上的相似所决定的，如书法与绘画、诗歌与散文等。书法和绘画同属于造型艺术，诗歌和散文同属于语言艺术，故这种影响也可视为在同一大类下不同子类艺术之间的彼此渗透。第二种情况是在使用不同媒介材料和表现手段的艺术门类之间所产生的彼此影响，如音乐与诗歌、诗歌与绘画等。其中，音乐与诗歌的融合是早已形成的审美实践传统，而诗歌和绘画之间彼此借鉴和渗透的审美规律在唐宋时期才日趋被自觉。第三种情况是不同艺术门类之间融会贯通并形成了综合艺术，这种情况在作为综合艺术的戏剧中表现得尤为突出。中国戏剧在宋元时期渐趋走向成熟，与唐代不同艺术门类的繁荣密不可分。唐传奇为戏剧提供了故事题材，唐十部乐为戏剧声腔提供了音乐支撑，唐代大型歌舞形式为戏剧身段、动作奠定了基础，唐诗的繁荣为戏剧语言形式的华美做了有力铺垫，唐代绘画所取得的空前成就，特别是在绘画中对于线条美的重视，影响到戏剧中的妆饰。概言之，唐代各种艺术的繁荣为作为综合艺术的戏剧走向成熟提供了充分条件。不同艺术门类之间的影响和熔融既是审美意识升华的表现，也促使人们开始探寻能够衡量艺术价值、揭示审美规律、倡导审美趣味具有总体性的审美范式，这便构成了"意境"审美范式的实践基础。

二

对中国审美范式进行划分应该呈现中国审美文化的基本精神及其发展脉络。李宗桂先生曾对中国文化精神与中华民族精神加以区别："文化精神、中国文化精神，都是宽泛的、中性的概念，既有积极的成分，也有消极的因素，属于事实判断的范畴。中国文化基本精神的优秀成分，构成中华民族精神。中华民族精神是中华民族在长期的历史发展进程中形成的精神风貌和价值取向优秀成分的集中表现，是中华民族进步发展的价值导向和精神动力。"[1] 在笔者看来，中国审美文化之中所呈现的主要是"中国文化基本精神的优秀成分"，国内学术界对中国文化精神内涵的分析和概括，在多

---

[1]　李宗桂：《中国文化精神和中华民族精神的若干问题》，《社会科学战线》2006年第1期。

数情况下适用于中国审美文化，故在此不再对"中国文化精神"与"中华民族精神"加以区分。

　　中国审美文化的基本精神离不开儒、道、佛三家思想，对三家思想在中国审美文化精神的内在结构中究竟占据何种位置，学术界历来有争议。例如，张岱年先生认为："中国几千年来文化传统的基本精神的主要内涵是四项基本观念，即：天人合一、以人为本、刚健自强、以和为贵。"① 仪平策先生认为："总的来说，儒、道、佛三家思想作为'道器不二'或'道不远人'思维模型和话语范式的具体陈述，其所关注的核心问题有着内在的共通性，突出表现为，它们所设想的理想性的价值目标，都既不在纯粹的'物'，更不在超验的'神'，而是就在'人'，就在日常鲜活、生趣不息的'人间'世界。"② 王祥云先生认为："中国文化是以儒家精神为主导，以道家思想为补充的，儒家思想是入世的、功利的，道家思想则是出世的、超然的；儒家主张阳刚，道家强调阴柔。二者的互补与融合，对铸就民族的文化心态和民族文化精神产生了极大的影响。"③ 陈望衡先生说："通过分析中国最古老的三种文化形态，得出中华民族审美意识的三个基因，也可以说三个特点，即：美真同象，美善同义，和合为美。这三者对中华民族的审美意识的形成产生了深远的影响。"④ 在笔者看来，讨论中国审美文化的基本精神，必须有历史发展的眼光和横向比较的视野。从历史发展角度看，儒道互补及佛学东渐皆离不开魏晋玄学对三家之言的阐释和改造。有无之争、名教与自然之辨既为儒道互补奠定了本体论基础，也为佛学东渐、儒释道三家融合扫平了道路。从横向比

---

① 张岱年：《中国文化的基本精神》，《党的文献》2006 年第 1 期。
② 仪平策：《当代审美文化与中国传统精神》，《广播电视大学学报（哲学社会科学版）》2006 年第 4 期。
③ 王祥云：《老庄思想及儒道互补对中国文化精神的影响》，《开封大学学报》2006 年第 4 期。
④ 陈望衡：《华夏审美意识基因初探》，《华中师范大学学报（人文社会科学版）》2000 年第 5 期。

较的角度看，与西方相比，中国审美文化精神更具有独特性、连续性和包容性。关于玄学对于儒、释、道三家思想融合上所具有的贡献，笔者在本书分论四种基本审美范式形成过程时有较多分析，此处不赘述。下面着重讨论中西方在审美文化精神上具有的根本区别。

从历时性角度看，西方文化主要由三大块构成：以古希腊为代表的古典文化、中世纪基督教文化以及文艺复兴以来的近现代文化。其中有一种现象不容忽视，就是文艺复兴在崇奉古典文化的同时依旧保留了基督教，故而在文艺复兴之后，基督教圣经文化在近现代审美实践中仍然具有重要影响。基于上述事实，笔者认为西方审美文化精神主要是受古希腊文化和希伯来文化滋养而得以建构的，探究中西方审美文化精神差异应该以中国儒释道三家文化与西方古希腊文化、基督教文化的比较为基本立足点。

从古希腊到中世纪，占主导位置的是理念论和上帝一元论，在此基础上，与审美文化精神相关的思想观念主要体现为三个原则：第一是道德至上的原则，这种道德与人世间具体的伦理道德不同，而是要在实践行为中体现神的意旨，即按照敬神的原则来衡量人的行为言行。具体到审美领域，就是把道德标尺与审美标尺混为一谈。在柏拉图那里，是"用美的领域和道德秩序的领域之间的直接的主从关系，代替了间接的并立关系。按照这种主从关系的要求，美就得把道德秩序描写成是道德的，仅此而已。"① 以此思想观念为基础，柏拉图对古代那些按照我们今天的艺术观认为是真正艺术的东西进行了全面的否定。比如，对于他自己也非常陶醉的《荷马史诗》，柏拉图从理念论和敬神的立场出发进行了批判，甚至认为应该把诗人赶出理想国。在亚里士多德那里，道德主义原则主要体现在他显然有意回避激情或性格决定个人命运这样一种真正的悲剧冲突。尽管古代的悲剧把大量这样的人物摆在他面前，如普

---

① 〔英〕鲍桑葵：《美学史》，商务印书馆，1985，第32页。

罗米修士、克莱特姆奈斯特拉、俄狄浦斯、阿雅斯、安提戈涅和美狄亚等，他还是避而不谈。他认为悲剧的主人公必须既不是很好，也不是很坏，其悲剧命运是由自己的过失决定的，这种看法固然对当时流行的命运悲剧论是一个拨正，但同时也忽略了冲突与矛盾产生悲剧的基本事实。在道德至上原则的决定下，审美活动就会退化为一种象征手法的运用，丰富多样的审美世界在哲学和美学视界中就成为相对单一的象征。古希腊的理念论在中世纪与上帝一元论融为一体，通过新柏拉图主义的演绎，古希腊道德至上的观念被成功改造为上帝至上，艺术终于沦为宗教的奴仆。

　　与古希腊的理念论所具有的"出世"特征不同，中国古代审美文化精神更体现出一种强烈的"入世"情怀：一是把祖先神灵化，祭祖如祭神，进而形成了与现世密切相关的礼乐文化。二是关注人心、人性、人情，强调天人合一的同时主张以人为本。老子讲"人法地，地法天，天法道，道法自然"（《老子》第二十五章），强调人、地、天都要遵循自然之道；孔子的学生子贡讲"夫子之言性与天道，不可得而闻也"（《论语·公冶长》），孔子讲"未知生，焉知死"（《论语·先进》），"五十而知天命"（《论语·为政》），孟子提出"尽心""知性"则"知天"，所有这些观点关注的焦点都是人生在世，而对于彼岸和鬼神持搁置不论的态度。与西方中世纪上帝一元论所具有的宗教性质不同，中国古代并没有严格意义的宗教，"天""地"在中国文化精神中不仅不是上帝，反而被赋予了生命哲学意义。儒家强调"天行健，君子当自强不息"，在主体精神层面要"见贤思齐焉，见不贤而内自省也"，要善养"浩然之气"；在实践层面要"入则孝，出则悌，谨而信，泛爱众，而亲仁。行有余力，则以学文"，要实现"修齐治平"的人生理想。老子认为"夫物芸芸，各复归其根。归根曰静，是谓复命"（《老子》第十六章）、"清静为天下正"（《老子》第四十五章），所以要"致虚极，守静笃"（《老子》第十六章）；庄子认为"虚静恬淡寂寞无为者，万物之本也"（《庄子·天道》），因此要"心斋""坐忘",以达到"逍遥游"的境界。儒、道两家的文化立场虽不同,但都呈现出以人为本的思想倾向,这就使得中国审美范式具有鲜明的主体性特征和浓郁的人本主义色彩。

第二是形而上学原则。既然有了理念和上帝的先验设定,就必然要求通过逻辑思辨来证明其真理性。在古希腊,哲人们对雕塑、史诗所取得的艺术成就和所具有的审美价值视而不见,而着重辨析外形(即实在的事物)、观念与本体的差异。例如,柏拉图把世界一分为三,即理念世界、外在世界和艺术里模仿出来的世界,在他看来,只有理念世界才代表着真理、完美和永恒,才是最为真实的。在中世纪,基督教哲学家们的做法如出一辙。他们对于《圣经》里希伯来民族的爱情诗篇《雅歌》视而不见,而是通过阐释美的特质来证明上帝存在和上帝万能。例如,奥古斯丁认为秩序和数是美的最基本的特质,因为它们体现了上帝创世的基本原则。他在《论真宗教》中说道:"我为最高层次的均衡而喜悦……我深信我双目所见的愈是接近我用精神领悟的,它便愈是美好。"[1] 无独有偶,托马斯·阿奎那也说道:"存在之万物莫不源出于美和善,也就是源出于上帝,属于一个因果原则。故万事万物的存在,如在一个存有原则之中那样,沐浴在美和善之中。"[2] 如果说古希腊的以理念为核心的逻辑思辨是对美的漠视的话,中世纪基督教哲学以上帝为核心的逻辑思辨则是对于美的扼杀。

与西方逻辑思辨的形而上学不同,中国传统的思维是直觉、经验、体悟式的,中国审美文化中很少直接回答美是什么的问题。孔子通过描述自己的审美体验来间接阐释他对于美的理解。"闻韶乐三月不知肉味"既暗含了审美的非功利性见解,也表现出孔子的审美尺度和审美理想;老子所关注的是"美不是什么",他讲:

---

① 转引自蒋孔阳、朱立元主编,陆扬著《西方美学通史》第2卷《中世纪文艺复兴美学》,上海文艺出版社,1999,第42页。

② 转引自蒋孔阳、朱立元主编,陆扬著《西方美学通史》第2卷《中世纪文艺复兴美学》,上海文艺出版社,1999,第212页。

"五色令人目盲，五音令人耳聋，五味令人口爽……"（《老子》第十二章）在他眼中，"大音希声，大象无形"，真正的美只能用心去体验而不依赖于知觉。庄子更明确指出："天地有大美而不言，四时有明法而不议，万物有成理而不说。"（《庄子·知北游》）"大美""明法""成理"是不可以"言""议""说"的，不能诉诸语言的自然也就不能求诸思辨。在中国审美文化重体验而轻思辨这样一种总体倾向的影响下，中国审美范式往往缺少逻辑论证，也很难通过界定范畴的内涵和外延来形成唯一的定义。

第三是形式主义原则。赵宪章先生曾对古希腊罗马的形式概念加以梳理，认为"数理形式""理式""质料与形式""合理与合式"是"古希腊罗马时代出现的四种形式概念，也是整个西方美学史上的形式概念之滥觞"，"深深地影响了西方形式美学发展的全过程"，"是整个西方形式美学的原初本义和简化形态"。[1] 四种形式概念里，前三种分别由古希腊毕达哥拉斯学派、柏拉图、亚里士多德提出，"合理与合式"则是古罗马贺拉斯的观点。细加比较，四种形式概念之间既存在着内在联系，在西方审美精神中所产生的影响力又各不相同。柏拉图在暮年时曾接纳了毕达哥拉斯学派的一些形式观念，毕达哥拉斯学派的"数理形式"也在中世纪新柏拉图主义美学家普洛丁那里得到继承。柏拉图的"理式"与亚里士多德的"质料与形式"都属于"理念的哲学"，只是强调点不同，"柏拉图只承认普遍的理念而忽视世界中的个别事物，而亚里士多德则强调普遍知识只能从个别事物中获得，所以他重视个别事物，重视经验事实"[2]，对此黑格尔曾加以比较分析，我们不再展开讨论。贺拉斯的"合理与合式"是亚里士多德诗学观点在逻辑上的延续。相比之下，柏拉图的"理式"在西方审美文化精神中

---

① 赵宪章：《形式美学：中国与西方》，《文史哲》1997 年第 4 期。

② 蒋孔阳、朱立元主编，范明生著《西方美学通史》第 1 卷《古希腊罗马美学》，上海文艺出版社，1999，第 406 页。

影响更加深远。概言之，理念论和上帝一元论所决定的道德至上原则切断了审美主体与审美对象之间的现实联系，把艺术这样一种人类最为复杂的精神活动归结为观念的自动呈现或者上帝的灵光一现。理念与上帝代表着完满和庄严，从而催生了单调并具有象征性的形式主义原则。鲍桑葵把这样的审美原则归纳为"美寓于多样性统一的想象性表现中，即感官表现中"①。一方面，理念和上帝与现实审美实践之间存在着难以逾越的鸿沟，故柏拉图在《文艺对话集》中说美是"难的"；另一方面，西方审美文化中又执著于寻找美的事物的外在的形式规律，并且认为美有着最为一般的形式特点，甚至说美就是"简单的"。这就导致了西方审美文化精神在内涵上呈现出感性与理性不可调和的内在矛盾：在艺术哲学层面重视对部分与整体、个别与一般、存在与存在者等抽象命题的思辨；在审美知觉层面却又试图总结出一些普遍有效的形式规律，如最美的比例是黄金分割率、最美的形是球形、最美的线是蛇形线等。

与西方审美文化精神中由哲学、宗教与逻辑统摄下的形式主义原则不同，中国审美文化更关注审美实践作为一种特殊的人生实践如何使主体达到一种更高的人生境界。在中国审美文化视域中，艺术形式既不是对客观对象的被动模仿，也不表现抽象的哲学观念，而是以其自由灵动和开放深远来呈现天地之间充盈不竭的勃勃生机，表现审美主体的生命感悟与价值取向。对于中国审美形式的特殊性，沈亚丹女士认为"泛音乐化是中国艺术的普遍倾向"②，陈良运先生则认为：

> 书法家以情性对"形质"加以软化、活化、动化，使原有字形发生美的变化，以"草书"而臻至最高的审美境界。

① 〔英〕鲍桑葵：《美学史》，商务印书馆，1985，第43页。
② 沈亚丹：《论中国艺术形式的泛音乐倾向》，《东南大学学报（哲学社会科学版）》2004年第5期。

画家以"气韵"与"形模"合作，发展到"写意"而走向绘画艺术的高峰。诗则是由诗人自己创制种种形式，又在越来越严格的形式中自由施展而显示诗人的才能。①

在笔者看来，雅与俗、乐与诗画、自发与自觉是在形式层面讨论中国审美文化精神的三个关键问题。由祭器、礼器转向实用器标志着审美实践逐渐摆脱了原始宗教的控制，由宫廷雅乐转向民间俗乐意味着审美实践更注重表情功能，由音乐转向诗画直接催生了审美观念的自觉。正是因为有了这三个转向，中国艺术才逐渐形成具有民族特色的审美形式。

三

对中国基本审美范式进行划分要反映出中国美学史对于审美范式所做的传统界定。中国美学史在发展轨迹上呈现出两次转型，即由哲学向文艺美学的转型以及由文艺美学向审美文化学的转型。第一次转型出现于魏晋时期，与诗歌、绘画、书法的形成和发展相适应而形成了诗学、画论和书论。与先秦至两汉时期侧重从哲学和社会学角度阐释音乐性质及功能不同，魏晋时期人们开始重视围绕艺术形式的内部规律展开讨论。第二次转型出现于唐宋时期，人们开始自觉地探讨不同艺术门类之间相互影响和彼此渗透的审美规律，诗画同源、诗中有画、画中有诗等问题的提出，促使人们思考语言艺术与造型艺术在审美属性上所具有的共同性，进而从审美文化学的高度加以剖析和综合。只有承认和正视中国美学史上的这两次转型，才可能在对于中国美学史的宏观把握与微观分析之中，以既有范畴的影响力为基本着眼点，权衡和比较不同范畴所具有的适用范围、涵盖程度、流变线索，进而划定对中国美学体系具有结构功能

---

① 陈良运：《论中国古典艺术的形式美——以书、画、诗为例》，《学术探索》2004年第2期。

的审美范式。

在中国美学发展史上曾产生过大量的概念和范畴，如"阴阳""中和""虚静""文质""虚实""意象""物象""形神""兴象""神思""风骨""情采""情理""滋味""气韵""物境""情境""意境""心物""神韵""格调""性灵""肌理"，等等。这些范畴有出现时间迟早的差别，如"中和""阴阳""虚静""文质"都是先秦时期就有的范畴，"气韵""意象""神思""风骨""情采""滋味"等则主要形成于魏晋南北朝，"物境""情境""意境"形成于唐代，"神韵""格调""性灵""肌理"则形成于明清时期。作为审美范畴，其之所以在特定历史时期形成，在一定程度上反映了当时人们的审美实践、审美观念、审美趣味及审美价值取向的实际状况，也体现着中国美学体系建构的历史轨迹，划定中国基本审美范式当然不能前后颠倒、本末倒置。

就中国审美范畴的影响力进行评价，根据笔者所涉猎的资料，国内学术界大致有"元范畴""原范畴""基本范畴""重要范畴""核心范畴""最高范畴"这样一些不同的表述。如何表述不太要紧，问题的关键在于标准不统一，达成的共识也很少。例如，李祥林先生认为："作为贯穿中国文化和中国美学的元范畴，'太极'模塑着我们民族的思维方式，定向着我们民族的价值追求。"① 王哲平先生认为："'道'，是中国古典美学的原范畴，也是其他美学范畴的基础。"② 刘承华先生认为中国艺术的最高审美范畴是"韵"③。齐海英先生认为"气"是古代美学的元范畴④。杨宝春先

---

① 李祥林：《回归中国文化及中国美学的本根：评杨成寅先生的〈太极哲学〉》，《中国美学》第一辑，上海古籍出版社，2010。
② 王哲平：《中国古典美学"道"范畴论纲》，《江西社会科学》2002 年第 3 期。
③ 刘承华：《中国艺术的最高审美范畴：韵》，《学术界》1997 年第 3 期。
④ 齐海英：《"气"——中国古代美学的元范畴》，《社会科学辑刊》2004 年第 3 期。

生认为"'妙'是中国传统美学的中心范畴"①。尽管这些论点能够自成一家之言，也可以带给我们很多启示，但不同学者的看法之间明显存在着矛盾，在理论逻辑上很难兼容。在认定中国美学基本范畴上情况也差不多，此处不再一一列举。含义最为模糊的大概是所谓的"重要范畴"，几乎研究者着意讨论的任何范畴都被冠之以"重要范畴"，其中有些范畴甚至出于研究者的臆造，在中国美学史上根本找不到出处，同样也被视为中国美学"重要范畴"，这就只会使中国审美范畴研究失去达成共识的可能性。

　　笔者认为，从中国美学第一次转型之前，特别是在先秦时期，很多范畴只是与审美实践有一定关联的哲学范畴或者社会学范畴，如"道""太极""阴阳""气""中"等，我们在讨论审美范式时，难免会涉及这些范畴，但不能简单地把这些范畴视为中国美学的"元范畴""核心范畴"或者"最高范畴"。作为美学范畴，最重要的特质是与审美实践、审美观念及审美尺度具有直接关联性，而不仅仅是意识形态层面对审美主体的遥控和制约。笔者之所以把"中和"视作第一种中国基本审美范式，理由也在于此。"中和"既不是简单的"过犹不及"，也不是哲学层面的"和实生物"。"中和"在先秦时期主要是针对音乐提出的审美理想和审美尺度，表现了人们在音乐审美实践中所形成的审美观念。可以说，作为中国哲学向美学过渡时期的产物，与"道""气""太极"相比，"中和"具有更加明晰的美学性。

　　魏晋南北朝时期，随着诸种艺术门类的跨越式发展，随着艺术的自觉，在思想领域开始出现由哲学向文艺美学的转型，中国美学理论也进入了第一个收获季节，其标志就是在乐论、诗学、文论、画论诸领域都产生了重要的理论著作。总体来看，中国美学的这次转型的思想基础是由魏晋玄学奠定的，玄学中的"有无之辨"、

————————

①　杨宝春：《悟妙与审美——中国传统美学中心范畴的选择与发展》，《江淮论坛》2003 年第 4 期。

"自然"与"名教"之争以及"言""意""象"之争拉开了中国艺术自觉的帷幕。"意象"理论是中国美学在这个阶段所取得的最初成就。在中国美学视域,"意象"不限于诗歌或者文学,而是可以涵盖所有艺术门类,如音乐是"声象",绘画是"形象",文学是"言象"。具体到魏晋时期,人们着重从"言象"层面展开对"意象"的讨论,故"意象"首先是作为与语言艺术相对应的范畴进入中国美学系统的,"意象"审美范式的主要适用范围是诗学。当然,这并不妨碍其他艺术门类中出现与"意象"相关联的问题,如绘画美学中的"形神论",实际上暗含了造型艺术领域里"意"与"象"的关系。不容忽略的是,"形神论"在很大程度上是就人物画展开的讨论,无论"形"还是"神",都强调从客观角度来把握审美对象。与"形神论"相比,"气韵说"更能传达中国造型艺术所蕴涵的审美文化精神,在中国美学中的影响更加宽广和深远,故而以"气韵"为中国基本审美范式之一也更加适宜。

如前所述,到了唐宋时期,不同门类艺术之间出现了三种熔融情况,这就促使人们突破艺术门类的局限,在更加宽广的审美文化学层面来把握和总结审美实践的基本规律,从而推动了中国文艺美学向审美文化学的转型。从唐代王昌龄"三境说"到清末民初王国维的"境界说","意境"审美范式呈现出一条比较清晰的发展线索,对此笔者在本书第八章有更深入的论述,此处不详述。需要特别指出的是,"意境"作为一种基本审美范式,不仅可以涵盖所有艺术门类的优化状态,也直接指向华夏民族所追求的人生理想境界,因而,"意境"审美范式更具有审美文化学层面上的丰富内涵。

综上所述,从中国审美实践的实际状况出发,通过梳理中国审美文化的基本精神及其发展脉络,结合中国美学史对于审美范式所做的传统界定,笔者认为中国的基本审美范式可以分为"中和""意象""气韵"与"意境"四种。总体看来,这四种基本审美范式既是贯穿中国审美实践的本体存在方式,也是中国美学体系建构所依赖的最基本的范畴。从范畴发生学的角度看，"中和"审美范式形成与成熟得最早，属第一阶段；"意象"审美范式和"气韵"审美范式产生于魏晋南北朝时期，属于第二阶段；意境则带有总结性质，在清代王国维那里才更加完整和具有体系性。从精神实质上看，这四种审美范式都与中国审美文化精神、阶段性审美实践状况及美学理论的建构息息相关，因而具有一定的概括力和兼容性，可以在一定程度上包容或者扩充进其他的范畴。例如，"中和"审美范式在"阴阳""虚实""形神""动静""文质""情采""风骨"等系列范畴中均有所体现；"意象"审美范式在一定程度上包含了"言志说""缘情说""诗格说""兴寄说"，等等；"气韵"审美范式包含了"文气说""虚静说""神韵说"，等等；"意境"审美范式既是对"中和"观念的审美文化学的重构，也是"意象"审美范式的进一步蜕变，还是"气韵"审美范式的借鉴和化用。可以说，"意境"审美范式的成熟，既意味着中国古典审美实践的终结，也标志着中国审美范式理论的总结形态。

第四节 把握中国审美范式的基本角度及层次

审美范式是在特殊的人生实践——审美实践中所形成的人生境界的表现，由于人生境界具有不同的层次，决定了审美范式具有不同的表现形式。审美范式是在审美主体和审美对象所形成的审美关系中呈现的，这种审美关系从存在样式的角度看，是一种特殊的实践关系。因此，对于审美范式直接发生作用的是审美实践，而审美实践所具有的特征、方向和方式，则决定于审美对象和审美主体自身。

作为审美主体，在审美实践中，其审美经验、审美习惯和趣味、审美情感和审美理想总是千差万别的，这种差别是形成人生境界形式之不同的内因和主导因素。换言之，也就是马克思强调的，对于不懂音乐的耳朵和不懂得形式美的眼睛来说，再优美的音乐和绘画都没有意义。没有合适的审美主体，作为审美范式而出现的境界的表现形式就是死寂的，是没有观赏者的花园，是作为异己物存在的他者。

一

作为审美主体，其审美活动的水准和成果总是依赖于他所积累的审美经验。这种审美经验有的时候是无意识的，比如，生长在音乐世家的孩子，对于音乐的感受往往敏锐得多，而出身于文学世家，则有了经受文学熏陶的机会。所以，莫扎特对于音乐的早慧，三苏对于诗文创作的贡献，都是情理之中的事情，是符合审美规律的必然结果。但是，多数情况下，审美经验的积累是通过主体有意识的追求来获得的，所谓"操千曲而后晓声，观千剑而后识器"①，讲的就是后一种情况。审美活动能否有效展开，审美境界能否顺利形成，也在很大程度上依赖于主体是否积累了丰富的审美经验。朱光潜曾经举过一个例子，可以供我们借以说明审美经验的重要性。"一个海边农夫当别人称赞他的门前海景美时，常会羞涩地转过身来指着屋后的菜园说：'门前虽然没有什么可看的，屋后这一园菜却还不差。'"② 这种面对满目好景却茫然不见的现象，说到底，主要还是缘于审美经验的缺乏。

主体的审美经验积累过程往往同时也是一个审美习惯和趣味的培养过程。人们经常说，习惯成自然，作为人生境界的表现形式，其产生和演变经常表现为自然而然，不期然而然。周紫芝在《竹坡诗话》里曾经举过这样的事例："余顷年游蒋山，夜上宝公塔，时天已昏黑，而月犹未出，前临大江，下视佛屋峥嵘，时闻风铃，铿然有声。忽记杜少陵诗：'夜深殿突兀，风动金银铎。'恍然如己语也。"③ 这种由实境过渡到诗境的习惯，来源于主体的审美经

---

① 赵仲邑译注《文心雕龙译注》，漓江出版社，1985，第396页。
② 朱光潜：《朱光潜全集》第2卷，安徽教育出版社，1987，第17页。
③ 周紫芝：《竹坡诗话》，见《历代诗话》上册，中华书局，1981。

验。有时，有些学者从社会学批评的立场出发，认为一种审美习惯和趣味具有时代、民族和阶级的共同性或者本质性。这种说法固然有一定的道理，但同时也有相当大的片面性。我们应该注意的是，审美习惯和趣味更多的具有审美主体的个性特征。同样面对陶渊明的诗歌，鲁迅和朱光潜先生的看法就很不相同。鲁迅先生是战士，是思想家兼文艺家，他看到了"除论客所佩服的'悠然见南山'之外，也还有'精卫衔微木，将以填沧海，刑天舞干戚，猛志固常在'式"①。朱光潜则喜欢陶渊明诗歌的淡泊和庄严静穆的美。

在积累了丰富的审美经验，并且养成了独特的审美习惯和审美趣味之后，审美主体在审美活动之中，就形成了其自身对于特定审美对象的审美价值评定标准和综合判断。承认人生境界的表现形式各有不同这样一个前提条件下，我们就会发现，即便是对于同样的审美对象，也未必形成相同的人生境界形式。例如，朱光潜认为陶渊明"有感慨，也有欣喜；惟其有感慨，那种欣喜是由冲突调和而彻悟人生世相的欣喜，不只是浅薄的嬉笑；惟其有欣喜，那种感慨有适当的调剂，不只是愤激伴狂，或是神经质的感伤。他对于人生悲喜两方面都能领悟"②。由此可见，境界的生动性和生命特质不仅来自客观存在的审美对象，而且，来自审美主体对于自身生命的确认和体验，脱离丰富的人生经验和审美经验，没有良好的审美习惯，趣味庸俗，审美水准低下，就无法形成物我交融、生机勃勃的境界。所谓"感时花溅泪，恨别鸟惊心"，离开了主体的"感恨"，花和鸟就不具有意义，构不成境界。

我们承认有不同层次的人生境界，也就意味着任何主体的生命活动都不是天然地指向人生境界的。人生由千万种不同的实践活动组成，它从来不是抽象、苍白、单一的观念模式，它或者美丽动

---

① 鲁迅：《〈"题未定"草〉》，《鲁迅全集》第 6 卷，人民文学出版社，1981，第 336 页。

② 商金林：《朱光潜与中国现代文学》，安徽教育出版社，1995，第 183 页。

人，或者丰富复杂，或者冷峻庄严。人生是在时空之中展开的广阔无垠的舞台，美的境界则是人生最富丽堂皇的篇章，是值得人们回味、体验、感动的每一个瞬间。在个体的独特的人生经历中，生活总是为他提供了新鲜活泼、与众不同的审美契机，或许是灿烂的星空，或许是在风雨中凋谢的花朵，可能是长河落日，也可能是塞外暮云，有时，只是一次久别后的重逢或者在季节年轮中一闪而过的往事，使他心有所思，情有所感，使他张开想象的翅膀，聚敛起凝视的目光。康德从星空和脚下的大地悟到永恒，托尔斯泰从风雨中备受摧残的牛蒡花联想到被判刑的妓女，而"大漠孤烟直，长河落日圆"（王维《塞上》）的景象又唤起多少边塞诗人的豪情，"今昔复何夕，对此灯烛光"触动了多少归来游子的身世之慨。毫无疑问，人生实践的丰富性使得人在实践之中往往会形成不同的境界，而这些境界之中必然包含着充分的个体性的特征。当然，主体间的心灵又是相通的，所谓人同此心，心同此理，这构成了主体间性的心理学基础。没有这种主体间性，一切审美范式就都成了不可理解不可接受的东西。就存在的意义来说，审美活动不只属于单独的个体，在个体活动的背后，隐藏着人类审美实践所创造的种种成果，隐含了审美经验、审美习惯和趣味、审美情感和审美理想在漫长的历史长河中经历无数个体努力，从而达到的应该有的高度。审美主体作为个体在具体的审美活动中所表现出来的独创性，于个体而言，总是带有偶然性，带有不可替代性。但个体所达到的人生境界，却不是偶然开放的花朵，而是在一定的时间和空间中代表着人类在审美中所能够达到的那种境界，境界总是具有普遍性与共性。正是这种普遍性使得境界获得现实的意义并获得更加普遍的认同。因为，审美实践虽然有断代现象，但从本质上讲是绵延的。

二

从认识论的层面来看，审美范式是人类在审美创造的世界中复现和直观自身所形成的基本形式。自从有了人，在人的实践活动中，世界不断地被人化，不断地成为人的本质力量的具体呈现，由此人也成为世界的意义和属性。人类通过实践（包括物质实践与精神实践）不仅在世界中不断地复现自我，赋予世界以我的本质特征，同时也在人化的自然之中观照自我。人类复现自我的方式可以是物质生产，在自己的劳动成果中复现自我，如围海造田、盘山修路等；也可以是道德行为，在自己的行动中塑造自我，如济困救贫、舍生取义之类；还可以是比较纯粹的审美实践，使世界具有"无目的的合目的性"，即在审美层面改造世界，使世界由物质的世界变为包含人性人情的美好的"人间"，如艺术创造和艺术欣赏等。人类在实践创造的世界里复现自身，物质世界变为美好"人间"，与此同步，主体不仅能够从人化自然中见出自我的本质，也增加了自觉的程度，打开了通向更高人生境界的门户。

我们承认人类所有的实践活动都可以改变自然，都可以使人在人化自然中确认自己的本质，但我们同时又说审美范式是在审美实践中产生的人生境界的表现形式。两者表面看来是矛盾的，因为审美实践只是人生实践中比较特殊的一种，肯定不等于人生实践的全部，但其实并不矛盾。前者说的是审美范式产生的基础和存在的领域，后者说的是审美范式产生的过程和途径。审美范式产生的基础当然应该包括人的全部实践活动和实践对象，审美范式存在的领域当然也分别存在于自然、人类社会和艺术之中。但就审美范式产生的过程和途径而言，审美范式并不直接产生于人类的物质实践，也不产生于人类的纯粹精神的活动，审美范式产生于一种物质精神相融合的相对自由的创造，简言之，审美范式只能产生于审美实践之中，审美范式也不断地在审美实践之中流动和变化。我们认为，正是因为审美实践的对象不仅是艺术，也可以是自然和人类社会，所以才使得后两个对象可以在一定程度上具有艺术性和审美价值。而当自然和社会成为审美实践的对象时，它们在性质上就有了某种改变，它们更倾向于显示其中包含的审美价值，而不是凸显其所具有的功利价值和认识价值。

从自然世界来看，作为人们征服和改造的对象，它具有的主要价值属性是可以满足人们的功利需要，最重要的功能是为人们提供衣食住行必需的劳动成果。如大海可以繁荣渔业海产，梯田可以提高粮食收成。自然最重要的属性是有用性，而不是美悦性。然而，人在物质生产中，不仅可以有目的有计划地进行生产，还可以展开丰富的想象，还能够不断地提高生产水平，从而把自己对于物质世界的依赖关系逐渐地转变为一种和谐关系，把对于物质世界的索取转变为对于物质世界的欣赏，把发现和试图控制自然的规律转变为人与自然共存共荣。那么，在尊重自然和解放自然的同时，人的尊严和自由也得到了最大的解放。这时，自然就部分地成为了人的欣赏对象，人与自然和谐相处就成为人生的一种境界表现形式。

三

再看人类社会中是如何形成审美范式的。在复杂的人与人的社会关系中，具有关键作用的就是道德律。一般的观点认为，趋利避害是动物的本能，人作为高级动物所具有的动物性本能也不例外。但人之所以为人，恰恰是他有超越动物性的一面，他不仅有着生存需要和安全需要，不仅要求满足自身的物质要求，还在于他可以在低级需要之上，培养出属于人并代表着人的本质的高级需要。人们懂得了珍视亲情、友情和爱情，能够在很大的程度上摆脱动物的本能，摆脱趋利避害的原则，能够在最大程度上追求道德的善，反对生活中的恶。在由索取转向奉献，由自私自利转向舍己为人的过程中，人们不仅改变自己的行为方式，也改变自己的思想和情感世界。人与人的关系不再是一种对立的仇视的相互提防的关系，而成为相互关爱、相互照顾进而相互欣赏的关系。这时，人与人的关系就不再是围绕物质而形成的关系，而是形成了更加丰富的精神性关系。换言之，在社会生活领域里，对于道德的善的追求，不仅是心灵美的表现，同时，善的存在形式如舍己为人、舍生取义等，也就成为人们的一种观照对象，从而也就成为美的生动显现，成为一种人生境界的表现形式。

过去，在社会生活领域，最为强调的人与人的关系是阶级关系，所以，审美价值评价经常围绕作品中人物的阶级性来展开。例如，恩格斯评历史剧《济金根》，就强调指出了悲剧产生的必然性，强调了悲剧的根源在于历史的必然要求和这个要求的实际上不可能实现之间的矛盾冲突，强调指出在资产阶级登上历史舞台之后，贵族是注定不配享有更好命运的一群人。这些论述当然都是非常精辟的，但是，我们还应该注意到，人与人的关系除了阶级关系之外，还有血缘、朋友、爱情、邻里、同乡等多种关系，一个人的阶级属性并不完全抹杀他的其他属性。在资产阶级登上历史舞台之后，贵族的覆灭是必然的，但贵族和资产者相比，毕竟有着温文尔雅的面纱，有着注重血缘亲情的封建伦理传统。并不是贵族身上所有的美好都会被历史的大风吹散，相反，一些贵族作为个体所表现出来的高贵品质，则成为人们津津乐道的话题，成为人们审美创造的题材，成为审美对象。例如，在俄罗斯，就出现了很多以十二月党人及其亲属为题材的作品，其中有绘画，也有长篇小说和散文诗歌。所以，即便在社会生活领域，欣赏美也包含着人对于自我的确认和欣赏。

正是基于对自然、社会和艺术三大领域中形成境界表现形式的基本看法，笔者才认为，审美范式是在审美实践中审美主体与审美对象所形成的统一体（有机形式），决定审美主体与审美对象相统一的根本力量是审美实践，审美实践既创造了审美对象，也创造了能够审美的人。

审美范式的发展演变就是审美主体对于美的形式的自觉与需要的发展演变。审美主体在审美中不断复现与观照自我，在这一过程中，积累起了日趋丰富的审美经验，提高了人对于美丑的欣赏能力。审美经验的丰富性主要表现在人对于美的形式的自觉程度不断提高。例如，意境作为审美范式的成熟与唐代人的意境形式感的形成是密不可分的。唐人风度对于魏晋名士而言，当然不可思议。杜甫诗风的沉郁顿挫也就不同于竹林七贤的境界。但说到底，一种审美范式形成于人的审美实践之中，最重要的动因就是人的现实人生需要，是人的审美实践中发展起来的需要，一句话，就是人作为人全面占有自己本质的需要。没有这种需要，任何审美范式都不会无缘无故呈现在审美实践之中。这个观点也是笔者在本文实证分析部分所贯穿的一个思想，在此不再赘述。

审美范式同时也是我们对于审美实践已经产生的对象性存在的逻辑归类，即人们通常所说的审美范畴。理论形态的审美范式研究与审美实践中所形成的境界的表现形式与存在状态不同，审美范式研究还是要依靠概念、判断和推理来构成审美范式学。审美范式研究无疑不是审美，而是以审美实践为研究的对象。所以，我们对于审美范式的剖析并不意味着把审美范式研究还原为审美实践，而是认为对审美范式研究要以在人类审美实践中产生的境界的表现形式和存在状态为理论基础和前提。但在理论研究的层面，使用审美"范式"与使用审美"范畴"并不矛盾。

在审美实践之中，审美主体与审美对象是互相影响和互相包容的关系。审美主体与审美对象之间的特定关系构成了审美范式的根本性质。从审美实践的历史看，审美范式既是审美实践历史的积淀，也是新的审美实践赖以发生的基础。在人类审美实践历史中形成的审美范式，却可以构成现实审美活动的不同层次和不同境界。一方面，从历史的角度看，任何一种审美范式的产生都是一种历史合力的结果，是美的规律在审美实践发展中的具体体现。所谓美的规律，一是人的特定美感的形成和发展所具有的可能性和必然性，二是对于特定的审美感性形式的"需要"的产生，"可能"与"需要"是特定审美范式产生的客观基础；另一方面，审美范式作为感性形式的日益丰富，既标志着人的本质力量对象化的层次日趋分明，也标志着人的审美领域的不断扩大和人更加自由地占有自己的本质，是审美实践对于所有其他实践方式的胜利。

　　综上所述，我们认为所谓审美范式就是人在审美实践中所创造的境界的表现形式与存在状态。审美范式是由审美实践创造的美的境界的感性形式与存在状态，不同的审美范式是人类在审美实践的不同层次上体现出的人对于自由的追求以及人的自由的存在方式，或者说，审美范式表现的就是不同层次的人生境界；审美范式是人类在审美创造的世界中复现和直观自身所形成的基本形式；审美范式的发展演变就是审美主体对于美的形式的自觉与需要的发展演变：前者主要与人的形式感以及审美心理结构相关，后者从实质上讲是人作为人全面占有自己本质的需要；审美范式同时也是我们对于审美实践已经产生的对象性存在的逻辑归类，即人们通常所说的审美范畴。

第五章　魏晋玄学视阈下的
"和"与"中"

　　"中和"或"中和之美"的研究是中国美学研究领域的热点之一。对众多学者的关注焦点做一大体分类，可以见出其研究的问题主要集中在以下几个方面：①辨别"中""和""中庸"等概念在内涵及外延上的不同；②梳理和研究"中和"与中国美学、中国古代文论之间的关系；③剖析儒家与道家"中和"思想的基本内涵；④辨析"中和"与儒家音乐美学思想之关系；⑤通过"中和"看中国传统文化之核心精神；⑥考察"中和之美"对于中国传统艺术门类的影响；⑦从"中和之美"看中西方美学精神之差异。应该说，这七个方面的问题覆盖了在梳理、阐释、评价"中和之美"时所涉及的方方面面，国内学术界诸多学者所取得的研究成果对笔者研究玄学美学视域下的"中和"审美范式具有重要启示。

　　十年前朱立元先生主编《美学》教材时，笔者曾负责第三编"审美形态"部分的撰稿，当时认为，西方基本的审美形态是悲剧与喜剧、崇高与优美、丑与荒诞，中国的基本审美形态是"中和"、"气韵"和"意境"。当时，笔者就意识到有两个问题需要进一步研究。其一，"中和"作为一种审美形态，与"气韵"、"意境"不是一种平行并列的关系，而是一种递进、层累、蜕变的关系，其中应该对审美观念发展演变的内在逻辑加以进一步梳理。

其二，任何一种审美形态都不仅属于美学理论，更重要的是指向审美实践过程与审美实践成果。西方的三组审美形态所指向的审美实践过程与审美实践成果实际上就是悲剧和喜剧、语言艺术与造型艺术、现代和后现代艺术，喜剧、雕塑、史诗在古希腊早已有之，但希腊美学重视的是比较悲剧、喜剧在内容、形式、美感、教育功能等方面的差别，这个传统一直延续到古典主义所强调的"三一律"。换言之，从古希腊到古典主义时期的审美形态学实际上就是广义的戏剧学。崇高与优美之比较主要还是启蒙主义运动的产物，莱辛的《拉奥孔》可视作其理论肇始，以黑格尔、康德为代表的古典美学为其理论之成熟与终结。对荒诞和丑两种审美形态的重视则是启蒙运动衰退、理性主义被质疑的结果，在美学理论上则以叔本华、尼采、克尔凯郭尔的生命哲学为先声，以萨特存在主义为转关，以由结构主义到解构主义为总结。那么，与西方审美形态论相比较，中国的审美形态体系遵循的内在的理论逻辑是什么？它所指向的审美实践的物化形态——艺术门类又是什么？这实际上关系到中国审美形态学理论体系的严谨性和科学性。

经过近十年来的研究和思考，笔者的观点有了一些改变。首先，在概念使用上，笔者觉得"审美形态"与"审美范畴"处于两个极端，"审美形态"主要偏向于审美活动过程和审美实践成果的描述，"审美范畴"则偏向于美学理论概念本身的命名和对于概念内涵的界定，前者过于感性，后者过于抽象，使用"审美范式"则可以兼容两者长处和规避两者不足。其次，从中国审美范式的历史和逻辑发展来看，笔者认为可以分为四种，即"中和""意象""气韵"和"意境"。"中和"主要是乐论，"意象"主要是诗论（含文论），"气韵"主要是画论（含书论），"意境"主要是人生论。"中和"主要是社会美学，"意象"主要是语言美学，"气韵"主要是主体美学，"意境"主要是实践美学。正是这四种审美范式彼此包容，相生相对，环环相扣，演变递进，构成了中国美学升腾之势。换言之，对于社会、语言、主体、实践的美学意义之自觉、追问，阐释、营构，造就了魏晋玄学在中国美学史上之重要地位，在玄学美学影响下所形成的音乐观、语言观、造型观以及人生实践观，是魏晋玄学对于中国艺术精神之卓越贡献。

与"意象""气韵"和"意境"相比，无论就历时性还是就共时性上分析，"中和"都是一种非常特殊的审美范式。就历时性而言，这种特殊性表现为两点：第一点，"中和"是起源最早、时间跨度最长、影响持续最久、内涵演变最复杂的审美范式。第二点，"中和"理论成熟于魏晋之前，即文学和艺术自觉之前，作为审美范式，它所指向的不是我们所谓的纯艺术，而是更多指向以功利性为其主要特征的实用艺术。就共时性而言，也可以分两方面来看：一方面，"中和"既是一个美学概念，还是一个哲学、伦理学和社会学的概念，并且，"中和"的哲学、伦理学、社会学内涵往往也是其美学内涵中不可分割的组成部分；另一方面，"中和"在某种程度上渗透、影响、制约着"意象"诗学、"气韵"画论和人生境界说，甚至，有的学者把"中和"置于中国文化精神之魂的高度来加以推崇。

既然承认"中和"审美范式成熟于魏晋之前，何以笔者研究玄学美学还要将其纳入之？基本的理由是，"中和"观念产生于儒道两家之前，在儒家、道家思想形成后，尽管两者都有"中和"观念，而且，儒道两家的"中和"观本身也确实存在着交叉、相通之处，但由于儒道两家在哲学、伦理学和社会学上毕竟有着明显的不同，道家本身又是从否定的角度来看待审美活动和审美创造的，故而，在汉代之前，以"中和"或"中和"之美来批评和评断音乐的主要还是儒家。也就是说，即使我们可以从老庄思想中找出不少与"中和"相关的论述，但事实上，在汉代之前并没有形成所谓儒道融合、互补的"中和"审美观念或"中和"审美范式。通过重新六经注我式地注释儒道经典，魏晋玄学真正尝试并在一定程度上做到了儒道融合，而中国音乐理论到了魏晋时期阮籍、嵇康那里，"中和"审美范式已经极大程度地超越了儒家崇德尚行的套数，从而具有了更加确定的美学内涵。

需要补充说明一点，现在国内学界有些学者把"中和"置于优美和崇高之间共同构成美学的三大范畴，笔者认为这是极不严谨的。如前所述，中西方的审美形态学有着各自不同的指向，中国的"中和"审美范式与西方美学中所讲的优美、崇高并无实质性的关联，"中和"不是在优美和崇高之间进行折中的结果，这样的机械比附只会导致人们对于"中和之美"的误解。

争议说明在"中和"研究上学者们尚未全面达成共识，但客观上，争议和辩驳也使得学界对于"中和"的研究得以不断地深化、细化和科学化。如陈良运先生对于"中和"与"和"的辨析就是有说服力的开掘。又如柯汉琳把"中和"定位在"优美"和"崇高"之间，笔者虽然不同意这种观点，但还是觉得很有启发。还有就是学者王卫东把"中和"视作一种审美形态，这种观点与笔者多年之前提出的观点不谋而合，但经过再思考之后，笔者认为，虽然将"中和"作为一种审美形态来看待略显浮泛，因为在儒道玄合流之后，"中和"更显示出一种本体论的意义和价值，但倘若我们把界域严格划定在先秦至魏晋这一段，"中和"作为以音乐为主要批判对象而形成的一种相对独立的审美范式，也是符合中国美学和艺术实践生成、演变之实际的。

第一节　论"中和"之美与西方和谐论之异同

"中和"既是一个哲学范畴，也是一个审美范畴，它所兼有的哲学和美学的双重性质在中国传统的文化中原本是不可分离的，因为，中国的哲学是人生化的哲学，美学也不例外。美学与人生的统一就是我们在上文中提到的美善合一。过犹不及既是一个人生的价值取向，也是审美的价值标准。

一

　　"和""和谐"与"天人合一"是中国古代美学乃至现当代美学中具有重要地位以及重大意义的审美观念与审美价值取向，也是"中和"之美的基本内容。《尚书·尧典》中讲："帝曰：夔！命汝典乐，教胄子：直而温，宽而栗，刚而无虐，简而无傲。诗言志，歌永言，声依永，律和声。八音克谐，无相夺伦，神人以和。""和"在此处有三个意思：其一是多样性的统一，既有审美主体态度的多样性，也有审美样式的多样性。审美主体态度的多样性指直率而温和，宽容而严肃，有斗争性却不陷于暴虐，简约而不流于傲慢，也就是讲"过犹不及"的意思，即恰如其分地去对待万事万物，既不过分，也不缺损。审美样式的多样性是指诗歌、音乐、舞蹈三位一体，艺术在人生中得到完美的统一。这里的多样性与"和"的本义是相一致的。"和"即杂多的意思，在《国语·郑语》里就有这样的话："夫和实生物，同则不继。以他平他谓之和，故能丰长而物归之。若以同裨同，尽乃弃矣。"此处"和"就是指不同的事物相互融合，其功能是发展以至于产生新的事物。"和"是一种充满生命力的状态，也是美的形态。所谓"声一无听，物一无文，味一无果，物一不讲"（《国语·郑语》卷十六），讲的就是这个道理。单调的声音形不成优美的音乐，单一的事物构不成美丽的世界，美味的果实才令人陶醉，丰富的世界才值得人们去回味和赞美。世界本来就是多样性的统一。其二是和谐而不冲突。中国哲学的典型观点是差别论而不是斗争论，就是在承认对象与对象之间有差别的前提下，同时认为有差别的对象也只是整体中的差异，可以多元共存，而不必以他者的毁灭作为自己存在的前提。其三是天人合一，即人与自然在更高的基础上的和谐相处、相互促进和生发，这个基础就是艺术。在现实的功利的人生实践中，人总是以征服自然、改造自然作为自己的历史使命，而在审美实践中，人与自然是相通相融、亲密无间的关系，人在审美活动中确认自我、超越自我，自然在审美活动中获得意义。人化自然和自然化人格成为审美活动的两个流动的态势。

首先，"和"作为多样化的统一，是赋予自然、人生与社会以生命力的原因之一，也是审美活动的魅力所在。自然、人生和社会之所以具有丰富性并且不断地向前发展，根本的原因就是不同的事物相互影响、相互融合。在中国古典世界中，"和"是一个几乎无所不包的概念，从物质到心灵，"和"都是一个理想的境界。《左传》中记载了晏婴的一段话："先王之济五味、和五声也，以平其心，成其政也。声亦如味，一气，二体，三类，四物，五声，六律，七音，八风，九歌，以相成也。清浊，大小，短长，疾徐，哀乐，刚柔，迟速，高下，出入，周疏，以相济也。"（《左传》昭公二十年）从物质功用的角度看，"和"指事物的多样性，可以在不同的层面上满足人们的需要；从精神的角度看，"和"可以平心，即去除人的差别心、斗勇争胜之心，使得人的心灵能够处于相对平和的状态；从艺术上看，"和"指审美创造的多样风格的和谐统一，以适应人的审美趣味的多样化。正如唐代书法家孙过庭在《书谱》中说的："体五材之并用，仪形不极；象八音之迭起，感会无方……违而不犯，和而不同……穷变态于毫端，合情调于纸上。""和"既是主体与客体的高度统一，又是创造性想象的尽情发挥，还是规律性与创造性的完美结合。显然，"和"不是主观随意的大杂烩，而是在遵循审美创造规律的基础上所体现出来的"海纳百川，有容乃大"的精神。

其次，"中和"讲的又不仅是一个多样性的问题，"和"本身就有对立统一的意思，没有差异就没有"中和"，没有不同的事物之间的相互联系，也没有"中和"。过去经常讲的绿叶配红花，葱绿配鹅黄，就是指一种具有相互包容性的"中和"，而在更多的情况下，"中和"是对立面的折中，是对于审美对象的"度"的确定。在中国古代美学中，基于"中和"的观念，形成了许多成双成对的审美范畴，如文质、情采、情理、风骨、形神、虚实、动静等，而在论述这些审美范畴时，最为根本的标准也是"中和"。孔子就讲过："文胜质则史，质胜文则野，文质彬彬，然后君子。"也就是我们经常讲的中庸之道，在事物的两极之中采取一种折中的办法，即兼容两端，居中不偏。审美如此，做人亦如此。《礼记·中庸》有这样的话："喜怒哀乐之未发谓之中，发而皆中节谓之和。"在具体的人生当中，就贯穿了一种调节阳刚与阴柔的观念，就是文武之道，一张一弛。在《论语》中记载了一段很有趣的对话，孔子评价自己的两个学生时说："师也过，商也不及。曰：然则师愈与？子曰：过犹不及。"这当然是一个可以运用于许多方面的标准，可以指在性格上不能过于刚烈或懦弱，也可以指坚持原则与灵活机动，还可以指在社会价值取向上、在激进与保守中寻找调和的可能。把"中和"的标准具体运用于审美领域，就形成了传统的儒家文艺批评立场。

孔子对于音乐的审美价值取向所持有的就是"中和"态度，对于当时的流行音乐郑声，孔子斥之为靡靡之音，直截了当地说："郑声淫。"而对于包含过多杀伐之气的武乐，孔子认为虽然尽美，未尽善；只有韶乐才是他心目中最为理想的音乐，才是尽善尽美的音乐，所以在《论语》中记载了孔子闻韶乐三月不知肉味的佳话。而孔子尽善尽美的标准是什么，就是"乐而不淫，哀而不伤"，一言以蔽之，就是"中和"。"中和"在孔子的心目中其实是与遵循礼法相联系的，与其说是就艺术论艺术，不如说是就人生论艺术和就社会论艺术。《礼记·乐记》中认为郑音、宋音、卫音、齐音都"淫于色而害于德"，是在祭祀中不能使用的音乐。孔子的弟子子夏也认为，新乐不如《韶》《武》古乐平和、纯正、舒缓。

最后，从上面的论述可知，"中和"的审美标准实际上又是和道德准则紧密联系的，也就是说，在"中和"之美中，包含了中国传统的美善合一的原则。从艺术论的角度看，"中和"之美是排斥唯美主义和形式主义的。从形式以及审美效果上看，郑卫之音未必不受欢迎，恰恰相反，正如桑弘羊说的："好音生于郑卫，而人皆乐之于耳。"《礼记》中也记载了魏文侯爱好郑卫之音的例子："吾端冕而听古乐，则唯恐卧；听郑卫之音，则不觉倦。"古乐令人昏昏欲睡，郑声却令人乐而不倦。我们从孔子对于郑声的批评很容易联想到柏拉图对于荷马的指责，孔子的文艺评论标准说到底，就是雅正的温柔敦厚的礼教道德标准的具体运用。所以，到汉代以后，也有人说孔子的"郑声淫"主要是批评《诗经》中《郑风》和《卫风》描写爱情的作品。但从"中和"的本义看，"中"即不失度，"和"即有内容，而郑声显然有华而不实、乐而过度的特征。明代作品《五杂俎》中有："夫子谓郑声淫。淫者，靡也，巧也，乐而过度也，艳而无实也。盖郑卫之风俗，侈靡纤巧，故其音亦然，无复大雅之致。"

综上所述，"中和"之美包含了人生以及审美活动的丰富性、对立统一性以及美善合一等内容，实质上构成了中国美学对于审美活动与人生相结合的哲学基础，所以，从审美范式的角度看，是最为根本的美的存在方式。

二

我们首先应该看到，中国古代关于"中和"的论述与西方的和谐论是不同的，"中和"的"和"不等于和谐的"和"，两者不能简单地比附。和谐本身是一种优美的状态，它既可以是一种审美存在方式，也可以是艺术家创作所形成的艺术风格，但和谐本身并不包含"中和"的意思。在笔者看来，和谐与"中和"的差别主要体现为以下两个方面。

（1）与和谐相比，"中和"既是一个哲学命题，也是一个对于自然、社会、人生不同层面的理想状态的想象及理论设定，人与自然、人与社会、肉体与精神、欲望与理性，所有可能形成对立冲突的关系当中，同时也就都具有一个"中和"的必要性和可能性。"中和"思想既是大千世界之中事物之间所具有的普遍联系性、运动绝对性，即矛盾的无时不在和无处不有；也突出地强调了主体的能动性和主观努力的意义和价值。"和实生物，同则不继"，没有了"和"，就取消了事物生成、发展、变化的依据。客观上讲，事物并不是始终向着美的方向发展，多种要素的融合，多种力量的综合，形成的结果并不必然符合伦理上的善和情感形式上的美。"和同"之辨阐释的只是进化的原理。中国的"中和"思想当然不只是讲世界万物的进化因果，而是着重探讨这种进化演变如何可以做到既是真的，同时还是善的和美的。概言之，"中和"之美讲的就是真善美的高度统一。

为什么讲"中和"之美一定要从"和"字入手，是因为美或者审美首先必须有构成美与审美活动的要素存在，"和"表示事物相互产生作用并且彼此聚合形成统一体，有了这个统一体，才为审美提供了一种可能性。例如，当明月只是一种自然存在物时，无所谓美与不美，而一旦它与思乡之情、离别感伤、童年的回忆、对于友谊或知己的怀恋相联系时，就产生了一种审美活动的可能。此时的明月在主体的移情作用下生成了新的意义，成为了人化的自然，是一轮具有审美内涵的"新月"。与思乡之情相联系时，就有了"床前明月光，疑是地上霜，举头望明月，低头思故乡"；与离别感伤相联系时，就有了"二十四桥明月夜，玉人何处弄吹箫，曾与美人桥上别，恨无消息到今朝"；与童年回忆相联系时，就有了"儿时不识月，呼作白玉盘"；与孤独联系时，有了"举头邀明月，对影成三人"。这种审美内涵的不同，其基础在于主体与对象在不同向度、层面上产生的关联，即"和"的方式、内容不同，所产生的意蕴也就大相径庭。但是，就审美范式而言，这些作品是否符合"中和"之美的标准，还得具体情况具体分析。比如，对于白石道人所写的《扬州慢》，王国维就颇不以为然，认为有"伧气"（见《人间词话》）。有"伧气"也就是没有达到"哀而不伤"的要求，不符合"中和"的标准。

（2）从思维方法上看，"中和"之美使用的是浑整式经验感悟的思维方式，和谐论则是典型的逻辑分析的思维方法。在中国美学当中，"适度"是一个相当含混的概念，但在具体运用上却得心应手，甚至会出现很荒唐的例子。比如，《诗经》第一首诗《关雎》，明明白白是描写男女爱情的，而承认这一点，也就意味着不符合"乐而不淫，哀而不伤"的标准，不符合施教化、厚人伦的准则，于是，被过去的文人解释为"咏后妃之德也"。"和"潜在地包含了具有神秘色彩的天人感应之"和"，主体身心、情志之"和"以及物我交融之"和"，"和"在实质上反映了事物普遍联系的观点，"中和"则包含着主体的审美态度和审美创造。

我们再考察一下西方美学史上对于和谐的分析和定义。在公元前六、前七世纪，毕达哥拉斯学派就提出了和谐论，认为数是世界的本质，所以从数学的角度研究音乐、绘画、雕塑，得出这些艺术都是按照特定的数的原理以及关系构成的和谐统一体的结论，并且把和谐概括为"杂多因素的统一，不协调因素的协调"。赫拉克利特认为"自然是联合对立物造成最早的和谐"。亚里士多德提出"美要依靠体积与安排"。中世纪的神学家兼美学家们认为美应该具有"适当的比例或和谐"，而且，在此观念指导下，有一些具体的做法，比如，建筑物细部上的对称，文学作品结构形式的平衡，等等。到莱布尼茨，更把世界比做一座钟，每一个部件都各具自己的功能，是一种"预定的和谐"。在艺术创作中有三一律、黄金分割律等。显而易见，和谐论是建立在对于事物的构成要素、事物与事物之间的关系、部分与整体之间关系的逻辑分析的基础之上的。如果说中国关于"中和"之美的思维方式是整合的，是主要就对象或者审美状态整体进行把握，是完全形而上的，那么，西方的和谐论则主要使用逻辑分析方法，注重形而下的解剖。

三

既然美是一种人生境界，而审美是一种特殊的人生实践，那么"中和"之美作为审美范式之一，就不可能离开人生而孤立存在，而事实上，中国的美论与人学向来是不分的。首先，从存在论的角度看，"中和"之美赋予人生与审美以生成与发展的属性，审美作为特殊的人生实践，既是一种存在状态，也永远处于不断生成之中，处于对异化状态的调整与完善当中。在中国古典美学中，生成就是和，调整就是中，生成是多样性的统一，而调整是两极的折中。离开多样性，审美范式的内涵就会显得苍白，没有两极的折中，审美就多少具有排他性。"中和"之美作为人生境界与人生实践的一种统一方式，在中国历史和美学史上具有非常重要的意义，也产生了很大的影响。具体说，就是使得中国文人在艺术化人生与世俗人生之间有了两全的选择，并且，自觉不自觉地把世俗人生艺术化。也就是说，在中国历史上，存在着一种把所有的人生实践转变为审美实践的主观倾向。例如，唐代的柳宗元在被贬柳州时，竟然成为了山水太守，写出了传诵千古的文章。又如"大隐隐于朝，小隐隐于市"的做法以及我们经常提起的修、齐、治、平整体的行为准则，无疑都是"中和"之树上结出的果实。在特定的历史时期，甚至会形成很值得我们玩味的现象。例如，唐代文人对于从军的热情以及流传广远的边塞诗，虽然从表面上看，与"中和"之美没有直接的关系，但潜在地隐含着"穷则独善其身，达则兼济天下"的人生态度，即在两极中做出符合实践理性的选择。

其次，"中和"之美在价值论的层面，也使得人生实践具有审美特征有了可能性。"中和"作为对于事物存在价值的评断标准，有着相当泛化的特点。如前所述，无论在对于自然、社会还是人生的存在方式的评价上，"中和"都是一种理想的境界，都是一个追求的共同目标。而共同的价值尺度会使得不同的事物产生趋同现象。可以说，"中和"之美在一定程度上扩大了审美对象的范围。优美的艺术作品固然可以受到普遍的欣赏，而健康向上的人格也会成为人们赞美的对象。甚至只是一种风度，也会引起社会的广泛关注。例如，魏晋时期的名士风度，从表面看，是最不"中和"的，但结合魏晋时期黑暗的政治局面，这种风度本身就代表了一种追求人格完美的象征，走的依然是"穷则独善其身"的路子。

再次，从认识论的角度看，任何事物的产生和发展都是一个正、反、合的过程，既有一分为二，又可合二为一。"中和"之美在绝大多数情况下，并不是一个固态僵化的概念，而是在审美与人生上体现出更大的包容性，并使得审美活动具有了应有的弹性和张力。当实际生活与艺术创作紧密结合时，就显得更加突出。"文如其人"在很大意义上指的就是这种情况。例如，唐代诗人李白，在仕途不得意时，不禁慨叹"大道如青天，吾独不得出"；在受到皇帝起用时，又很得意地夸耀"仰天大笑出门去，我辈岂是蓬蒿人"，甚至还摆点架子，"天子呼来不上船，自称臣是酒中仙"。哪个是真实的李白，其实并不重要。而且，在艺术论的范围里，以"中和"之美来解释这种现象也根本不能奏效。实质上，"中和"之美理论的认识前提就是把艺术和人生视为一体，生活的选择就是艺术，或者说，人生就是艺术化的人生。

第二节　先秦诸子之前的"中和"观考释

任何一种观念的形成，都是历史与逻辑的统一，历史的演进与逻辑的缜密化是相辅相成的。从历史角度看，社会存在决定社会意识，社会生产力发展总体水平对于主体观念的形成具有根本性作用。由此推论，在生产力发展水平极其低下的原始社会、奴隶社会早期，复杂观念的形成缺少现实基础。所以，任何一种把后世生成的复杂并具有清晰逻辑的观念强加于远古先民的企图，都是反历史主义的。从逻辑角度看，复杂清晰的逻辑思维依赖于语言、文字的高度发达，在语言相对粗朴、文字尚未产生的夏代以前，人们不可能具有非常严谨的逻辑思维能力。这两个基本判断是我们研究先秦诸子之前"中和"观念所持的基本理论立场。

基于这样一个理论立场，笔者对于当代学术界关于"中和"观念研究有三点看法。其一，有些学者把"中和"观念体系的形成看做一个由点到线再到面的过程，进而认为在夏、商、周三代甚至石器时代华夏民族就有着一个"尚中"与"尚和"的基本观念。这种观点虽然并不全然错误，但还需要区别远古先民所"尚"之"中"与"和"与后世形成之"中和"观在深层内涵上的种种细微差异，以避免在拔高古人的同时也贬低后人。换言之，视"中"与"和"所构成的观念体系为中华民族精神亘古不变之血脉，多半出自今人的诗意想象，这种想象在某种程度上有点类似于黑格尔虚构的"绝对精神"。其二，考察先秦诸子之前的"中和"观念，应该提倡历史优于逻辑的原则。一切理论逻辑都是对于历史的正确或不正确的概括，而历史观念只能在思维与存在的统一中萌发、行进、成熟，这个过程既有隐伏其中的逻辑力量，也有出自现实的非逻辑因素。如有的学者认为，史伯和晏婴对于"和"的认识是对于季札观乐所提观点的进一步推进。① 就理论逻辑本身而言似乎亦可自圆其说，然而史伯论"和实生物"是早于季札观乐的，以人生百年计，季札所处时代史伯早已死掉，怎么可能再对季札的观点加以推进？其三，最能集中呈现审美观念的是艺术，对于审美观念进行抽象概括的是美学理论，而人类的所有劳动成果则都在不同程度上包容着人的审美观念。所以，考释先秦诸子之前的"中和"观念，可供我们参考的对象和途径是文物考古发现、古代文字训诂、古代典籍资料的梳理和阐释以及神话传说的揣度剖析。典籍资料始于周，文字训释上及殷商，实物考古追溯原始。由此我们可以把先秦诸子之前的"中和"观念发生、发展与演变的过程分为原始至夏代、商代，周代至诸子之前三个阶段。

一

迄今为止，由石器时代经三皇五帝再到夏代的历史依旧蒙着神秘的面纱，探看原始社会到夏代之前人们的"中和"思想观念，

---

① 于晓宁：《先秦儒家"中和"音乐美学观源流辨正》，《邯郸学院学报》2010 年第 4 期。

我们主要还是依靠周以后典籍资料的叙述、文物考古的佐证、神话传说的描绘。在三者之间，最为可靠的是文物出土和遗址发掘，其次是神话传说，至于周之后典籍资料对夏代以前的描述因为混杂了很多周人自己的观念和想象，故而是最不可靠的。对此，顾颉刚先生的历史层累说道明了其中的要害。对于上古历史，越是在历史典籍中排在前面的，在历史上往往出现得越晚，所谓古代帝王世系多半是后人附会虚构的结果。

　　首先，中国音乐、舞蹈、雕塑等艺术形式的产生远远早于夏代。2003年3月，中国科学院古脊椎动物与古人类研究所黄万波先生公布了一项重大考古发现：在长江三峡奉节县云雾乡兴隆洞的考察和试掘中，发现了有明显人工制作痕迹的石哨、石雕、剑齿象牙刻，这些"艺术作品"距今已达十四万年之久。若该项考古发现能够得到更多同时期考古发掘实物的佐证，则可以大大推前对人类最早"艺术"产生年代的断定。就该石哨的形制来看，尚处于非常简陋之阶段，王子初先生认为也许是旧石器时代人类的一种发声玩具或一种狩猎诱捕工具。这种粗陋"乐器"的发现说明了一个新情况，那就是在旧石器时代早期，已经有了较为简单的发声器物制作；据此推断，经历数十万年之演进，到距今4000多年的夏代应该有较为完备的乐器系列和比较成熟的音乐形式。换言之，在夏代不同乐器演奏中应已非常讲究音调、节奏、旋律之类的中节与谐和，这一点与后世典籍资料亦可互为印证。《尚书·益稷》记载："夔曰：'戛击鸣球，搏拊琴瑟以咏，祖考来格，虞宾在位，群后德让。下管鼗鼓，合止祝敔，笙镛以间。鸟兽跄跄，《箫韶》九成，凤凰来仪。"《尚书·尧典》载："帝曰：'夔，命汝典乐，教胄子。直而温，宽而栗，刚而无虐，简而无傲，诗言志，歌咏言，声依咏，律和声；八音克谐，无相夺伦，神人以和。'夔曰：'於！予击石拊石，百兽率舞。'"《史记·夏禹本纪》载："于是夔行乐，祖考至，群后相让，鸟兽翔舞，箫韶九成，凤凰来仪，百兽率舞，百官信谐。"按：《史记》出于《尚书》之后，描写情状反而比《尚书》更加简略，细加揣度，似可说明司马迁以史家眼光审视《尚书》文字，并不认为《尚书》所述为全然信史。在笔者看来，"击石拊石，百兽率舞"在形式上更加原始，内容上犹带巫风，歌舞神人以和产生于尧舜之时皆不足为奇；但尧舜之时绝不至于说出"诗言志，歌咏言，声依咏，律和声；八音克谐，无相夺伦，神人以和"这样的排比句，此亦可凭常识即可断定。后者应出于周代采诗之风兴盛、礼乐文化成熟以后。

其次，从出土的陶器来看，早在原始社会中后期，就已经有了绘画，并且，在绘画上已经表现出对称与变化、统一与杂多、抽象与感性等诸方面的关系。如半坡出土的人面鱼盆，既在整个画面中呈现对称和适中的比例，又通过两条游鱼表现出了运动与变化，通过交叉鱼纹及陶盆边线图案的描绘，统一了感性与抽象这一对矛盾。

与半坡人面鱼盆相比，涉及尧舜禹及夏代的典籍文字则需要我们进一步斟酌辨析。清华大学所藏战国竹简《保训》中有：

> 昔舜旧作小人，亲耕于历丘，恐求中，自稽厥志，不违于庶万姓之多欲。厥有施于上下远迩，乃易位设稽，测阴阳之物，咸顺不逆。舜既得中，言不易实变名，身兹备，佳允，翼翼不解，用作三降之德。帝尧嘉之，用授厥绪。
>
> 昔微假中于河，以复有易，有易服厥罪。微无害，乃归中于河。微志弗忘，传贻子孙，至于成汤，祗服毋解，用受大命。①

《上海博物馆藏战国楚竹书》中有：

> 禹听政三年，因民之欲，会天地之利矣。是以近者悦治，

---

① 李学勤主编《清华大学藏战国竹简》（壹），上海文艺出版（集团）有限公司，中西书局，2010，第 143 页。

而远者自至，四海之内，及四海之外，皆请供。禹然后始为之旗号，以辨其左右，思民毋惑。东方之旗以日，西方之旗以月，南方之旗以蛇，中正之旗以熊，北方之旗以鸟。禹然后始行以俭。衣不亵美，食不重味……①

两段竹书涉及舜、禹两位帝王，但实际上内容相差不多，舜"身兹备，佳允，翼翼不解"；禹"行以俭。衣不亵美，食不重味"。说穿了，都是在讲上古圣人如何严于律己和以德治国。此类文字之性质总体来看"说教"色彩远大过"史实"，表达的内容应该是周朝人对于远古圣人的想象和圣人之性行的主观规定。

进一步讨论，在清华大学收藏战国竹简文字中出现了四个"中"字："假中""归中""求中"和"得中"。有学者认为此处四个"中"字讲的都是"中道"，也就是圣人得道而后施政于四方。如果我们就拿"道"字来替换"中"字，那么假道、归道、得道、归道粗粗看来，似乎也能够说得通，但细细辨析，就会发现这种说法很难自圆其说。因为文字里的"中"分明是在讲一件具体的东西，并非抽象缥缈的"道"。李零先生冷静地指出了这一点："宋儒所謂'中'，《尧曰》之'中'也好，伪'十六字心传'之'中'也好，《中庸》之'中'也好，都是哲学概念，而简文的'中'是一种器物。两者是否有关，还值得讨论。"② 笔者认为，从本义上讲，所谓"求中""得中""假中""归中"，里面的"中"指的应该是具有"彻地通天"功能的巫觋所用神器或兼有通神功能的权杖。从"假中""归中""求中"和"得中"此类句子构成简短上推测，似来自远古神话之口耳相传。只不过，几段文字出自战国，字里行间自然也包含了周代尤其是春秋之后形成的一些

---

① 《上海博物馆藏战国楚竹书》，上海古籍出版社，2000。
② 李零：《说清华楚简〈保训〉篇的"中"字》，《中国文物报》2009 年 5 月 20 日。

观念，如阴阳五行观、儒家忠恕观、名实观、受命观等。

再次，从遗址发掘来看，在原始部落时代就已经有了居住功能分区，而且，还有了墙柱，在墙柱与墙柱之间，往往形成一个中轴。[①] 有的学者对半坡遗址、姜寨遗址、龙山文化遗址三处的部落建筑进行考察和对比，认为它们之间存在共同特征，即无论圆形、方形，皆是半地穴式的，即当时的建筑正处于由半地穴向地上发展的阶段。[②] 张玉春先生据此认为："这种建筑模式具有巨大的精神意义，它表明了人对地母的共生感，呈现人与自然相和谐的一面，直接促进了后来'大地生人'观念的产生。"[③]

最后，需要补充说明的是，经王国维先生考证，"夏商时代之皇居，多为集中四向之式……至周代则为左右对称式"。同时，夏商皇居面朝东西南北四个方向皆有宫殿，东宫、西宫之后分别有侧室，南宫、北宫之后分别为适室和下室，四宫中间留有中庭。[④] 可见，夏商皇居以南北向为正位，东西向为侧位，其"中"之观念既含有天圆地方的意识，也有以南北向为中正的意识。

总结以上四方面内容，我们可以得出如下结论：夏代之前，"中"大致既与方位空间相关，暗中关联到夏代宫室结构与王权意识，也与中分、对称的意识相关，可能与住宅建筑、工具制造中常应用之对称均衡原则暗合。而"和"可能主要表现为音乐演奏中不同乐器的谐和，这种谐和的形式犹未完全脱离巫风，可能亦含有"和天地人神"之意义。

二

接着我们来探究一下商代的"中和"观念。商代与夏代的重

---

①　唐晓军、师彦灵：《古代建筑》，敦煌文艺出版社，2000，第 10~11 页。

②　西安半坡博物馆：《半坡仰韶文化纵横谈》，转引自张玉春、王祎《论我国古代"中和"原初意识的发生》，《西南大学学报（社会科学版）》2009 年第 3 期。

③　张玉春、王祎：《论我国古代"中和"原初意识的发生》，《西南大学学报（社会科学版）》2009 年第 3 期。

④　乐嘉藻：《中国建筑史》，团结出版社，2005，第 2 页。

要区别有三个方面：一是具备了成熟的青铜工艺技术，从而创造出大量不同形制的青铜礼器和实用器，同时，也产生了早期铜器铭文；二是形成了比较成熟的文字符号系统，大量的甲骨卜辞成为最早的历史文化载体及观念的物化形态；三是与上面两个情况相关，殷商之人对鬼神的信仰逐渐趋于表象化，为后世学者研究其神学、哲学、人类学、美学、艺术学等诸种观念提供了极好的范本。总之，研究商代"中和"观念，最重要的手段应该是对殷商甲骨文字本身及殷商出土青铜器物的分析与阐释。

从迄今发现的甲骨文来看，"和"字未见于甲骨文。甲骨文中"龢"字从"龠"，"禾"声，篆书中"和"字从"口"，"禾"声，许慎《说文解字》认为"和"与"龢"为异体字。郭沫若先生的解释是，以"口"为"和"与以"龠"为"和"并无本质不同，皆为调和、应和之义。在笔者看来，从字形上看，"和"字并非由"龢"字简化而来。"和"字后出，至少说明由"和"字引申出来的"味"的意思最早应是周代之后的事情。

郭沫若先生在《甲骨文研究·释龢言》中考证："知龠则知龢，龢之本义正当为乐器，由乐声之协和始能引出调义，由乐声之共鸣始能引伸出相应义，亦犹乐字本为琴……引伸之义行，而本义废，后人只知有音乐和乐之乐，而不知有弓弦之象，亦仅知有调和应和之和，而不知龢为何物矣。然龢固乐器名也……龠当为编管之乐器，其形转与汉人所称之箫相类。"尽管今天学术界对于甲骨文"龢"字的解释依旧有分歧，但承认"龢"为一种乐器则基本已达成共识，只有少数学者对此观点持有异议。如修海林先生认为"龢"字就形义展开联想，应该是仰韶文化与龙山文化氏族村落的图景展示，其组成要件为房屋、篱墙与庄稼，"犹如一首形象化了的田园诗，其中洋溢着一种生活的谐和感"，"所透露的是'安居足食'的内心谐和心态"。① 笔者认为，关于"龠"的形制，古书

---

① 修海林：《古乐的沉浮》，山东文艺出版社，1989，第 169～172 页。

亦多有记载，如《尔雅·释乐》解释："龠，乐之竹管三孔，以和众声也。"许慎《说文》亦认为："龠，乐之竹管，三孔，以和众声也。"另，《毛诗传》载："龠六孔。"《广雅》则把"龠"解释为七孔笛。由此推断"龠"为古代音乐演奏中用于协和众音的竹管，应无疑义。不过，"龢"字的声旁"禾"在甲骨文中自成一字，似乎认为在"龢"字构成中具有一定释义功能亦可说通。对由"龠"与"禾"合成的"龢"字进行解释，可以借用我们今天解释"美"字的方法，从而形成两种意义。一种是"龢"的基本义，"龢"是和合众音以庆丰收。笔者更倾向于另外一种解释："龢"之义即《史记·夏禹本纪》所载之"夔行乐"。"龢"与巫舞有关，在庆丰收的巫术仪式中，由典乐官左手持龠，右手执禾，载歌载舞，指挥演奏、和合众音，以谢上天，"龢"是对这一姿态的描绘。据此进一步推测，"龢"既有"和合"之义，也有司乐、领奏、维持乐舞秩序之义。所以，在笔者看来，"龢"是音乐中的"礼"，而"礼"是人伦、社会中的"和"。只不过，在"龢"字产生之商代人们笃信鬼神，还无暇顾及人伦社会中的"和"，礼教的建立还需等待周人登上历史舞台。

　　解释了"龢"字，我们再来考察"中"在商代的含义。甲骨文中的"中"字有多种写法，一些学者认为其含义各不相同。姜亮夫先生曾对三种不同字形的"中"字加以解释："中字其实有数形，作🏳为日中字，🏳为伯仲字，作🏳为官府薄书或筹筹之盛具。"① 姜先生的观点包含三个意思：①认为甲骨文🏳字上端🏳象旗帜之形，下端🏳为旗帜的影子，中间的"○"代表太阳；②🏳字为表示顺序之义；③🏳字为官府里的薄书，或者在射礼中盛放计算双方成绩的短竹板的器具，其形状类似于今天庙宇里面插签的筒子。姜亮夫先生的解释方法主要是注重"形训"，即重视"象形"为甲骨文第一特征。只有在解释🏳字有官府薄书之义时，似联系

――――――――――
① 姜亮夫：《姜亮夫全集》（二），云南人民出版社，2002，第311页。

到了"册"字之形以及人们对于"经文"之"经"字本义的解释。如曹聚仁《中国学术思想史随笔》曾解释"经"的本义就是"册"字中间的那一道横线，即连串竹简所使用的绳子。姜亮夫先生解释中为官府薄书，等于是认为中为"册"字的简化。姜先生是在总结前人研究成果基础上阐述己见的，如他认为中即伯仲之中的观点来自王国维《释史》，他认为中即官府薄书或筹算之具的观点则来自江永《周礼疑义举要》。徐复观先生在《两汉思想史》中对王国维、江永的观点有过详细辨证。徐先生提出了两个观点：①中与中并无严格区别，实际上在金文两者就是同一个字；②段玉裁注《说文》曾明确讲过"中"字不从口，"'手执中'乃是契文的史字。朱骏声《说文通训定声》谓中字'本义为矢著正也"，即是矢著于侯布之正鹄；从字形看，当为可信"[1]。按：除了上面列出的"中"字在甲骨文里的不同写法之外，尚有中中两种字形较为常见，在这两种字形中，中与"〇"为基本构件，有学者认为"〇"代表"鼓"而非"太阳"；叶舒宪先生则认为："'中'字的原初字型就是一个旗杆，上面飘着旗帜，表示由人群围着祭祀仪式的中心象征，引申为中央空间的意思。中央是与四方相对而言的。没有四方的臣服拥戴，就没有中央的统治权力。"[2]　显然，叶舒宪先生的解释是就中而言，并未讨论甲骨文中其他不同写法的"中"字在含义上是否有不同。

　　探究"中"字含义，首先应该注意甲骨文诸种写法的共同之处，就是无论中、中或者中、中、中，其共同构件不是"中"而是"｜"，故欲知"中"之含义，必先了解"｜"之来由。"｜"为《周易》之阳爻，代表乾，引申为天道；追问何以把"｜"与天道联系起来，我们不应该从后出于易卦的《老子》里面找理由，而应该从先出于易卦的先民社会生活及出土文物来加以训释。笔者认

---

① 徐复观：《两汉思想史》第3卷，华东师范大学出版社，2001，第133页。
② 叶舒宪：《大禹的熊旗解谜》，《民族艺术》2008年第1期。

为，在遥远的先民生活中，"丨"就是立柱，这种柱子最早出现于穴居时代"袋型竖穴"之中，主要功能是为了在洞穴中上下方便，在立柱侧边有横柱，兼做登梯和支柱。① 在穴居时代，此立柱本身既是由穴底部通往地面工具，而在蹲踞洞穴底部之初民想象中，此立柱（包括横柱）亦可具有通天之神秘效果。按此思路加以拓展，则"中"字中间的"○"既代表洞穴，亦可代表"坐井观天"的"天"，即洞穴底部看到的一片蓝天。吴土法先生认为："图腾观念的主要内容之一是图腾群体（氏族或部落）以所奉图腾作为其名号和徽章，将氏族图腾的形象绘画或者雕刻于该族的旗帜、立柱、房屋等器物上，以作为区别于其他族群的标志。"② 当初民把部族图腾刻于立柱之上时，便形成了在原始部落生活中的崇拜之物——神柱。图腾与立柱都包含着通天之意，进一步发展，则形成了在世界各地原始部落普遍出现过的神树形象，并且，在神树周围初民建立起了原始巫术活动的神坛。在中国，受天圆地方观念影响，祭天的神坛取圆形，祭地的神坛取方形。究其实，天圆地方之原始观念应该来自于原始人的洞穴意识。按照以上考释的思路，笔者认为"中"字本义就是象穴居时代的立柱之形，从本义引申出来的就是原始部落建于祭坛中间位置的神树或一体化的神坛器物。

　　笔者把"中"字与神树或神坛联系起来的观点，不仅出自逻辑思辨和形象猜想，也得到了殷商时期出土文物的佐证，特别是得到四川广汉三星堆文物的有力佐证。三星堆遗址的年代从新石器时代晚期延续到商末周初，距今4800年至2800年，是用以说明商甲骨文"中"字含义的最好实存材料。在三星堆出土文物中，除龙柱形器、玉琮、玉剑等之外，最值得注意的是，三星堆出土的神树与甲骨文在结构上完全一致。三星堆神树由上中下三段组成，上端为中央主神、四方天神及四维立鸟；中段为人界巫觋，巫师手执

① 唐晓军、师彦灵所著《古代建筑》第 8 ~ 9 页对穴居立柱有说明。
② 吴土法：《"九旗"郑、孙说平议》，《文史》2004 年第 2 辑。

之残断枝状物，则应为可驾驭骑乘得以登天的龙蛇；下端为两头地
界怪兽。根据三星堆神树来解释🜚，那么上端则应为图腾之实物，
下端应为地界之怪兽，中段"口"字应用以象人世间之状。由下
到上贯穿的"丨"，则有神树之贯通天地的象征意义。甲骨卜辞有
"🜚不致众"，其意义应为由于祈祷与祭祀没有达到预期目的，从而
导致部落成员对原本崇拜的神器或图腾实物失去了信仰，所以，即
便建筑起神坛，悬挂起图腾，亦难以召集众人。在三星堆遗址中有
被故意毁弃的这类祭礼用具，大概就属于这种情况。

综上所述，我们能够对于商代"中和"观念进行初步的总结：
在商代，"中和"之观念可以分为🜚与"龢"两个方面，🜚代表了
殷商之人彻地通天的意识，"龢"表现了为求通天（含颂神之义）
而进行的有秩序的乐舞活动。

三

与探究尧舜禹、虞夏、殷商相比，今天我们研究周代之"中
和"观念有了更多便利条件。一方面，从西周末开始，有了典籍
资料可循，而且与我们借助春秋、战国时期的典籍来揣度周代之前
甚至远古初民之观念相比，从典籍资料中探究周人之"中和"观
念，其可信度显然有了很大增强。另一方面，与殷商相比，武周时
期已经开始建立更加完备的礼法制度，尽管周代礼法制度还笼罩着
一层神秘主义色彩，但周礼本身更多的还是体现出人类社会实践理
性的最初曙光，代表了早期的人文主义精神。

这里面有两点应该加以说明。①涉及周代历史、政治、文化及
艺术门类的史料，除了铜器铭文具有直接呈现之特征，其余如
《易经》《尚书》《国语》《左传》等，在西汉时就已出现辨伪问
题，经过两千年来学者不断研究，尽管取得了极大的进展且达成不
少共识，今古文之争依然存在着很多分歧意见。因此，我们在研究
周代"中和"观念的过程中，同样需要辨别原典与伪书并分别对
待。②就历史发展而言，我们自然不能"舍近求远"，先秦诸子距

周代不远，老子、孔子更是直接参与或秉承了周代文化，故而，他们对于周代文化所做出的判断具有更大的可信度，这是不可辩驳的事实。也正因如此，诸子之学与《易》学、《尚书》学等往往杂糅一处，这说明了西周末年之思想观念与诸子早期原有交错，故不可绝对孤立地视周代"中和"观为独立于诸子之外的别一系统。

对商代甲骨文之"中和"观念在周代究竟有何发展，学术界并没有真正达成普遍共识。其重要原因有两个方面。其一，很多学者继续纠缠于𤔲的含义，进而从"旗帜"说或"建鼓"说展开对于"中和"观念的讨论。如钱玄先生认为："旗帜产生较早，它是从原始社会的图腾演化而来的。先民最早用旗帜，画上图形，代表一个氏族或地区。"[①] 又如任慧峰先生认为：

> 《周礼》所记"九旗"之一的旌，常被认为是先秦旗帜的一种通制，而不是旗；旆则本是旗帜的一个组成部分，却又常被当作一种旗……旌确是先秦时被广泛应用的一种旗帜，而旆作为一种旗的附件，由于功能特殊，且与旌的关系密切，可用来指代军旗，因此才和旌产生了混淆。[②]

钱、任两位先生的观点并不错，只不过"先秦"实在属于极其漫长的历史时期，远及原始社会，下至诸子百家，倘若依据周代后期甚至战国时期的典籍资料解释尧舜禹、夏代、殷商之"中和"观念，不能不注意剔除文字当中所蕴涵着的周人的礼乐宗法观念。其二，学术界有些学者忽视了把周代礼乐制度中的"龢"与殷商时期巫术活动中的"龢"区别开来。笔者在上文中讲，殷商时期人们心目中的"龢"是那种有秩序、带巫风的乐舞。而到了周代，在篆书中既保留了"龢"字，又出现了"和"字。按郭沫若先生

---

① 钱玄：《三礼通论》，南京师范大学出版社，1996，第 242 页。
② 任慧峰：《先秦旌旆考》，《中华文史论丛》2010 年第 2 期。

的解释，这两个字就是异体字，意思一样，无非是以"龠"为"和"强调依靠特定乐器协和音乐，以"口"为"和"则强调依靠人体演奏器官来协和音乐。但实际上，"和"字包含了"龢"字之外的另外一些新内容。

《论语·八佾》篇载："子曰：'周监于二代，郁郁乎文哉！吾从周。'"在孔子看来，周代的礼乐文化制度是在借鉴虞夏和殷商两代基础之上才达到了更加丰富繁荣的程度。如夏代有规定："春三月，山林不登斧斤，以成草木之长；夏三月，川泽不入网罟，以成鱼鳖之长。"① "夫民之大事在农，上帝之集盛于是乎出，民之蕃庶于是乎生，事之供给于是乎在，和协辑睦于是乎兴……"（《周语上·虢文公谏宣王不籍千亩》）两段文字里都包含了顺其自然的思想观念。又如，《尚书·康诰》载："我时其惟殷先哲王德，用康乂民作求。"说明周代统治者并不拒绝学习殷商先哲王德，这一点也可与孔子的观点相互印证。借鉴是一个扬弃的过程，必然包含着因革两个方面，故《论语·为政》篇载："子张问：'十世可知也？'子曰：'殷因于夏礼，所损益可知也。周因于殷礼，所损益可知也。其或继周者，虽百世可知也。'"同理，周代的"中和"观念也是对于夏商两代之"中和"观念有所因革、损益而后得以建构的。换言之，研究周代之"中和"观的关键就在于讨论其于前代到底有何损益。在《礼记·表记》里收有孔子对于夏、商、周三代的一个总体看法：

> 子曰："夏道未渎辞，不求备，不大望于民，民未厌其亲；殷人未渎礼，而求备于民；周人强民，未渎神，而赏爵刑罚穷矣。"
> 子曰："虞夏之道，寡怨于民；殷周之道，不胜其敝。"
> 子曰："虞夏之质，殷周之文，至矣。虞夏之文，不胜其

---

① 严可均主编《全上古三代秦汉三国六朝文》，中华书局，1996，第626页。

质；殷周之质，不胜其文。"（《礼记》卷九）[①]

孔子认为虞夏之世文化尚处于粗朴阶段，礼乐制度不求完备，对于老百姓没有过高的要求，老百姓觉得那样的统治是亲近的人性化的；到了商代，并没有越礼，但对老百姓的要求就苛刻了；到了周代，虽然也敬神，但更依赖于赏罚手段。故而相比之下，虞夏的特征是文不胜质，商周的特征是质不胜文。可见，孔子虽然主张克己复礼，却并非完全忽略了商周文化的弊端。

首先，伴随周代礼乐制度的成熟同步生成、发展的礼乐教化观念在一定程度上改变了"中""和"在夏商两代所具有的具象性和神秘主义特质，从而使之包含了更丰富、更具抽象概括性且更加明晰的哲学、社会学以及美学内涵。由虞夏、殷商之"通天"转向"通道"是"中和"观念的一个重要转变，由围绕神坛祭天祈祷转向注重统治国策之"允执厥中"是"中和"观念回归人间的重要表现。"通天"须服从天命，强调的是天命不可违；"通道"须用心领悟并贯彻于行动之中，强调的是凡人犹可为。所以，《尚书·大禹谟》中有："人心惟危，道心惟微，惟精惟一，允执厥中。"比较人心与"道心"，强调"允执厥中"，还要把这种应时而生的新观念附会于远古圣贤，无非是为了强调其主张的神圣合理。因为按道理，周代商统，与尧舜禹时期相比，周人应该更加熟悉殷商时代的情况。但我们看从周末一直到战国时期，文献资料中论述尧舜禹、夏启之事多见，论述殷商之事罕见，个中原因也多半出于周人意欲赋予其礼乐制度一种永恒不易的属性。

强调凡人犹可为的人生理念是贯穿于周代德教之中的基本脉络。对于周代德教究竟包含哪些内容，刘泽华先生在其《先秦政治思想史》中曾加以概括：

[①] 《四书五经》中册，天津古籍书店影印，1988，第295页。

在当时看来，一切美好的东西都可包括在德中。归纳起来有如下 10 项：1. 敬天；2. 敬祖，继承祖业；3. 遵王命；4. 虚心接受先哲之遗教，包括商先王先哲的成功经验；5. 怜小民；6. 慎行政，尽力治民；7. 无逸；8. 行教化；9. 作新民；10. 慎刑罚。[①]

在这十项内容中，除了敬天、敬祖，其余八项全部属于凡人犹可为的范围。可见，周代德教的主导精神是基于理性的实践精神，既包含了汲取前人经验，也包括了端正自身态度，还涉及具体施政纲领。周人这种重行重德的观念在《易经》中有明显表现，《易经》里五处出现"中行"字眼：

得尚于中行。(《泰·九二》)

中行独复。(《复·六四》)

益之用凶事，无咎，有孚中行，告公用圭。(《益·六三》)

中行告公，从，利用为依迁国。(《益·六四》)

中行无咎。(《夬·九五》)

陈梦家先生认为："所谓'中行'，见于《易》的五条，都当做行道的行。'中行'犹在道。中为副词，或是《诗》中遝即遝中之例，中行即行中。"[②] 陈先生把"中行"解释为"在道"，就是路上或路中间的意思。"行"本为道路，引申为道德之道，道理之道，言说之道，实际上就是缘象取义，那么，进一步拓展开去，"中行"即不失道，做事中规中矩。用通俗的话来讲，就是做事情

---

① 刘泽华：《先秦政治思想史》，南开大学出版社，1984，第 38 页。

② 陈梦家：《郭沫若〈周易的构成时代〉书后》，郭沫若《周易的构成时代》附录，商务印书馆，1940。

要上路子，这上路子就是"在道"，如何区分"在道"不"在道"？周人重视的不是言说之道或道理之道，更不是神秘的"天命之谓道"，而是实践之道。这种对于实践的重视使得"中和"观念与礼乐教化得以初步结合。

其次，西周之思想观念既是之前历史经验、统治理念、文化精神的总结和发展，也是先秦诸子思想之渊薮。如前所述，在甲骨文中有"龢"字而无"和"字，由声音之协和发展出杂与多、异与同、物与心、乐与礼等观念，是周代文化的一个重大贡献。在这个发展过程之中，杂糅着阴阳五行宇宙论、政通人和统治观、以民为本人性论、平心平德伦理学。西周末年太史伯阳提出"和实生物"的观点在某种意义上标志着"中和"观念在认识上有了明显飞跃：

> 夫和实生物，同则不继。以他平他谓之和，故能丰长而物归之。若以同裨同，尽乃弃矣。先王以土与金木水火杂，以成百物。是以和五味以调口，刚四支以卫体，和六律以聪耳，正七体以役心，平八索以成人，建九纪以立纯德，合十数以训百体。出千品，具万方，计亿事，材兆物……收经入以食兆民，周训而能用之，和乐如一。夫如是，和之至也。于是乎先王聘后于异姓，求财于有方，择臣取谏工而讲以多物，务和同也。声一无听，物一无文，味一无果，物一不讲。①

在史伯看来，"和"不仅仅局限于"龢"，没有了"龢"，带来的是"声一无听"，而没有了"和"，则会带来更加严重的后果。就个体而言，"同而不和"则不能调口、卫体、聪耳、役心、成人；就王朝统治而言，"和"与"收经入以食兆民"之国计民生息息相关。显然，史伯是把"和"看做了万事万物生成发展的动力因与目的因。杨遇夫在其《论语注疏》中对《说文》曾有训释："乐调

---

① 《国语·郑语》，中华书局，2002。

谓之和，味调谓之益，事调适者谓之和，其义一也。"意思是说"和"的本义应是声音相和，亦可引申出五味调和、办事适中之义。从这个角度看，我们也可以说史伯的观点为礼乐之融合埋下了伏笔。约在史伯死后两百年，即公元前522年，晏婴提出了新的观点：

> 声亦如味，一气、二体、三类、四物、五声、六律、七音、八风、九歌以相成也，清浊、小大、短长、疾徐、哀乐、刚柔、迟速、高下、出入、周疏以相济也。（《左传·昭公二十年》）

在史伯的观点上，晏婴发展出了"济其不及，以泄其过"才能成"和"的主张。表面看来，晏婴所论没有超出乐之范围，实际上，他提出的相对成组的概念已经间接地揭示了"和"的实质不在于"不同"，而在于"相济"，"相济"就是折中，就是在两端之间选择合理、合适之节。"中"者为分，"和"者为合，音乐之理也是自然、社会、人伦中存在的普遍之理。

由史伯"杂多"之"和"到晏婴"两端"之"和"是一个进步，但我们也必须看到，在他们的观点背后依旧隐藏着象数思维和阴阳五行思想的影子，这些观点主要还是从现象层面来描述"和"的普遍性以及"中"的必要性，他们没有也不可能真正揭示出自然万物生成发展所包含的对立统一的辩证规律。其表现有二：①象数组合具有随意性。如史伯列出"四支""六律""七体""八索""九纪"，晏婴则列出"四物""六律""七音""八风""九歌"，相同者唯有"六律"，可见史伯的"建九纪以立纯德"与晏婴的由"一气"至"九歌"皆带有由象数思维引出来的顺序随意性。另，当时音乐中所谓"和"既指通过律吕来调和宫商角徵羽五音，也指调和金石丝竹匏土革木各种乐器发出的八音。可见，即便只以音乐为例，象数组合也是比较随便的。②和合观点具有神秘性。如《国语·周语下》中单襄公说："天六地五，数之常也。"所谓"天六地五"是指"天有六气",即阴、阳、风、雨、晦、明;"地有五行",即金、木、水、火、土。六气中两两相对,最重要的是阴阳二气,五行中则以土为中,统御四方。可见,在周人那里,尽管极其重视实践,但天命定数之观念并未完全消失。尽管如此,我们依旧不能低估这些思想的历史价值。周人把"中和"联系起来,贯穿到为政、为德、为人之中,《国语·周语下》中有"道之以中德,咏之以中音",伶州鸠提出"政象乐,乐从和""政象乐,乐从和"(《国语·周语下》)。所有这些观点对于后世都产生了极其深远的影响。

综上所述,由夏商周至于春秋末年,"中和"观念呈现出一个滚动发展的过程,并且最终达到了一个新的哲学高度,进而形成了一些标志性的观点:其一,对于礼乐的性质有了初步的认识和定位。乐和同,既不是同类相加,也不是异类混合,而是一种化合、凝聚、互动与促进;礼辨异,辨异不是对立、冲突、孤立,而是有分别、有秩序、有人们最容易接受的尺度和准则。故而,礼者崇敬,乐者尚亲。其二,把"中和"与人的生存方式结合起来,在价值论层面发出了对于生命存在方式合理性的追问。"和"是主体性感觉,如味觉、听觉、视觉、嗅觉等,但不论哪种感觉,指向的却是客观对象;"中"是对于客体存在状态的描述,如对称均衡、边缘核心、奇偶正反等,而不论何种状态,必定都与主体实践结合起来才呈现出意义。所以,说到底,"和"为天道,讲的是天地人三才并存共生的规律;"中"为人道,强调的是言行举止守礼合度。一言以蔽之,"中和"之意在本质上就是以人合天,顺应自然。可以说,所有这些对于礼乐性质、构成、功能、效应的讨论,都在一定程度上为诸子争鸣奠定了基础并廓清了道路。

第三节　儒道两家对"中和"的不同理解

有不少研究者注意到了儒道两家"中和"观的相同之处。如冯友兰先生曾指出："中庸之道儒家的人赞成，道家的人也一样赞成。'毋太过'历来是两家的格言。"① 又如陈鼓应先生也曾讲："老、孔为同一文化传统的继承者，所以他们的思想有颇多相似处，例如，一是守中的观点，二是以'和'为贵的心态——人和自然的和谐关系。"② 在冯友兰先生看来，儒道两家在价值观和人生观上有共同之处，而陈鼓应先生则补充说明，这种共同性形成的原因乃来自同一文化传统的继承。如果我们沿着两位先生的观点接着说，可以引申出两个观点：①因为儒道两家原本有着相同、相通之处，所以才为儒道融合提供了一种可能性；②儒道两家所继承的同一文化传统使得中华文化具有原初的统一性和凝聚力，这种统一性和凝聚力在中华民族曲折前行的步履中，成为支撑人心信念、规范社会行为道德、区分善恶美丑的重要尺度。如果在两位先生的观点基础上反着说，则儒道两家代表了在社会、人生、伦理、审美诸多领域中所呈现的不同的思想文化向度，正因为有这种不同，儒道两家的思想才有各自存在的价值。而同一文化传统所包含的精神内涵本身也是极其丰富的，"守中"以及"和为贵"并不能代表中国思想文化精神的全部。综合接着说与反着说两方面的道理，可以让我们更加深刻地认识到，历史演进与思想文化的发展既有阶段性、有序性，也有总体性和变异性。在笔者看来，由先秦诸子到秦汉之世，儒道两家的"中和"观念主要还是互补的关系，而没有形成融合的现实，两者融合的使命还有待魏晋玄学在新的时代特征、视野思路、人格追求、审美实践中来逐步地加以完成。

一

儒道两家的"中和"观念有着共同的文化传统，近的来说是

① 冯友兰：《中国哲学简史》，北京大学出版社，1985，第26页。
② 陈鼓应：《老庄新论》，商务印书馆，2008，第35页。

亲历目睹东周文化传统，远的则包括口耳相传、典籍演绎尧舜禹、夏商两代及西周故事所积累起来的具有总体性的文化传统。在诸子之前一些思想家的论述中，我们可以看出，他们对尧舜禹和商汤、文王几乎是不加区别的，尽管他们对"中和"所作出的具体阐释并不相同，但与此同时，他们总是努力把自己的解释说成是上启尧舜下及夏商周一脉相承、从未改变的思想观念。他们当然意识不到尧舜禹和夏商周原本是截然不同的两种性质的社会形态，由原始社会发展到奴隶社会，"中和"观念不可能不发生质变。但倘若我们今天的研究者也人云亦云，跟着说"中和"就是从尧舜禹开始生成的所谓天地人三才和合的生命美学观或文化艺术精神，就显然违背了历史唯物主义的基本立场，也抹杀了春秋末年诸子争鸣的实际意义。

与其说儒道两家的"中和"观念是对于诸子之前"中和"讨论的继承，毋宁说是由春秋、战国时期社会政治、经济、文化呈现的现实状况所致。春秋时期是一个礼坏乐崩的时代。单讲礼坏乐崩，其实未必就是坏事。一者，"刑不上大夫，礼不下庶人"，在周代礼乐本来就是士大夫专享的权利，与普通百姓没有多少关系；二者，礼坏乐崩属于王室衰微、地方诸侯势力膨胀的伴生现象，同时出现的还有大量私田、佃农和商人，这些新生事物从整个历史发展的大趋势来看，是对于生产力的解放。如管仲之"相地而衰征"打破了井田制的限制，按照土地好坏分等收税，大大调动了生产者的积极性；晋文公重耳任用赵衰、狐偃，实行"轻关易道，通商宽农""弃债薄敛"，有力促进了晋国经济的繁荣。而孔子的弟子子贡竟能够通过经商"结驷连骑，束帛之币以聘享诸侯。所至，国君无不分庭与之抗礼"，连司马迁都说："使孔子名布扬天下者，子贡先后之也。此所谓得势而益彰者乎。"① 问题在于，王室衰微加剧了对于国人的盘剥，如周厉王把原本属于公共使用的山川林泽

---

① 司马迁：《史记·货殖列传》，见《史记·列传第六十九》。

收归己有，后导致镐京之乱；礼坏乐崩则酝酿着更大规模的社会动乱，诸侯争霸、弱肉强食导致庶民流离失所、命若悬丝，如楚庄王围攻宋都，城内居民只能"易子而食，析骸以炊"。更严重的后果还在于，礼坏乐崩直接导致了世道人心的巨变，社会公义的丧失从来都是上行下效，人性恶的泛滥则会使整个民族陷入绝望。所以，孔子才感慨道："中庸之为德也，其至矣乎！民鲜久矣。"（《论语·雍也》）明白了这些道理，我们也就能够认识到，无论儒家还是道家的思想，都是针对时弊所开出的济世之方。

由词源学考察可以得出一个基本结论，"中和"的本意是指一种现象。由诸种构成要素构成一个有机统一的整体，就是"和"；这个有机整体在具体呈现过程中，会有"不及""中"与"过"三种存在状况，"中"是相对于"不及"与"过"而存在的折中方式。在儒家看来，"过犹不及"，所以，冯友兰先生讲的"毋太过"在儒家这里就还要加上一条"毋不及"。也就是说，无论王朝政治还是个人修身处世，儒家觉得过分与欠火都是要不得的。道家也同意"毋太过"，但道家并不反对"不及"，因为在道家看来，无为而无所不为，柔弱才是真正的刚强，守拙才是至高的智慧。从表面看来，道家与儒家只是在反对"毋太过"上取得了一致而已。那么这是不是意味着道家就不主张"中和"呢？答案是否定的。我们还需对儒道两家的社会、政治理想细加分析。

先看儒道两家理想的社会形态是什么。在老子看来，世界上万事万物都遵循着盛极而衰的规律，周代礼制也不例外，其衰亡来自内部，是具有必然性的。"大道废，有仁义；慧智出，有大伪；六亲不和，有孝慈；国家昏乱，有忠臣。"（《老子》第十八章）"绝圣弃智，民利百倍；绝仁弃义，民复孝慈；绝巧弃利，盗贼无有；此三者，以为文不足。故令有所属，见素抱朴，少私寡欲。"（《老子》第十九章）所以，真正的理想盛世是尧舜小国寡民的时代，鸡犬之声相闻，老死不相往来，这才是消除种种社会罪恶的根本手段。儒家并不反对赞美尧舜等古代圣贤，如：

巍巍乎，舜、禹之有天下也，而不与焉！（《论语·泰伯》）

大哉尧之为君也！巍巍乎！唯天为大，唯尧则之。荡荡乎！民无能名焉。巍巍乎其有成功也！焕乎其有文章！（《论语·泰伯》）

咨尔舜，天之历数在尔躬，允执其中。四海困穷，天禄永终。（《论语·尧曰》）

舜其大知也与。舜好问而好察迩言，隐恶而扬善，执其两端，用其中于民。其斯以为舜乎！（《礼记·中庸》）

但孔子又反对社会退回到尧舜的时代。何以见得？我们只要看孔子如何看待夏与商周的区别，就能明白个中缘由。在孔子看来："虞夏之文，不胜其质；殷周之质，不胜其文。"（《礼记》卷九）"质胜文则野，文胜质则史。文质彬彬，然后君子。"（《论语·雍也》）由此可见，孔子首先肯定了周代文化对于夏商两代而言是一种历史进步。所以，他要情不自禁地赞美："周监于二代，郁郁乎文哉！吾从周。"（《论语·八佾》）但孔子同时也清晰地意识到，"昔先王谥以尊名，节以一惠，耻名之浮于行也"（《礼记·表记》）。周代社会的弊端就在于文过饰非，名不副实，故首要的任务是正名，在此前提之下，孔子才主张克己复礼。从这个意义上讲，儒家与道家都属于复古派不假，儒家却不单单是想恢复周制，还想通过改造周代的礼制来重建现实社会秩序和重铸人心。说到底，道家和儒家都属于理想主义，只不过，儒家近于积极浪漫主义，而道家接近消极浪漫主义。在儒家的社会政治理想中，崇尚周代礼乐文化主要目的是通过"君君、臣臣、父父、子子"来调节君臣父子之间的关系，以求社会总体的稳定繁荣。道家则不然，道家认为人的欲望膨胀、道德沦丧、恃强凌弱很难依靠外部制度来加以改变，制度越是健全，人性越是扭曲，礼乐越繁备，德性越虚伪，所以，根本的解决之道不是重振礼乐，建立完备的约束机制，而是让人们回归自然，唤醒人们审视生命本身的有限和脆弱。

概言之，儒家之道是一种社会伦理之道，道家之道则是一种自然伦理之道；儒家之道强调人与人、人与社会的和谐，道家之道更强调人与自然及身心内部的和谐。道家的"中道"，"中"字当读去声，即合乎自然之道的意思；儒家的"中道"，"中"字当读平声，即《礼记·中庸》所载的"执其两端，用其中于民"。只不过，除了儒道两家自身的发展轨迹，在后世儒道汇通融合过程中，人们解释"中道"也往往将其混为一谈，以儒释道或以道释儒都属常见的手段。比如，《中庸》中解释"中和"为："喜怒哀乐未发谓之中，发而皆中节谓之和。"[1] 这是思孟学派对于孔子思想的发展；而宋代朱熹解释"中庸"："中者，不偏不倚，无过不及之名。"这是用孔子原意或儒家中道之本义来解释思孟学派；而朱熹引程子所注："不偏之谓中，不易之谓庸。中者天下之正道，庸者天下之定理。"[2] 其中的"不易"究其出处则在道家而不在儒家，"不易"更接近于天地自然之道。

二

"中"的本义与原始巫舞有关，"和"的本义与原始音乐相连，经过夏、商、周三代层层演进，发展出了具有丰富内涵的礼乐文化和礼乐观念，并最终在春秋时期形成了以"中和"为核心的哲学、伦理学及美学观念。由儒道两家不同的社会政治理想所决定，其"中和"观念从核心内涵到具体主张都有深刻的差异，这种差异对于秦汉之后的中国哲学、伦理学、美学及文论产生了极其深远的影响。

从本质上看，儒道两家的"中和"观皆具有文艺社会学的性

[1]　朱熹：《中庸章句集注》，见《四书五经》上册，天津古籍书店，1988，第1页。

[2]　朱熹：《中庸章句集注》，见《四书五经》上册，天津古籍书店，1988，第1页。

质，两者都非常重视审美与功利、美与善的关系，进而把"中和"置入美善关系之中来加以具体分析。何者为善？老子的看法是：

> 善行无辙迹，善言无瑕谪，善数不用筹策，善闭无关楗而不可开，善结无绳约而不可解。是以圣人常善救人，故无弃人；常善救物，故无弃物，是谓袭明。故善人者不善人之师；不善人者善人之资。不贵其师、不爱其资，虽智大迷，是谓要妙。（《老子》第二十七章）
>
> 圣人无常心，以百姓心为心。善者，吾善之；不善者，吾亦善之，德善。信者，吾信之；不信者，吾亦信之，德信。（《老子》第四十九章）

老子认为大善实际上就是大道，他从形而下之器的层面来对形而上之道加以阐释。在老子看来，真正善行的不露痕迹而没有特定对象，真正善言的没有瑕疵而无懈可击，真正善数的用不着计算工具，真正善闭的从不依赖关门的栓梢。圣人所谓拯救和帮助不只是针对特定的人群，而是没有被抛弃者的普遍意义的拯救。凡是有形的施救都必然指向具体的对象，现实中的人与人之间往往构成种种矛盾冲突，救助一方就是妨害另一方，救人的同时也就必然会带来弃人。因而，能够普度众生的往往没有什么具体的技巧可以教授别人，倒是拒绝普度众生的人会常常教导别人如何如何。老子所讲的这一番话显然是有针对性的，他接着说：

> 以道佐人主者，不以兵强天下，其事好还。师之所处，荆棘生焉。大军之后，必有凶年。善有果而已，不敢以取强。果而勿矜，果而勿伐，果而勿骄，果而不得已，果而勿强。物壮则老，是谓不道，不道早已。（《老子》第三十章）

以大道辅佐人主的，只是让自己的善道自然地开花结果，而不是通

过道术去征伐天下，军队所到之处常使生命灭绝，战争之后必有天
灾。即使只是让自己的大善之道自然地开花结果，有了结果之后也
不能骄傲，不能逞强，因为物极必反、盛极而衰乃是自然规律。在
君子看来，道与器是统一的，有道之体，也便是有道之器，器应该
是道体自然而然的表现，即所谓体用不二。老子结合现实情形表达
了自己的看法：

> 兵者不祥之器，非君子之器。不得已而用之，恬淡为上，
> 胜而不美。而美之者，是乐杀人。夫乐杀人者，则不可得志于
> 天下矣（《老子》第三十一章）。

用兵征伐固然有正义与非正义的区分，但无论如何，用兵本身都是
不得已而为之，君子不应该热衷于挑起战争。即使能够辅佐人主取
得胜利，也实在没有什么值得自我夸耀的。因为，表面上是赞美胜
利，骨子里等于是热衷杀人。

非攻止杀是先秦诸子中不少人持有的共同立场，道家、儒家、
墨家皆如此。在这一点上，孔子与老子并无区别：

> 季康子问政于孔子曰："如杀无道，以就有道，何如？"
> 孔子对曰："子为政，焉用杀？子欲善而民善矣。君子之德
> 风，小人之德草。草上之风必偃。"《论语·颜渊》
> "善人为邦百年，亦可以胜残去杀矣。"诚哉是言也！
> （《论语·子路》）

孔子反对季康子所讲的"杀无道"而"就有道"，因为在春秋之
际，"杀无道"往往成为征、伐、侵、袭、攻的借口。孔子并不像
老子那样幻想由圣人来推行无为而治，一方面，他清醒地意识到，
等待圣人出现对于乱世而言是远水不解近渴："子曰：'圣人，吾
不得而见之矣；得见君子者，斯可矣。'子曰：'善人，吾不得而

见之矣；得见有恒者，斯可矣。'"（《论语·述而》）这里所说的"圣人"和"善人"意思差不多，只不过圣人不仅能够完善自己，还能够施能于天下。冷峻的现实是在人群之中根本就找不到什么圣人，所以孔子退而求其次，提出了由"怀德"而不"怀土"的君子及恒善之人来代行圣人之道。孔子心目中的君子形象是："其行己也恭，其事上也敬，其养民也惠，其使民也义。"（《论语·公冶长》）老子的圣人可以做到无为而治，孔子的君子较之圣人总归水平上差了不少，故孔子说"君子欲讷于言而敏于行"，"敏于行"加上长期执政，自然也能够达到"胜残去杀"的效果。

搞清楚儒道两家在观念层面如何理解"善"的内涵之后，就势必涉及儒道两家如何看待实现"善"的途径和方法问题。老子认为，大道之所以沦丧，其根源不在于人们不懂得善恶、美丑的区别，而在于个体欲望的膨胀。在人主那里，所谓"有为"就是想方设法搜刮民财以求增加国家的税收："民之饥以其上食税之多，是以饥。民之难治以其上之有为，是以难治。民之轻死以其求生之厚，是以轻死。"（《老子》第七十五章）在臣民那里，所谓"有为"就是因为不能"甘其食，美其服，安其居，乐其俗"（《老子》第八十章）。在老子看来，要想从根本上解决问题，就必须节欲去知，退回"小国寡民"的时代。欲望来自人的需要，在此我们借用美国学者马斯洛的观点：人的需要可以分为高级需要和低级需要，生存需要和安全需要是人的低级需要，也是人最基本的需要；爱的需要、自尊的需要、实现自我价值的需要则是人的高级需要。老子显然更加重视人的低级而基本的需要，他从自然万物那里得到启发而主张节欲，所以，他认为满足感官需要只会使人欲壑难填，圣人治理国家首先应该保证的是百姓的生存权。

> 五色令人目盲，五音令人耳聋，五味令人口爽，驰骋畋猎令人心发狂，难得之货令人行妨。是以圣人为腹不为目，故去彼取此。（《老子》第十二章）

尽管老子没有深入探讨欲望与认知的关系，但他本能地感悟到认知水平越高，主体的欲求也就越加丰富多样，主体的欲求越是丰富，为善的可能性越小。这多少有点像俗话所说的"仗义每从屠狗辈，无情最是读书人"。老子没有直接讲读书人，他只是讲了"知"的弊端，"天下皆知美之为美，斯恶矣；皆知善之为善，斯不善已"（《老子》第二章）。这里面所揭示的其实是一个逻辑悖论，没有恶与不善，则人们无从懂得美善之所以为美善；既然人们懂得了什么是美与善，那么，同时呈现的一定就有作为对立面的恶与不善。事实上还有另外的可能是，人们把美善局限于认识领域，而忽略了在行动中贯彻始终。老子认为："古之善为道者，非以明民，将以愚之。民之难治，以其智多。故以智治国，国之贼。不以智治国，国之福。"（《老子》第六十五章）老子所谓愚民，其真实含义应为追求人性之厚朴以及民风之淡泊。即他所说的"其政闷闷，其民淳淳"。当然，社会整体风气的改善离不开社会成员发挥主观能动性：

> 善建者不拔，善抱者不脱，子孙以祭祀不辍。修之于身，其德乃真；修之于家，其德乃余；修之于乡，其德乃长；修之于国，其德乃丰；修之于天下，其德乃普。故以身观身，以家观家，以乡观乡，以国观国，以天下观天下。（《老子》第五十四章）

在老子心中，修德可以分为身、家、乡、国、天下等不同的层次，无论在哪个层次上，修德都是实现自身的圆满，与他者无关。正是因为从个体到天下，其间有一贯之道，所以老子提倡"人法地，地法天，天法道，道法自然"。

与老子不同，儒家很少讨论如何把欲望降低或者控制在合适的限度，也不相信无为就是无所不为。《论语》里有两段话可以用来说明儒家的入世态度：

　　长沮桀溺耦而耕，孔子过之，使子路问津焉。长沮曰：
"夫执舆者为谁？"子路曰："为孔丘。"曰："是鲁孔丘与？"
曰："是也。"曰："是知津矣。"问于桀溺。桀溺曰："子为
谁？"曰："为仲由。"曰："是鲁孔丘之徒与？"对曰："然。"
曰："滔滔者天下皆是也，而谁以易之？且而与其从辟人之士
也，岂若从辟世之士哉？"耰而不辍。子路行以告。夫子怃然
曰："鸟兽不可与同群，吾非斯人之徒与而谁与？天下有道，
丘不与易也。"（《论语·微子》）

　　子路曰："不仕无义。长幼之节，不可废也；君臣之义，
如之何其废之？欲洁其身，而乱大伦。君子之仕也，行其义
也。道之不行，已知之矣。"（《论语·微子》）

朱熹对孔子所说的一席话做如下解释：

　　言所当与同群者，斯人而已。岂可绝人逃世以为洁哉！天
下若已平治，则我无用变易之，正为天下无道，故欲以道易
之矣。①

朱熹强调指出，正因为天下无道，所以士大夫勇于承担使命，以道
义改变现实才分外重要。人生的价值只有在人群中才能得以实现，
逃避隐居自以为高洁的态度既不值得肯定，更不值得效仿。朱熹对
子路的话作如下补充说明：

　　人之大伦有五，父子有亲、君臣有义、夫妇有别、长幼有
序、朋友有信是也。仕所以行君臣之义，故虽知道之不行而不
可废，然谓之义，则事之可否，身之去就，亦自有所不可苟

---

① 朱熹：《论语章句集注》，《四书五经》上册，天津古籍书店，1988，第78页。

者。是以虽不洁身以乱伦，亦非忘义以殉禄也。①

五伦为人之根本，人之有五伦是不能设定前提的，故君臣之义不因为道之不行而被抛弃就是大义使然。所以，无论对人、对事还是对己，君子都应该坚持基本原则。君子不会为了洁身自好就放弃自己的使命，这并不等于为一己私利而仕宦。儒家坚持君臣之义大体分为以下几方面内容：（1）以对于现实冷峻的观察为基本出发点。从孔子所处时代的宏观角度而言，礼坏乐崩导致了社会群体普遍的见利忘义。"德之不修，学之不讲，闻义不能徙，不善不能改，是吾忧也。"（《论语·述而》）当然，具体情况也要具体分析，个体不同，无义的表现也便有不同的表现。"君子有勇而无义为乱，小人有勇而无义为盗。"（《论语·阳货》）孔子这里讲的君子与小人实际所指应为诸侯与百姓。诸侯忘义就挑起战争，庶民忘义就为匪做盗。（2）在义利之间有自己理性人格的评判与抉择。"富与贵，是人之所欲也。不以其道得之，不处也。贫与贱，是人之所恶也。不以其道得之，不去也。"（《论语·里仁》）孔子并不否定人的欲望的正当性，只是强调指出图取富贵应该遵循"有道"的准则。故而孔子既欣赏颜回的乐观豁达、不追求物质享受，但同时他也不反对子贡经商。因为在他看来，最重要的是主体不在物欲横流中迷失自己。他说："饭疏食饮水，曲肱而枕之，乐亦在其中矣。不义而富且贵，于我如浮云。"（《论语·述而》）就主体而言，对于富贵的渴望和追求出自人的本能，问题的关键在于君子爱财取之以道。但孔子认为，要摆正义利之间的关系，更为根本的问题是解决贫富悬殊和分配不公。"有国有家者，不患寡而患不均，不患贫而患不安。盖均无贫，和无寡，安无倾。"（《论语·季氏》）就客观社会现实而言，无论国家还是家庭，不均与不安才是根本祸患。（3）孔子认为实现善的根本理念是以仁义治理天下，仁是形而上

---

① 朱熹：《论语章句集注》，《四书五经》上册，天津古籍书店，1988，第78页。

之观念，义是仁得以实施的准则和尺度。孔子在《论语》中多次阐述自己对"义"的理解和主张：

> 君子义以为质，礼以行之，孙以出之，信以成之。（《论语·卫灵公》）
>
> 临之以庄，则敬；孝慈，则忠；举善而教不能，则劝。（《论语·为政》）
>
> 子曰："道之以政，齐之以刑，民免而无耻；道之以德，齐之以礼，有耻且格。"（《论语·为政》）
>
> 兴于诗，立于礼，成于乐。（《论语·泰伯》）

《论语·卫灵公》一篇是孔子讲"义"不是主体之外的东西，而是包含在君子言行之中具有根本性的精神底蕴，这种精神底蕴要实现其现实的价值，则需要借助容易为大众所接受的形式，需要彬彬有礼，需要谦虚诚恳，需要诚信不欺。有了这些形式还不够，还需要有具体的方式方法和内在原则的高度统一。实施仁义之道不能仅仅依赖刑罚和政令，而应该注意德化与礼教，因为只有后者才能让主体萌发内在的荣辱意识，耻于失德失礼，自然也就会培养起行为的底线与内在的良知。如果按照功能和性质加以分析，则诗、礼、乐分别代表了仁义实施的三种形态及三个阶段。

三

笔者在上文提出，无论道家还是儒家，其"中和"观念在本质上都是社会学的，都是强调美善合一的，只是因为两者社会理想不同，所以对于善的理解不同，崇尚的伦理实践方式、途径也就大相径庭。但是，善只是美善合一关系中的一个方面，我们只有进一步探究儒道两家在审美观念上的差异，才能见出其"中和"观念何以对中国美学、艺术产生深远影响。

（一）

虽然儒道两家的"中和"观念都具有社会学性质，但他们的基本立场与论述角度却有根本的差异。道家侧重于从自然的角度思考社会，儒家则侧重于从社会的角度思考自然。由于角度不同，导致了道家的美学主要是生命美学，而儒家的美学则主要是伦理学美学。生命与伦理原本是不可分离的整体，但在先秦诸子的时代，哲学本身尚未充分展开，现实社会却已经向作为个体的主体施加了足够的压力。乱世之中，有良知的知识分子一定具有朴实的民本思想，民本思想促使主体思考庶民最需要的究竟是什么，什么样的统治是百姓迫切要求的统治。儒家和道家做出了各自不同的回答，也就确立了各自不同的哲学立场，而这种哲学立场的不同有力地影响了儒道两家的审美观念，并使两者形成了各自不同的审美"中和"观。

在中国美学史上，老子提出了一系列影响深远的美学命题，如见素抱朴、大音希声、大象无形、无物之象、大巧若拙、冲气以为和、信言不美等。我们应该注意到，老子提出的这些命题属性是多样的而不是单一的，不仅具有美学意义，同时也具有哲学意义、政治学意义以及更为丰富的人生意义。同时，我们还应该注意到，在所有这些命题背后，存在着一个贯通性的基质或者基本的理论前提，这个基质和理论前提对于这些命题具有一种统摄作用，使之成为一个有机统一的整体。在笔者看来，老子审美观念或"中和"观念的基质和理论前提就是"道法自然"与"为道日损"。

> 有物混成，先天地生，寂兮寥兮，独立不改，周行而不殆，可以为天下母。吾不知其名，字之曰道，强为之名曰大。大曰逝，逝曰远，远曰反。故道大，天大，地大，王亦大。域中有四大，而王居其一焉。人法地，地法天，天法道，道法自然（《老子》第二十五章）。

> 为学日益，为道日损。损之又损，以至于无为，无为而不

为。取天下常以无事，及其有事，不足以取天下。（《老子》第四十八章）

这两段文字非常费解，但对我们理解老子的"中和"观念又至关重要。第一段文字大体包含几层意思：①先天地而生的混成之物是独立的、无始无终的；②该混成之物是天地万物之源；③我们勉强称之为"道"或者"大"（但"道"和"大"都不是那个混成之物）；④大、逝、远、反是一个循环运动过程；⑤道、天、地、王四者都有这样一个循环运动过程；⑥人受限于地，地受限于天，天受限于道，道受限于自然而然。相比之下，这六层意思中尤为费解的是第五、第六层。王何以与道、天、地并列，既然都有"大"的属性，为何又能够推演出四组彼此相"法"的关系？先阐释第一个问题。"道大"所说的"道"不等于先天地而生的混成之物，既然混成之物可以勉强称之为"道"，也可以勉强称之为"大"，那么"道"与"大"所指则完全同一，"道大"即"道道"或"大大"，老子讲的显然不是这个意思。实际上，道、天、地、王四者是从大、逝、远、反演绎出来的概念，意思是从变化的角度看，道、天、地、王都有一个往复循环的过程。再来分析第二个问题。此处的"法"字不应做"效法""师法"之义，而是使用了"法"的本义，就是"刑法"的意思，作被动用法。人生于大地之上，既受惠于大地，也受刑于大地，受限于大地；大地保育万物，受限于天，即所谓无天时则无地利；"天行有常，不为尧存，不为桀亡"（《荀子·天论》）。有常就是有恒有道，所以天亦受限于道；天所受限的道与地所受限的道、人所受限的道肯定有不尽一致之处，但天道、地道、人道既然同为道，也就应该有同质，其同质就是都受限于自然而然。

在老子、庄子那里，"道法自然"强调点都在自然而然，而基本没有师法自然的意思。师法自然的审美观念萌生于魏晋玄学之后。"庄老告退，山水方滋"，山水人格成为士人普遍追求的人生境界时，在审美实践领域里才出现了以大自然为师的审美观念与审美价值取向，其代表性观点就是王履的"吾师心，心师目，目师华山"。

既然"道法自然"，不以人的主观意志为转移，那么，人只有从受制于天地之道中解脱出来，才能真正向自然而然回归。求知是一个日积月累的过程，为道则需要消除捆绑在人身上的种种约束，所以，求知与为道在运动轨迹上恰恰是反向的。求知是由少至多，由低级到高级，由简单到复杂，呈现为不断叠加的状态；为道则是由多到少，由复杂到简单，呈现的是不断消减的过程。"为道日损"是"道法自然"的实现途径与具体表现。换言之，在道家看来，越是简单的越接近于道，越是浑朴的越能够表现出自然而然的本来面目。从这样一个逻辑前提出发，老子首先否定了礼乐和仁义，提出了"见素抱朴"的重要主张：

> 绝圣弃智，民利百倍；绝仁弃义，民复孝慈；绝巧弃利，盗贼无有。此三者，以为文不足，故令有所属，见素抱朴，少私寡欲。（《老子》第十九章）

老子所言"见素抱朴"与"少私寡欲"皆为三绝之后生成之自然结果，"见素抱朴"是主体态度或价值取向，"少私寡欲"为主体心性或意识形态。就主旨而言，是主张不治而治、无为而为。在物质层面不横征暴敛，在精神层面既不灌输也不控制，在实践层面重农轻商，百姓自然会倾向素朴和减少私欲。

如果说"道法自然"主要还是一种哲学命题的话，那么，在中国审美观念发展过程中，老子"见素抱朴"就逐渐成了一个美学命题及审美价值尺度。"雕缋满眼"与"清水芙蓉"既是两种主要的艺术风格类型，也是两个最重要的审美价值取向。"清水芙蓉"实际上就是"见素抱朴"的艺术表达，也是道家所崇尚的"道法自然"的具体呈现，其精神实质为以人合天，强调在审美实践中贯穿自然之趣，从而实现人与自然及身心内部的和谐。与老子的"见素抱朴"相映成趣的是孔子所提出的"绘事后素"：

> 子夏问曰："'巧笑倩兮，美目盼兮，素以为绚兮。'何谓也?"子曰："绘事后素。"曰："礼后乎?"子曰："起予者商也! 始可与言《诗》已矣。"（《论语·八佾》）

朱熹对此段文字的解释是：

> 倩，好口辅也；盼，目黑白分也；素，粉地，画之质也；绚，画之饰也。言人有此倩盼之美质，而又加以华彩之饰，如有素地而加彩色也。子夏疑其反谓以素为饰，故问之。绘事，绘画之事也。后素，后于素也。《考工记》曰："绘画之事后素功，谓先以粉地为质而后施五彩，犹人有美质，然后可加文饰。"礼必以忠信为质，犹绘事必以粉素为先……①

在《论语》这段文字里，孔子并没有提到忠信为礼之"素"，故朱熹对于"绘事后素"的解释在清代经学家那里曾经遭到质疑。李泽厚先生在《论语今读》中把"绘事后素"翻译为"先有白底子，而后才绘画"，依旧存有疑点。仔细推敲《论语》以及《考工记》原文，"绘事后素"解释为"绘事在素之后"当无疑，关键在于如何理解"素"。倘若把"素"理解为绘画之前的白底，则儒家"绘事后素"命题与道家"见素抱朴"同义，子夏由此引出"礼后"实为牵强，孔子之赞词则更难以解释。有学者根据《考工记》把"素"解释为织锦之前用线条勾勒的白描草图，似有助于得出合理解释。织锦所用之五彩为"文"，所依之白描草图为"文之理"，

---

① 朱熹注：《论语章句集注》，《四书五经》上册，天津古籍书店影印，1988，第10页。

两者关系类似于礼乐之关系，孔子强调"绘事后素"，实际上就是在说优美的音乐必须符合礼制。就子夏所问第一层内容而言，意思应为女子修饰化妆之后的美如何看待。孔子的回答是，化妆无论浓淡，都依赖于妥当的勾脸。由此，子夏引申出了礼和乐的关系，乐之美离不开礼之制约。概言之，把孔子所谓"绘事后素"与老子所谓"见素抱朴"进行比较，"素"的含义各不相同。孔子讲的"素"就是礼的譬喻，老子讲的素指的是"自然而然"。

（二）

"绘事后素"和"见素抱朴"分别构成了儒道两家"中和"审美观的核心内涵，在此基础上，形成了儒道两家对后世中国美学及艺术具有重大影响的系列命题。在春秋末期，受周代审美文化传统的影响，占据正统地位的艺术门类主要是诗歌与音乐，因而，儒家"绘事后素"与道家"见素抱朴"的内涵主要也表现在对于诗歌和音乐的探讨之中。

先来讨论儒家"绘事后素"的"中和"美学思想。既然"素"的实际所指为"礼"，首先涉及的问题就是"礼"本身有没有可能也包含了"绘事"，换言之，"礼"是不是也可以算作一种修饰？在孔子看来，夏、商、周三代之礼的确有不同，夏商两代的礼其特征是质胜文，周礼的特点是文胜质。质与文的关系大体类似今天我们所说的内容与形式的关系，礼的内容是强调建立于忠信基础上的等级秩序，礼的形式既可以表现为政治生活之礼与日常生活之礼，也可以表现为诗、乐、舞、画等具有艺术性的形式。无论在生活中还是各类艺术形式中，对于礼的表现都有三种情况：失礼、礼正、礼过。孔子主张"文质彬彬"，也就是要遵循"礼正"的原则。孔子把礼分为两大类型，一种是生活之礼，包含了人伦之礼和君臣之礼。如孔子讲：

> 生事之以礼，死葬之以礼，祭之以礼。（《论语·为政》）
> 恭而无礼则劳，慎而无礼则葸，勇而无礼则乱，直而无礼

则绞。君子笃于亲，则民兴于仁；故旧不遗，则民不偷。
（《论语·泰伯》）

　　也就是朱熹所解释的"无礼则无节，故有四者之弊"。第二种
是表现于各种文艺形式之中的礼之精神内涵，这就涉及诗与礼、礼
与乐等诸种关系。孔子很重视把两种层面的礼结合起来加以讨论，
在一定程度上讲，这也是艺术尚未自觉的表现之一。

　　与艺术尚未自觉的实际情况相关联，儒家对于各种艺术类型之
实用价值的重视是不言而喻的。故而孔子在《论语》中反复阐释
和强调诗、乐的功利性。其一，孔子认为诗、礼、乐虽具有性质、
功能上的差异，却可以从不同的层面上发挥作用并最终形成一种合
力，从而对个体及社会产生促进和建构作用。所以，孔子说："兴
于诗，立于礼，成于乐。"（《论语·泰伯》）朱熹对孔子这句话加
以解释：

　　　　兴，起也。诗本性情，有邪有正，其为言既易知，而吟咏
　　之间，抑扬反复，其感人又易入。故学者之初，所以兴起其好
　　善恶恶之心，而不能自已者，必于此而得之。礼以恭敬辞逊为
　　本，而有节文度数之详，可以固人肌肤之会，筋骸之束。故学
　　者之中，所以能卓然自立，而不为事物之所摇夺者，必于此而
　　得之。乐有五声十二律，更唱迭和，以为歌舞八音之节，可以
　　养人之性情，而荡涤其邪秽，消融其查滓。故学者之终，所以
　　至于义精仁熟，而自和顺于道德者，必于此而得之，是学之
　　成也。①

在朱熹看来，诗、礼、乐既是君子为学的三个阶段，也是人性修养

---

　　① 朱熹注：《论语章句集注》，《四书五经》上册，天津古籍书店影印，1988，第
　　33 页。

的三层境界。起兴于诗，萌生好善恶恶之心，是讲诗可以作用于人的本性，使主体出于本能地喜欢善而厌恶恶。但是，情动于中而形于言，其过程实在是自然而有惯性的过程，就主体而言，这个过程更多的还是情绪、情感的感性参与，而情感的强烈程度、弥散范围、个性特征、抒发场合、实际效应等皆有待于理性的介入。礼是儒家实践理性的集中体现，它既表现出社会对于个人的制约，也沿袭了传统对于现实的控制，还呈现出理性对于感性的平衡。如果说诗主要是影响人的心性的话，那么礼则直接制衡着人的行为。处在社会的人与人的关系之中，只有遵循约定俗成的伦理实践准则，个体才能够立足和成功。立于礼讲的就是成人于社会之中所必须遵守和担负的准则及使命。所谓，成人不自在，自在不成人，作为礼肯定包含了对于自由本能之情感的调节与制衡，由此会给个体带来一种不快感。从某种意义上讲，出自本性与真情的诗是美的，而出自群体生存、发展需要而形成的礼制则是善的，要使个体真正达到随心所欲不越规矩，把诗之美与礼之善有机融合为一个整体，则需要乐的介入。乐既可以养人情性，又可以弘扬道德，能够有力促进社会人格的最终形成。

其二，我们应该强调指出，孔子虽然强调了"兴""立""成"三个阶段，但并不意味着"立"是对"兴"的扬弃，"成"是对"立"的更替。在逻辑上可以分为三个层次，在人生实践之中，孔子更强调诗、礼、乐的三位一体。所以，他认为，即便是"情动于中而形于言"的诗，也同样有助于勤于国事："诗，可以兴，可以观，可以群，可以怨。迩之事父，远之事君；多识于鸟兽草木之名。"（《论语·阳货》）不过，此段文字中"可以"二字讲的只是一种可能性，可能性与现实性不可混同。孔子提倡学诗的根本宗旨在学以致用，孔子对于不能活学活用的腐儒俗士持否定态度："诵诗三百，授之以政，不达；使于四方，不能专对；虽多，亦奚以为？"（《论语·子路》）宋代程子对此有过进一步阐述："穷经将以致用也，世之诵诗者，果能从政而专对乎？然则其所学者，章句之末耳。此学者之大患也。"①

（三）

从本质上讲，儒家视野中之礼乐关系与诗礼关系有着共同的精神内涵，如《论语》所载："子所雅言，《诗》《书》、执礼，皆雅言也。"（《论语·述而》）但从生成论角度看，孔子并没有把诗与乐视作同一对象，在他看来，诗、礼、乐的关系是各有其用而又形成合力。对孔子诗歌审美观念最具有概括性的说法是"思无邪"："《诗》三百，一言以蔽之，曰：'思无邪。'"（《论语·为政》）。后代学者对"思无邪"的解释各有不同，其中影响最大的观点是朱熹及程伊川的观点：

> 思无邪，鲁颂《駉》篇之辞。凡《诗》之言，善者可以感发人之善心，恶者可以惩创人之逸志，其用归于使人得其情性之正而已。然其言微婉，且或各因一事而发，求其直指全体，则未有若此之明且尽者，故夫子言诗三百篇，而惟此一言足以尽盖其义。其示人之义亦深切矣。程子曰：思无邪者，诚也。②

朱熹的这种解释关键句子是"其用归于使人得其情性之正"，其中又包含两层含义：①"思无邪"谈论的是诗歌的功用；②"无邪"就是使人得性情之正。程伊川认为"思无邪"就是诚而不欺，实而不虚。有些学者把朱熹与程子的观点概括为"诚正"，大致不错。不过，如果细究，二人所论亦有区别。程子所言"诚"者，主要是就诗歌抒情言志之特性加以讨论，思路实际上是从《尚书·尧典》发展而来："诗言志，歌永言，情依永，律和声，言之

---

① 朱熹注：《论语章句集注》，《四书五经》上册，天津古籍书店影印，1988，第55页。

② 朱熹注：《论语章句集注》，《四书五经》上册，天津古籍书店影印，1988，第4页。

不足故嗟叹之，嗟叹之不足故永歌之，永歌之不足，不觉手之舞之、足之蹈之也。"程子的观点在于强调指出诗歌之所以感人至深，就是因为创作主体的情真意切，诚而不欺。这种观点与后人章学诚所言"修辞立其诚"是一个道理。而朱熹的观点主要是就诗歌对于读者所具有的教化感染功能而言，实际上是把诗歌纳入整个儒家德教系统来加以定位的。今人钱穆认为：

> 思无邪：《鲁颂·驷》篇辞。或曰，诗有美剌正变，所以劝善而惩恶。则作者三百篇之思，皆归无邪，又能使天下后世之凡有思者同归无邪。又一说，无邪，直义。三百篇之作者，无论其为孝子忠臣，怨男愁女，其言皆出于至情流溢，直写衷曲，毫无伪托虚假，此即所谓诗言志，乃三百篇所同。故孔子举此言以包盖其大义。诗人性情千古如照。故学于诗而可以兴观群怨。此说似较前说为得。驷诗本咏马，马岂有所谓邪正？诗曰："以车祛祛，思无邪，思马斯徂。"祛祛，强健貌。徂，行义。谓马行直前。思马之思乃语辞，不作思维解。虽曰引诗多断章取义，然亦不当大违原义。故知后说为允。[①]

由引文可见，在朱熹与程子观点之间，钱穆更倾向于后者。如果概观孔子所言，则两种解释皆通，如果细究，则程伊川的观点尽管比朱熹所论更接近孔子本义，但依旧不够确切。当代美学家李泽厚对"思无邪"的解释是："思是语气助词，不作思想解，邪也不作邪恶解。"故而他把"思无邪"翻译为"不虚假"。[②] 钱穆、李泽厚的观点皆由程子观点发展而来。按：孔子"思无邪"固然引用了《鲁颂·驷》，但以"思"在《鲁颂·驷》"思无邪"中属于助词、无实际意义来推断孔子观点，进而认为孔子在借用"思无邪"时

---

①　钱穆：《论语新解》，三联书店，2005 年 3 月第 2 版。
②　李泽厚：《论语今读》，三联书店，2004 年第 1 版，第 49 页。

"思"字一定也是句首语气词，这种观点显得有些牵强。

总体比较由朱熹、程子到钱穆、李泽厚所提出的观点，在笔者看来，朱熹认为"邪"应与"正"对举，"无邪"即正，这种看法并不错，也是自东汉包咸以来经学家对"思无邪"的主流观点。朱熹观点的不足之处在于忽略了"一言以蔽之"与"思无邪"有句意承接关系，既然"一言以蔽之"概括的对象是《诗经》，则"思无邪"之"思"的主词应为《诗经》，而不是指向《诗经》之读者。程子观点的优缺点正好与朱熹相反。程子肯定了"思无邪"就是对于《诗经》的总体概括，却又说"思无邪"的意思就是"诚"。这种区别除了与程子、朱熹的整体儒学主张有直接关系，程子的观点实际上是由《大学》继承而来：

> 所谓诚其意者：毋自欺也，如恶恶臭，如好好色，此之谓自谦，故君子必慎其独也！小人闲居为不善，无所不至，见君子而后厌然，掩其不善，而著其善。人之视己，如见其肺肝然，则何益矣。此谓诚于中，形于外，故君子必慎其独也。曾子曰："十目所视，十手所指，其严乎！"富润屋，德润身，心广体胖，故君子必诚其意。①

就"思无邪"本身而论，"无邪"就是"不偏"，故无邪即"正"。结合孔子在评价《关雎》时所提出之"乐而不淫，哀而不伤"主张，"思无邪"含义当指诗歌在抒情言志上应该遵循适度中正的原则。如果说在礼乐关系中孔子强调礼对于乐的制约作用，在诗礼关系中，孔子更强调的是诗歌抒情言志对于礼的暗合以及对于言之合礼的正面影响。

老子从根本上否定人文教化的作用，认为人文教化与天道自然

---

① 朱熹注：《论语章句集注》，《四书五经》上册，天津古籍书店影印，1988，第4页。

存在着不可调和的矛盾。所以，他说："信言不美，美言不信；善者不辩，辩者不善；知者不博，博者不知。"（《老子》第五十六章）这一点与儒家的立场恰恰相反。孔子认为"不学诗，无以言"，老子却认为"少私寡欲，绝学无忧"：

> 唯之与阿，相去几何？善之与恶，相去若何？人之所畏，不可不畏。荒兮其未央哉！众人熙熙，如享太牢，如春登台。我独泊兮其未兆，如婴儿之未孩。儽儽兮若无所归。（《老子》第二十章）

在老子眼中，是非美丑的标准本来就是相对的，在现实社会中的表现则更加难以辨别高下，所以，与众人在追逐世俗功利时如享太牢、如登春台的喜形于色相比，理想的自我应该是淡泊而宁静，如同一个连嬉笑都没学会的赤子孩童一般。正是因为以这样的认识作为基本前提，整部《道德经》五千言未见提及"诗"或"诗"之功用。老子的这种态度直接影响到庄子，在《庄子》中，《内篇》七篇亦无一处提及《诗经》。只在《大宗师》里提到子桑歌诗，还是在哀叹自己的贫穷和不幸：

> 子舆与子桑友。而霖雨十日，子舆曰："子桑殆病矣！"裹饭而往食之。至子桑之门，则若歌若哭，鼓琴曰："父邪！母邪！天乎！人乎！"有不任其声而趋举其诗焉。子舆入，曰："子之歌诗，何故若是？"曰："吾思夫使我至此极者而弗得也。父母岂欲吾贫哉？天无私覆，地无私载，天地岂私贫我哉？求其为之者而不得也！然而至此极者，命也夫！"

在由庄子门人及后学所著《外篇》及《杂篇》里，有四处提及"诗"，其中《杂篇·外物》是写"儒以《诗》《礼》发冢"，其讥讽之意非常明显。另在《外篇·天运》中记载：

孔子谓老聃曰："丘治《诗》《书》《礼》《乐》《易》《春秋》六经，自以为久矣，孰知其故矣，以奸者七十二君，论先王之道，而明周、召之迹，一君无所钩用，甚矣！夫人之难说也，道之难明邪！"老子曰："幸矣，子之不遇治世之君也！夫六经，先王之陈迹也，岂其所以迹哉！今子之所言，犹迹也。夫迹，履之所出，而迹岂履哉！"

此段文字写孔子问道于老聃，文中出现"六经"字样，"六经"之说晚于孔子，故此段文字应为寓言性质。即便如此，整段文字对于"六经"之贬低态度亦非常明显。在《杂篇·徐无鬼》中，对于《外篇·天运》中所述及的"一君无所钩用"作出进一步阐释：

徐无鬼出，女商曰："先生独何以说吾君乎？吾所以说吾君者，横说之则以《诗》《书》《礼》《乐》，从说则以《金板》《六韬》，奉事而大有功者不可为数，而吾君未尝启齿。今先生何以说吾君？使吾君悦若此乎？"徐无鬼曰："吾直告之吾相狗马耳。"女商曰："若是乎？"曰："子不闻夫越之流人乎？去国数日，见其所知而喜；去国旬月，见所尝见于国中者喜；及期年也，见似人者而喜矣。不亦去人滋久，思人滋深乎？夫逃虚空者，藜藋柱乎鼪鼬之径，踉位其空，闻人足音跫然而喜矣，又况乎昆弟亲戚之謦咳其侧者乎？久矣夫，莫以真人之言謦咳吾君之侧乎！"

就文中女商纵论兵家，横说《诗》《书》《礼》《乐》的行为来看，品行无特操，并非纯粹意义的儒者，其身份应近于纵横家之流。徐无鬼以相马相狗之道劝说魏武侯，狗分三等，马分两类，尤其是论及天下马与国马的区别时，他认为：

直者中绳，曲者中钩，方者中矩，圆者中规。是国马也，

而未若天下马也。天下马有成材，若恤若轶，若丧其一。若是者，超轶绝尘，不知其所。（《庄子·徐无鬼》）

文中徐无鬼以相马术喻清净无为、自然而然之道，与《庄子》其他篇什中所提及的解牛之庖丁、伐树之匠石、蓼水边上的无名人等在精神气质上完全一致，客观上与兵家、儒家之道形成了对立，这种对立究其实质仍然是无为与有为之对立，在审美观念上则是崇尚自然与崇尚人文的差异。至于《庄子·天下》所讲的：

古之人其备乎！配神明，醇天地，育万物，和天下，泽及百姓，明于本数，系于末度，六通四辟，小大精粗，其运无乎不在。其明而在数度者，旧法、世传之史尚多有之；其在于《诗》《书》《礼》《乐》者，邹鲁之士、搢绅先生多能明之。《诗》以道志，《书》以道事，《礼》以道行，《乐》以道和，《易》以道阴阳，《春秋》以道名分。其数散于天下而设于中国者，百家之学时或称而道之。

则只能说明《天下》篇后出，既试图以道家思想统一历史文化，又已经夹杂进了儒家、阴阳家的观点，不足以引来比较儒道“中和”审美观念上的差异。概言之，在表层意义上讲，《庄子》不以儒家《诗》《书》《礼》《乐》为正道，在深层意义上则主张以人合天、“见素抱朴”和“道法自然”。

四

如果说儒道两家之“中和”观念在对“诗”的看法中主要表现为截然不同的褒贬，那么，这种审美立场在对待“乐”上，就形成了更加深入、更加具体及影响更大的美学主张。概括地讲，就是儒家“尽善尽美”与道家“大音希声”两种音乐美学观之间的重大区别。

在讨论儒家音乐美学观之前，我们有必要强调指出两点：①在孔子的时代，诗与乐并非尽如原始社会诗、乐、舞三位一体，不是所有的乐皆有辞。北宋郑樵在《通志》中对此曾提出令人信服的观点：

> 然《云门》《大咸》《大韶》《大夏》《大濩》《大武》凡六舞之名，《南》《白华》《华黍》《崇邱》《由庚》《由仪》凡六笙之名，当时皆无辞，故简籍不传，惟师工以谱奏相授耳。古之乐惟歌诗则有辞，笙舞皆无辞，故《大武》之舞，秦始皇改曰《五行》之舞；《大韶》之舞，汉高帝改曰《文始》之舞；魏文帝复《文始》曰《大韶》舞，《五行》舞曰《大武》舞，并有谱无辞。虽东平王苍有《武德》舞之歌，未必用之。大抵汉魏之世舞诗无闻，至晋武帝泰始九年荀勖曾典乐，更《文舞》曰《正德》、《武舞》曰《大豫》，使郭夏、宋识为其舞节而张华为之乐章。自此以来，舞始有辞。舞而有辞失古道矣。[1]

据此可见，孔子所品评的"齐韶"就是纯粹的乐舞，而与歌诗无关。同理，与韶乐相比较的武乐、郑声亦应为无辞之乐舞，郑卫之音与《诗经》中的郑风、卫风亦无关联。②孔子不仅是一个音乐批评家，还是一个音乐实践家，困于陈蔡时，"孔子讲诵弦歌不衰"，自卫返鲁，孔子又亲自正乐，使"雅颂各得其所"。由此可见，孔子对于音乐的品评不仅出于道德教化的考虑，同时也是以他自己对音乐本身的长期爱好和深厚修养为基础的，他完全能够从审美高度对于音乐加以品味和辨析。

所以，一方面他强调："人而不仁，如礼何？人而不仁，如乐何？"（《论语·八佾》）无论礼还是乐都应该以仁为本，没有了仁，

---

[1] 郑樵：《通志》第四十九卷，中华书局，1987，第636页。

礼乐就会徒具形式，毫无存在的价值。另一方面，孔子的音乐美学观具体表现为两个层面：一是强调音乐与时代精神紧密联系，二是强调对音乐整体的审美特质加以区分，进而说明理想的音乐应该如齐韶一般尽善尽美。"子语鲁太师乐，曰：'乐其可知也，始作，翕如也，从之，纯如也，皦如也，绎如也，以成。'"（《论语·八佾》）

先来辨析孔子如何看待音乐与时代精神之关系。孔子的音乐美学思想之所以具有很强的现实针对性，正是因为他始终重视从整个历史发展与社会现实两个角度来对音乐加以宏观把握和微观分析。以历史发展的眼光看，周代之乐是上古圣贤之乐及夏商两代音乐之集大成者，周之"六乐"包罗了黄帝之《大卷》、尧帝之《大咸》、舜帝之《大韶》、禹帝之《大夏》、商代之《大濩》以及周代之《大武》，可以说是宫廷音乐发展所达到的一个巅峰。但孔子并没有被周乐表面的兴盛遮蔽了眼睛、搅乱了理性，因为他意识到，在音乐兴盛的同时也伴随着"文胜于质"和"名不副实"两种弊端。在形式上，周代音乐更加成熟和完备，但却失去了夏代之前音乐的全民参与性，没有了早期音乐的"亲民"特征，也失去了商代音乐在敬神仪式中所融合的虔诚与笃信。周代音乐最大的特征是与礼制紧密结合，礼为人文，人文之兴既需要人性的跟进，也需要行为的配合，而这两点在孔子所处时代恰恰是最为缺少的。故而，一方面，孔子觉得周代在建礼的前提下促成文化繁荣和诗、乐、舞兴盛是值得肯定的事情，所以，他说"吾从周"；另一方面，他也看到现实之中礼坏乐崩，"八佾舞于庭"，人们喜欢郑卫之音胜过古之韶乐。可见人性与行为在春秋社会中的确产生了极大的问题，而这些问题与礼坏乐崩如影相随，互为因果，不从根本上解决文质、名实问题，音乐就不可能走上健康发展的道路，即使有理想的音乐，也不会有与之相适应的合格的听众；即使偶尔有合格的听众，也不能使音乐达到应有的、正面的、普遍的社会功能。这就是孔子把音乐与时代精神联系起来的总的社会历史基础。

任何时代精神都不仅表现在观念之中，更会集中地贯彻于人们的社会实践行为当中。结合人们的观念、行为与礼乐之关系加以评价，孔子提出："先进于礼乐，野人也；后进于礼乐，君子也。如用之，则吾从先进。"（《论语·先进》）关于这段文字的解释学界尚有争议，对文中所提及的"先进""后进""野人""君子"作何理解，人们莫衷一是。如皇侃《论语补疏》认为"孔子时文胜质，即非先进，亦非后进，欲其仍还后进之君子，必先移易以先进之野民也"。朱熹《论语章句集注》沿用孔安国之说："先进、后进谓仕先后辈也。"认为"先进后进，犹言前辈后辈。野人，谓郊外之民。君子，谓贤士大夫也"，并引程伊川之观点：

> 先进于礼乐，文质得宜，今反谓之质朴，而以为野人。后进之于礼乐，文过其质，今反谓之彬彬，而以为君子。盖周末文胜，故时人之言如此，不自知其过于文也。用之，谓用礼乐。孔子既述时人之言，又自言其如此，盖欲损过以就中也。

与朱熹、二程差不多同时的学者孙奕则更加明确地肯定孔子意在比较不同时代礼乐之特性以崇尚三代之盛况：

> 先进，指三代而上。后进，指三代而下。谓三代而上，教化俗美，而礼乐达天下，虽野人亦能之，况君子乎？三代而下，政异俗殊，而礼乐有坏阙，惟君子能之，野人莫之能力也。所以夫子欲从三代之盛时。（《示儿编》）

尽管卢辩曾经提出不同看法，但皇侃、朱熹、孙奕等对于"先进"的解释应该说是宋以前的主流观点。到了清代经学家那里，分歧逐渐明显。一是焦循的《论语补疏》依旧赞同皇侃《论语义疏》之说，认为"先进"即五帝以上，"后进"指三王以还，五帝时质胜于文，三王时文质彬彬，三王以下则文胜于质。二是刘宝楠《论语正义》明确表示不同意朱熹、程子等人把"先进"解释为"前辈"或者"三代",他认为"先进"就是"先学习"之义,"先进"与"后进"之分实际上是针对当时的"凡民"与"卿大夫"而论:

> 野人者,凡民未有爵禄之称也。春秋时,选举之法废,卿大夫皆世爵禄,皆未尝学问,及服官之后,其贤者则思为礼乐之事,故其时后进于礼乐为君子。君子者,卿大夫之称也。[①]

刘宝楠的这种观点实际上是对于卢辩、宋翔风等人类似看法的继承和完善,但经他之手,这种观点渐次扩大了影响,一直至当代学者杨伯峻、傅佩荣等人皆持此论。如杨伯峻对《论语·先进》中,"先进于礼乐"一段的译文是:"先学习礼乐而后做官的是未曾有过爵禄的一般人,先有了官位而后学习礼乐是卿大夫的子弟。如果要我选用人才,我主张选用先学习礼乐的人。"[②] 即认为孔子在此是讲用人之道,其意为,与官二代相比,布衣出身的人才因为在仕宦之前就学习了礼乐,所以是国家真正的栋梁,总之,表达了孔子反对世袭的态度。杨伯峻的观点与刘宝楠大体一致。综上所述,对于这段话最具代表性的解释大致可分为两类:一是自汉之孔安国、魏之何晏、梁之皇侃《论语义疏》经宋代朱熹、程伊川一直到清代焦循所主张的礼乐因时而变论;二是自魏之卢辩至清代宋翔风、刘宝楠及当代学者杨伯峻、傅佩荣所主张的学仕关系论。另,宋人邢昺《论语正义》认为,"先进""后进"乃孔子"评其弟子之中仕进先后之辈也",其观点虽受到康有为、钱穆诸学者的赞同,但影响有限。

从表面上看,前者讲礼乐因时而变,后者讲人才须先学而后

---

① 刘宝楠:《论语正义》卷十四。
② 杨伯峻:《论语译注》,中华书,1980,第109页。

仕，两种观点形同水火。在笔者看来，前一种解释认为孔子反对的是文胜于质，后一种观点认为孔子反对的是名实不相符；前者注重宏观考察，后者偏重微观分析；前者关注的是历时性，后者关注的是共时性。如果我们跳出经学家之樊篱，则文过饰非、名实不符实际上就是一回事，孔子主旨还在强调礼乐应该与时代精神结合，应该用以影响现实社会及人们的实际行为。所以，孔子非常重视"正名"：

> 子路曰："卫君待子而为政，子将奚先？"子曰："必也正名乎？"子路曰："有是哉，子之迂也！奚其正？"子曰："野哉，由也！君子于其所不知，盖阙如也。名不正，则言不顺；言不顺，则事不成；事不成，则礼乐不兴；礼乐不兴，则刑罚不中；刑罚不中，则民无所措手足。故君子名之必可言也，言之必可行也。君子于其言，无所苟而已矣。"（《论语·子路》）

这实际上就是把礼乐置于总体的时代环境中加以定位，并深入探讨礼乐与民生之内在关系。

由"绘事后素"之审美观念出发，孔子对于不同类型的音乐进行了深入的比较和辩证的评判。孔子把音乐分为三个层次：理想的、较理想的和不理想的。理想的音乐以韶乐为代表，较为理想的以武乐为代表，不理想的音乐就是郑卫之音。《论语》中有如下表述：

> 子谓《韶》："尽美矣，又尽善也。"谓《武》："尽美矣，未尽善也。"（《论语·八佾》）
> 子曰："恶紫之夺朱也，恶郑声之乱雅乐也，恶利口之覆邦家者。"（《论语·阳货》）
> 子曰："放郑声，远佞人。郑声淫，佞人殆。"（《论语·卫灵公》）

孔子认为韶乐是尽善尽美的，武乐则尽美而未尽善，至于郑声，孔子则视之为淫靡之声。武乐尽美而未尽善，几乎没有争议，我们存而不论。作为理想音乐的韶乐与作为反面教材的郑声，在孔子的音乐审美观之中代表了正负两极，孔子的这种观点在后世既得到进一步引申阐述，也引起了不少争议责难，值得我们重新审视和辨析。

首先，我们须理清韶乐和郑声的准确所指。韶乐是怎样一种音乐，最早起源于什么时代？历代经学家有训诂，当代学界也有不少同仁加以考释。[①] 韶乐是一种宫廷音乐或雅乐，这几乎没有争议。郑声或郑卫之音属于民间音乐或俗乐，这也几成定论。有争议的问题包括：①孔子所欣赏的是齐韶，齐韶与舜代之《箫韶》、禹代之《九招》是何关系；②郑声与郑卫之音、郑卫之音与《诗经》中郑风、卫风是否相关。

先讨论第一个问题。舜代之《箫韶》见诸典籍的主要是《尚书》和《史记》。《尚书·益稷》引"夔曰：'《箫韶》九成、凤皇来仪'"。《史记·夏本纪》载："聆是夔行乐，祖考至，群后相让，鸟兽翔舞，《箫韶》九成，凤皇来仪，百兽率舞，百官信谐。"笔者认为，韶乐为古乐应无疑，但是否就此可以确定出自舜时乐官夔之手，依旧是个谜。连"夔一足"都可以解释为"夔一足矣"，我们何以确信《箫韶》在孔子之时已问世千年之久呢？退一步讲，即使舜时已有如此繁复之音乐，也应该是集体创作、民间流传的结果，而不应出自音乐家的个体创作。而且，到春秋之齐韶，其间发展变化亦自在不少。

再来讨论第二个问题。其一，郑卫之音不等于郑国和卫国的音乐，因为在郑国、卫国的庙堂之上依旧以雅乐为主。同时，郑卫之

---

① 如韩玉德先生《〈论语〉韶乐考论》（《学术月刊》1997年第3期），骆瑞鹤先生《〈论语〉古义考论》（《古汉语研究》1990年第1期），翟纯璐先生《古代齐国乐舞〈韶〉乐初探》（《管子学刊》2011年第4期），王福银先生《从祭孔乐舞的记载中觅韶乐踪迹》（《北京舞蹈学院学报》2010年第1期），等等。

音也不单是指郑地、卫地（今河南省新郑、滑县）一带的民间音乐。《乐记》中曾提到过郑、宋、卫、齐四国皆有淫声。另，《汉书·地理志》载："卫地有桑间濮上之阻，男女亦亟聚会，声色生焉，故俗称郑、卫之音。"唐代白居易在《白氏长庆集·复乐古器古曲》亦把郑声视为桑间濮上之音。可见郑卫之音实际上就是当时兴起于民间而又逐渐风靡于诸侯贵族厅堂之上的新声俗乐。其二，孔子之后由许慎到朱熹，主流观点多把郑卫之音与《诗经》中的郑风、卫风结合起来讨论。汉代许慎在《五经异义》里指出："郑声谓《郑》诗，《诗》之《郑风》二十一首是也。"在《五经通义》引《鲁论》："郑国有溱洧之水，男女聚会，讴歌相感。今郑诗二十一篇，说妇人者十九，故郑声淫。又云：郑卫之音，使人淫逸也。"班固在《汉书·地理志》中亦称："（郑国）土狭而险，山居谷汲，男女亟聚会，故其俗淫。《郑诗》曰：'出其东门，有女如云。'又曰：'溱与洧，方涣涣兮，士与女，方秉蕑兮。''询询且乐，惟士与女，伊其相谑。'此其风也。"扬雄在《法言义疏》中说："今论语说郑国之为俗，有溱、洧之水，男女聚会，讴歌相感，故云郑声淫。"宋代朱熹《诗经集传》进一步考察了《诗经》中《卫诗》和《郑诗》的题材及抒发的具体情感，从而肯定了许慎以降之观点：

> 　　郑卫之乐，皆为淫声。然以《诗》考之，《卫诗》三十有九，而淫奔之诗才四之一；《郑诗》二十有一，而淫奔之诗，已不翅七之五。卫犹为男悦女之辞，而郑皆为女惑男之语。卫人犹多刺讥惩创之意，而郑人几于荡然无复羞愧悔悟之萌。是则郑声之淫有甚于卫矣！故夫子论为邦，独以郑声为戒，而不及卫，盖举重而言，固自有次第也。

对于朱熹把郑卫之音与郑风、卫风结合而论的做法，清代学者不以为然。

《论语》"郑声淫",淫者,声之过也。水溢于平地曰淫水,雨过于节曰淫雨,声滥于乐曰淫声,一也。郑声淫者,郑国作乐之声过于淫,非谓郑诗皆淫也。后世失之,解郑风皆为淫诗,谬矣。(杨慎《丹铅总录》卷十四)

朱子辨说,谓孔子"郑声淫"一语可断尽《郑风》二十一篇,此误矣。夫孔子言"郑声淫"耳,曷尝言郑诗淫乎?声者,乐音也,非诗辞也。淫者,过也,非专指男女之欲也。古之言淫多矣,于星言淫,于雨言淫,于水言淫,于刑言淫,于游观田猎言淫,皆言过其常度耳。乐之五音十二律,长短高下,皆有节焉,郑声靡曼幻眇,无中正和平之致,使闻之者,导欲增悲,沉溺而忘返。朱子以郑声为《郑风》,以淫过之淫为男女淫欲之淫,遂举《郑风》二十一篇,尽目为淫奔者所作。(陈启源《毛诗稽古编》卷五)

先儒皆以《郑诗》为郑声,然此言"溺音"有郑、宋、齐、卫四者,而宋初未尝有《诗》,则郑、卫之声固不系于其《诗》矣。(孙希旦《乐记·魏文侯篇》)

当代学者李方元、修海林、陶波等人多同意清代经学家言,其基本观点是,《诗经》中的郑风、卫风与孔子所谓的雅言没有矛盾,因而不属于孔子否定之列,据此认为郑卫之音与郑风不是同一概念,应该加以区别对待。①

在笔者看来,目前尚没有资料可以绝对否定郑卫之音与郑风、卫风之间的关联,至于郑卫之音不能完全等同于郑风、卫风,亦属一目了然之理。《诗经》中包含风、雅、颂三类诗歌,风、雅、颂既关系到诗歌来源、性质及内容,也关系到歌诗配乐演唱之形制。

---

① 见李方元《周代宫廷雅乐与郑声》,《音乐研究》1991 年第 1 期;修海林《郑风郑声的文化比较及其历史评价》,《音乐研究》1992 年第 1 期;陶波《"郑声"辨析》,《华侨大学学报》1999 年第 1 期。

国风来自民间，其演唱之调式旋律与宫廷中沿袭前代而来的雅颂之音肯定有所不同。从常理而言，与雅诗、颂诗相比，国风之调式旋律应该带有更多民间色彩，也就是带有俗乐的诸种特征。朱熹据此进一步比较郑风、卫风之题材差异，以求窥探"郑声淫"之实际所指，从思路上看，不无道理。至少他找到了一个具体的研究对象，而不再流于多数学者所崇尚的单纯的逻辑思辨与推断。那么，朱熹确立的这个角度及对象是否从一开始就是错误的呢？笔者认为未必。我们再来细读一下《左传》对季札观乐的记载，或许可以对此看得更加清楚：

> 吴公子札来聘，请观于同乐，使工为之歌周南召南。曰美哉，始基之矣；犹未也，然勤而不怨矣。为之歌郑，曰美哉，其细已甚；民不堪也，是其先亡乎。为之歌齐，曰美哉，泱泱乎，大风也哉；表东海者，其太公乎。为之歌大雅，曰广哉，熙熙乎，曲而有直体，其文王之德乎。

文中所说的"歌齐"，应该就是齐韶中所包含的歌诗部分；与"歌大雅"结合起来推断，"歌郑"极有可能就是演唱郑风。即便不能完全断定"歌郑"就是演唱郑风，至少可以肯定"郑声"亦有"歌"夹杂于其中，并非单纯的器乐形式。再看《论语》所记载的：

> 有子之武城，闻弦歌之声。夫子莞尔而笑，曰："割鸡焉用牛刀？"子游对曰："昔者偃也闻诸夫子曰：'君子学道则爱人，小人学道则易使也。'"子曰："二三子！偃之言是也。前言戏之耳。"（《论语·阳货》）

从这段文字中，我们可以看出来，"弦歌"这样一种形式本是雅乐所采用的，民间之歌诗多半应是有词有曲而无器乐伴奏，但子游说

"小人学道则易使也"，也就是说从操作层面上看，在孔子的时代民间风诗也已经有了词曲与伴奏两个组成部分。如果我们参照上一段引文，那么就大致可以推断出"郑声淫"在形式上究竟是指什么。季札说"细已甚"，讲的是歌的形式，也就是演唱者片面追求高音而呈现的花腔效果，那么，这种以高音为特征的歌诗，纵然有真实的情感，但至少这情感是不够深沉和雄浑的。或许正因如此，一些学者更加重视讨论音乐本身所存在的不足之处。如皇侃之《论语义疏》所说："云'恶郑'云云者，郑声者，郑国之音也，其音淫也。雅乐者，其声正也。时人多淫声以废雅乐，故孔子恶之者也。"

其次，除了探究郑声是一种什么样的音乐以及郑声与郑卫之音以及郑风、卫风之关系，学术界更为关注的还是对于郑声如何客观评价其得失。从上面我们的梳理之中可以看出来，清代之前"郑声淫"占据主流地位，有清一代，经过众多经学家撰写翻案文章，发展到当代，又形成了接近全盘肯定的倾向。具体观点如下：

（1）与封建领主所制定的雅乐相对立的就是流行于民间的俗乐，其中是典型的孔子和儒家称之为"郑卫之音"……他们的歌声一定流丽婉转，非常动人地发泄农民的真挚感情和反抗封建礼教的情绪。[①]

（2）我们不要以孔子的是非为是非……古乐的刻板，新乐的活泼……历史的发展却并不以个人的意志为转移。南朝梁刘勰《文心雕龙·乐府》："自雅声浸微，溺音腾沸。"这就是历史的结论。[②]

（3）新乐取代西周雅乐，是音乐发展的必然。西周礼乐思想只承认音乐的政治职能，神秘化了，也就窒息了音乐。新

---

①　沈知白：《中国音乐史纲》，上海文艺出版社，1982，第 13～14 页。

②　吕友仁、王文艳：《"郑卫之音"辨》，《河南师范大学学报》2011 年第 5 期。

乐却不是乐教的附庸，受束缚较少，能直接反映生活，有世俗内容，比较活泼清新。它还较重视艺术性，有美的娱乐性一面……当然，郑卫之音起于民间，也会有些不健康因素，把娱乐性变成享乐性，从而使其从内部走向腐化。然而，以郑卫之音为首，在四百年的长时间里，造成过规模大、历时久的新乐运动……对整个中华民族音乐文化水平提高和发展，都起了促进推动作用。①

对于上述三种观点笔者都不完全赞同，尤其不赞同第一个观点。理由是，其一，孔子时代的雅乐并不是由封建领主制定的，相反，郑卫之音倒是受到了封建领主们的喜欢。《乐记》记载魏文侯"吾端冕而听古乐，则唯恐卧，听郑卫之音，则不知倦"；《国语·晋语八》载有"平公悦新声"；《汉书·礼乐志》载："是时（成帝时）郑声尤甚，黄门名倡丙强、景武之属，富显于世，贵戚五侯、定陵、富平外戚之家，淫侈过度，至与人主争女乐。"其二，郑声只是礼教之乱，并不是针对礼教而有意为之。乱礼教与反礼教其实不一样，乱礼教属于放纵性质，反礼教必然有自觉意识，如把乱礼教等同于反礼教，则青楼歌姬、秦淮名妓岂不更具反礼教色彩？又如刘向《列女传·齐桓卫姬》载："桓公好淫乐，卫姬为之不听郑卫之音。"难道可以据此断定齐桓公比卫姬更具有反礼教精神？其三，关于历史的必然性也是值得进一步讨论的。在笔者看来，我们不能把所有历史之结果视为历史之必然，历史发展总是既包含必然性，也包含可然性，还包含着或然性。我们只能说历史发展里蕴涵了一种总体的合理性，但不能绝对认为所有的历史结果都完全着代表正义性的胜利。因而，也就不能说郑声兴盛甚至在一定程度上取代雅乐是历史给出的一种正义合理的选择。其四，郑声之所以兴盛，主要原因应该是内容和形式两方面的更加自由，但我们不能皮

① 冯洁轩：《"郑卫之音"的进步意义》，《文艺理论研究》1984 年第 3 期。

相地把所谓郑声的这种自由等同于和民主紧密结合的自由，此自由非彼自由也。

接着讨论孔子"郑声淫"与"放郑声"之主张。杨慎《丹铅总录》训"淫"为"过分"，也就是认为孔子所谓"郑声淫"不是讲"郑声"淫秽，而是讲"郑声"过分。这种观点当然是试图把孔子"郑声淫"严格局限在音乐形式的层面来加以探究。但我们看《论语》中孔子所讲的道理，显然又不只是认为"郑声淫"只属于形式问题。他说："放郑声，远佞人。郑声淫，佞人殆。"郑声与佞人合论，自然涉及对于郑声内容或抒情方式的评价。如何理解孔子的这种批评立场？可以参考《乐记》提出的观点：

> 郑卫之音，乱世之音也，比于慢矣。
>
> 宫为君，商为臣，角为民，徵为事，羽为物。宫乱则荒，其君骄；商乱则陂，其官坏；角乱则忧，其民怨；徵乱则哀，其事勤；羽乱则危，其财匮。五者皆乱，迭相陵，谓之慢，如此，则国之灭亡无日矣。

《乐记》把五音与五种社会情状机械对应起来，是阴阳五行说与儒家比德说的融合，显然没有多少道理可言。只不过，从中我们还是可以看出来，郑卫之音的特征就是"乱"。只是我们不必把郑卫之音的"乱"看做贬义，也可以视为形式与内容上自由和解放。我们需要追问的是孔子何以排斥郑声在形式及内容上的这种自由和解放。笔者认为原因有以下几个：①最基本的原因是孔子所处的春秋时期属于礼坏乐崩的时代，对于礼坏乐崩的优劣得失笔者在前文进行过分析，此处不赘述。孔子把郑声兴盛与雅乐衰亡看成对立统一之关系，这一点与我们当代赞美郑声的学者并无不同。只是孔子认为郑声兴盛雅乐衰亡属于乱世之伴生现象，是亡国之兆，所以要竭力排斥和批判。到了这一层，孔子的观点大概依旧没有多少道理可言。②我们需要格外重视的是，孔子的礼乐精神实际上是针对士阶层和上层贵族及统治者而言的，这个人群也就是雅乐原先的固定欣赏者。"礼不下庶人，刑不上大夫。"底层老百姓喜欢什么音乐根本不在孔子的视野之内，孔子反对的是士阶层、上层贵族以及统治者迷恋郑声而疏离雅乐。说到底，孔子所关注的是士大夫阶层的使命感。尽管他并没直接承认下层百姓喜欢郑声的合理性，但他对士大夫文人沉湎于声色之中的弊端看得很清楚。雅乐主要表现的还是敬神、敬天和敬祖的内容，士大夫阶层不仅有着执政任务，还承担着为民族与王朝制造精神幻想的使命，如果心中了无敬畏，则势必在行动中百无禁忌。倘若作为社会精英人物的士与官毫无使命感，国家就极有可能处于危险的边缘。换言之，在一个健康的社会之中，百姓享有的自由度原本应该远远超过精英人物和统治阶层。从这个角度看，孔子对郑声的反对和指责就并非全无道理。用通俗的话来讲，百姓可以卡拉 OK 或情歌对唱，在知识精英与行政官员群体中则不应该提倡。百姓喜欢情歌原生态是劳作之余的休闲，官员混迹娱乐圈则是道德上的堕落，而知识精英如果也沉迷于通俗音乐，则在一定程度上彰显了精神世界的苍白以及现实行动上的无力。

就审美实践本身而言，作为审美对象的音乐，存在着审美严肃性与娱乐性、雅与俗的对立统一关系，极端的严肃性与无底线的娱乐性都是我们应该反对的。在孔子所处的时代，娱乐与俗乐的流行其实根本就用不着什么人推动促进，郑声在贵族阶层流行开来当然与他们耽于视听感官享受有直接的关系，郑声根本不需要提倡就足以大行其道。孔子之所以主张放郑声，其精神实质是在音乐评论中贯彻了"士不可以不弘毅，任重而道远"的理想，其潜台词是：士阶层的使命感应该表现为在某种程度上对于娱乐保持距离和警惕。当然，在审美实践中，审美规律本身具有一定的独立性和内在自足性，它与伦理道德并不存在直接对应的关系，审美活动与直接的伦理实践不同，审美对于人的道德教化作用毕竟是间接的。所以，唐代白居易在《白氏长庆集·复乐古器古曲》中说："是故和平之代，虽闻桑间濮上之音，人人情不淫也，不伤也；乱亡之代，虽闻《咸》《濩》《韶》《武》之音，人情不和也，不乐也。"进一步讲，在中国音乐发展史上，把郑声视作异类加以排斥，甚至连带民间产生的其他艺术形式一并加以否定和贬低，其理论立场及观点之荒谬性也同样应该引起我们反思。

五

如果说孔子的音乐美学思想是审美与伦理的紧密结合，那么，老子音乐美学思想的逻辑起点则是道与美感之间的关系。学术界对于老子音乐美学思想的研究非常重视，其关注的焦点问题是"大音希声"。笔者认为，"大音希声"的确是一个虽不纯粹却非常重要且影响深远的美学命题，但仅仅从有无关系、"希声"和无声、"大音希声"和"五音令人耳聋"等方面展开讨论，就还没有真正把握老子音乐美学思想的精神实质，自然也就难以领悟其深刻的思想内涵。

毋庸置疑，无论儒家还是道家的美学思想体系，都带有浓郁的社会学色彩，两者都具有对于现实生活的批判功能。其不同在于，儒家认为，只有重构礼乐文化体系，重铸以仁义为本的人心与人性，在恢复社会等级秩序的同时兼顾到个体内心世界的充盈与快乐，进而达到美与善的高度统一，才是去除社会之丑恶现象的根本方法和途径；而道家认为礼乐体系本身就是对于自然人性的压抑和扭曲，仁义是对于社会丑恶现象的虚饰与掩盖，故而，重构礼乐体系与重铸仁义之人性、人心既不可能，也不可行，都不能解决根本问题，重要的是，在社会形态上要归于原始，在个人心态上要同于赤子，要达到这双重目标，道家采用的基本方法和途径是解构而不是建构。由此可知，道家之音乐美学思想从本质上来说是一种否定性美学。

20 世纪 80 年代，蒋孔阳先生对于"大音希声"作出的解释可谓抓住了关键所在，"大音希声"即"最完美的音乐，是作为

'道'的音乐，是音乐的本身……'大音'是指音乐的本身，是音乐的'道'，从它本身的性质来说，就是'听之不闻'的。我们能够听到的，只是音乐的演奏。这些演奏出来的音乐，无论怎样完美，比起音乐的'道'来说，总是有缺陷的"。① 由此，蒋先生认为"老子的音乐美学思想，归根到底是取消音乐艺术"②，这种看法同样没有错。有些学者以为蒋先生一讲老子主张取消音乐艺术，就意味着在否定老子"大音希声"的美学意义，甚至拿后世所谓的弦外之音、言外之意来证明老子"大音希声"是希望建构一种能够表现"道"的自然而然的音乐艺术，这实际上是皮相之见。其实，老子不仅否定音乐艺术及礼乐制度，甚至对仁义、智慧、孝慈、忠臣也持一种否定态度。"大道废，有仁义；慧智出，有大伪；六亲不和，有孝慈；国家昏乱，有忠臣。"（《老子》第十八章）只不过，我们应该充分注意，老子不是认为仁义、智慧、孝慈、忠诚比不仁不义、不慧不智、不孝不慈、不忠不敬还坏，而是从结果回溯原因，如果大道存则无须仁义，人心朴则无须智慧，六亲和则无须孝慈，国家清明则无须忠臣。换言之，提倡仁义往往是缺少仁义，崇尚智慧往往是掩盖伪善，鼓励孝慈往往是六亲不和，褒扬忠臣往往是国家混乱，正所谓缺什么补什么，头痛医头脚痛医脚，治标不治本。所以，老子说：

> 五色令人目盲，五音令人耳聋，五味令人口爽，驰骋畋猎令人心发狂，难得之货令人行妨。是以圣人为腹不为目，故去彼取此。

不少学者认为老子讲"五音令人耳聋"就是否定不自然的人为的音乐，从而提倡一种朴素自然的音乐，其实这种看法是不正确的，

---

① 蒋孔阳：《中国古代美学艺术论文集》，上海古籍出版社，1981，第118页。
② 蒋孔阳：《中国古代美学艺术论文集》，上海古籍出版社，1981，第122页。

其错误在于他们有意或者无意地忽略了老子讲的"圣人为腹不为目"。显然，老子强调的是后者，圣人治理国家，最重要的不是满足贵族阶层的五色、五音、五味、田猎、玩物之欲望，而是首先考虑填饱老百姓的肚子。可以说，老子主要不是在讲音乐，而是阐述自己一种非常朴素的民本思想。老子的这段话既是愤激之语，同时也曲折地表达出他的"见素抱朴"的审美观念。

要准确理解老子的音乐美学思想，需要对老子的"道"论加以进一步分析。有些同志认为"大音希声"讲的就是音乐之道。这种观点乍一看不错，实际上非常含混。学界对于"大音希声"的解释主要有两种，一种是大音无声，另一种是大音希声，相比之下，前一种解释更符合老子本义。不管是无声还是希声，都不是实存的音乐形态，因为说到底，音乐是由有组织的乐音所形成的特定的艺术形式，没有乐音就没有音乐。由此可以推知，老子所谓"大音"既不是"道之音乐"，也不是"音乐之道"，而是对于"道"之表现的一种逻辑假设。如果我们勉强进行翻译，可以译作"假使有一种声音可以表现'道'的话，那声音也一定是我们听不到的声音"。听不到的声音怎么能叫声音呢？可见，老子已经清楚地意识到，对于"道"的这种形而下的逻辑假设势必会陷入困境并导致逻辑悖论的产生。所以，他的真实的意思是说，没有哪一种声音可以与"道"合而为一。既然没有任何一种声音可以与道合二为一，也就不存在所谓的音乐之"道"。因为，当我们说"音乐之道"的时候，必定有一个逻辑假设，就是有一种音乐应该是能够与"道"合而为一的。按照这样一个逻辑演绎的结果，我们能够看出下面这段文字是对老子思想的曲解：

　　《老子》把形而上的音乐之"道"看作是比形而下的音乐
　具体表现形式更为重要、更为根本的东西。因为音乐之"道"
　是永恒的，永远是美的善的。可是在现实中，作为音乐表现形
　式的声音，却是因时因地而变化的，此时此地以为美，彼时彼

地就可能不美。在欣赏音乐的时候，我们决不能停留于分辨其
中的钟鼓之音或具体的形状色彩，更不要由此联想到人间的形
色名声，而是要悟出其中之"道"。①

我们可以说，在老子思想里，"道"是永恒的，在真的前提之下或
许也是美的和善的，但老子从来没有讲什么音乐之"道"是永恒
的。这个道理其实并不复杂，在老子思想体系中，道为天地之始，
万物之母。"天地之始"是"道"的"无"的属性，"万物之母"
是道的"有"的属性，"道"是"有"与"无"的统一。"道"之
"有"不同于万物之"有"，故"道无"；"道"之"无"不同于万
物之"无"，故"道有"。在本体论层面，"道"作为天地万物的
始基与根据，在时间上无始终，在空间上无边际，这样意义的
"道"根本就不能再进行划分，如细分为"音乐之道""书画之
道""文学之道"等。为何这么说？原因也很简单。以"音乐之
道"与"书画之道"为例，如果"音乐之道"和"书画之道"是
指两种不同的"道"，则两者都不是老子所说的放之四海而皆准的
本体论层面的"道"；如果"音乐之道"和"书画之道"是同一
种"道"，那么两者既无实质的区别，又何来划分的必要性？

上面引文所述观点，实际上作者可能没有细想，其理论资源有
两种：一种是西方柏拉图的理式，这一点在蒋孔阳先生的论述中我
们可以看到柏拉图理式论的影子；第二种是哲学上对内容与形式关
系的思辨模式，即内容决定形式，形式有反作用，等等。先讲第一
个理论来源。柏拉图的理式论从表面上看，与老子的"道"论确
有相似之处，理式与"道"都具有永恒性，都比现象世界以及艺
术世界更加真实。但是，我们决不能把老子的"道"等同于柏拉
图的理式。柏拉图的理式是从与具体事物相对应的概念中推演出来

---

① 李昊：《从对"大音希声"的误释析老子音乐美学思想的本质》，《天津音乐学
院学报（天籁）》2005 年第 3 期。

的，所以，他的理式实际上是一个无穷多的概念集合体，马有马的理式，桌子有桌子的理式，美有美的理式。我们完全可以用"本身"这个词来代替理式，如美的理式就是美"本身"。罗素的《西方哲学史》认为，柏拉图的理式是把同一类事物所具有的共相提取出来，孤立开来，这种看法是符合柏拉图理式论之本义的。① 老子的道论既不涉及具体的事物，也不涉及事物的概念，相反，它是所有事物与概念的渊薮。进一步说，由某一类事物所抽取的普遍性实际上不可能是永恒的，柏拉图自己也假设过世界上的第一张桌子。事实上，即便理式先于现象世界独立存在，但至少既有的理式应该在现实世界中直接可以找到影子。问题是，现象界里新陈代谢一刻不停，在某一事物尚未产生之际或某一事物已经消亡之后，理式就缺少了与之相匹配的影子。老子的"道"具有更加彻底的形而上学特征，它所对应的不是个别事物，而是所有的个别事物。在柏拉图那里，美的理式或美本身当然不同于丑的理式或丑本身；而在老子的思想体系里，道法自然，无论是丑还是美，当它们与道对举的时候，美丑之间的区别就是相对的和微不足道的。正是因为把老子的"道"与音乐之"道"画了等号，或者更直接地说，是偷换了概念，作者就引申出来音乐是形而上之"道"的具体表现形式，言下之意，"道"也就是形而下之音乐要表现的内容，进而得出了更加荒诞的结论——欣赏音乐就是悟道。这种观点距离老子的思想何止千万里，它不仅是对老子的曲解，也是对音乐欣赏的误判。以这样在逻辑上漏洞百出的论证来反驳蒋孔阳先生的观点，又怎么能够让人信服？

我们说"大音希声"不是一个纯粹意义的音乐美学命题，并不意味着我们要否定"大音希声"的美学价值及其对音乐美学的贡献。"大音希声"虽然没有直接回答什么是音乐美的问题，但对于音乐美感的内在机制之阐释却有着特别重要的启示。

---

① 罗素：《西方哲学史》上册，商务印书馆，1963，第169页。

　　首先，老子的"大音希声"思想已经暗含了对于纯粹理性、实践理性以及判断力的初步区别。实践理性之核心是意志，判断力之核心是情感，无论意志还是情感都不可能单纯依赖认识活动得以完善。所以，老子说：

　　　　天下皆知美之为美，斯恶已；皆知善之为善，斯不善已。故有无相生，难易相成，长短相较，高下相倾，音声相和，前后相随。是以圣人处无为之事，行不言之教……（《老子》第二章）

主体单纯认识到美丑之别，实际上并不能形成真正意义的美感和审美人格；单纯认识到善恶之分，也不能保证主体在伦理实践中弃恶向善。恰恰相反，因为人的认识能力不是与生俱来的，而是后天生成和发展起来的，受教育程度越高，认识能力往往也就越强。在老子看来，礼乐教化本来就会助长和滋生人性的矫饰和虚伪，故他认为对于美与善的认识越是明晰，主体越容易走向美与善的反面。如庄子所说："天地有大美而不言，四时有明法而不议，万物有成理而不说。"（《庄子·知北游》）认识有助于言说，但真正的美则是无言之美。

　　其次，老子的"大音希声"也隐含了对于美感形成过程的推测。我们说，美感具有广义和狭义之分，广义的美感既离不开审美感受与审美体验，同时又在审美实践过程中超越具体审美对象，进而关联到主体的审美情趣、审美习惯、审美理想等，并最终形成具有总体性和包容性的审美意识系统。狭义的美感则是指由具体的审美对象所引起的具有特定指向与内涵的审美感受。从生成论角度看，广义美感与狭义美感本来是一面镜子的两面，一方面，宏观的审美意识系统的形成离不开个体对于特定对象的审美活动，它是审美主体在无数次审美活动中所积累起来的审美经验的整合与融通；另一方面，作为审美主体的个人，其审美感觉能力并不仅仅是由具体的某个或某些审美对象促生的，相反，这种感觉能力既是个体的，更是人类的。故而马克思说："人的感觉，感觉的人性，都只是由于它的对象的存在，由于人化的自然界，才产生出来的。五官感觉的形成是以往全部世界历史的产物。"① 老子当然不会意识到"只是由于人的本质的客观地展开的丰富性，主体的、人的感性的丰富性，如有音乐感的耳朵、能感受形式美的眼睛，总之，那些能成为人的享受的感觉，即确证自己是人的本质力量的感觉，才一部分发展出来，一部分产生出来"②。但老子凭直觉感悟到了人对于美的感觉能力与对于具体个别的对象的感受根本不同，即使无声，并不妨碍人对于声音已然形成的那种形而上的美感积淀。

再次，老子的"大音希声"因其否定性而呈现出了更大的开放性。这种开放性在后世音乐美学流变中渐次催生了天籁之音、无声之美、声无哀乐、弦外之音等一系列音乐美学命题。

老子的"大音希声"本身既不是形容一种天籁，也不是称颂无声之美，既没有涉及在音乐欣赏中主体介入的重要性，更没有对音乐曲调旋律所具有的暗示和诱导作用加以探讨。但"大音希声"却在一定程度上揭示了有与无、朴与华、形而下与形而上之间二律背反的关系，从而促使人们从解构的角度审视既有音乐的种种不足，进而更加重视音乐的自然美、含蓄美和空灵美，并最终在理论上对形而下的音乐形式进行形而上的哲学思辨和美学批判。

最后，老子的"大音希声"观点对于儒家以礼乐精神为核心的音乐美学思想是一个必要的补充。在孔子看来，韶乐是尽善尽美的音乐，是文与质的高度统一。如果只是就言语层面来看，尽善尽美的观点是把美和善放置于同等重要的位置，进一步分析，则可以看出孔子对于美善的重视程度显然有先后强弱之别。比如，拿韶乐

---

① 马克思：《1844年经济学哲学手稿》，《马克思恩格斯全集》第42卷，人民出版社，1979，第126页。

② 马克思：《1844年经济学哲学手稿》，《马克思恩格斯全集》第42卷，人民出版社，1979，第126页。

与武乐相比，韶乐尽善尽美，武乐尽美而未尽善，韶乐理所当然更
值得赞许。但是，武乐与韶乐之间的区别，不仅在于内容，也在于
形式，武乐的美与韶乐的美应该是不同的美，换言之，韶乐的
"尽美"实际上是"尽"韶乐本身的"美"，而不会是"尽"韶乐
之外——比如武乐——的"美"。在两种不同的美之间，孔子因韶
乐同时具有尽善之特性，所以，对武乐之美则有所扬弃。由此可
见，当善与美不能统一时，孔子的观点是美从属于善。再扩大一个
层次来讨论，孔子的理想是通过复兴礼乐来重铸人心和重建社会秩
序，当乐与礼有矛盾的时候，那么，乐应该从属于礼。归纳这两个
层面的意思，我们可以看出来，孔子的音乐美学思想以伦理为目的
与核心，其强调点是音乐的社会功能。那么，假使按照老子"大
音希声"的标准来衡量韶乐，则与武乐没什么不同，都是老子否
定的对象。说穿了，这种区别基于对于理想人性或理想人格的不同
看法，孔子心目中的理想人性或理想人格是一种社会伦理人性与社
会伦理人格，老子心目中的理想人性与理想人格是一种自然人性与
自然人格。理想的音乐到底应该塑造伦理人格还是应该强调生命本
身的天性？其答案不应是非此即彼的，而应该是亦此亦彼的。回归
到音乐本身而言，音乐的自然美与社会美应该具有互补性。

第四节　玄学美学对"中和"的重新阐释

　　表面看来，经过两汉经学之由盛及衰，至汉魏之际，"中和"
已经不再是玄学名士热衷讨论的核心范畴，继而兴起的是魏晋玄学
对意象和气韵两大范畴的热议。对于这样一种转变，以天下为使命
之正统儒学家是不以为然的。比如顾炎武在《日知录》卷十七
"正始"条云："演说老庄，王何为开晋之始。以致国亡于上，教
沦于下。胡戎互僭，君臣屡易。非林下诸贤之咎而谁咎哉！"把
"胡戎互僭，君臣屡易"归因为玄学之"祸"，显然有失公允。在
笔者看来，避开社会学、政治学不论，"中和"之所以能够由形而

上学蜕变为一种审美范式，并最终成为中国艺术精神之重要基质，魏晋玄学可谓功不可没。

从"正始名士""竹林名士""中朝名士"一直到"江左名士"，他们所热衷探究的有无、玄论、虚实、形神等诸种问题，从学理上讲，早期是汇通儒道，晚期是融合儒道释，这样一个汇通和融合的工作，离不开对先秦诸子时期"中和"观念之继承与重新阐释。具体来讲，早期玄学家中夏侯太初、何平叔、王辅嗣所做的工作是彰显儒道之互文性，"有无之辨"、"道"之体用是其关注之焦点问题。至竹林名士，其所处环境已经恶化，名教与自然之冲突既已成为现实困境，也便成为思想之直接对象，在那样一种特殊的语境下，阐释和弘扬庄学为竹林名士提供了有力的精神支撑。庄子与老子原本就是同中有异，庄子有避世、消极的一面，也有崇尚自由、立意反抗的另一面。在竹林名士那里，接受和阐释庄子思想，主要还是彰显了一种不合作姿态和个性自由的境界。从竹林七贤中向秀入仕一直到中朝名士，如王衍、郭象那里，对有无之辨、自然与名教之争主要采取的是和稀泥的态度，玄谈之风日盛，名士风骨日堕，既不关注现实民生，亦不坚持个人名节，玄学之弊渐次暴露。

要探讨玄学美学视域下"中和"观之因革，既不能脱离玄学关注的焦点问题，也不能脱离玄学美学所提出的重要美学观点。前者主要属于玄学性质的形而上学，后者属于玄学美学和玄学艺术理论。在玄学形而上学层面，主要是两大问题，一是有无之辨，二是自然与名教之关系；有无之辨是玄学本体论，自然与名教之争是玄学人生哲学。在玄学艺术理论之中，包含了三大方面：玄学音乐美学思想、玄学诗学以及玄学书画美学思想。其中玄学诗学与玄学书画美学更多涉及意象论和气韵论，我们另作探究，在这里主要通过讨论玄学形而上学以及魏晋时期的音乐理论来说明"中和"观念之蜕变，大致可以分为有无论、自然论和乐论三大块，其内容涉及老学与儒学、庄学与儒学、"中和"音乐观等经玄学阐释所产生的演变和发展。有一点需先说明，这三大块的内容在玄学美学发展之不同阶段上，在不同的玄学家那里，也有很大的不同，甚至其观点出现了转折和质的变化，这些细节问题我们在比较魏晋与先秦"中和"观念之差异的层面，只能作大致的描述，而无暇进行更加深入的探讨。

汉、魏、晋三代之更替不过是数十年间发生的事情，社会巨变不仅影响到国计民生，也深刻地影响到了时代精神以及知识阶层的思想观念。其间重大转变可分为四个阶段。第一阶段是汉末经学之衰到建安风骨的形成。第二阶段是曹魏势力之衰到正始玄学之初成气候。第三阶段是司马氏由专权至篡位，阮籍、嵇康、向秀等竹林人物渐次分道扬镳。第四阶段是晋文帝统御天下，玄学人物由山林而庙堂。纵观四个阶段，知识阶层的精神世界实际上呈现出积极、矛盾、消极、颓废等不同的形态。到中朝名士王衍那里，玄学甚至堕落为信口雌黄，其精神内涵之羸弱与个人节操之失守可谓不言而喻。如《晋书》卷四三《王戎传附王衍传》载：

> （王衍）妙善玄言，唯谈老庄为事。每捉玉柄麈尾，与手同色。义理有所不安，随即改更，世号"口中雌黄"。朝野翕然，谓之"一世龙门"矣。累居显职，后进之士，莫不景慕放效。选举登朝，皆以为称首。矜高浮诞，遂成风俗焉。

然而，对处于不同阶段的玄学名士也需具体分析。如王弼与何晏、阮籍与嵇康、王衍与郭象，尽管存在两两相似之处，但具体的观点和主张并不完全一致。正始玄学初期，王弼的成就和影响超过了年龄更长的夏侯玄及何晏；竹林七贤之中，嵇康的音乐美学思想独树一帜，比阮籍的主张有更大的影响力；中朝名士之中，郭象在音乐美学及意象理论上取得了重要成就，其独化论在一定程度上发展了王弼崇本息末的贵无说。

一

从根本上说，儒家和道家的哲学都具有浓郁的政治色彩，都具有明显的现实批判性。只是在董仲舒之后，儒家哲学渐次成为官方哲学，其批判功能亦逐渐被辅政功能所取代，故而，与道家相比，儒学在经学之衰的同时呈现出更明显的颓势。而儒道两家思想就系统而言，原本具有互补性，这种互补性决定了两者在中国思想史的发展进程中往往集中表现为此消彼长及疏离融合两种态势。以汉代而言，儒家得势则道家不行，儒道两家思想主要的表征是梳理而非融合。到了魏晋时期，情况发生了变化。从国计民生角度看，道家休养生息之思想重新抬头，无为而治之思想较之儒家更得人心；从个体角度看，曹魏代替汉统，由太祖至文帝，其武略文韬俱已突破儒学樊篱，而建安风骨之慷慨悲凉更非儒道"中和"观念可包容涵盖。至于夏侯玄、何晏、王弼汇通儒道，以求托古改制，"有无论"便自然成为时代精神之关注焦点。

我们在上文强调指出，在老子思想体系中，道为天地之始，万物之母。"天地之始"是"道"的"无"的属性，"万物之母"是道的"有"的属性，"道"是"有"与"无"的统一。"道"之"有"不同于万物之"有"，故"道无"；"道"之"无"不同于万物之"无"，故"道有"。由此可知，本体论意义上讲"道"之"有""无"实际上就是在对现实中万事万物的否定中得以建构的。只不过，道家的否定哲学或否定美学又可以具体分为三个层面的否定：本体论层面是以"道之有无"否定自然及社会中万事万物之"有无"；实践论层面是以清净无为否定儒家之积极进取；艺术论层面是以朴素无华之自然而然否定人文瑰丽之奇思妙想。故而，在本体论层面，为道日损，损的不仅是万物之有，同时也包含着万物之无；换言之，"道"的"有""无"皆具有永恒性质，而万事万物的有无皆属于相对、有限和短暂。在实践论层面，清静无为的根本目的就是贯彻"道"之有无于世界之中，即任由世间万物各尽其性，各显其质，自生自灭；不以我之欲望目的为他人及世界万物之目的，既不强加，也不强受。在艺术论层面，否定以人为功夫遮蔽主体之赤子心性，提倡超越个别对象而归于"道"之旨趣。

尽管我们说，儒道两家有可融通之处，那就是进而有节和退而有度，但如果把老子的三层否定贯彻到底，那么儒道就绝无融通妥协之可能。如何把不可能变为可能？必须对老子的道论加以重新阐释。魏晋玄学或主张"贵无"，或主张"崇有"，或主张"独化"，其根本目的在于力图构筑儒道两家彼此融通的桥梁。这个道理需要进一步加以说明。在老子的思想系统中，道是"无"与"有"的统一体，反过来说，"无"与"有"都是道之组成部分。那么，也就意味着道家的"有"不能等同于儒家思想中的"有"。比如，道家讲"无为"而无所不为，其"无为"固然不同于儒家的有为，无所不为同样也不是儒家的有为，这就关闭了道家"无为"与儒家有为沟通的路径。怎么办？一种办法是把道家思想索性归结为"无论"，这样自然就把原属于"道"的"有"部分地转让给了儒家，使之在一定程度上成为与儒家积极进取具有同质的东西。另一种办法是把道家的思想归结为特殊的"有"，即天、地、人三才相合的"有"，进而分出天道、地道、人道三个层面，从而为儒家所提倡的"三不朽"留下登入道家堂室之机会。玄学之初，夏侯玄、何晏、王弼做的是第一种功夫；到了中朝名士那里，向秀、郭象做的则是第二种功夫。先来考察老子的"有无"观念。《老子》第四十章云："反者道之动。弱者道之用。天下万物生于有，有生于无。"老子所讲的"无"和"有"皆为道体，是从逻辑层面演绎出来的形而上假设。在老子看来，现象界所存在的物极必反、柔能克刚正是道之双体双性的辩证统一与具体呈现。道之"象"不同于道之"体"，道之"用"不同于道之"器"。在老子看来，"道之动"与"道之用"皆本于"道之有"以及"道之无"，没有道体内部"有"与"无"两种性质的融合冲突，则在历时性上不会出现道之"动"，在共时性上不会存在柔克刚。如老子所言："无名天地之始，有名万物之母。故常无欲以观其妙，常有欲以观其徼。此两者同出而异名，同谓之玄。玄之又玄，众妙之门。"（《老子》第一章）显然，老子的有无统一观既是本体论，也是生成论，是自上而下进行哲学思辨的结果。

再来看王弼对《老子》第四十章的解释："天下之物，皆以有为生。有之所始，以无为本。将欲全有，必反于无也。"① 王弼这段话可以视为其"贵无说"之总纲，故有必要加以进一步分析。王弼"贵无说"的出发点不是形而上之"道"，而是形而下之"器"，其逻辑推理过程分为三段：第一段，"天下之物，皆以有为生"。这个观点类似于西方本体论中提出过的"存在者必存在"，存在者与存在不能彻底割裂。第二段，"有之所始，以无为本"。与存在者相关联的存在不是整体意义的存在，从存在者的角度窥探存在，其结果只是以偏赅全。因而，欲说明与存在者关联之存在的内涵及性质，必须先解构存在与存在者的这种有局限性的关联；而与具体存在者无关之存在本体在逻辑上则只能归之于"无"，而不能归之于"有"。第三段，"将欲全有，必反于无也"。与存在者相关联的存在属于存在之"有"，与不同的存在者相关联的"有"应该具有不同的性质，如天道为阳、为刚、为明、为直，地道为阴、为柔、为暗、为曲，这就是"不全之有"。欲打破或超越"不全之有"的局限，就必须升华或回归到整体意义的存在——"无"。通过这样一个三段论的推理，王弼确立了自己的贵无说，同时也建构起了形而下与形而上之间的桥梁。

如果只是从字面上看，王弼倡导"以无为本"与老子崇尚清静无为似乎是一致的，而实际上，王弼的贵无说已经偷梁换柱，以儒家之《易传》思想改造了老子哲学。我们再来看王弼对"有""无"关系的具体论述：

---

① 王弼：《老子注》第四十章，见楼宇烈《王弼集校释》上，中华书局，1980。

形必有所分，声必有所属，故象而形者，非大象也；音而声者，非大音也。然则四象不形，则大象无以畅；五音不声，则大音无以至。四象形而物无所主焉，则大象畅矣；五音声而心无所适焉，则大音至矣。故执大象则天下往，用大音则风俗移也，无形畅，天下虽往，往而不能释也；希声至，风俗虽移，移而不能辩也。是故天生五物，无物为用。（《老子指略》）

王弼一方面沿袭了老子"大音希声""大象无形"的观点，认为大音、大象并非有所属之声和有所分之形；另一方面进行了引申和发挥：①认为大音与大象对于五音与四象存在着一种依赖关系，即形而上之大音、大象要借助形而下之五音、四象得以呈现；②大音、大象是五音及四象的灵魂与底蕴，当五音呈现大音之道，则可以移风易俗，当四象呈现大象，则可以凝聚人心；③以大音、大象为灵魂底蕴的音与象对风俗人心产生无形无声的影响，是一种潜移默化。

在《老子》之中，有象数思维的影子。老子的宇宙生成观表述为："道生一，一生二，二生三，三生万物。万物负阴而抱阳，冲气以为和。"（《老子》第四十二章）由老子的"道生一，一生二"来看，其思路与儒家《易传》思想中"太极生两仪"的观点近似，但接着往下推演，就显示出儒道两家观点的差异。老子讲"三生万物"，何者为"三"？老子没有明确讲。但在《老子》之中云："三十幅共一毂，当其无，有车之用。埏埴以为器，当其无，有器之用。凿户牖以为室，当其无，有室之用。故有之以为利，无之以为用。"（《老子》第十一章）据此可以推断，老子所说的"三"就是以"有""无"为"利用"，也就是形而上之道与形而下之器之间的过渡，"三"是阴阳冲气的和合状态，对于器而言，"三"属于不用之用，对于道而言，"三"属于有无相生。而儒家的《易传》并不重视这种有无相冲的和合状态，而是坚持两两相对的原则，由两仪推出四象，由四象生成八卦："是故，易有太极，是生两仪，两仪生四象，四象生八卦，八卦定吉凶，吉凶生大业。"（《周易·系辞上》第十一章）我们说，儒道两家都从《周易》中汲取了思想资源，何以道家主张"三"而儒家主张"四"？究其实质，还是与儒道两家对于礼乐之不同态度有关。道家所主张的"三"实际上就是气论，是由阴阳二气彼此混合、冲突并自然而然形成的调和状态；儒家所强调的"四象"坚持的是人文之礼，如后来王充在《论衡》之中所明确提出的"礼贵意象"，"四象"不论是指少阴、少阳、老阴、老阳，还是指青龙、白虎、朱雀、玄武，抑或春夏秋冬之四季循环，抑或君臣父子之人伦秩序，总之，两两相对构成的"四象"比道家所主张的"三"更符合礼制。

王弼把五音、四象与大音、大象结合起来，其精神实质是把道家的道法自然与儒家的礼乐教化加以融合，从而提出自己的独特见解：

> 老子之书，其几乎可一言而蔽之。噫！崇本息末而已矣。故其大归也，论大始之原以明自然之性，演幽冥之极以定惑罔之迷。因而不为，损而不施；崇本以息末，守母以存子；贱夫巧术，为在末有；无责于人，必求诸己。[1]

其中最重要的观点是明自然之性、去主体之迷、崇本以息末、守母以存子，从道家思想里继承而来的是循道无为，从儒家思想中吸收进来的是无责于人而求诸己。因而，其"贵无说"之中，既包含了道家以人合天、道法自然的"和"的观念，也包含了儒家执两端而用其中的"中"观念，可谓在魏晋新的历史条件下所形成的具有新内涵的"中和"观念。

---

① 王弼：《老子注》，见楼宇烈《王弼集校释》上，中华书局，1980。

接着分析郭象的有无观。魏晋玄学自竹林七贤之后，其重点逐渐由老学转向庄学，郭象的有无观也是借《庄子注》而得以表达的。以庄学为抓手，郭象明确反对王弼的本无观：

> 无既无矣，则不能生有。有之未生，又不能为生。然则生生者谁哉？块然而自生耳。自生者，非我生也。我既不能生物，物亦不能生我。则我自然矣，自己而然则谓之天然。①

郭象这段文字表达了一个非常重要的观点，即万物自生，无不能生有。既然万物自生，主体亦属于万物之一，则主体亦不是因道而生。郭象对此作进一步说明：

> 而或者谓天籁役物使从己也，夫天且不能自有，况能有物哉！故天者，万物之总名也。莫适为天，谁主役物乎？故物各自生而无所出焉，此天道也。
>
> 自然生我，我自然生，故自然者，即我之自然，岂远之哉！②

郭象的这种看法固然可以在老子道法自然命题中找到一些依据，但因其对于老子的有无之道以及王弼的以无为本一并加以否定，因而也就彻底扬弃了作为事物普遍规律的"自然而然"，而突出了事物作为种类、个体的"自然而然"，等于对道家的退而有度和儒家的进而有节加以双重否定。

一方面，郭象对儒道两家的双重否定把主体作为个体从社会人格和自然人格中解放出来，使得存在最终落实到了个体存在的层面。当个体在存在论的层面获得意义之后，中国哲学、美学的

---

① 郭象注，成玄英疏《庄子注疏》，中华书局，2011，第 26 页。
② 郭象注，成玄英疏《庄子注疏》，中华书局，2011，第 26、29 页。

"中和"观就丧失了社会伦理内涵，进而转向了个体对于具体对象的审美观照。郭象的"任性而自得""寄言以出意"等主张是有益于审美主体自觉的，可以说，郭象的这个转向也正是他对于中国美学最根本的贡献。另一方面，郭象注释《庄子》被称为新道学，固然弃儒家之礼教于不顾，同时也抛弃了道家思想中的批判性质。我们说，道家主张清静无为，其目的在于纠正统治阶层的骄奢淫逸和盘剥扰民，其无为的价值指向在于纠正时弊，究其实质，是主张无为而意在有为。故老子讲："人之所教，我亦教之，强梁者，不得其死。吾将以为教父。"（《老子》第四十二章）而郭象的"崇有"恰恰相反，表面上讲各全个性，任性自得，实际上是不负责任，把主体从社会人生之大的背景之中拉出来，随波逐流而无所作为。故而，郭象的思想观念，其实质是力主崇有而意在无为。老子说："上士闻道勤而行之，中士闻道若存若亡，下士闻道大笑之。不笑不足以为道。"（《老子》第四十一章）世传郭象之庄学抄袭向秀而来，无论其真假，皆可见出在嵇康之后向秀、郭象辈之人格力量确已大打折扣。我们当然可以赞许一个纯艺术时代的到来，而且，在真正的艺术品，如书画、文学，还有雕塑等背后，艺术家的人格光辉与其艺术本身的成就亦是浑然一体的，但这并不能成为美学理论封闭性的有力辩护。

二

张岱年先生说："'中庸'的观念认为凡事都有一个标准，也就是一个限度，超过这个限度和达不到这个限度是一样的。这里包含对立面相互转化的观点，这是正确的。但是'中庸'观念又要求维护这个标准，坚持这个限度，防止向反面转化，没有促进发展变化的观点，这是中庸思想的局限。"[1] 自董仲舒之后，先秦儒学

---

[1]　张岱年：《中国古典哲学概念范畴要论》，中国社会科学出版社，2000，第57~58页。

"过犹不及""尽善尽美"之"中和"等一些具有基本准则性质的范畴渐次演变为汉代之名教并居于一尊地位。"名教"从广义上说是指一种由儒家所倡导的通过正名定分而建立伦理纲常、礼教道德之现实秩序。汉魏名士蔡邕宗庙之议说："夫君臣父子，名教之本也。"（《后汉纪》卷二十六）南朝郑鲜之说："名教大极，忠孝而已。"（《宋书·郑鲜之传》）从生物学的角度看，孝慈本来出自生命繁衍的本能，而且，多数情况下，慈爱胜过孝顺。因为，祖辈父辈借助子孙得以延续，无慈爱则无血脉传承，而子孙羽翼丰满之后，若能尽反哺赡养之义务，则多半出于良知。自夏商周三代以降，家国一体，忠孝不分，故而把本能与良知结合起来形成君臣之道，是多数具有基本理性的统治者最为希望的状态。当孝慈从本性、本能演变为对于社会世代秩序的划分时，其本能性就被社会性、文化性甚至政治性取而代之，并最终形成"忠孝"这么一个固定词组。

忠孝既然是名教的核心内涵，随之而生的有两个问题。首先，忠孝是出于人的善良天性还是出于后天的培养教育；其次，对于忠孝之道的实现，究竟是主体外部的礼教约束发挥着关键作用，还是依赖主体内在形成的道德自律。老子虽然没有直接否定后天教育的作用，但对于所谓忠臣孝慈曾经发愤激之语："大道废，有仁义；慧智出，有大伪；六亲不和，有孝慈；国家昏乱，有忠臣。"（《老子》第十八章）也就是说，老子认为其所处时代的名教最致命的弊端是道废而性伪，忠臣孝慈不能从根本上弥补道废性伪带来的恶劣后果。从客观上看，形而上之大道不行，故只能不得已地推崇次一等的仁义；从主体角度讲，智慧惑于利诱，只会导致名教对心性的虚饰。概言之，老子虽然没有提及名教的概念，但推测其言下之意，对于名教是持否定态度的。

前文中我们讲到，儒家和道家都从《易》中汲取了营养，并且对《易》做出了自己不同的解释。尤其是儒家，通过对《易》进行解释，形成了具有系统性的《易传》。所以，有些学者认为正始玄学所开展的名教与自然之辩只是《老》《易》两种不同思路的结合。而另一些学者则从汉代经学衰微、儒学异化来阐明玄学讨论名教自然关系的原因。这些观点在学理上都多少能够找到一些根据。但是，我们不能忽略，老子、孔子所处的周末与王弼、何晏、向秀、郭象所处的魏晋相比，不仅是时代上有巨大的变化，知识分子反思的基本内容也发生了很大的变化。王弼注释《老子》不可避免地带有了六经注我的特征。钱穆先生对王弼曾有这样的评价："其说以道为自然，以天地为自然，以至理为自然，以物性为自然，此皆老子本书所未有也。然则虽未道家思想之盛言自然，其事确立于王弼，亦不过甚矣。"① 以道为自然，自然之义为自然而然；以天地为自然，自然之义为大自然；以至理为自然，自然之义为根本的人文精神；以物性为自然，自然之义为事物之根本属性。当自然的含义被大大扩大之后，名教出于自然的命题也就变得顺理成章。

王弼为什么不惜改造先秦道家"自然"之含义以屈就名教？原因也有两个：①经历了汉末之乱，天人感应说已被不少学者一批再批，谶纬之说渐趋失去市场；经学家埋头故纸，咬文嚼字，也远远脱离了对现实的干预和批判。在此情形之下，为名教寻找存在依据是必要的。②随着曹魏政权的建立和稳定，建安以来三曹父子及建安七子整体呈现的任心使气、慷慨悲凉之风日趋为浮华清谈所代替，才性论与名理派都多少夹杂着虚饰做作的成分。故而，强调主体精神的健康劲健、雄阔真实亦非常必要。换言之，在新的时代形势之下，名教不仅是制度本身如何健全的问题，更需要有主体内在道德自律及主体意识的觉醒。

王弼在《老子注》中对《老子》第二十八章及第三十二章加以解释：

　　朴，真也。真散，则百行出，殊类生，若器也。圣人因其

---

① 钱穆：《庄老通辨》，三联书店，2000，第392页。

分散，故为之立官长。以善为师，不善为资，移风易俗，复使归于一也。

始制，谓朴散始为官长之时也。始制官长，不可不立名分以定尊卑，故始制有名也。过此以往，将争锥刀之末，故曰名亦既有，夫亦将知止也。遂任名以号物，则失治之母也，故知止所以不殆也。

这样就说明了三个道理：①名教的产生是具有必要性和必然性的，是一个自然而然的过程；②名教应该删繁就简，重使归于一，也就是名教应该以无为本；③名教所遵循的最基本的原则是"知止"，就是言语行为须有底线。

三

儒道两家的"中和"音乐美学思想尽管所持态度、观点不同，但是，儒家所推崇的韶乐，道家所否定的五音，皆以春秋时代的音乐为议论对象，而且，主要是指宫廷雅乐。经过春秋、战国礼坏乐崩的过程，到了汉代，流传下来的雅乐作为一个音乐体系已经很不完备。如《汉书·礼乐志》所言："汉兴，乐家有制氏，以雅乐声律世世在大乐官，但能纪其铿锵鼓舞，而不能言其义。"可见，在汉代，周朝传下来的钟鼓乐已经徒具形式，不再能够表现原有的精神内涵，而与之形影相随的礼乐等级制度也只有推倒重来。所以，汉高祖刘邦曾命叔孙通制乐，汉武帝刘彻则设立乐府，重整新乐。对此班固在《两都赋·序》中曾载："大汉初定，日不暇给，至武、宣之世，乃崇礼官，考文章，内设金马石渠之署，外兴乐府协律之事。"从考古发掘出土的汉代画像石刻可知，汉代王公贵族所欣赏享受的鼓吹乐与相和歌规模甚大。如山东沂南北寨村出土的东汉"将军冢"画像石刻，已经出现多达22名乐手演奏的乐队，乐器既有击钟、击鼓、摇鼗鼓、击筑，也有编铙、编竽、编箫，还有笙、箫、竽、埙等。可以看出汉代之鼓吹属于大型的音乐合奏，而非六代之八音谐和。

　　值得注意的是，汉代虽设礼官，但对于俗乐之流行并没起到多大的阻碍作用。从典籍文献中我们可以得知，汉代文臣上书言乐，其目的多为针砭乐制豪奢，宜从简俭。至于音乐是否符合礼制，则极少言及。宣帝时，王吉上疏："去角抵，减乐府，省尚方，明视天下以俭。"元帝时，贡禹上疏："承衰救乱，矫复古化，在于陛下，臣禹以为尽如太古难，宜少放古以自节焉……放出圆陵之女，罢倡乐，绝郑声……修节俭之化。"匡衡上疏："宜减宫室之度，省靡丽之饰，考制度，修外内，近忠正，远巧佞，放郑、卫，进《雅》《颂》。"（以上引文着重号为笔者所加）从节俭之道主张去乐，其宗旨实际上是去奢华，并不是真正就音乐本身进行探讨，也就不可能对先秦儒家之"中"与道家之"和"音乐观加以发扬光大。然而，随着汉代音乐形式美的日趋完善，音乐形式本身的"和"还是会引起人们的足够重视。因此，在笔者看来，汉代新乐（包括新雅乐和俗乐）的兴盛，既为魏晋玄学家深入探讨音乐美打下了扎实的基础，也为先秦儒道"中和"音乐美学观向玄学音乐"和"论转变提供了现实的可能。

　　在对于音乐美进行探讨的玄学家之中，嵇康、阮籍为其代表。在此我们以嵇康的《声无哀乐论》及阮籍的《乐论》为例加以分析和比较。阮籍与嵇康皆善操琴，阮籍除了善于弹琴之外，还善于长啸。操琴、吟咏、清谈、饮酒、服药、著文、散步是竹林名士具有代表性的生活内容，其音乐欣赏和演奏水平的出类拔萃，使其音乐思想观点代表了当时音乐美学的最高水准，同时，也对于时代风气及后世音乐观念产生了巨大的影响。

　　从文体形式上看，阮籍的《乐论》与嵇康的《声无哀乐论》都采用了问答驳难的对话形式。《乐论》叙写刘子与阮先生之问答质疑，《声无哀乐论》叙写秦客与东野主人之反驳诘难。这种以虚拟人物之间对话论辩来结构文章的方式源于汉赋，除结构文体的功能之外，也方便了作者提出论题和展开争论及驳论。从论题上来看，阮籍的《乐论》主要阐述和推崇儒家传统音乐观——"安上治民，莫善于礼，移风易俗，莫善于乐"，主张音乐应该合天地之体及万物之性，达到"和"的效果；而嵇康的《声无哀乐论》则主要反驳儒家"治世之音安以乐，亡国之音哀以思"的传统观念，进而强调"声无哀乐"。从性质上看，阮籍的《乐论》近乎于音乐史论，而嵇康的《声无哀乐论》基本属于对音乐传统的反思和批判。从影响上看，嵇康的《声无哀乐论》显然远胜过阮籍之作。《晋书·嵇康传》末云："复作《声无哀乐论》，甚有条理。"《世说新语·文学》载："王丞相过江左，止道声无哀乐、养生、言尽意三理而已。"《南齐书》载王僧虔《诫子书》云："才性四本，声无哀乐，皆言家口实，如客至之有设也。"而当代美学家李泽厚先生则更加明确地说："嵇康的《声无哀乐论》是中国美学史上第一篇具有浓厚思辨色彩的专门性的美学论文，包含着对美和美感的关切考察，极大地强调主体的审美感受和审美态度的重要作用。"①另，嵇康作《琴赋》，亦得到当代学者重视。余英时先生在其《汉晋之际士之新自觉与新思潮》一文中说："题目虽仿自王子渊《洞箫赋》、马季长《长笛赋》，然一比较其内容则发现有一不相同之点：即王、马诸赋大体仅能于乐声之描绘曲尽其致，而叔夜则借琴音而论乐理，用意显与前人违异。"②

前面我们谈到，先秦儒家音乐思想的主旨是礼乐并重，以礼正乐，说到底，就是强调音乐的道德教化功能，借音乐以净化和凝聚人心，进而强化人伦，有益邦国，即所谓"德成而上，艺成而下"（《礼记·乐记》）。故而，"凡建国，禁其淫声、过声、凶声、慢声"（《周礼·春官·大司乐》）。出于这个宗旨，孔子主张"放郑声，远佞人"，荀子提倡"贵礼乐而贱邪乐"（《荀子·乐论》），

---

① 李泽厚、刘刚纪：《中国美学史》第 2 卷，中国社会科学出版社，1987，第 38 页。

② 余英时：《士与中国文化》，上海人民出版社，1987，第 367 页。

传达的都是同一个意思。在正统儒家经典中，借音乐以兴德教的传统观点是被不断强调的。《周礼·春官·大司乐》载："路鼓、路鼗、阴竹之管、龙门之琴瑟，九德之歌，九磬之舞，于宗庙之中奏之。"《乐记》载：

> 先王制礼乐也，非以极口腹耳目之欲也，将以教民平好恶，而反人道之正也。
>
> 清庙之瑟，朱弦而疏越，一唱而三叹，有遗音者矣。
>
> 郑卫之音，乱世之音也。比于慢矣，桑间濮上之音，亡国之音也。其政散，其民流，诬上行私而不可止也。
>
> 宽而静，柔而正者，宜歌颂；广大而静，疏达而信者，宜歌大雅；恭俭而好礼者，宜歌小雅；正直而静，廉而谦者，宜歌风。

《吕氏春秋·音初》里也载有："郑卫之声，桑间之音，此乱国之所好，衰德之所说。流辟逃越愻滥之音出，则滔荡之气、邪慢之心感矣；感则百奸众辟从此产矣。"有一点值得注意，荀子在《乐论》中说："故乐者，审一以定和音也，比物以节者也，合奏以成文者也。"《礼记·中庸》里也载："喜怒哀乐之未发谓之中，发而中节谓之和。"沿着同一个思路展开，《礼记·乐记》云："大乐与天地同和，大礼与天地同节。"并进一步提出了乐与政通的观点："治世之音，安以乐，其政和；乱世之音，怨以怒，其政乖；亡国之音，哀以思，其民困。声音之道，与政通矣。"也就是说，儒家的所谓"和"，主要含义就是"中节"，要通过音乐的形式符合和表现出礼义的基本精神。

讲了儒家音乐"中和"观的变化，再来看道家的音乐"中和"思想。在道家著作《老子》《庄子》里留下了不少关于"中""和"观念的论述。《老子》中共有7处提及"和"字。第四十一章讲："道生一，一生二，二生三，三生万物。万物负阴而抱阳，冲气以为和。"意即道生元气,元气分阴阳,阴阳之气彼此冲击而导致和合,阴阳和合之后就产生了万物。这实际上就是讲"和实生物""同则不继"的道理。在第五十六章里讲:"挫其锐,解其纷,和其光,同其尘,是谓玄同",和光同尘的意思就是强调人与自然、个人与世界之间的浑然一体,强调为人处世要守谦和之道。《老子》中进一步提出:"有无相生,难易相成,长短相较,高下相倾,音声相和,前后相随。"显然,这里老子所说的"音声相和"既指人与自然的彼此和谐,也包含了事物之间对立统一的辩证关系。总之,《老子》之中,"和"的基本含义有两个,一是谐和的意思,二是和合之意。

《庄子》在宇宙观、社会观、人生观等方面,提出了"天和""人和"的观念:"夫明白于天地之德者,此之谓大本大宗,与天和者也;所以均调天下,与人和者也。与人和者,谓之人乐;与天和者,谓之天乐。""故曰:'知天乐者,其生也天行,其死也物化。静而与阴同德,动而与阳同波。'故知天乐者,无天怨,无人非,无物累,无鬼责。故曰:'其于万物,此之谓天乐。'"又说:"万物无足以扰心者,故静也。水静则明烛须眉,平中准,大匠取法焉。水静犹明,而况精神。圣人之心静乎,天地之鉴也,万物之镜也。夫虚静恬淡寂漠无为者,天地之本,而道德之至。"(《庄子·天道》)意即:天道运化,万物生成。明于自然规律,此为天地之大德。顺任自然的运化规律,与阴阳同波同流,便是天地万物的大根本。这便是与天行契合,谓之为"天和";据此以均调天下,便是人与天行契合,谓之为"人和";一切顺任自然而行,推及于天地,通达于万物,一心虚静无为、恬淡安定,便能万物归服,才能天人和合,此为道家"和"观念的准则。

总之,在"中和"音乐美学观上,儒道两家的基本区别在于,儒家属于实践派,更强调社会伦理学意义上音乐的中正平和,并且把"过犹不及"与"尽善尽美"作为衡量音乐审美价值的重要尺度。孔子褒韶乐而贬郑卫之音,用意在克己复礼。郑声可以满足人们的官能娱乐，这是一种本能的享受，本能是自由而不受拘束的，郑声也是自由而放肆的。"中和"是一种秩序，郑声是一种无序或者尚处于形成状态的秩序，韶乐是王治，郑声是民乐，孔子认为礼坏乐崩是天下无道的重要表现，教化须从礼乐开始。孔子对于"盛世之音""亡国之音"加以区分，借以肯定音乐能够反映总体的政治盛衰和时代精神。而道家则以自然伦理学为基本立场，更注重审视现实中既有音乐与理想的音乐之间具有巨大不同，故而，道家虽没有直接否定音乐美的存在，却对于音乐的审美标准有着自己不同的观点。

阮籍认为"平和"是先王之乐的基本特征，说明他所坚持的基本立场还是儒家的正统观点。他说："先王之为乐也，将以定万物之情，一天下之意也，故其声平，其容和。"也就是说，先王为乐的根本目的是为了调和情感和统一思想，故无论是内容还是形式，都是平和的。阮籍对此有进一步阐释：

> 夫乐者，天地之体，万物之性也。合其体，得其性，则和；离其体，失其性，则乖。昔者圣人之作乐也，将以顺天地之体，成万物之性也。故定天地八方之音，以迎阴阳八风之声，均黄钟中和之律，开群生万物之情气。故律吕协则阴阳和，音声适而万物类，男女不易其所，君臣不犯其位，四海同其观，九州一其节，奏之圜丘而天神下，奏之方丘而地祇上，天地合其德则万物合其生，刑赏不用而民自安矣。（阮籍《乐论》）

与阮籍相类似，嵇康也认为声音应该以平和为体：

> 声音以平和为体，而感物无常；心志以所俟为主，应感而发。然则声之与心，殊途异轨，不相经纬，焉得染太和于欢戚，缀虚名于哀乐哉？（嵇康《声无哀乐论》）

仔细加以比较，我们就会发现，阮籍与嵇康虽然都承认声音和音乐最重要的性质是"平和"，但其"平和"的内涵各不相同。阮籍的主张融合了一部分《庄子·天道》里关于"和"的观念，但主要的思想还是汉代儒家"中节"与合德思想的继承。如《中庸》所述："致中和，天地位焉，万物育焉。"汉代董仲舒所述："能以中和理天下者，其德大盛。能以中和养其身者，其寿极命。"① 这种思想一直到宋儒那里都依旧得到了肯定和沿袭。比如，南宋郑樵所著《通志》对"和"的解释就是：

> "乐而不淫，哀而不伤"，此言其声之和也。人之情，闻歌则感：乐者闻歌，则感而为淫；哀者闻歌，则感而为伤。惟《关雎》之声和而平，乐者闻之而乐其乐，不至于淫；哀者闻之而哀其哀，不至于伤：此《关雎》所以为美也。（《通志》卷七十五）

其观点也与阮籍的看法相差不多。而嵇康所谓"平和"则有全然不同的内涵。在嵇康眼中，只有声音之善恶，没有声音之哀乐。而他所说的声音之善恶主要是指和谐与不和谐的区别，而不是指道德内涵的差异。他认为，声音没有固定的情感内涵，只是因为主体内在情感状态的不同，才能够闻声而引起不同的情感波动。

> 天地合德，万物资生。寒暑代往，五行以成。章为五色，发为五音。音声之作，其犹臭味在于天地之间，其善与不善，虽遭遇浊乱，其体自若而无变也，岂以爱憎易操，哀乐改度哉！

嵇康这里所说的五音其实还只是自然形成的声音，而不是人为创作

---

① 董仲舒：《春秋繁露》，上海古籍出版社，1989，第91~92页。

的音乐作品。我们说，自然存在之声音与主体情感之间没有固定联系，这是好理解的，并无深刻可言。嵇康的分析没有到此为止，而是进一步分析音乐与主体情感之间的关系。他说：

> 及宫商集化，声音克谐，此人心至愿，情欲之所钟。古人知情不可恣，欲不可极，故因其所用，每为之节，使哀不至伤，乐不至淫，因事与名，物有其号，哭谓之哀，歌谓之乐，斯其大较也。然乐云乐云，钟鼓云乎哉？哀云哀云，哭泣云乎哉？因兹而言，玉帛非礼敬之实，歌舞非悲哀之主也。

等到对于自然之声音有所加工改造，突出表现出声音的高低协和关系时，就更加能够符合人心及情欲的愿望和喜好。只是古人深深知道情感是不应该放纵的，欲望是不能够穷尽的，所以要使悲哀而不至于感伤，快乐而不至于靡荡，把哭叫做哀，把歌称作乐，只是一种命名罢了。正如同我们以玉帛为礼之器文，玉帛不等于礼本身，同理，歌舞也不能真正主宰主体的情感。探讨到这一步，嵇康已经碰到了真正的难题，那就是音乐作品作为审美对象，除了中节、平和之外，也的确可以引起人们的情感反应。嵇康是这样解释的：

> 然声音和比，感人之最深者也。劳者歌其事，乐者舞其功。夫内有悲痛之心，则激哀切之言。言比成诗，声比成音。杂而咏之，聚而听之。心动于和声，情感于苦言。嗟叹未绝而泣涕流涟矣。夫哀心藏于苦心之内，遇和声而后发，和声无象而哀心有主。夫以有主之哀心，因乎无象之和声而后发，其所觉悟，唯哀而已，岂复知吹万不同而使自已哉？

嵇康在这里提到了一个非常关键的概念——"和声无象"，音乐与绘画、文学不同，音乐形式从本质上讲是抽象的，只是在时间中绵延的旋律曲调，而没有具体的形象，故音乐与情感的关系不应该是

——对应的。嵇康论述到这一层次，表现出一丝犹豫，就是把纯粹的音乐与歌诗相提并论是否恰当，所以，嵇康选择了回避，由音与诗并起而论，以和声无象为议论之归结，等于是由泛论音乐与诗歌转向专论音乐。尽管如此，嵇康所总结出来的"哀心有主""和声无象"，还是触及了音乐艺术的本质特征。

对于嵇康的《声无哀乐论》在中国美学史上的价值和地位，我们应该从文艺本体论及文艺社会学两个层面加以评析。就文艺本体论而言，嵇康把审美主体的情感与审美对象严格区分，变相地降低了审美对象在审美关系中的重要性，而侧重于强调审美主体情感的自主性，这就在审美主体与审美客体之间，突出了主体的自由。就文艺社会学而言，把音乐从儒家礼乐名教中解放出来，等于为音乐松绑，从而使得音乐具有了成为一种纯粹形式的可能。由此可见，嵇康的"生物哀乐论"正是他"越名教而任自然"主张在音乐美学思想上的具体发挥。

我们再来进一步讨论嵇康这种主张究竟具有多大程度的合理性。首先，从美学角度看，美是在审美主体与审美客体所形成的审美关系中形成的，审美关系的建立不仅受到审美主体的审美趣味、审美态度、审美情感、审美水准、审美价值观念等制约，同时，也受到了审美客体的性质、形态、结构等制约。其次，在审美实践中，美既具有相对性，也具有绝对性，而美的相对性和绝对性除了审美主体自身的独特性之外，也决定于审美客体的特定属性。所以，嵇康的"声无哀乐论"实际上不能解释"共同美感"的问题。再次，嵇康对于儒道两家中和音乐观念的扬弃，固然是应时而生，适应了魏晋时期审美意识觉醒及艺术的自觉，但儒道精神中礼乐教化论及以人合天论本身又具有强大的生命力，只不过在魏晋特殊时期，名教虚伪与人性虚饰成为士林人物的通病，这才使得嵇康的主张呈现了很强的现实针对性。但无论如何，嵇康的音乐美学观代表了新时代对于儒道"中和"美学观的反动。

第六章 魏晋玄学与作为审美范式的"意象"

在当代文艺理论语境中，意象已经成为一个极其常见的概念，也是被众多学者所关注和重视的审美范畴。如汪裕雄先生认为："一旦中国传统文化的'象'论被遗落，它的符号系统便不易梳理，中国文化的独特品貌，也不易从理论上加以说明。"[1] 顾祖钊先生认为："中国是最早创立意象说的国家，在这方面恐怕世界上没有哪个国家可以相比。"[2] 前者言"象"论之重要，后者言"象"论之早出。沿汪、顾两位先生的观点接着说，或者顺便也带点反着说的意思，便产生了笔者自己的一种看法：如果说，"象"论对于梳理和阐明中国的文化符号系统是重要的，那么，中国文化符号系统对于"象"论之产生则更加重要；从时间上看，中国之"象"论起源之早固然与西方晚近之意象派主张之迟出不可同日而语，但抛却时间因素，中国之"象"论确实可以与西方意象派之主张进行一番比较。

第一节 从符号学角度看言、书、意、象

人类生存于物质世界之中，同时也生存于自己的经验世界中，

---

[1] 汪裕雄：《意象探源》，安徽教育出版社，1996，第3页。

[2] 顾祖钊：《艺术至境论》，百花文艺出版社，1992，第50页。

尽管我们不能绝对地割裂经验世界与物质世界之间的关联，但我们必须承认，在共时性的层面上，能够使人类在万物之中突出和相对独立出来的决定因素在于经验世界而不是物质世界（虽然，这种独立性亦是历时性层面人类在物质世界中长期进化的一个结果）。经验世界之所以能够赋予人类独特性，恰恰在于人类的经验与其他生命经验有着根本性不同，进而构成了人类经验的独有本体和本质。对此卡西尔在《人论》中转述了生物学家乌克威尔的观点："每一种生物体都是一个单子式的存在物，它有它自己的世界，因为它有着它自己的经验。在某些生物种属的生命中可以看到的一些现象，并不就可以转移到其他的种属上去。两类不同的生命体的经验——因此也就是这两类生命体的实在——是彼此不能比较的。"①

一

如果我们充分意识到人类的经验世界既不同于客观世界，亦不同于其他生命种属的经验世界，那么，我们就应该确立一种复合型的观念：人类对于世界的反映无论如何都是一种具有主体性的反映；世界以"象"的形式进入人类的意识系统或者进一步呈现为人类的符号系统，也都是具有主体性的；"象"的主体性或者表现为人类感觉世界的自身特性，即受限于人类感官和知觉特性而不能不具有的局限，或者表现为人类对于这种感觉的经验叠加、情感投射和观念重组。故而，以符号学的立场来审视"象"，即便"象"有两个来源或者两种属性——对于物质世界的抽象概括之"象"和对于主体心理、情感、意识世界予以形式呈现之"象"，但说到底，"象"作为人类的符号形式，主体性始终为一个先在的前提。换言之，所有人类创造之"象"，其性质则都是"意象"。

强调人类创造之"象"皆属于"意象"，是在本体论层面对于

---

① 〔德〕恩斯特·卡西尔：《人论》，上海译文出版社，1985，第31页。

"象"之性质作出的一个基本评判。而我们知道，不论是自然存在之物还是人类创造之物，若上升到价值论层面，就一定会凸显出体用不二的特性。如马克思所言："从理论领域说来，植物、动物、石头、空气、光等等，一方面作为自然科学的对象，一方面作为艺术的对象，都是人的意识的一部分，是人的精神的无机界，是人必须事先进行加工以便享用和消化的精神食粮；同样，从实践领域说来，这些东西也是人的生活和人的活动的一部分。"① 而人类对于外在世界的加工，既可以是对于对象形态、性质的改变，也可以是借助符号系统所进行的一种观念上的组织和加工。因为"人不仅像在意识中那样理智地复现自己，而且能动地、现实地复现自己，从而在他所创造的世界中直观自身"②。"象"作为人类创造的符号形式，显然具有人类复现自己和直观自身的功能。有些学者认为："将'象'跟表意的功能相联系，当起于《周易》的卦象。"③ 这种观点是不符合历史事实的。"象"的起源远远早于《周易》，最早的广义的"象"的形式不是卦象，而是音乐、绘画和文字，即所谓的"声象""形象"和"言象"。其中，作为"言象"的文字，其产生又晚于作为"声象"和"形象"的音乐和绘画。比如，中国可以确证的文字产生时代是殷商，但从神话传说中，我们可以推断出，在舜的时代就有了较为成熟的音乐；从考古发现可知，音乐和绘画出现的时代还要更早，如四川奉节出土了 14 万年前的乐器。正因为"声象"早于"言象"，故而，在文章、文学还不够繁荣的春秋时期，音乐已经成为具有普及性的艺术形式，这是构成先秦诸子之"中和"观念主要以音乐作为讨论对象的一个重要原因。

---

① 〔德〕马克思：《1844 年经济学哲学手稿》，《马克思恩格斯全集》第 42 卷，人民出版社，1979，第 95 页。
② 〔德〕马克思：《1844 年经济学哲学手稿》，《马克思恩格斯全集》第 42 卷，人民出版社，1979，第 97 页。
③ 陈伯海：《释"意象"（上）——中国诗学的生命形态论》，《社会科学》2005 年第 9 期。

　　既然我们不把《周易》之卦象视作最早的"意象"，就有必要略加讨论由"声象""形象"过渡发展到"言象"的进程。早期音乐作为"声象"、绘画作为"形象"，原本依赖于声与形皆具有通过简化达到拟真目的的属性。如德谟克利特所言："许多重要的事情上，我们是模仿禽兽，作禽兽的小学生的。从蜘蛛我们学会了织布和缝补；从燕子学会了造房子；从天鹅和黄莺等歌唱的鸟学会了唱歌。"① 虽然，把艺术这样一种人类高级的精神创造归结为对于动物的模仿，多少有简单化的倾向，但原始音乐及绘画又的确具有模仿的因素。我们这里探讨的不是艺术起源的问题，而是要说，当人类以"声象"来模拟自然之声，以"形象"来模拟自然之形，从操作性上讲，遵循的是一个删繁就简之后再由简而繁的原则。删繁就简表现了原始人创造"声象"与"形象"直接的功利目的，如中国北方游猎民族使用的鹿哨，作为一种拟声工具，古代女真人和契丹人都曾用以狩猎，在今天的鄂温克、鄂伦春、赫哲等民族依旧在使用；由简而繁则出于表达更加复杂的事件、活动以及原始巫术功能，如半坡部落制造的人面鱼盆。又如萨满巫师的音乐，除了具有相对固定的曲调、节拍、表演程式、表现内容，其乐器形制也更趋复杂。

　　　　目前能够确认的乐器有：（1）神鼓（满语为"尼玛琴"），满族萨满使用的神鼓有两种类型：一种是古代筛形单面鼓，俗称"抓鼓"；另一种为近代团扇形单面鼓，这种鼓又因有的地区萨满跳神叫做"跳太平神"而被称之为"太平鼓"。（2）抬鼓（满语为通肯），原始的通肯并不具备鼓的形制，只不过是在地上打进4个木桩，用牛皮或桦皮包上，然后用棍棒敲击，近代演变成东北民间大鼓的样式。（3）腰铃

---

　　① 北京大学哲学系和外国哲学史教研室编译《古希腊罗马哲学》，三联书店，1957，第112页。

（满语为西沙），原始腰铃为石制或骨制，现多为铁制，形状呈长喇叭筒形，萨满跳神时佩于腰间，以臀部平行晃动而产生有节奏的响声。（4）晃铃（满语为轰勿）。（5）拍板（满语为恰拉器），类似于汉族拍板的一种打击乐器。①

而红河彝族祭司呗耄"'敬神'类唱腔有'作呆喉'即'献饭调'，'真莫呆喉'即'祭星调'，'合欧喉'即'招魂调'三种唱腔"②。"鲁奎山的原始宗教音乐，按使用场合来分，有丧葬祭祀音乐和叫魂送鬼音乐两种；按形式来分，有祭祀歌曲和祭祀器乐曲两类。祭祀歌曲有丧葬祭祀中的贝玛歌和叫魂送鬼的资摩歌；祭祀器乐曲指丧葬唢呐吹打乐曲中专用于祭祀的曲调。"③ 由此可见，原始巫术意识的介入，使得原始音乐作为人类创造之"声象"变得复杂起来。

当音乐作为"声象"、绘画作为"形象"出现之时，在严格意义上讲，没有文字相对应的语言还属于无象之声。作为"言象"的文字之所以能够产生，其原因大致有二：其一，口头语言是随时产生而又随时消逝的，口头语言所承载的意义受到口耳相传的局限，若不能赋予其物态化的形式，则要么道听途说、以讹传讹，要么与时俱逝、归于湮灭。其二，在"声象"与"形象"的创造过程中，锻炼了主体的辨声别形、拟声造型、融合声形等诸种能力，进而创造出合"声象"与"形象"为一体的"言象"，即象形文字。在"声象"与"形象"基础上创造出来的"言象"，一方面具有"声象"和"形象"的拟真性，如"《诗经》中象声词的构成有三种形式。单音式（殷、镗、喈）、双音重迭式（关关、许

① 冯伯阳：《中国满族萨满音乐的原始特征》，《艺圃》1994 年第 3 期。
② 白刊宁：《红河彝族（尼苏人）原始宗教的祭司及音乐》，《云南民族学院学报（哲学社会科学版）》1997 年第 4 期。
③ 李安明、黄富：《鲁奎山彝族原始宗教音乐探析》，《艺术探索》1997 年第 1 期。

许）、迭韵式（绵蛮）。以双音重迭最为常见”①。另一方面，也承袭了“声象”与“形象”的巫术性。所以，对于文字，人们存有一种敬畏之情。如汉民族有“仓颉造字，鬼夜哭”的传说，亦有爱惜字纸的传统。象形文字除对于“形象”“声象”进行了加工概括之外，同时，在象形文字基础上形成的书面语言也更能准确地表达主体对于“声象”及“形象”的一般认识。

　　由“声象”“形象”到“言象”的发展只是一个促进互动的过程，而不是一个此消彼长的过程。“言象”的生成、发展、成熟并不阻碍作为“声象”的音乐以及作为“形象”的绘画继续按照其各自内在的规律向前发展，相反，音乐与绘画对于作为“言象”之高级形态的文学都始终具有巨大且积极的影响。在中国文学理论史上，韵味说、声律说、格调说、声病说、知音说、天籁自鸣说等，皆强调了文学创作与音乐的审美规律有着紧密的关联；而绘事后素说、穷形尽相说、芙蓉出水及错彩镂金说、诗中有画画中有诗说、境界说等，皆指出文学实践亦与绘画之审美规律有着内在关系。如汉代扬雄在《法言·问神》中所说：“故言，心声也；书，心画也。声画形，君子小人见矣。声画者，君子小人之所以动情乎。”李轨对这段话的注释说得就更加清楚：“声发成言，画纸成书，书有文质，言有史野，二者之来，皆由于心。”

二

　　在我们梳理过由“声象”“形象”到“言象”的发展轨迹及内在关联之后，我们不仅对于甲骨象形文字的性质有了一个总体把握，亦可借此过渡到对于《周易》卦象、爻辞的认识和理解上来。《周易》所谓爻辞与卦象之关系，究其实质，是以“言象”来对“形象”作出阐释。在此我们应充分注意，“言象”之所以能够阐释“形象”，一个很重要的原因是，“言象”与“形象”中都包含

①　卢文同：《〈诗经〉中的象声词》，《殷都学刊》1986 年第 4 期。

了"象"，无论"言象"还是"形象"，都是一种以"象"显示"意"的方式。故而，《周易·系辞上》云："子曰：'书不尽言，言不尽意。'然则，圣人之意，其不可见乎？子曰：圣人立象以尽意，设卦以尽情伪，系辞焉以尽其言，变而通之以尽利，鼓之舞之以尽神。"对此，玄学家王弼的注释是："夫象者，出意者也；言者，明象者也。尽意莫若象，尽象莫若言。言生于象，故寻言以观象。象生于意，故可寻象以观意。"结合系辞与王弼的注释加以分析，我们便可看出来，"圣人立象以尽意"所立之"象"为卦象，"尽象莫若言"指的是通过"言象"（即文字）可以对卦象之意义进行最大限度的阐释。

学界不少研究者只注意到了王弼注释的影响之大，而忽略了深究其逻辑链条上所缺失的一环。我们再来细加分析。"书不尽言，言不尽意"涉及的是"书""言""意"三者的关系。"书"就是我们前文所讲的"言象"，即文字或者诉诸媒介材料的文章，"言"是口头语言，即笔者在前面讲到的"无象之声"，"意"即主体意欲表达之思想和情感。"书不尽言"的原因大体有二：①书需要借助媒介材料来获得一种物化的形态，而上古之时，以龟甲、刻刀为书写工具，其简陋艰难可想而知。故由甲骨文字到铜器铭文，"书"的表现形式始终有着局限性，始终以简约的形式呈现而不可能"尽言"；②"言象"非言，"言象"只是对于部分口头语言所作的图式表达，早期的文字主要是这种图式表达，它更擅长于描绘具体之物，如日月山川、草木虫鱼之类，却不易描绘外在世界具有整体性的对象以及主体内在的复杂感受，如天地风雷、顺境逆境之类。概言之，"书不尽言，言不尽意"讲的是口头语言本已不能完整地表达主体的意识，而书面文章因其不能把口头语言全部记录下来，则更难于把主体的情感和思想完全呈现出来。

"圣人立象以尽意，设卦以尽情伪"，圣人通过立象来表达思想情意，设制六十四卦爻来穷尽所要表达的真伪。圣人所立之象即

《周易》中的卦象，卦象不同于普通的"声象""形象"和"言象"，卦象是对于三者的超越，故其具有了别样的特征：

> 夫易，彰往而察来，而微显阐幽。开而当名，辨物正言，断辞则备矣。其称名也小，其取类也大，其旨远，其辞文。其言曲而中，其事肆而隐。因贰以济民行，以明失得之报。①

我们可以说《周易》的卦象既不是文字也不是图画，亦可以说它既是文字也是图画。正因其具有"言象"与"形象"的一般特征，即具有直接诉诸主体的视觉的感性形式，因而，这种特殊的"象"的形式可以与主体之外的感性世界产生一种想象的联系；但卦象的形式显然又不同于作为"形象"的绘画和作为"言象"的文字，相比之下，卦象更具有抽象性，它并不是对于外物所进行的形式上的简化和概括，而是通过线条之断与连以及线条与数字之间形成的排列组合关系来与主体意识以及外在世界构建起一种诗意的联系，从这个意义上来讲，《周易》的卦象的确是一种非常特殊的意象。

那么，王弼注释究竟缺少了逻辑上的哪个环节？如上所述，孔子所讲的"书不尽言，言不尽意"，其中的"言"是与"书"对举的，也就是指口头语言；而王弼的"尽意莫若象，尽象莫若言"，其中的"言"指的是《周易》中的爻辞，也就是对于卦象的解释之言，属于书面语言，即我们上面所说的"言之象"。通过这样一个概念的偷换，王弼已经把卦象与爻辞的关系暗自转换成了"言象"与"形象"的关系。尽管王弼实际上采用的是"六经注我"的话语策略，但通过建构"言象"与"形象"之关系，实际上为讨论真正的"文学性"提供了一种可能，从而也开启了建构

---

① 《周易·系辞下》，《全本周易》，北京出版社，2006，第362页。

意象诗学理论的先河。

两百多年以前，意大利学者维柯在看到中国的龙图腾图案和象形文字时，感觉到一种震撼，他说："这一点值得惊讶，中国和雅典这两个民族相隔这么久又这么远，竟用同样的诗性方式去思考和表达自己。"① 王弼对于"言象"与"形象"之间关系的重视，与维柯所看到的有相通之处，就是在一定程度上注意到了当"言象"之文章与"形象"之画面结合时，其实质在于主体用诗性的方式来思考和表达自身。正如高尔泰先生所说："周易之中的'易象'是一种抽象，又是一种具象；既是哲学的精义，又是艺术的精义。卦、爻、象形文字是介乎哲学与艺术之间的象征性的东西，但它们是中国艺术的雏形。"②

三

尽管王弼强调指出"尽意莫若象，尽象莫若言"，但在王弼看来，言与象皆为"尽意"之手段与途径，《周易》之卦象与爻辞都是表达圣人之意的媒介，媒介不等于本体，卦象和爻辞不等于圣人之意。如果主体一味沉迷于卦象，拘泥于爻辞，则在根本上违背了圣人立象尽意之良苦用心。所以，王弼认为："存言者，非得象者也；存象者，非得意者也。象生于意，而存象焉，则所存乃非其象也。"这个观点其实是王弼"崇本息末"之"贵无论"的具体展开。道之性状原本于无，立象尽意与以言尽象皆属于不得已而为之，《周易》之卦象只是对于道的象征或者譬喻，使用的是比兴手法。其一，与没有局限性、无始无终的道相比，言与象说到底是形而下的；其二，言、象与道之间并不存在一对一的关系，言、象借助于道而具有价值，而道并不依赖于言、象来获得意义。正如钱锺书先生所言：

---

① 维柯：《新科学》上册，商务印书馆，1989，第 209 页。
② 高尔泰：《美是自由的象征》，人民文学出版社，1986，第 304 页。

《易》之有象，取譬明理也，"所以喻道，而非道也"（语本《淮南子·说山训》）。求道之能喻而理之能明，初不拘泥于某象，变其象也可；及道之既喻而理之既明，亦不恋着于象，舍象也可。到岸舍筏、见月忽指、获鱼兔而弃筌蹄，胥得意忘言之谓也。①

"到岸舍筏、见月忽指"本于禅宗，"获鱼兔而弃筌蹄"源自《庄子》，皆用以区别工具与本体之差异。钱锺书先生认为此种道理有类于《庄子》之寓言，大小、正奇、短长、恒变之象皆用以说明不变之道，之所以用各类比喻来说明同一个意思，就是为"防读者之囿于一喻而生执着也"。②钱锺书先生的这种看法既来自王弼对《老子》第三十八章所注的"不德其德，无执无用"，实际上也是佛家禅宗所谓"念念不绝而又不执著于一念"的化用。

用王弼自己的话来说："义苟在健，何必马乎？类苟在顺，何必牛乎？爻苟合顺，何必坤乃为牛？应苟义健，何必乾乃为马？"（《周易略例·明象》）《周易》以马牛譬喻乾坤之道，马牛仅仅是一种喻象，乾坤之道并不依赖马牛而存在。道本于无，言、象本于有，崇本息末，只有对于言、象加以解构，才有可能接近道的本体。王弼对于言、象的解构所借助的手段是"忘"："意以象尽，象以言著。故言者所以明象，得象而忘言；象者所以存意，得意而忘象。"在他看来："忘象者，乃得意者也，忘言者，乃得象者也。得意在忘象，得象在忘言，故立象以尽意，而象可忘也；重画以尽情，而画可忘也。"王弼讲的"忘"在精神实质上是老子的"为道日损"，在实践层面则是庄子的"心斋"和"坐忘"。

先来讲王弼如何理解老子的"为道日损"。"为道日损"出自

① 钱锺书：《管锥编》第一册，中华书局，1986，第12页。
② 钱锺书：《管锥编》第一册，中华书局，1986，第13~14页。

《老子》第四十八章，王弼注："务欲反虚无也。"老子自己对"为道日损"有进一步说明："损之又损，以至于无为，无为而无不为。"（《老子》第四十八章）王弼注："有为则有所失，故无为乃无所不为也。"楼宇烈校释引王弼对《老子》第三十八章注以求互文："上德之人，唯道是用，不德其德，无执无用，故能有德而无不为。""下德求而得之，为而成之……求而得之，必有失焉；为而成之，必有败焉。"① 形而上之道不可以求得，亦不可以通过有意为之而成就。

表面上看，"圣人立象以尽意"与"得意忘象"及"得象忘言"之间既存在着因果关系，意为根本，言、象为末端；也存在着逻辑悖论，越是执著于象和言，距离真正的道越遥远。但从符号学的角度分析，形成这种现象的重要原因在于符号的性质。一方面，卦象既不是普通的绘画"形象"，卦象只是道的喻象，是道的象征，而不是道所必然对应的形式；另一方面，爻辞也不同于一般的建基于概念命名的"言象"。卦象之所以能够与爻辞统一为一个整体，其内在肌理实乃取决于卦象是具有艺术性的符号，是一种特殊的意象。苏珊·朗格曾经对艺术符号与一般符号加以比较："艺术符号是一种有点特殊的符号，因为虽然它具有符号的某些功能，但并不具有符号的全部功能，尤其是不能像纯粹的符号那样，去代替另一件事物，也不能与存在于它本身之外的其他事物发生联系。按照符号的一般定义，一件艺术品就不能被称之为符号。"② 以《周易》之乾卦为例，阳爻相叠不等于外在自然之天，亦不等于内在无形之天道。把天或者天道与阳爻相叠联系起来，从根本上讲，来自主体的想象活动。

再来看庄子的"心斋""坐忘"。"心斋"一词出自《庄子·内篇·人间世》，原文为：

---

① 见楼宇烈校释《王弼集校释》，中华书局，1980，第128页。
② 〔美〕苏珊·朗格：《艺术问题》，中国社会科学出版社，1983，第127页。

　　颜回曰："吾无以进矣，敢问其方。"仲尼曰："斋，吾将语若。有心而为之，其易邪？易之者，皞天不宜。"颜回曰："回之家贫，唯不饮酒不茹荤者数月矣。如此则可以为斋乎？"曰："是祭祀之斋，非心斋也。"回曰："敢问心斋。"仲尼曰："若一志，无听之以耳而听之以心；无听之以心而听之以气。听止于耳，心止于符。气也者，虚而待物者也。唯道集虚。虚者，心斋也。"

"坐忘"一词出自《庄子·内篇·大宗师》，原文为：

　　颜回曰："回益矣。"仲尼曰："何谓也？"曰："回忘仁义矣。"曰："可矣，犹未也。"他日复见，曰："回益矣。"曰："何谓也？"曰："回忘礼乐矣！"曰："可矣，犹未也。"他日复见，曰："回益矣！"曰："何谓也？"曰："回坐忘矣。"仲尼蹴然曰："何谓坐忘？"颜回曰："堕肢体，黜聪明，离形去知，同于大通，此谓坐忘。"仲尼曰："同则无好也，化则无常也。而果其贤乎！丘也请从而后也。"

此处写颜回和孔子的问答对话，是寓言体，旨在借孔子、颜回之口阐述道家观点。对于这两段文字国内学者有不同的解释，不少学者认为"心斋"和"坐忘"虽然不出于《庄子》中的同一篇目，但这两个术语可以结合起来看。这种看法是有道理的，因为，在"心斋"和"坐忘"之间，既存在着一个发生时间的先后关系，也存在着一定的因果关系。

　　笔者认为，"心斋"和"坐忘"可以分层来看。首先，"心斋"就是斋心，是一种由祭祀之斋引申而来的比喻。我们可以理解为与"素心""虚心""清心""戒心""诚心"等有密切关系的概念，不过，庄子对"心斋"的解释是"若一志"和"虚者"，"虚"与"无"、"空"近义互文，与"实""有"相对反衬。故而，"心斋"可以理解为"聚精会神"与"虚怀若谷"的高度统一。其次，心斋带有很明显的道术色彩，"听之以耳""听之以心""听之以气"形成了由形而下到形而上的三个层次。"听之以耳"是感知对象，"听之以心"是认识对象，"听之以气"是通过解构自我来直观对象。"听之以耳"溺于五音，"听之以心"囿于七情六欲；前者弊端在于不能忘象，后者弊端在于不能忘己（包含了不能忘言），只有"听之以心"才真正是忘象与忘己的融合。所以，庄子所谓的"虚者"不仅指虚化对象，也指虚化自我。再次，尽管"心斋"包含了虚化对象和虚化主体两个方面，但主旨还是在讲主体如何看待和把握外在的世界，斋心的目的是以虚应实。

"坐忘"也包括三层功夫，即"忘仁义""忘礼乐"和"坐忘"。或者说，"坐忘"是比"忘仁义""忘礼乐"更高一层的境界。首先，在儒家看来，仁义为道德之根本，礼乐为仁义实现之途径及方法；庄子提出要忘仁义，其意近于忘记"目的"，"忘礼乐"，其意近于忘记"方法"。其次，无"目的"和无"方法"都还是指向外部世界的，把两者统一起来之后，则势必涉及主体对于自身的把握，即马克思所说的"人是人的对象"，没有目的性和不受方法制约的主体就是绝对自由的主体，这种绝对自由的主体从本性上来说，就是"虚无"。故而，"坐忘"从表面看是讲如何忘记心灵之外的一切，如仁义、礼乐和自我，但说到底，其主旨是讲主体如何对待自己的心灵，如何使心灵保持一种自由不羁的状态。

综上所述，我们可以得出三个结论：其一，"声象""形象"和"言象"都属于意象，都是人类创造的符号系统；其二，魏晋玄学家王弼所讲的"言"不同于孔子所讲的"书不尽言"之"言"，而是指书面文章，王弼所谓"得象忘言"和"得意忘象"已经初步涉及艺术符号的基本特性；其三，王弼的主张是对于老庄思想的继承和发展，既包含了"为道日损"的精神实质，也涵盖了"心斋""坐忘"的主体哲学。

第二节　"意象"审美范式与文学的形式意味

魏晋玄学从对于言、象、意三者关系的讨论入手，展开对于"意象"审美范式的营构，不是一个偶发现象，而是审美实践与美学理论齐头并进的结果。就审美实践而言，"意象"理论的产生和发展依赖于主客体条件的具备。在主体方面，"意象"理论的形成与中国艺术精神自觉以及文学自觉密切相关；在客体方面，"意象"理论又与中国文学渐次具有的更加成熟、复杂、丰富的审美形式有着内在的联系。就美学理论而言，兴起于周末、完备于诸子、影响及于后世的"中和"观念以及"中和"审美范式理论为"意象"理论的生成做了美学上的准备工作，"意象"审美范式既是"中和"审美范式的分化，也是"中和"审美范式的发展。如果说，"中和"理论还带有更多的哲学色彩的话，那么，到了"意象"理论，美学和艺术学的成分则大大增加了。

如前所述，"象"本来可以分为"声象""形象"和"言象"三种，如果我们把"象"严格地置于艺术领域加以考察，那么，与"声象"对应的是音乐，与"形象"对应的是舞蹈和绘画，与"言象"对应的则是广义的文学。在美学层面上分析，"中和"审美范式主要是音乐理论。只是由于在"中和"观念形成之时，理论上美学思想与哲学思想结合得更加紧密，实践上艺术与政治、乐与礼、音乐与乐教有被调和统一的倾向，故而，"中和"审美范式未能很好地深入讨论音乐的形式美问题。相反，倒是在魏晋时期，当人们开始反思、解构、扬弃"中和"审美观念时，音乐形式规律渐次成了大家所重视的对象。

从严格意义上讲，中国的"象"论主要是讨论"言象"而不是"声象"和"形象"。首先，在"中和"审美范式中，音乐的"象"的性质被推至形而上的哲学层面，从而实现其礼乐相通、移风易俗的社会功利目的。如《荀子·乐论》载：

君子以钟鼓道志，以琴瑟乐心，动以干戚，饰以羽旄，从以磬管。故其清明象天，其广大象地，其俯仰周旋有似于四时。故乐行而志清，礼修而行成，耳目聪明，血气和平，移风易俗，天下皆宁。

在这个意义上，笔者同意陈伯海先生的观点："这里所讲的乐之'象'，并非音乐形象，而是指乐音效法天地四时的象征意义，而且在荀子看来，这种象征的作用最终要归结到心气和平、移风易俗的教化功能上来。"① 而这种视音乐为道德象征的观点，在儒家典籍《乐记》中，更是不乏其例，此处不一一细数。其次，在以绘画、书法等造型艺术为主要讨论对象的气韵理论中，因为涉及形神、虚实等问题，固然一定会讨论到"形象"，如笔墨、章法、结构等，但这种讨论所关注的焦点是在"象外"，而不是在"象中"；换言之，是在探究书画之"超象"性质，把这种理论归之于"象"论，亦属勉强。

中国的"象"论主要是探讨"言象"，故而，我们也应该把"意象"审美范式置于中国文学视阈加以研究，通过梳理、归类、总结中国文学形式之发展变迁，分析玄学美学产生前后中国文学在形式上达到的成熟程度，进而探究玄学美学与"意象"审美范式之间的关系，以期阐明"意象"审美范式在审美实践以及美学理论上形成的必然性以及理论的有效性。

一

《周易》为群经之首，魏晋玄学家王弼讨论言、象、意三者关系自《周易》开始，有一定的道理。但我们今天讨论意象理论，则既要看到王弼等人注《易》的重要价值，也需在肯定其长处的

---

① 陈伯海：《释"意象"（上）——中国诗学的生命形态论》，《社会科学》2005年第9期。

同时看到其材料占有的不足。一方面，在魏晋时期，有些典籍资料是我们今天看不到的，还有一些是后来我们才渐次发现的。比如，王弼注释《老子》所依据的版本，和通行本《老子》不一致，20世纪60年代楼宇烈先生校释王弼的《老子注》，就发现了这个现象。"这个疑问到一九七三年长沙马王堆汉墓帛书《老子》甲乙本出土，得到了解答。王弼注文中那些与《老子》原文对不上的地方，都可以在帛书《老子》甲乙本中找到与它对应的原文。"① 另一方面，从所有典籍资料可以断定，王弼们没有看到过殷商时期的甲骨卜辞，因而，在王弼眼中，讨论言、象、意三者关系，追溯到《周易》，已经算是从源头上说起；但是，我们今天若也从《周易》开始这种讨论，则只能算是半截子功夫。无论如何，讨论"言象"或者言、象、意三者关系是不能跳过甲骨卜辞这个原初环节的。因为，广义的文学是指一切书面典籍和文章，而中国最早的书面文章可以追溯到河南殷墟发现的甲骨卜辞。

　　"殷墟甲骨文，是商代晚期自盘庚迁殷至纣灭国的八世十二王二百七十三年间之物。"② 自此我国有了初步定型的文字，产生了文字记载的文献资料，并有了最早的书面文学。另据考证，《尚书》里《盘庚》三篇较为可靠，亦可视为商代文章简洁特征的代表性作品。商文的"言象"与当时卜巫之风盛行有关。以龟甲、牛骨来占卜，在今人看来，是迷信而不可靠的。正如恩斯特·卡西尔所说："创造性艺术发端于这样的领域，在这个领域中，创造性活动还嵌埋在巫术表象中，并致力于特定的巫术目的，因而形象本身还不具有独立的、纯美感的意义。"③ 但如果以历史的和美学眼光来审视这样一种行为，却又无疑具有别样的意义。

　　先来看甲骨卜辞的历史价值。"国之大事，在祀与戎。"（《左

---

① 王弼注，楼宇烈校释《老子道德经注》，中华书局，2011，第2页。
② 王宇信、杨升南、聂玉海主编《甲骨文精粹释译》，云南人民出版社，2004，第4页。
③ 恩斯特·卡西尔：《神话思维》，中国社会科学出版社，1992，第29页。

传·成公十三年》）国家大事中最重要的是祭祀和战争这两类活动。与战争相比，祭祀活动在殷商人们的生活中发生频率更高，故而，甲骨卜辞中记录最多的就是针对祭祀所进行的贞问。祭祀的对象主要有先祖、先王、河神、岳神。祭祀类型有侑求之祭、烧燎之祭、御除灾殃之祭、告祷之祭、取橹之祭、舞雩之祭、升祭、岁祭、杀伐之祭，等等。祭祀所用祭品包括人、牛、羊、猪、犬、酒、玉器、典册等，但在祭祀时亦有具体规定。如在选用猪为祭品时，分为小猪、野猪、阉猪、公猪等；选用羊为祭品时，分黄色的羊和白色的羊；使用人作为祭品时分女人、砍头人牲、刿杀羌奴等。祭祀目的有问吉、避凶、除祟、祈雨、求年（年成丰收）等。从甲骨卜辞看，祭祀鬼神先王为常见，偶尔有祭祀天帝的，但罕见祭祀抽象的天地。①

　　由殷商甲骨卜辞所载内容我们可以得知当时历史与文化的概况，大大丰富了我们对于上古社会的知识体系，进而探看殷商奴隶制下的一般社会状况以及人们的精神世界。首先，在对待生命的态度上，在甲骨卜辞中屡见对于胎儿降生时辰的占卜，但同时更常见的是斩杀羌奴、戎奴、女奴以用于祭祀牺牲。这就说明了当时人们的观念世界中，对于自由民与奴隶的态度的确是截然不同的。其次，我们从甲骨卜辞中亦可窥见殷商王朝的礼制状况。如拓片第492号载："庚寅，贞酒升伐自上甲六示三羌三牛，六示二羌二牛，小示一羌一牛。"可译为：

　　　　庚寅日问卦，行酒祭升祭和杀伐之祭，祭自先公上甲起的六示（报乙、报丙、报丁、示壬、示癸）用三名羌奴、三头牛为牺牲，六示（大乙、大丁、大甲、大庚、大戊、中丁六直系，与下"小示"及旁系相别）用二名羌奴、二头牛为牺

①　以上为本人根据王宇信、杨升南、聂玉海主编《甲骨文精粹释译》加以归类总结得出的观点。

牲，小示（即旁系先王）用一名羌奴一头牛为牺牲么？①

从这段文字我们可以得知，殷商时期在王朝祭祀活动中，对于远祖、直系祖及旁系祖分别加以祭奠，祭礼中会使用到一定数量的羌奴和牛。这是殷商礼制的实际状貌，也就是混合在血腥之中的所谓"礼别异"。与此相比，周代的礼乐制度自然是一种极大的进步。再次，从祭祀规模上可以看出当时生产力发展及商王朝的国力的整体水准。如甲骨卜辞中记载在一次侑求之祭和烧燎之祭祀中就要使用一百只狗、一百只猪和一百头牛。② 而在有些烧燎祭祀活动中，还伴有万舞表演。③

再看甲骨卜辞的美学价值。首先，在造象之前，要对所使用的龟甲和牛肩胛骨先进行削平、打磨和修整，然后按照一定规则加以凿、钻。这个过程本身使得造象行为具有了隆重、严肃、神圣的特性。其次，占卜时在甲骨凿钻处用炭火烧烤，然后根据呈现的竖裂纹（兆干）和横裂纹（兆枝）形状来判断吉凶祸福。这个过程在今人看来纯属迷信，但却使殷商的人们在想象和联想能力上得到了提高。我们且看盘庚在迁都前后对百官世族、百姓庶民的训话："若网在纲，有条不紊；若农服田力稼，乃亦有秋。"从中我们不仅可以感到言辞的凝练和感情的充沛，语言理直气壮，文气顺畅自然，而且使用的也正是联想比兴的手法。再次，通过主体能动的想象活动，完成了言与象的有机统一，使得卜辞成为对于"形象"的文字描写。如在《商书》之中，"若火之燎原""若射之有志"之类的比喻比比皆是。象形文字本身就是"言象"，而"兆干"和

---

① 王宇信、杨升南、聂玉海主编《甲骨文精粹释译》，云南人民出版社，2004，第 1594 页。

② 王宇信、杨升南、聂玉海主编《甲骨文精粹释译》，云南人民出版社，2004，第 1597 页。

③ 王宇信、杨升南、聂玉海主编《甲骨文精粹释译》，云南人民出版社，2004，第 1580 页。

"兆枝"属于"形象"，卜辞的性质是以"言象"来解释"形象"，相对于"言象"而言，"兆干"和"兆枝"就是最早的"象外之象"。甲骨卜辞记录的占卜和应验情况，虽然简单，但时间、地点、人物皆简明扼要，呈现了我国古代书面文章的萌芽和原始状态。最后，我们亦应注意到立象主体的问题。在商代，立象和释象的主体是所谓的"贞人"，即殷商王朝的史官。到《周易》中，立象主体却有了一个转换，由"贞人"变成了圣人："圣人立象以尽意，设卦以尽情伪，系辞焉以尽其言。"（《周易·系辞》）这种主体身份的转变既标志着卜筮文化向礼乐德教文化的转型，也涉及"言象"本身性质的一种重要转变。

我们之所以说由殷商到周代，"言象"变化是一种本质性的转变，除了造象主体由"贞人"转为"圣人"，更重要的是体现在本体意义上的巨大转变，这种转变最具代表性的就是《周易》与甲骨卜辞在性质上具有根本区别。首先，甲骨卜辞所阐释的"象"是通过在甲骨凿钻处用炭火烧烤出现的竖裂纹（兆干）和横裂纹（兆枝）形状来判断吉凶祸福，兆干和兆枝虽然同属于人化自然，但兆干和兆枝的具体样式并非属于主体可以控制的形象，故而，我们只能说兆干和兆枝是主体行为创造出来的"形象"，却不能说它们是主体意识的外在呈现。卦辞是主体对于这种形象的解释，这种解释可以理解为宽泛意义上的"移情"，然而，在这样一种特殊形式的移情之中，始终隐含着主体的理性，那就是对于卦辞中的阐释还需要通过实践结果来加以检验，这就构成了验辞所记载的那些内容。因此，我们可以把殷商甲骨占卜行为视作一种基于必然性设想的实验行为，也是泛神论思想在现实生活中的具体表现。而甲骨卜辞中的兆干和兆枝不同于《易经》所载卦象，前者是物象（或形象），后者实际是一种数象；前者是直观的，后者是抽象的；前者在占卜过程中依赖于想象和经验，后者在占验过程中依赖于先验的规定和规则；前者记载了占卜的大量事例，具有档案性质，后者则完全在本体论和方法论上展开讨论，而不再记录具体占验的人和事。本身是数与象排列组合形成的、在八卦基础上生成的六十四种卦象既是主体主动创造出来的"形象",也是主体意识的外在呈现。《易经》卦象与卦义之间的联系不再是一种纯粹偶然的联系,而是建基于主体对于宇宙、自然及人类社会生成、变化、发展、衰亡的总体认识。《周易》里面的卦象不是出自一种必然性的设想,而是出自对于必然性的哲学概括。尽管这种概括依然有着浓郁的神秘主义色彩,但抛开神秘主义不论,在《周易》卦象里所体现的阴阳冲和、刚柔相济、盛衰之理,等等,则是宇宙自然与社会人生中必有的规律。

其次,甲骨卜辞里只有"言象"可以算作人心营造的产物,但甲骨卜辞里的"言象"主要是记载占卜过程以及占卜事件是否灵验,其总体特征是写实的。甲骨文中在卜辞外,还有一种记事刻辞。如"四方风"牛肩胛甲骨刻辞:"(1)东方曰析,风曰协。(2)南方之外曰夹,风曰微。(3)西方曰夷,风曰彝。(4)[北方曰]宛,风曰伇。"[1] 有学者认为这段文字是记载东西南北四个方向的神以及与之对应的四位风神,与《山海经·大荒经》《尚书·尧典》中关于四方风和四方神的记载不谋而合。[2] 也有学者认为,四方风名与《周易》的震离兑坎四正卦之间存在对应关系。[3] 从今天已经掌握的材料来看,数字卦产生于商末到西周初年,故周公重卦的说法并不可信,而我们看"四方风"刻辞,整体上还是具有写实与命名的双重性质,故不宜完全等同于《易经》之四个正卦。客观地说,《周易》的卦爻辞比殷商甲骨卜辞更加具有体系性,但在描写上不再如甲骨卜辞那样具体生动。《周易》分为《易经》和《易传》两部分,《易经》标志着数字卦的成熟,也表明了

---

[1]　王宇信、杨升南、聂玉海主编《甲骨文精粹释译》,云南人民出版社,2004,第 1531~1532 页。

[2]　胡厚宣:《甲骨文四方风名考》,收入《甲骨学商史论丛初集》,河北教育出版社,2002。

[3]　连劭名:《商代的四方风名与八卦》,《文物》1988 年第 11 期。

随着抽象思维能力的提高，数与象得以结合并最终上升到了一个对于世界的总体概括和哲学阐释。如果说，在殷商时期甲骨卜辞中的"言象"倾向于纪实，"形象"侧重于人为之"物象"，那么，在《周易》之中，仅仅是《易经》里的卦象、卦辞、爻辞就已经完成了"言象"与"形象"（数象、卦象）在神秘主义哲学层面的统一。由殷商之甲骨卜辞到《易经》数象之占卦的转变，是中国古代意象论形成的第一个阶段。

二

今天我们看到的《周易》是《易经》与《易传》的结合，但我们不应该忽略的是，不论从逻辑角度还是历史角度来看，《周易》中《易经》的形成是远早于《易传》的。换言之，《易传》对于《易经》的阐释可以视作中国意象论发展的第二个阶段。所以，辨别《易传》与《易经》在性质及内涵上的差异，既是必要的，也是极其重要的。

《易经》包括卦象、卦辞和爻辞三部分。有乾、坤、震、巽、坎、离、兑、艮八个基本卦，分别代表天、地、雷、风、水、火、泽、山八种自然事物；由八卦两两相重，组合为六十四卦。卦辞是对卦象内涵的解释，断言在相应卦象出现时祭祀、攻伐、行旅、婚配等事类的吉凶祸福；爻辞是对组成每一卦的六爻分别加以解释的。以"大有卦"为例，卦辞为"大有，元亨"，意思是说这个卦总体上预兆着有大的收获，顺利无阻。组成此卦的六爻为初九、九二、九三、九四、六五、上九。爻辞分别加以阐释：

初九　无交害。非咎。艰则无咎。
九二　大车以载。有攸往。无咎。
九三　公用享于天子，小人弗克。
九四　非其彭。无咎。
六五　厥孚有加。咸如。吉。

上九 自天佑之，吉，无不利。

由初九之"无交害"至上九之"吉，无不利"虽有程度上的差异，但就爻辞总体上看，"大有卦"是吉卦。在《易经》中以"大"命名的卦共有四个："大有""大畜""大过""大壮"。"从卦义看，大畜有止，大过有过，大壮有悔，唯独大有吉无不利。"[①] 若从形而上学的层面看，"大有"应该是一种理想的完备状态，至上九"自天佑之"已经通于有无之道，达到了道体与道用的完美统一，故无往而不利。

"大有卦"由八卦中离卦与乾卦相重而成，其无往而不利之意义的生成可在与六十四卦中的乾卦比较中见出。"大有卦"与"乾卦"之差异在"六五"与"九五"。"大有卦"经过"六五"而至于"上九"，则"自天佑之，吉，无不利"；"乾卦"经"九五"而至于"上九"，则"亢龙有悔"。其原因在于，乾德为"自强不息乾龙健"，坤德为"厚德载物坤马顺"。乾为天，坤为地；乾为阳刚，坤为阴柔；乾为君父，坤为臣子。卦理的基本要义为阴阳谐和，故乾道虽至大至刚，在乾卦的六爻演进中却含有"亢龙有悔"。若从六爻而论吉凶祸福，则八卦中乾卦与乾卦相重而成的六十四卦中之乾卦，其卦象远不及由八卦中坤卦与乾卦相重而成的六十四卦中之泰卦。另，泰卦与否卦相比，又可见出《易经》卦理上主张以乾道为基本，乾坤倒转乃极度凶险之兆。

从《易经》卦辞中我们已经可以看出天地、阴阳、体用、刚柔、顺逆、上下、正反等诸种辩证关系，这些关系既涉及对于世界的形而上学的观念，如乾坤正位、物极必反、阴阳和谐、以人合天，等等，这些观念又可以被推延到社会伦理的实践领域。《易传》主要完成的就是后一种任务。《易传》包括《彖辞》《象辞》《文言》《系辞》《说卦》《序卦》和《杂卦》七个部分，其中《彖

---

① 姬昌等：《全本周易》，北京出版社，2006，第96页。

辞》《象辞》《系辞》皆分上下篇，加上其他的正好十篇，也称作十翼。《易传》杂糅了儒家、阴阳家和道家的思想，但主要的观点还是儒家的。所以，《易传》中的所谓"子曰"，虽不能视同孔子本人的主张，但多与儒家观点相一致，这也是一个基本的事实。在《易传》中最具代表性的是《系辞》和《文言》。《文言》是专门讨论和阐述乾、坤两卦的文章，附于乾卦和坤卦的卦辞、爻辞、象辞及象辞之后。《系辞》是对于易理进行的总体阐述，全文分上下两篇，计五千字左右，长度与老子《道德经》相类。在这里我们主要讨论《系辞》的象学理论，适当联系《文言》加以辩证分析。

首先，谈论易理必然从易象入手，对于易象性质的基本看法是《系辞》立论的基础和前提。关于易象的性质，又可以分为"象体""象生"和"象用"三个层面。先说"象体"。"象体"就是我们看到的由六爻组成的象画，六爻既可以视为两个相重的卦象，亦可以视为六个卦爻，也可以视为乾坤两卦的不同组合交错，还可以视作两两成对的三组卦爻；观察角度不同，所得到的"象"也就大不相同。只不过，观察角度的确立直接关联的是数字的分拆、排列、组合，所以，我们说卦画是由数与象统一而成的形式。那么，这样一种由数象统一而成的形式究竟表现了什么内容？这就涉及对于"象体"的看法。《系辞》对于"象体"所进行的阐释分为两个部分，第一部分是：

> 天尊地卑，乾坤定矣。卑高以陈，贵贱位矣。动静有常，刚柔断矣。方以类聚，物以群分，吉凶生矣。在天成象，在地成形，变化见矣。鼓之以雷霆，润之以风雨，日月运行，一寒一暑，乾道成男，坤道成女。乾知大始，坤作成物。

这段文字主要是说明"象体"所具有的概括性，是对于天地尊卑、贵贱刚柔、群类吉凶、雷霆风雨、日月四季、男女化生等诸般现象的抽象概括。这种看法所包含的有机联系的整体观，是乾坤二卦生成八卦以及六十四卦的原初根据。第二部分是：

> 乾以易知，坤以简能。易则易知，简则易从。易知则有
> 亲，易从则有功。有亲则可久，有功则可大。可久则贤人之
> 德，可大则贤人之业。易简，而天下之理得矣；天下之理得，
> 而成位乎其中矣。

这段文字既是对于前面抽象概括的引申和发挥，也奠定了整个《系辞》伦理学或人生哲学的象学理论的基础。乾为天道，天道难测，但如果把万事万物的变化皆视为天道变化的特定呈现，则天道对主体而言不仅是容易理解的，甚至也是容易亲近的；坤为地道，地道是复杂的，但如果把天道视为地道之呈现的依据，则地道就显示出一定的规律性，这种规律对主体而言不仅可以遵循，而且可以大成。总之，知天道和近天道可以使主体获得贤人之德，把握规律和遵循规律则可以使主体成就贤人之业。"知"与"亲"是讨论主体的意识，"从"与"功"是讨论主体的实践。这种阐释的理路已经暗自把《易经》象学牢牢地划定在道德伦理或人生哲学的领域。

把乾坤两道归结为简易之理，究竟是否属于曲解《易经》？在今人看来，把卜筮之书视为伦理学上严肃的讨论，本身就是一种曲解。但对于《易传》或者《系辞》的作者而言，这恰恰是赋予《易经》象学以严肃性的必有步骤。因而，就有必要继续探讨"象生"的过程。《系辞》记载："易之兴也，其于中古乎？作易者，其有忧患乎？""易之兴也，其当殷之末世，周之盛德邪？当文王与纣之事邪？"可见，在《系辞》产生之时，其作者已经搞不清楚《易经》究竟出于何时。涉及"象生"问题的，在《系辞》里主要有下面四段文字：

> 圣人设卦观象，系辞焉而明吉凶，刚柔相推而生变化。
> 圣人有以见天下之赜，而拟诸其形容，象其物宜，是故谓

之象。圣人有以见天下之动，而观其会通，以行其典礼……

子曰："圣人立象以尽意，设卦以尽情伪，系辞焉以尽其言，变而通之以尽利，鼓之舞之以尽神。"

古者包牺氏之王天下也，仰则观象于天，俯则观法于地，观鸟兽之文，与天地之宜，近取诸身，远取诸物，于是始作八卦，以通神明之德，以类万物之情。

对这四段文字加以概括，主要表达了两个意思：其一，易象为圣人或包牺氏所立，认为"象"出于圣人与殷商王朝象出于贞人，实际上与对于卦象性质的看法有关，而圣人立象的目的则又直接决定着"象用"。其二，立象的目的是为了尽意，设卦是为了尽情伪，系辞是为了尽其言。如果说"变而通之以尽利，鼓之舞之以尽神"大致属于功利目的的话，"观其会通，以行其礼"属于道德文化建设的目的，"通神明之德，以类万物之情"则是上升到生命哲学的高度来阐明立象的重要性。

由"象体"与"象生"所决定，"象用"主要体现为：

《易》有圣人之道四焉：以言者尚其辞，以动者尚其变，以制器者尚其象，以卜筮者尚其占。（《周易·系辞上》）

子曰："夫《易》何为者也？夫《易》开物成务，冒天下之道，如斯而已者也。是故，圣人以通天下之志，以定天下之业，以断天下之疑。"（《周易·系辞上》）

"象用"从方法上可以分为四种，言者可以崇尚《易》之文辞的精到深刻；行动者可以领悟《易》之变化规律；制器者可以追随《易》的象征蕴藉；卜筮者可以贯彻《易》的先知先觉。然而，《易》之"言象"与"形象"既然由圣人所创，自然是能够实现圣人所肩负的使命，那就是实现其"通天下之志""定天下之业"和"断天下之疑"的总体目标。

　　其次，我们从"象体""象生"和"象用"三方面讲了易象之性质，就不能不注意到，这三个层面的产生之所以具有意义，是缘于孔子说的"书不尽言，言不尽意"。沿着这个观点继续推导，则不尽言之书不会包含《周易》，不尽意之言不会包括卦辞和十翼。然而，事实上，《周易》亦是"书"，卦辞和十翼亦是"言"。这就需要我们来进一步辨析作为"书"的《周易》以及作为"言"的十翼与不尽言之书、不尽意之言究竟有何区别。

　　今天我们理解"书不尽言，言不尽意"往往采用直译的方法，认为这句话所讲的意思是：书不能完全表现言，言不能完全表现意。这当然不能算错，但并没有说透彻。在笔者看来，"书"是指书面文章，"言"是指口头语言。"书不尽言"之"言"即"微言"，"言不尽意"之意即"大意"；"大意"就是道的意蕴和内涵，"微言"则是能够近于道的生动而含蓄的言语。孔子曾经说："有德者必有言，有言者不必有德。"（《论语·宪问》）子贡曰："夫子之文章，可得而闻也；夫子之言性与天道，不可得而闻也。"（《论语·公冶长》）前一句话说明了言与德并不总是合一的，后一句话学术界有不同的解释。不少学者以为"夫子之言性与天道，不可得而闻"的意思是说孔子从来不讲性与天道。我们检索《论语》发现，"天道"一词在《论语》中只出现过一次，就是子贡讲的这句话；"性"在《论语》里也只出现过一处："子曰：'性相近也，习相远也。'"（《论语·阳货》）似乎确实可以旁证孔子不喜欢直接讲"天道"与性。我认为这种观点是错的。仔细揣摩子贡所说的这句话，与"言性与天道"相对应的是"文章"，"可得而闻"包含了"可得"和"可闻"；"夫子之文章，可得而闻也"应该是讲夫子的文章可以得到并且诵读聆听；那么，对应的"夫子之言性与天道，不可得而闻"应该是讲夫子口头上"言性与天道"不能够得到并反复聆听。故而正解应为：单单阅读夫子的文章，并不能完全领悟夫子的微言大义。由此可见，子贡这句话的含义近于《周易·系辞》中孔子讲的"书不尽言"。"书不尽言"根本原因在于读者诵读书面文章时，文章的作者并不在场，书面语言的有限性会导致对于口语的阉割。但结合孔子所处的时代，孔子所说的"书"主要还是周代之书，即铜器铭文。受媒介材料的局限，铜器铭文的内容比口语要简略很多。即便我们看《尚书·周书》，里面记录了不少关于周公告诫成王的话，如《无逸》，讲到君子要"先知稼穑之艰难"，否则就有亡国的危险。从中可以看出周文在文体上比商文稍稍复杂了一些，并且具有更浓郁的说教味道，但与战国时期诸子散文相比，其形式之简陋一目了然。由此可见，"书不尽言"主要就是针对这样一种简陋之书不能尽"微言"的状况而发出的感慨。

讲了"书不尽言"，我们接着探讨"言不尽意"。如前所述，"言不尽意"主要是说口头语言不能表达道之深意、大意。春秋战国时期，王纲解纽，政在诸侯，礼坏乐崩固然在所难免，而社会动荡却也为文人提供了宽阔的政治舞台。其一，春秋无义战。各路诸侯多信奉王霸之术，士人多持纵横之术，故而文人在行为上无特操，在文学上亦不重义理，其言辞往往在表面上理直气壮，而实际上却是理不胜辞甚至强词夺理。如《左传·成公十三年》所载的《晋侯使吕相绝秦》就是如此。其二，当时诸侯相争，成功的外交是夺取主动权的重要保证。在外交活动中辞令往往具有很重要的作用。例如，《左传》中记录了子产的外交事迹和大量的外交辞令，当时有"子产有辞，诸侯赖之"这样极高的评价。受此风气影响，言辞的总体特征是文胜质，即更加注重语言的辞采，而不重视辞令是否符合道之深意与大意。

最后，在理清"象"之性质及立象的必要性之后，我们就应该接着考察《周易》这部书是如何处理言意关系的。其一，《周易》里面的"象"是"数象"而非"形象"。"数象"只是对于万事万物的概括和象征，而不是对于事物进行穷形尽相的描摹。对于具体事物而言，易象无所谓像与不像，因而就具有以"无"来概括"有"的功能；对于道之本体而言，易象不是形而下之个别事物，所以具有了以"有"显现"无"的性质。总之，易象的特殊性使得《周易》能够有效地规避"书不尽言"的窘境。其二，《周易》中的卦辞是针对兼具抽象性和形象性的卦象所作出的解释，这就保证了其解释既是"言事"，亦是"言道"，故而做到了"通神明之德，以类万物之情"。

三

"书不尽言，言不尽意"只是在追问圣人立象之必要性时所提出的观点，其主旨并非彻底否定"书"与"言"本身的价值。首先，在《论语》中孔子亦常常把"言"与"行"对举，而没有更多地比较"言"与"书"的差异。《论语》载：

> 子曰："君子食无求饱，居无求安，敏于事而慎于言，就有道而正焉，可谓好学也已。"（《论语·学而》）
> 子曰："古者言之不出，耻躬之不逮也。"（《论语·里仁》）
> 子曰："君子欲讷于言而敏于行。"（《论语·里仁》）
> 子曰："始吾于人也，听其言而信其行；今吾于人也，听其言而观其行。"（《论语·公冶长》）

在孔子看来，在言与行之间，君子往往注重实践而不单是注重言辞，一个人是否君子，关键是看他怎么做，而不是听他怎么说。古代圣贤之所以不轻易出言，原因在于出言而不能落实于行动是他们所引以为耻的。由此可见，孔子对于理不胜辞的夸夸其谈极其反感，他甚至断定："巧言令色，鲜矣仁！"（《论语·学而》）但孔子并不否定"言"本身的价值，尤其是作为"言象"的文章。他说："夏礼，吾能言之，杞不足征也；殷礼，吾能言之，宋不足征也。文献不足故也。足，则吾能征之矣。"对于夏礼和殷礼孔子是可以谈论言说的，但具体到一些历史事件，就无法详加讨论，因为文献不足。孔子又说："有德者必有言，有言者不必有德。仁者必有勇，勇者不必有仁。"(《论语·宪问》)而对待圣人之言，孔子亦持敬畏态度。孔子曰："君子有三畏：畏天命，畏大人，畏圣人之言。小人不知天命而不畏也，狎大人，侮圣人之言。"(《论语·季氏》)可见，孔子既不彻底否定"言"，更不彻底否定"书"。实际上，即便对于辞令，孔子亦坚持一种具体问题具体分析的态度。比如，我们上文提到的擅长于辞令的子产，孔子在《论语》中就有正面的评价和明确的赞许："或问子产。子曰：'惠人也。'"(《论语·宪问》)"子谓子产：'有君子之道四焉：其行己也恭，其事上也敬，其养民也惠，其使民也义。'"(《论语·公冶长》)

其次，"书不尽言，言不尽意"不仅代表着儒家的主张，也包含了道家的思想。老子讲"大音希声，大象无形""无状之状，无物之象，是谓惚恍""道之为物，惟恍惟惚。惚兮恍兮，其中有象""执大象天下往"。其主旨在于阐明"道象"与万事万物之具体化的"形象"不同，"道象"是无形之"象"，恍惚之"象"，是把握天下变化的抓手。面对无形和无限的"道象"，有声有限的语言是难以准确完整地传达道意和呈现"道象"的，所以，老子说："知者不言，言者不知。"但是，我们不应忽视，老子同样也不是彻底否定"言"的意义和价值。在他看来，一方面，"美言可以市尊，美行可以加人。"讲究修辞技巧的言语可以增加语言的影响力。另一方面，他强调指出："圣人欲上民，必以言下之。"可见，老子是承认圣人立言与庶民问道向善的确有关系的。同时，"吾言甚易知，甚易行，天下莫能知，莫能行。言有宗，事有君。夫唯无知，是以我不知。知我者希，则我者贵。是以圣人被褐怀玉。"(《老子》第七十章)老子也重视知言与言行统一，而且，他所说的易知和易行与《系辞》里对于易象的总体看法也是一致的。

老子"大象无形"的思想在《庄子》里有了更加生动具体的描绘："黄帝游乎赤水之北，登乎昆仑之丘而南望。还归，遗其玄珠。使知索之而不得，使离朱索之而不得，使喫诟索之而不得也，乃使罔象，罔象得之。黄帝曰：'异哉！'罔象乃可以得之乎？'"
（《庄子·外篇·天地》）《国语·鲁语》有："季桓子穿井，获如
土缶，其中有羊焉。使问之仲尼曰：'吾穿井而获狗，何也？'对
曰：'以丘之所闻，羵羊也。丘闻之：木石之怪曰夔、罔两，水之
怪曰龙、罔象，土之怪曰羵羊。'"《淮南子》曰："水生罔象，木
生毕方，井生羵羊。"罔两、罔象、羵羊皆为未成形或不定形之神。
《庄子·外篇·天地》中所写黄帝遗失的玄珠显然是一种象征，其
意与老子所说的无形之大象类似。可以说，玄珠本义在"玄"而
不在"珠"，求道之玄，"知""离朱"以及"喫诟"都不能寻得
玄珠，意指无论认知、感知还是言辩皆无法达到求得大道的目的，
唯有无形无象的"罔象"才真正可以得道。庄子这个寓言已经初
步涉及认识的有限性问题。在《庄子·内篇·应帝王》中也有类
似描写：

> 南海之帝为儵，北海之帝为忽，中央之帝为浑沌。儵与忽
> 时相与遇于浑沌之地，浑沌待之甚善。儵与忽谋报浑沌之德，
> 曰："人皆有七窍以视听食息。此独无有，尝试凿之。"日凿
> 一窍，七日而浑沌死。

人依靠七窍来视、听、吃和呼吸，浑沌有七窍而死，说明浑沌感知
世界的方式不同于常人，他不依赖感官知觉，而是整体地直观世
界。

最后，意象理论的生成和发展不仅得益于象学观念的演绎发
展，同时也是对于文学作品中大量创造意象这样一种文学现象的理
论总结。

其一，《周易》中已经蕴涵了早期中国文学最为重要的赋比兴
表现手法的萌芽。以乾、坤、震、巽、坎、离、兑、艮八个基本卦
来分别代表天、地、雷、风、水、火、泽、山八种自然事物及现
象，其实质就是以人文之象代替自然之象，这个过程包含了随物赋

形的因素；在八卦的基础上通过重卦而形成的六十四卦，进而与自然、社会、人生的种种变化之道结合起来，实际上是以象会意，在思维上建构起了"比"的关系；《易传》对于《易经》所进行的社会学、伦理学意义的阐释，在主体意识层面已经把卦象视作兴寄之象，在操作层面，也最终完成了主体与客体在意象结构中的交融。

其二，从 20 世纪 90 年代开始，国内学者开始重视对于《诗经》意象内涵、构成、分类、意象图式、审美特征等方面的研究，具体涉及《诗经》中的六大类意象：水意象（含渡河意象）、神仙意象、植物意象（如莲意象、桑树意象及采摘意象）和动物意象（如马类意象、鸟意象、鹿意象、鱼意象）、舟船意象、东门意象。说明众多学者认识到了《诗经》意象既是意象理论不能忽略的研究对象，同时，也是中国诗学意象形成的重要环节。学界一般认为《诗经》中的作品是在周武王灭商（前 11 世纪）以后产生的。依据所谓文王周易的传说，则《诗经》后出于《易经》。不过，如果我们假定由文王演周易到《易经》最终定型，其间有一个发展过程的话，那么，《诗经》中《周颂》《大雅》有部分作品其产生应与《易经》产生的时代相近。尽管以宗庙乐歌、颂神乐歌为主的《周颂》与以宴会乐歌、祭祀乐歌为主的《大雅》在建构"言象"上各有特征，但对于我们进一步理解上古诗歌之中从"声象""形象"到"言象"的内在机制还是有好处的。如《周颂·清庙》："于穆清庙，肃雍显相。济济多士，秉文之德。对越在天，骏奔走在庙。不显不承，无射于人斯。"朱熹注引《乐记》云："清庙之瑟，朱弦而疏越，一倡而三叹，有余音者。"[1] 而在《商颂》《鲁颂》《小雅》《国风》中，出现了将近一千种不同的自然、社会物象，除了个别的作品带有神话色彩，比如《商颂·玄鸟》里有：

---

① 朱熹注：《诗经集解》，《四书五经》中册，天津古籍书店影印，1988，第 152 页。

"天命玄鸟，降而生商；宅殷土芒芒！"绝大部分文学意象是以德教与情感为其底蕴内涵的。

其三，在《诗经》之后，随着先秦时期百家争鸣和诸子蜂起，诸子在文章中往往把哲理的思考、史实的记录与更加高超的文艺表现手段结合起来，从而在文章的布局谋篇、语言技巧以及逻辑力量上都达到了前所未有的水平。没有这样一个文章形式的突破，言外之意、象外之象皆是难以做到的。尤其是《庄子》一书，以张扬踔厉之文风、奇幻瑰丽之想象、华美生动之语言，为我们描绘了一个极其丰富的象的世界。除了事物大小、寿命长短、变化奇正各不相同的具体对象，值得注意的是，在庄子笔下出现了一大批畸零形象，其非正常的外形无不暗示着道之象不同于日常人们所见之具体形态，而是言外之意和象外之象的有机结合。

四

诸子之后，建安之前，文人大体可分为四类：史家、政论家、赋家、经学家。这一时期文学形式的发展对于中国意象理论的转型与成熟有着至关重要的作用。秦统一天下后，以文章驰名的只有李斯一个。李斯的《谏逐客书》写得纵横驰骋，很有气势，但那是他作客卿时的作品。真正代表秦代散文风格的是《绎山刻石》《琅琊山刻石》等歌功颂德的文章。这些刻石大多以三句为韵，四言为句，对后世碑文的体式有一定影响。与秦之"无文"相比，汉代文学成就的代表文体是多种多样的。如史传散文、乐府诗、汉赋、政论文以及杂文，等等。

真正承续《周易》《春秋》《诗经》《礼记》之传统的是司马迁及其《史记》。司马迁的父亲在担任太史令之前，曾经"学天官于唐都，受易于杨何，习道论于黄子"①，说明他所储备的知识体系主要来源于天官学、易学和道学；就司马迁在《太史公自序》

---

① 司马迁：《史记》卷一百三十，中华书局，1959，第3288页。

中对于阴阳、儒、墨、名、法、道德六家"要指"加以比较分析
来看，司马迁对各派学术主张也非常熟悉，而且有自己明确的理论
立场：

> 《易大传》："天下一致而百虑，同归而殊涂。"夫阴阳、
> 儒、墨、名、法、道德，此务为治者也，直所从言之异路，有
> 省不省耳。尝窃观阴阳之术，大祥而众忌讳，使人拘而多所
> 畏；然其序四时之大顺，不可失也。儒者博而寡要，劳而少
> 功，是以其事难尽从；然其序君臣父子之礼，列夫妇长幼之
> 别，不可易也。墨者俭而难遵，是以其事不可遍循；然其强本
> 节用，不可废也。法家严而少恩；然其正君臣上下之分，不可
> 改矣。名家使人俭而善失真；然其正名实，不可不察也。道家
> 使人精神专一，动合无形，赡足万物。其为术也，因阴阳之大
> 顺，采儒墨之善，撮名法之要，与时迁移，应物变化，立俗施
> 事，无所不宜，指约而易操，事少而功多。儒者则不然。以为
> 人主天下之仪表也，主倡而臣和，主先而臣随。如此则主劳而
> 臣逸。至于大道之要，去健羡，绌聪明，释此而任术。夫神大
> 用则竭，形大劳则敝。形神骚动，欲与天地长久，非所
> 闻也。①

司马迁的这段文字至少表明了三个观点：其一，六家之说各有擅
长，治理天下应该取其精华去其糟粕；其二，认为《易大传》为
诸家学说之集成，非独为儒家之论；其三，认为道家的主张是吸收
了阴阳、儒墨、名法诸家的精要，所以比儒家的观点要高明很多。
对于写作《史记》的动机司马迁也有很好的说明："先人有言：
'自周公卒五百岁而有孔子，孔子卒后至于今五百岁，有能绍明
世，正《易传》，继《春秋》，本《诗》《书》《礼》《乐》之际?'

---

① 司马迁：《史记》卷一百三十，中华书局，1959，第3288~3289页。

意在斯乎！意在斯乎！小子何敢让焉。"① 由此可知，我们既需要看到司马迁的《史记》是继《春秋》之后的微言大义之历史著作，还要看到《史记》是"正《易传》"与"本《诗》《书》《礼》《乐》"的通变之作和立象之作，是文化巨著和文学名著。概言之，《史记》可谓历史、文化与文学的奇妙结合，故而被鲁迅先生赞为"史家之绝唱，无韵之《离骚》"（《汉文学史纲要·司马相如与司马迁》）。

在《周易》之中，"通变"与"立象"原本是二而一的关系，但到了汉代，文苑与儒林渐趋分开，故而，有了以"通变"问政的政论文以及以"立象"为务的汉大赋。其一，汉王朝建立之后，大乱初定，人心思治；同时，人们对汉王朝的前途有着极大的信心，文人的态度自然也多是积极向上的。故而时代赋予了政论文两个特色：其一，战国时期散文的纵横之气余绪流传，政论文写得气象阔大，论点独异，笔锋犀利，如贾谊的《过秦论》和《陈政事疏》，前者有诸子风范，后者则被鲁迅称为"汉代鸿文"。其二，汉代文人和战国时的游士、说客不同，他们不再只是为了一己私利奔波游说，而是在文章中自然而然地加入对国事的关心和对王朝未来的希望，所以，文章不仅注重义理，而且内容也非常充实，如晁错的《论贵粟疏》和《言兵事疏》。其三，与史传文学纪实及政论文章务实之风形成鲜明对比的是汉大赋。汉赋吸取了楚辞的某些体制，熔铸了先秦纵横家的气势辞采，又从《诗经》中继承和发展了铺陈、排比的文学方法，从而创造了张扬踔厉的新文体。赋是我国散文史上最早的艺术散文样式，就其思想内容、社会教化作用而言，较之汉初政论文和先秦诸子散文都有明显的倒退，在赋中，我们几乎体会不到文人所独有的"修身、齐家、治国、平天下"的使命感。但我们不应忽略的是：赋以其对于形式本身的关注区别于实用文体；赋是中国文学史上文人群体最初的自觉的文学创作；赋

---

① 司马迁：《史记》卷一百三十，中华书局，1959，第3296页。

的艺术追求和审美趣味对后代文学发展有极其深远的影响；赋的随物赋形、因物取象的创作特征对于中国意象论走向自觉和成熟是有推动作用的。

魏晋和晋宋之间，玄学兴起和山水自觉同步展开，使得文学形式和内容都有了明显的变化。首先，玄学兴起使得当时的名士逐步形成了一种文化人格，自由不羁和任性纵情成为文人的时尚。这就使得以玄学家嵇康和阮籍作品为代表的师心和使气的文章渐次占了上风。晋宋之际，恬淡、和缓的文学作品开始流行，陶渊明和谢灵运的诗文有了新的特色，和建安、正始文风皆有较大差别。文风的转变，背后隐藏着文人地位和心态的变化。从曹丕怀悼七子的文章中，可以看出曹丕和建安七子不仅是君臣关系，更是文友关系。作为文人，他们共同注视身外的世界。到了南朝，虽然有些天子也讲："立身之道与文章异。立身先须谨重，文章且须放荡。"也提倡散文创作的通脱随便，而且梁武帝萧衍的散文近似于曹操，简文帝萧纲的散文极像曹丕的作品，但"人挟曹丕之资，而风非黄初之日"。说到底，帝王和文人之间只剩下君臣关系。帝王"以翰墨为勋绩，以辞赋为君子"，文人也就成了词臣，骈俪之风盛行，六朝文风多伤于轻艳，以浮华为累。应该注意的是，从散文形式上讲，魏晋南北朝散文的骈俪化倾向恰好体现了文学形式观念的觉醒。魏晋时期是文学自觉的时代，而这种文学的自觉首先就表现为文学观念的自觉，文学观念的自觉与当时的玄学思想则互为表里。具体讲，可以分为四个方面：①对于文学非功利性的认识。曹丕从"经国之大业，不朽之盛事"的高度来肯定文章创作，曹植从"辞赋小道，固未足以揄扬大义，彰示来世"的角度否定文学创作，实质上并没有脱出儒家的樊篱；但曹丕讲的"文以气为主，气之清浊有体，不可力强而致"则显然与文章的功利性无关。②对于作家个性及创作风格的重视。③对于文体及其功能的认识。曹丕《典论·论文》中的"八体说"和陆机《文赋》中的"十体说"实际上包括了对于文学自身的认识。④对于骈偶和音律问题的研究，是陆机《文赋》的贡献。说明到了魏晋时，人们对于文学形式的认识也和前代有了很大的不同。在此背景下文学形式观念觉醒的标志就是当时盛行的文笔之分。

首先，文与笔的区别有着体制及语言形式上的不同，在文体性质和功能上也有很大差异，笔偏于技艺，文偏于情性。文笔之分的基础或前提是言文之别。《文心雕龙·总术》中引用颜延年的话说："笔之为体，言之文也。经典，则言而非笔；传记，则笔而非言。"① 由此看来，在六朝人的文学观念中，"文"是具有层次和程度的。例如，和使用议论文类型的经典作品相比，笔是属于"文"的，具有艺术性；与韵文（如赋）相比，笔又是"不文"的。显然，没有文学创作实践的经验积累，没有对于诸种文体细致地比较研究，不可能产生如此具有相对性的文学形式观。其次，文学形式观念觉醒的另一个标志是深化了对于文学作品的整体认识。《宋书·本纪》中记载："宋文帝命雷次宗立儒学，何尚立玄学，何承天立史学，谢元立文学。"由此可见，文学开始脱离学术。而梁武帝萧统则干脆把"事出于沉思，义归乎翰藻"作为衡量文学作品的标准。强调事实和情节出自主体的孕育、构思和想象，强调散文的辞采、声韵等形式因素。再次，就当时的文学实践而言，赋、骈的发展对前代文章有拨正之功，进而出现了大量篇幅短小、行文活泼的抒情咏物散文。如王粲的《登楼赋》、谢惠连的《雪赋》和谢庄的《月赋》、江淹的《恨》《别》二赋，以及庾信的《哀江南赋》等。

第三节 "意象"审美范式的内涵及其特征

我们通过上面两节内容梳理了"意象"审美范式得以产生的两条线索，其一，最早的广义的意象并不出自《易经》的卦象、

---

① 赵仲邑译注《文心雕龙译注》，漓江出版社，1982，第357～358页。

卦辞或《易传》的《系辞》和《文言》,而是由音乐、绘画和文字所形成的"声象""形象"和"言象"。其中,"言象"虽然合"声象"与"形象"为一体,但三者之间是彼此促进的关系。"书不尽言,言不尽意"讲的是口头语言本已不能完整地表达主体的意识,而书面文章因其不能把口头语言全部记录下来,则更难于把主体的情感和思想完全呈现出来。这是"圣人立象以尽意,设卦以尽情伪"的必要条件。其二,中国的"象"论主要是探讨"言象",故应该把意象审美范式置于文学视阈。由殷商到周代,"言象"变化是一种本质性的转变,除了造象主体由"贞人"转为"圣人",更重要的是体现在本体意义上的巨大转变。《易经》是对于各种自然、社会、人生现象的抽象概括,《易传》则为象学理论建构了伦理学或人生哲学的基础。意象理论的生成和发展不仅得益于象学观念的演绎发展,同时也是对于文学作品中大量创造意象这样一种文学现象的理论总结。从《诗经》《史记》、汉大赋到魏晋抒情小赋及五言诗的成熟,使得意象最终由卜筮意象、伦理意象转向了文学审美意象。"意象"审美范式既以魏晋之前的象学为思想资源,又是对于文学实践所进行的新的理论概括。因此,探讨"意象"审美范式的内涵及其特征,同样离不开这样一个总体的审美文化背景。

一

最早提出"意象"这一概念的是汉代的王充。王充在《论衡·乱龙篇》说:"天子射熊,诸侯射麋,卿大夫射虎豹,士射鹿豕,示服猛也。名布为侯,示射无道诸侯也。夫画布为熊麋之象,名布为侯,礼贵意象,示义取名也。"① 王充所说的"意象"是指古代画在箭靶上暗含礼制的动物图像。这种观点印证了我们在前面讲到的一切"声象""形象""言象"都是广泛意义的意象,王充所讲的"意象"即作为"意象"的绘画。表面上看,绘画的"形

① 王充:《论衡》,上海人民出版社,1974,第248页。

象"不同于文学作品中的意象。绘画的"形象"是直接诉诸我们的视觉的，而文学作品中的意象却可以分为三个层次：文字形象、能指形象和所指形象。但如果我们撇开绘画"形象"与文学"言象"的形式不论，单就其精神实质而言，则绘画意象与文学意象皆属于华夏民族文化符号体系，都是由客体、能指、所指和概念所构成的符号；而且，意象作为文化符号，其承载的精神内涵既可以是诗意的，也可以是伦理的或哲学的。从历时性角度看，中国的意象深受儒家礼乐德教文化传统的影响，文学意象亦不例外。比如"过犹不及""尽善尽美""诗无邪""诗言志""兴观群怨""养气说""载道说"，等等，所有这些文学主张都对中国文学意象的创造、欣赏和阐释产生过很明显的影响，构成了中国文学意象不可分割的比德底蕴，进而促成了中国文学意象总体具有的伦理人格化特征。正如钱穆所言："宗教而政治化，政治而人伦化，人伦而艺术化"，"这是中国古代文化演进一大主流"。① 而在"意象"审美范式之中，人伦艺术化就呈现为文学意象，往往具有比德的倾向。

以象比德是中国文化中最为悠久的传统。早于言象而产生的物象（广义的造型艺术）与声象（广义的音乐）皆被人们赋予人伦内涵。现已出土的殷商时期的玉器、青铜器，其中的重器除了被用作祭祀神灵、祖先和先王之外，也被用来区分社会成员的等级秩序。而源于上古虞韶的齐韶则更被孔子视作尽善尽美的典范之作。文字之象产生后，这种比德传统不仅得以继承，而且不断地得到发扬光大。早在甲骨卜辞中，人们就开始对通过烧灼龟甲牛骨形成的兆干和兆枝加以人文的阐释；到了《周易》产生之后，人们更是对卦象与社会人伦道德之间的关系进行推断和评价；而在文学史上最早使用赋比兴手法来大量创造文学意象的是《诗经》，可以说，《诗经》意象群为我们研究意象的比德内涵提供了极佳范本。

首先，我们看《诗经》的立象原则。如孔子所说的"多识于

---

① 钱穆：《中国文化史导论》，商务印书馆，1944，第82页。

鸟兽草木之名",《诗经》既无鬼神之象,亦无虚幻之象,其所用之象皆出自现实的自然、社会及人生当中。如果说来自民间的国风如此还好理解,因为国风本来就是"饥者歌其食,劳者歌其事"(何休《公羊传解诂》),但是连宫廷之雅颂之诗亦不言上帝鬼神,则确实令人纳罕。推想个中原因,应与周代崇尚礼制有着内在的关联。比较甲骨卜辞与《周易》卦辞、爻辞,则可以看出由殷商之相信鬼神(如五方之神)到周代之崇奉阴阳五行,象学之精神实际上已经自天国被拉回到人间。阴阳五行之术虽包含有神秘主义成分,但五行之相生相克、错综变化、正反逆转、相辅相成等皆属于朴素的辩证思想,同时,也确实能够在特定的意义上对自然、社会及人生起到融合打通的作用。

钱锺书先生曾就易之三名加以梳理阐释:

> 《论易之三名》:"《易纬乾凿度》云:'易一名而含三义,所谓易也,变易也,不易也。'郑玄依此作《易赞》及《易论》云:'易一名而含三义:易简一也,变易二也,不易三也'"。按《毛诗正义·诗谱序》:"诗之道放于此乎";《正义》:"然则诗有三训:承也,志也,持也。作者承君政之善恶,述己志而作诗,所以持人之行,使不失坠,故一名而三训也。"黄侃《论语义疏》自序:"舍字制音,呼之为'伦'。……一云:'伦'者次也,言此书事义相生,首末相次也;二云:'伦'者理也,言此书之中蕴含万理也;三云:'伦'者纶也,言此书经纶古今也;四云:'伦'者轮也,言此书义旨周备,圆转无穷,如车之轮也。"①

由"易"之简易、变易、不易推演至诗歌创作,则呈现为承、志、持;推延到伦理,则不单为今日伦理学之伦理,还包含了事义相

---

① 钱锺书:《管锥编》,中华书局,1979,第1页。

生、蕴涵万理、经纶古今、义旨周备等多层意思。把对于易的这番
解释引申到意象理论中来，则我们所说的意象的比德所比之德亦不
同于今天狭义的道德伦理，而是广义的善，其内涵是自然、社会以
及人生真善之德的融会贯通。

其次，正是因为意象审美范式建构"象"的过程也是一个情
感符号的能动创造过程，这个创造过程包含着历时性的演变和发
展，也融汇了共时性的多元辐射与个别呈现。在历时性维度上，由
神到人再到觉醒的个体，分别构成了意象内涵发展的三个阶段。在
神鬼崇拜之中，祭器与图腾是最主要的意象表现形式；在人的伦理
文化中，礼器与音乐是最重要的意象表现形式，礼象不只是代表一
种上下、尊卑、贵贱的等级秩序，还意味着一种稳定、美好、圆满
的生活存在方式；在觉醒的个体那里，人格象征物则成为极其重要
的意象。

在共时性维度上，审美意象的创造主体可以是民族共同体，也
可以是特定的群体，还可以是作为个体的主体。当民族共同体作为
创造主体时，意象就成为承载审美文化传统的审美意象。它既可以
具有较为固定的诗性伦理内涵，如以玉比德的文化传统；也可以隐
喻生命繁衍滋生的男女欢爱，如以鱼象征生殖男女的隐喻习惯；还
可以成为吉祥寓意的直接象征，如紫气祥云、松柏翠竹、春草春花
等。当特定群体作为创造主体时，意象往往成为其集体意识的象
征，如士大夫眼中的山、水、梅、兰、莲、菊、竹、玉等。当个体
作为意象的创造主体时，意象则呈现更大的精神自由性与情感独特
性，如《庄子》笔下的畸零之人，阮籍笔下的大人先生，陶渊明
笔下的世外桃源，谢灵运笔下的池塘春草，江淹笔下的怅然南浦，
等等。

作为意象创造主体的群体与个体本没有绝对的界限，群体由个
体组成，个体又往往具有群体的某些共同属性。那么，为什么我们
要对这两种意象创造主体加以区分呢？主要还是因为在中国文学意
象创造之中，原本就有"比象"与"兴象"之分。刘勰在《文心

雕龙·比兴》中云：

> 比显而兴隐哉？故比者，附也；兴者，起也。附理者切类以
> 指事；起情者依微以拟议。起情故兴体以立，附理故比例以生。①

刘勰文中主要讲了比兴之间具有两个差别，一者"比"显而"兴"
隐；二者"比"主要是讲附理，即"切类以指事"，"兴"主要是起
情，即"依微而拟议"。刘勰的观点主要来自孔颖达《毛诗序正义》：

> 六义次第如此者，以诗之四始以风为先，故曰风。风之所
> 用，以赋、比、兴为之辞，故于风之下即次赋、比、兴，然后
> 次以雅、颂。雅、颂亦以赋、比、兴为之，既见赋、比、兴于
> 风之下，明雅、颂亦同之……赋、比、兴如此次者，言事之
> 道，直陈为正，故《诗经》多赋在比、兴之先。比之与兴，
> 虽同是附托外物，比显而兴隐，当先显后隐，故比居兴先也。

钱锺书先生对这种观点不以为然。他说："刘氏不过依傍毛、郑，
而强生'隐''显'之别以为弥缝，盖毛、郑所标为'兴'之篇
什泰半与所标为'比'者无以异耳。"② 钱先生认为"比""兴"
之别，不在"显""隐"，而在主体抒情方式上的差异。他说：

> 胡寅《斐然集》卷一八《致李叔易书》载李仲蒙语："索
> 物以托情，谓之'比'；触物以起情，谓之'兴'；叙物以言
> 情，谓之'赋'。"颇具胜义。"触物"似无心凑合，信手拈
> 起，复随手放下，与后文附丽而不衔接，非同"索物"之着
> 意经营，理路顺而词脉贯。惜着语太简，兹取他家所说佐申

---

① 赵仲邑译注《文心雕龙译注》，漓江出版社，1982，第 307 页。
② 钱锺书：《管锥编》第一册，中华书局，1979，第 63 页。

之。项安世《项氏家说》卷四："作诗者多用旧题而自述己意，如乐府家'饮马长城窟'、'日出东南隅'之类，非真有取于马与日也，特取其章句音节而为诗耳。《杨柳枝曲》每句皆足以柳枝，《竹枝词》每句皆和以竹枝，初不于柳与竹取兴也。《王》国风以'扬之水，不流束薪'赋戍甲之劳；《郑》国风以'扬之水，不流束薪'赋兄弟之鲜。作者本用此二句以为逐章之引，而说诗者乃欲即二句之文，以释戍役之情，见兄弟之义，不亦陋乎！大抵说诗者皆经生，作诗者乃词人，彼初未尝作诗，故多不能得作诗者之意也。"①

按该段文字中李仲蒙论赋比兴之观点曾被南宋王应麟的《困学纪闻》、明代王世贞的《艺苑卮言》、杨慎的《升庵诗话》等广为转引，原文为："叙物以言情谓之赋，情物尽也。索物以托情谓之比，情附物也。触物以起情谓之兴，物动情也。"（王世贞《艺苑卮言》）钱锺书先生引《项氏家说》之诗评可为佐证，说明"比""兴"之根本区别在于，前者是"索物"而"着意经营"，后者是信手拈起，随手放下。如"饮马长城窟"并非真的由饮马而起兴，只是使用了乐府旧题自述己意而已。

继续讨论钱锺书对于刘勰的批评。钱锺书从李仲蒙的观点中得到启发，认为赋比兴主要是索物托情（比）、触物起情（兴）和叙物言情（赋）的区别，以此反驳刘勰的"比""兴"显隐说。钱锺书和刘勰观点上的主要区别在于：刘勰认为"比"有"附理"的意思，而钱锺书认为诗歌之赋比兴只是抒情方式的差异。在笔者看来，从意象创造主体的身份识别上加以区分，则两人的观点并非冰火，而是完全可以融合打通的。李仲蒙所谓"索物以托情"实际上就是广义的用典故，"索物"是使用既有的代表群体意识的文化意象，而既有的审美文化意象，其内涵常常是相对确定的，故刘

---

① 钱锺书：《管锥编》第一册，中华书局，1979，第63页。

勰认为借比附之理所造之意象具有"显"的特征，并无大错；李仲蒙所说的"触物以起情"则是指主体作为个体面对客观情境所生发出来的瞬间情感，"触物"就是徐渭所说的"《诗》之'兴'体，起句绝无意味，自古乐府亦已然。……若所谓《竹枝词》，无不皆然。此真天机自动，触物发声，以启其下段欲写之情，默会亦自有妙处，决不可以意义说者"[1]。徐渭所说的"决不可以意义说者"也就是刘勰所讲的"隐"。

就此进一步引申开去，中国古典诗歌原有民间风谣与文人创作的分别。民间风谣中出现的意象一般具有原创性质，景真情深，自然清新，妙味无穷；而文人诗歌创作却常常拘于风格典雅、用典自然、兴寄遥深、对仗工整等，意象创造反倒碍手碍脚。唐代王昌龄在《诗格》中曾言："久用精思，未契意象，力疲智竭，放安神思，心偶照境，率然而生。"这实际上是在讲文人作诗与寻象的关系。又如李渔所言："吾谓填词之难，莫难于洗涤窠臼；而填词之陋，亦莫陋于盗袭窠臼。"[2] 至于腐儒经生对于文人诗歌意象的解说，则更加穿凿附会，离题万里。然而，若以审美文化传统意象之借用来否定文人诗歌创作，或者进一步否定文人创作对于诗歌意象系统建构的贡献，则犯了绝对化的错误。

再次，意象是在关系中生成的。意象所赖以生成的关系既指象与象彼此作用形成的特殊语境，也是意象借以凸显的背景。应该注意的是，主体直抒胸臆才促使象与象、象与境之间关系的形成。主体的主观情意是意象生成的原动力。故《诗经》之意象不拘琐碎，皆具有随意率性纯真之美。如《诗经·邶风·静女》：

　　静女其姝，俟我于城隅。爱而不见，搔首踟蹰。

---

[1]　徐渭：《青藤书屋文集》卷十七《奉师季先生书》，转引自钱锺书《管锥编》第一册，中华书局，1979，第 64 页。
[2]　李渔：《闲情偶寄》上册，时代文艺出版社，2001，第 17 页。

　　　　静女其娈，贻我彤管。彤管有炜，说怿女美。

　　　　自牧归荑，洵美且异。匪女之为美，美人之贻。

　　诗中形成了三个意象：静女、彤管和荑草。彤管为人文之象，荑草为自然之象，在此则既无关于礼乐，亦无关于以香草美人喻忠臣贤士，只是因为出自佳人所赐，才具有别样的意义。

　　风谣里主体的情意在意象生成中具有决定作用，并不意味着审美意象只是在文人创作中才与审美文化的传统接轨。主观之意与客观之象的结合实际上离不开"象"的广义的文化性质，只是这种文化性质在民间创作个体那里不是以一种清晰的认识存在，而是以一种朦胧、模糊、直觉的思维指向隐藏于潜意识之中。以《诗经》中的"水"意象为例，"《诗经·国风》中写到水的诗作共 42 篇，其中有关婚恋者就有 27 篇。为何这些爱情诗中水与男女相思、相爱、相怨、相亲联系在一起……水的多重哲学与美学蕴涵主要是由水之属性生发与体现出的，如时间的流失，历史的变迁，青春的失落，事物的不可复返，以及纯洁、温顺、清丽、柔韧、德性等，这在后世中国文学中成为越来越重要的母题之一。"[1] 陈平原先生也曾讲道："'追忆逝水年华'，此乃古往今来无数圣君明相、文人哲士所无法回避的诱惑。不管是出于'自我不朽'的祈求、'文明延续'的领悟，还是功利主义的'以史为鉴'，'追忆'总是人类著书立说时的一大动力。"[2] 亦可视作水意象生成的宏观说明。而由水的种种属性直接触发的是主体的联想、想象活动，进而在主体与水之物象之间建立起一种异质同构的关联，并最终借对于水的审视、感知和体悟，形成对于主体自身经历、情感、生命的直观。这样，就形成了如下一个水之意象构建的序列：

---

① 苏昕：《〈诗经〉中"水"意象之探源》，《晋阳学刊》1997 年第 1 期。

② 陈平原：《中国现代学术之建立——以章太炎、胡适之为中心》，北京大学出版社，1998，第 404 页。

"水"意象生成序列

水之性	水之象	水之蕴涵	想象维度
易逝	逝水年华、落花流水、流年似水	生命	认识性
包容	水乳交融、海纳百川、高山流水	友谊	认识性
通达	知者乐水、随物赋形、沧浪之水	智慧	认识性
滋润	禾苗雨露、春风化雨	恩惠	认识性
绵延	愁思如水、山高水长、行云流水	连绵	情感性
轻柔	似水柔情、如鱼似水	温柔	情感性
阻隔	秋水伊人、巴山夜雨、弱水之隔	相思	情感性
洁净	春风沂水、白水鉴心	高尚	伦理性
多变	水性杨花、沧海桑田、剩水残山	无奈	伦理性
虚无	竹篮打水、镜花水月	徒劳	实践性
异己	水火无情、覆水难收、流水无情	冷漠	实践性
阔大	曾经沧海、绿水青山、千山万水	阅历	实践性

由上可见，水之意象的形成离不开主体对于水之属性的把握，但是，只有在主体对象化的生命实践之中，对象成为一种"人化自然"，主客体之间形成了特定的关系，对象才可能真正超越其物质属性进而具有审美文化的品格。

最后，意象不是静态的表意之象，不是既成之文化意象的翻版，而是在动态的审美实践中不断生成的意中之象。如刘勰所言："独照之匠，窥意象而运斤，此盖驭文之首术，谋篇之大端。"[1] 意象本身就是镜像，是水中月、镜中花，此处所谓"水""镜"就是造象主体在时间一维性中流淌的意识。表意之象与意中之象有质的区别。表意之象着眼于诗象具有主观情意，是作者情意思想的结晶；这种观点虽不算错，但却没有揭示意象审美特性的真正来源。如前所述，中国文学之意象有群体意象与个体意象之分，同时我们又会发现，诗文作为中国文学之正统，创作的主体主要还是文人而

---

[1] 刘勰：《文心雕龙·神思》，郭绍虞主编《中国历代文论选》第 1 册，上海古籍出版社，1979。

非民间百姓，文人创作往往习惯于使用前人文学创作之既有的文化意象。而这没有妨碍他们创作出大量的不朽之作。这是需要我们在"意象"理论层面作出合理解释的。

二

对于鉴赏者而言，面对具体诗歌展开的阅读活动所感受、体悟的是静态的审美意象，其审美活动自然会对意象的具体内涵、意味以及构象的新颖性加以直观把握和理性分析。但是，在创作活动过程中，主体的整个创作过程并不像我们有些人想象的那样：由眼前之物象到头脑中的意象再到作品中的形象。在绝大多数的创作活动中，物象并不具有"眼前"和"当下"的特征，对于文学创作主体而言，与其说世界以"物象"形式呈现于主体的感官，不如说，它们经常是作为一种回忆之象（亦是意象）复现于作者的意识。换言之，创作主体作为个体所进行的审美实践活动，其总体性质多不是"独唱"，而是"合唱"或者"伴唱"，他所创造的审美意象既有赖于当下面对的诸种物象，亦依赖于头脑之中既有的文化意象、审美意象与诗歌意象。只不过，在具有创造性的审美实践活动中，这种既有的文化、审美以及诗歌的意象不只是作为一种知识储备而被主体调用，而是直接成为诗人情感思维的重要元素，呈现于诗人的想象活动之中。所以，诗歌意象的创造既指向诗人所面对的现实情境，也指向既往的审美文化传统。

首先，我们需要探究所谓文化意象、审美意象、诗歌意象作为意象原型的起源。亚里士多德曾说："记忆和想象属于灵魂的同一部分，所有可以记忆的对象在本质上都是想象的对象，而那些必然包含想象的事物则是偶然地成为记忆的对象。"[①] 由此可见，审美想象最重要的时间指向是指向过去，即对于过去世代审美经验的回

[①]　亚里士多德：《论记忆》，《亚里士多德全集》第3卷，中国人民大学出版社，1992，第135页。

忆。而在世代更迭的时间之河中，一种意象的生成，不论其性质如何，其之所以能够由个体经验传达转换为民族经验的象征符号，是因为它关联着三种特性：时间维度上的原初性、主体实践的民间性、审美主体的独特性。

时间维度的原初性是指在审美文化史上，早期出现的审美文化意象在一定程度上更容易具有原型的性质。原因在于，早期的审美文化意象既构成了后代审美实践的一个基础，影响到整个民族审美文化的走向，同时，也为后代审美主体的想象和回忆活动提供了一种文化资源。闻一多先生曾经从词源学和诗歌发生学角度讨论"志"范畴的内涵，认为"志"从"止"从"心"，故志又训"记"，即《诗序》疏曰"蕴藏在心谓之为志"，在具体内涵上"志有三个意义：一记意，二记录，三怀抱"。① 以文学创作为例，《庄子》《诗经》《楚辞》成为中国文学创作极其重要的意象原型库。如《楚辞·招隐士》载："王孙游兮不归，春草生兮萋萋。"则后世有谢灵运《悲哉行》"萋萋春草生，王孙游有情"；谢朓《王孙游》"无论君不归，君归芳已歇"；白居易《赋得古原草送别》"又送王孙去，萋萋满别情"；王维《山居秋暝》"随意春芳歇，王孙自可留"；冯延巳《临江仙》"夕阳千里连芳草，萋萋愁煞王孙"；温庭筠《杨柳枝》（五）"系得王孙归意切，不关芳草绿萋萋"。从中可以看出，"王孙"已成为"行者""游子"的意象，且常与萋萋芳草连用。而自南宋李重元写《忆王孙》"萋萋芳草忆王孙，柳外楼高空断魂。杜宇声声不忍闻。欲黄昏，雨打梨花深闭门"之后，《忆王孙》渐次成为固定词牌。

主体实践的民间性是指审美实践历时性的发展中还存在共时性的逻辑层次，即审美实践的原创者往往为民间百姓，由俗到雅，从民间走向艺坛，这也是意象原型生成不能忽略的一个特征。在《诗经》中收入了大量的思妇诗，如《诗经·王风·君子于役》：

---

① 闻一多：《闻一多全集》第1卷，三联书店，1982，第185页。

"君子于役，不知其期。曷至哉？鸡栖于埘。日之夕矣。羊牛下来。君子于役，如之何勿思！"汉乐府诗中有《有所思》："有所思，乃在大海南。何用问遗君？双珠玳瑁簪，用玉绍缭之。闻君有他心，拉杂摧烧之。摧烧之，当风扬其灰，从今以往，勿复相思！相思与君绝……"两篇皆实写怨妇对丈夫的思念或怨恨之情。而到了曹植的《七哀》："明月照高楼，流光正徘徊。上有愁思妇，悲叹有余哀。借问叹者谁，自云荡子妻。君行逾十年，孤妾常独栖。君若清路尘，妾若浊水泥。浮沉各异势，会合何时谐？愿为西南风，长逝入君怀。君怀良不开，贱妾当何依？"表面上虽依旧用怨妇为题材，实质上已经是以怨妇比喻弃臣，这种情况表现出意象由民间至文坛，其间在象征意义上的变化。

审美主体的独创性。审美意象不仅来源于集体记忆，更出自审美个体的创造性想象。真正伟大的艺术家，其不可遏止的创造性赋予了他的意象建构以"独唱"甚至"领唱"的性质。如叶燮所言："必有不可言之理，不可述之事，遇之于默含意象之表，而理与事无不粲然于前者也。"伟大的作家笔下所创造的意象既能够跳出前人窠臼，在意蕴和形式创新上达到前所未有的高度，同时，又能够影响文学风气，甚至改变文学意象发展的整体走向。

其次，尽管我们从意象发生学角度强调了审美主体的独创性与民间文艺所具有的原创性，但不能抹杀意象原型在中国意象审美范式中所具有的特别重要的地位，而这一重要地位则是由意象原型在个体审美创造中所具有的功能性决定的。明胡应麟《诗薮》云："子建杂诗，全法《十九首》意象，规模酷肖，而奇警绝到弗如。《送应氏》《赠王粲》等篇，全法苏、李词藻，气骨有余而清和婉顺不足。""《大风》千秋气概之祖，《秋风》百代情致之宗，虽词语寂寥，而意象靡尽。《柏梁》诸篇，句调太质，兴寄无存，不足贵也。"在笔者看来，在意象创造过程中，意象原型赋予了审美主体的意象创造以时空开放性、文化归宿感、诗风雅俗之别等三方面审美功能。

时间的一维性与空间的三维性就其自身而言，原本是开放的，一旦与具体人、事、物相联系，则所有一切在时空交错之中皆具有"封闭性"，即只能占据特定的时间和空间片段。能够打破时空冰冷法则的只有主体的情感想象活动。主体想象从本质上讲，就是特殊形式的回忆。"对于我们内部的精神影像，我们也应当把它们既看成是在本性上的思辨对象，也看作其他事物的精神影像。在我们就其自身来考察时，它是思辨对象或精神影像，当我们就其与别的事物的关系，例如相似物，来加以考察时，它就是记忆力的辅助物。"① 但经过回忆而复现于头脑之中的"象"显然已是主体的不自觉的加工之"象"，已经是一个意象，这是不同于普通的记忆的，"因为当人们在回忆时他是在推断他以前曾看见过或听见过或经历过的某类事情，这一过程便是寻求"②。而"过去的经验总是以表象和词的形式保持着，回忆也总是凭借表象和词二者进行的"③。所以，我们需要强调指出，中国诗歌意象本身所具有的一些特征，比如象外之象、不尽之意等，实际上与主体创造思维过程中"回忆"产生的微妙功能有着密切联系。回忆不仅把"象"从时间的一元性与空间的三维性中解脱出来，使之具有精神层面的自由属性，而且，回忆使得主体瞬间生成的主观感受最终渗入审美意象原型之中，进而赋予了审美意象特殊的性质和意趣。审美主体纳意象于回忆之中，其重点在"意"不在"象"；而透过回忆穿越时光所滋生的"意"，其"意"在"虚"不在"实"。如《诗经·柏舟》所言："我心匪鉴，不可以茹。"钱锺书先生讲：

　　《释文》引《广雅》："'茹'，食也"，谓影在鉴中，若食

---

① 亚里士多德：《论记忆》，《亚里士多德全集》第 3 卷，中国人民大学出版社，1992，第 136 页。
② 亚里士多德：《论记忆》，《亚里士多德全集》第 3 卷，中国人民大学出版社，1992，第 143 页。
③ 曹日昌：《普通心理学》，人民教育出版社，1964，第 233 页。

之入口，无不容者。此说妙有会心。《方言》亦云："茹，食也"，"茹"即《大雅·烝民》"柔亦不茹，刚亦不吐"或《礼运》"饮其血，茹其毛"之"茹"；与"吐"对文，则纳也，与"饮"对文，则食也。①

纳意象于回忆之中即把意象置入心理时空里，使之玲珑剔透，可八面观赏，会意无穷。钱锺书先生在《管锥编》中亦论及个中道理：

> "琴瑟在御，莫不静好。"按张尔歧《蒿庵闲话》卷一曰："此诗人凝想点缀之词，若作女子口中语，似觉少味，盖诗人一面叙述，一面点缀，大类后世弦索曲子。《三百篇》中述语叙景，错杂成文，如此类者甚多。《溱洧》、齐《鸡鸣》皆是也。"②

此处"凝想点缀"实际上就是指通过回忆改变对象的时空性质，从而使得对象既与现实拉开了距离，也与主体保持了审美的张力。犹如"星沉海底当窗见，雨过河源隔座看"，皆从回忆与想象得来，"星沉""雨过"都是一个由无数瞬间组成的过程，整体写出，还需依赖主体过后的回忆和想象。这样一个审美心理的生发过程亦同于苏东坡所说"静故了群动，空故纳万境"（《送参寥师》）。"静"与"空"并非指截断主体意识的活动，以使主体心如寂灭死灰，而是摒弃日常功利性的物用观念，借助自由想象与审美情感使意识活动指向既往的诗意世界。

在诗歌中创造具体、生动、可感的意象不只是中国诗歌创作的独有现象。如叶嘉莹先生所言："诗歌之贵在能有可具感的意象，

---

① 钱锺书：《管锥编》第一册，中华书局，1979，第77页。
② 钱锺书：《管锥编》第一册，中华书局，1979，第105页。

古今中外之所同然。在中国诗歌中，写景的诗歌固然以'如在目前'的描写为好，抒情述志的诗更贵在能将抽象的情意化为可具感的意象。"① 叶嘉莹先生讲的是中外诗歌共有的特征。我们这里所强调的是意象作为中国审美范式所具有的独特性及内在自足性，即在诗歌创作中意象营构能够触发诗人一种民族文化的归属感。换言之，意象作为审美范式，绝不只是一种诗歌创作的手法，而是一种民族审美文化的整体呈现方式。国内有些学者比较西方的意象派诗歌与中国的诗歌意象，比如庞德的《地铁车站》、威廉斯的《红色手推车》与马致远的《天净沙·秋思》，以说明中西诗歌意象及意象理论的不同②，这当然是有意义的。不过，在笔者看来，至少还应该增加三个比较角度：一是拿庞德等人与唐代的晁衡、崔致远的诗歌创作进行比较；二是比较西方象征主义诗歌借鉴中国诗歌意象表现手法与中国现代文学史上李金发对西方象征手法的学习；三是与 20 世纪初中国白话诗运动进行比较。此处作一简要分析。其一，晁衡与崔致远都能以汉语创作诗歌，也能够熟练使用中国诗歌意象，庞德和威廉斯则完全做不到这一点。庞德特别欣赏汉字中的"新"字和"旦"字，其实是很皮相的，汉字在象形文字基础上产生的会意字数不胜数，比如"爨"字和"奮"字，其含义都很丰富。要真正领悟其精神实质，还得从甲骨文入手。其二，庞德等人对于西方诗歌创作及诗学理论发展有其贡献，他说："意象是在瞬间呈现出一个理性的和感性的复合体。"③ 拿他的《地铁车站》与西方传统诗歌比较，那种对瞬间感的捕捉是前所未有的。但是，庞德等人的意象派诗歌所使用的意象具有孤立性，它既没有中国诗歌意象相对稳定的内涵，也没有中国诗歌意象外在呈现的韵致，更不

---

① 叶嘉莹：《迦陵论诗丛稿》，中华书局，1984，第 78 页。

② 罗朗：《意象的中西合奏与变奏——庞德意象主义诗歌和中国古典诗歌的意象差异研究》，《解放军外国语学院学报》2004 年第 5 期；李付红：《象征主义文学意象派诗歌与中国诗歌意象论的比较》，《沈阳大学学报》2003 年第 1 期。

③ 庞德：《二十世纪文学评论》，上海译文出版社，1987，第 108 页。

可能表现中国式的诗情画意和诗人悲天悯人的情怀,我们不能把它与中国的意象审美范式混为一谈。后来以李金发先生为代表的中国象征派诗歌受庞德等人诗歌创作的影响,写出被一些学者称作"怪诗"的作品,虽对中国现代新诗发展有一定贡献,但由于不能与中国审美文化打通,故而影响到其整体的艺术成就。其三,20世纪初中国白话诗运动中的代表人物多学贯中西,其问题主要还在于如何突破旧诗格套,而不在于如何吸收西方诗歌创作之精髓。所以,郭沫若先生学习惠特曼、冰心先生学习泰戈尔、徐志摩先生学习英伦浪漫主义、戴望舒先生学习现代派,应该说都是大有斩获的。但我们亦应注意一点,郭沫若先生由《女神》发展到《瓶》,冰心先生的《春水》《繁星》,徐志摩先生由《志摩的诗》到《云游》,其艺术成就的取得与采用中国诗歌意象都有很密切的关系。总而言之,意象审美范式在审美实践中的具体运用并不只是涉及具体名物或情景,而是表现出主体对于中国审美文化的整体认同,体现着审美主体建立于民族文化归属感基础之上的身份识别意识。

意象既是形式,也是内容,既涉及主体的意向性思维,也涉及主体的审美实践。因此,在中国审美文化长河里,意象审美范式不仅具有重要价值,对于审美实践具有积极的推动作用,同时我们也应该看到,在意象审美范式之中存在着雅与俗、说理与象喻、传统与革新、群体与个体之间的矛盾。中国现代新诗运动中由胡适所提倡的"以文为诗""直言为诗"与穆木天、梁宗岱等人提倡的"纯诗"主张,其背后隐含着对中国诗歌中审美意象范式的总体态度。实际上,"直言为诗""说理为诗""白话为诗"都是一些老问题。如齐梁时期说理诗就已流行,唐代王梵志、寒山等人又提倡创作白话诗,项楚、谢思炜等先生对此有深入的探讨。① 谢思炜先生认为:

---

① 项楚:《唐代的白话诗派》,《江西社会科学》2004 年第 2 期。该文比较了王梵志、寒山、庞居士为代表的唐代三类诗歌,甚有创见。

在由说理演变为比喻时，经寒山诗大为加强的"象喻"成分确实增加了通俗诗的诗意诗味，使唐代通俗诗成为中国说理（哲理）诗中最成功的创作。在齐梁批评家对玄言诗进行彻底批判之后，"说理"在文人诗歌中原已成为一种"异态"成分。但通俗诗却对枯燥无味的佛教说理诗进行了成功的改造，这种说理形式对唐代一些文人诗人如王维、白居易等人（更不必说大批宋代诗人）创作的影响是显而易见的。[①]

谢先生所讲的"象喻"能够增加通俗诗的诗意诗味，实际就是强调意象审美范式对于诗歌艺术性的重要作用。陆机曾经在《文赋》中讲："余每观才士之所作，窃有以得其用心。夫其放言遣辞，良多变矣。妍蚩好恶，可得而言。每自属文，尤见其情。恒患意不称物，文不逮意，盖非知之难，能之难也。"[②] 中国"意象"审美范式之所以具有内在的生命力，其中一个重要原因就是立象尽意能够使得作者在一定程度上摆脱"意不称物，文不逮意"的窘境。这也正是司空图所说的："是有真迹，如不可知，意象欲出，造化已奇。"胡适之先生推崇的"直言为诗""以文为诗"，固然在白话文运动中对于文体解放有促进，在现代新文学史上推动了白话文学的发展，但就诗歌艺术本身而言，忽略"意象"审美范式所导致的诗意缺失和诗体消解，也是一个不能回避的事实。

---

① 谢思炜：《唐代通俗诗研究》，《中国社会科学》1995 年第 2 期。
② 陆机：《文赋》，上海古籍出版社，1979。

第七章　魏晋玄学与作为审美范式的"气韵"

"气韵"作为中国古典美学中的重要范畴，始见于南齐画家谢赫所著《画品》（宋代之后称《古画品录》）。其后唐代张彦远《历代名画记》，五代梁时荆浩《笔法记》，北宋郭若虚《图画见闻志》、韩拙《山水纯全集》，南宋邓椿《画继》，元代汤垕《画鉴》、杨维桢《图绘宝鉴》，明代王世贞《艺苑卮言》、李日华《紫桃轩杂缀》、董其昌《画旨》、唐志契《绘事微言》，清代邹一桂《小山画谱》、方薰《山静居画论》、笪重光《画筌》等著作中多有转述、引申和剖析。

第一节　当代学术界"气韵"研究之现状

对于"气韵"范畴的研究，受到国内理论界众多专家学者的重视。其中有代表性的是宗白华、钱锺书、徐复观、李泽厚、刘纲纪、叶朗诸位先生的研究，他们的观点虽不尽相同，但对于理解和阐释"气韵"范畴都具有很重要的启示。在笔者看来，探究"气韵"的内涵，直接碰到的问题是，"气韵"二字究竟是何种结构，是并列结构还是偏正结构抑或主谓结构。多数学者认为应该理解为并列结构。如宗白华先生在《美学散步》中认为："中国画的主题

'气韵生动',就是'生命的节奏'或'有节奏的生命'。"① 显然
是把"气""韵"分别与生命和节奏相关联。李泽厚先生认为:
"谢赫在他的绘画评论中所说的'气韵'之'韵',以及'情韵'、
'体韵'等用语也都是从魏晋人物品藻而来。"② 徐复观先生认为:
"对'气韵生动'一语的分析研究,应当从把'气''韵'当作两
个概念,分别加以处理开始。""所谓'气',常常是由作者的品
格、气概,所给与于作品中的力地、刚性地感觉;在当时除了有时
称'气力'、'气势'以外,便常用'骨'字加以象征。""韵是当
时在人伦鉴识上所公用的重要观念。他指的是一个人的情调、个
性,有清远、通达、放旷之美,而这种美是流注于人的形相之间,
从形相中可以看得出来的。"③ 叶朗先生认为:

> "气韵"和"传神"终究是两个命题而不是一个命题。
> "韵"的涵义大致和"传神写照"相当,"气"的涵义却超出
> 了"传神写照"。"气"是宇宙万物的本体和生命,也是人物
> "风姿神貌"的本体和生命……"气"又是对艺术家的生命力
> 和创造力的总体和概括,它不仅是艺术所要描写的客体。④

结合今天可见的秦汉乐舞壁画,笔者认为宗白华先生的"生命节
奏"说符合当时的艺术实践状况;而李泽厚先生、刘纲纪先生认
为"气韵"由来与魏晋人物品藻有关,亦可找到大量文献资料加
以佐证;徐复观先生认为"气韵"之"气"有类于"骨","气
韵"之"韵"与人物之美相关,其观点可与宗、李、刘三位先生
之见解互为补充;叶朗先生通过阐释"气"之深层内涵,说明

① 宗白华:《美学散步》,上海人民出版社,1981,第44页。
② 李泽厚、刘纲纪:《中国美学史:魏晋南北朝编(下卷)》,安徽文艺出版社,1999,第789页。
③ 徐复观:《中国艺术精神》,商务印书馆,2010,第157、158、170页。
④ 叶朗:《中国美学史大纲》,上海人民出版社,1985,第222页。

"气韵"比"传神写照"蕴涵更加丰富，也是极有见地的看法。

　　研究"气韵"范畴，不能脱离对谢赫《画品》进行文本的分析，同时也不能脱离其出现时的特殊语境。在这方面，笔者认为钱锺书先生对"气韵"所作的分析可谓独出机杼。今人研究"气韵生动"，所依托的多是唐代张彦远对于谢赫《画品》的句读。唐代张彦远在《历代名画记》转引谢赫《画品》，句读为："六法者何？一曰气韵生动，二曰骨法用笔，三曰应物象形，四曰随类赋彩，五曰经营位置，六曰传移模写。"钱锺书先生校核谢赫原文，认为张彦远的断句有问题，正确的句读标点应如下："六法者何？一、气韵，生动是也；二、骨法，用笔是也；三、应物，象形是也；四、随类，赋彩是也；五、经营，位置是也；六、传移，模写是也。"据此，钱先生认为"'气韵'即是生动"，并引谢赫《画品》为证："谢赫反复言'气韵'、'气'、'韵'，而《第一品》评张墨、荀勖曰：'风范气候，极妙参神，但取精灵，遗其骨法'，《第二品》评顾骏之曰：'神韵气力，不逮前贤'，《第五品》评晋明帝曰：'虽略于形色，颇得神气'，是'神韵'与'气韵'同指。谈艺之拈'神韵'，实自赫始；品画言'神韵'，盖远在说诗之先。"① 概言之，钱锺书先生认为："气韵非他，即图中人物栩栩如活之状耳。""气"者"生气"，"韵"者"远出"。……曰"气"曰"神"，所以示别于形体，曰"韵"，所以示别于声响。"神"寓体中，非同形体之显实，"韵"袅声外，非同声响之亮澈；然而神必托体方见，韵必随声得聆，非一亦非异，不即而不离。② 钱先生所讲的"'气'者'生气'，'韵'者'远出'"，可谓卓见。唐代司空图《与李生论诗书》中提出"韵外之致""味外之旨"；明代陆时雍在《诗镜总论》中曾讲："有韵则生，无韵则死；有韵则雅，无韵则俗；有韵则响，无韵则沉；有韵则远，无韵则局。"

① 钱锺书：《管锥编》第四册，中华书局，1979，第 1353 页。
② 钱锺书：《管锥编》第四册，中华书局，1979，第 1365 页。

"凡情无寄而自佳，景不丽而妙者，韵使之也。"清代方薰《山静
居画论》说："气韵生动，须将生动二字省悟，能会生动，则气韵
自在。"（着重号为笔者所加）① 他们的观点皆可与钱锺书先生的见
解相互参照。

　　当代学者张锡坤先生认为"气韵"源于"气运"，"气韵"不
同于"传神"，"气韵在于气运从哲学到文艺审美中的延伸"。② 张
先生的观点等于是把"气韵"看做主谓结构，把"气韵"理解为
"气运"或"气化"。笔者认为他在考校"气韵"与"气运"之关
连性上有新意，但他对于上述诸位先生观点的否定性看法则基本不
成立，而曹桂生先生就张锡坤先生"气韵"即"气运"说所提出
的商榷意见在学理上是成立的③，此处不赘述。

　　"气韵"范畴的适用范围在中国美学史上有一个拓展过程。首
先，"气韵生动"之内涵与中国绘画的演进如影随形。针对汉魏人
物画而言，谢赫的"气韵生动"比其前辈顾恺之的"传神写照"
内涵更加丰富。顾恺之所言之"传""写"，其重点在审美对象；
谢赫所言之"气""韵"，则既在审美对象，亦在审美主体。至唐
代张彦远《历代名画记》，则着重讨论"气韵"与"形似"之关
系，表现出唐人对于绘画形式规律产生的新认识。到了五代梁时荆
浩《笔法记》则改造了谢赫的六法："一曰气，二曰韵，三曰思，
四曰景，五曰笔，六曰墨。"不仅认为"气者，心随笔运，取象不
惑；韵者，隐迹立形，备仪不俗"，而且认为"吴道子笔胜于象，
骨气自高"；"王维笔墨宛丽，气韵高清"；"张璪树石气韵俱胜，

----

① 方薰:《山静居画论》转引自曹桂生《"气韵"审美范畴辨——兼评张锡坤的
　　"气韵"范畴观》,《陕西师范大学学报（哲学社会科学版）》2005 年第 2 期。
② 见张锡坤《"气韵"范畴考辨》,《中国社会科学》2000 年第 2 期;《气韵源于
　　"气韵"——当代谢赫美学思想研究质疑》,《吉林大学社会科学学报》2000 年
　　第 3 期;《气韵并非"传神"》,《烟台大学学报（哲学社会科学版）》2000 年
　　第 3 期。
③ 曹桂生:《"气韵"审美范畴辨——兼评张锡坤的"气韵"范畴观》,《陕西师
　　范大学学报（哲学社会科学版）》2005 年第 2 期。

笔墨和微，其思卓然，不贵五彩"。① 从笔墨层面讨论古人绘画艺术，显然是一个新突破。而明代唐志契《绘事微言》则曰："盖气者有笔气、有墨气、有色气；而又有气势、有气度、有气机，此间即谓之韵，而生动之处则由非韵之可代矣。"② 唐志契以"气"为"笔气""墨气""色气"，"韵"为"气势""气度""气机"，实际上开启了后世所谓的"墨韵"之说。其次，虽说"气韵"主要是针对绘画艺术形成的审美范式，其范畴主要是一个绘画美学范畴，如钱锺书先生所说："品画言'神韵'，盖远在说诗之先。"但在中国美学史和具体的审美实践之中，"气韵"又不限于造型艺术，在文学创作论与文学批评论中，"气韵"亦渐次成为一个重要的审美范畴和批评标准。顾建华先生梳理如下：

> 宋代张表臣的《珊瑚钩诗话》说："诗以意为主……以气韵清高深眇者绝，以格力雅健雄豪者胜。"敖陶孙的《臞翁诗评》说："魏武帝如幽燕老将，气韵沉雄；曹子建如三河少年，风流自赏。"明代许学夷的《诗源辨体》称唐诗之盛衰即在"气韵"，中晚唐诗"气韵衰飒"。屠隆的《李山人诗集序》则称陶潜、孟浩然的诗"以气韵胜"。清代方东树的《昭昧詹言》也说："读古人诗，须观其气韵。"不仅评论诗歌，评论散文也有用"气韵"的，如宋代陈善的《扪虱新话》说："文章以气韵为主，气韵不足，虽有词藻，要非佳作也。"③

校核原文，顾先生所引宋代陈善《扪虱新话》"文章以气韵为主"似有误，原文为"文章以气为主"；明许学夷《诗源辨体》当为《诗源辩体》。此外，梁萧子显《南齐书·文学传论》载："文章

---

① 俞剑华：《中国古代画论类编》，上海人民美术出版社，1998，第605~606页。

② 转引自王伯敏《画学集成》，河北美术出版社，2002，第448页。

③ 顾建华：《论中国艺术理论中的"气韵"之要义》，《北方工业大学学报》1996年第2期。

者，盖情性之风际，神明之律吕也。蕴思含毫，游心内运，放言落纸，气韵天成。"唐朝释皎然在《诗式》中讲："诗不假修饰，任其丑朴，但风韵正，天真全，即名上等。"宋张戒《岁寒堂诗话》有："阮嗣宗诗，专以意胜；陶渊明诗，专以味胜；曹子建诗，专以韵胜；杜子美诗，专以气胜。"宋尤袤《全唐诗话序》云："唐贞观来，虽尚有六朝声病，而气韵雄深，骎骎古意。"清沈德潜、周准《明诗别裁》云："五言佳处，全在气韵，不求工于语言对偶之间。"王国维《人间词话》云："南宋词人，白石有格而无情，剑南有气而乏韵。"可见，此类以"气韵"论诗言文的观点，在古代文论诗论中实属常见。

　　概言之，与"中和"、"意象"、"意境"三种审美范式的研究相比，国内美学界对于"气韵"所进行的研究相对还是薄弱的。尽管有不少学者发表论文和出版专著来探讨"气韵"，并提出了一些独到的见解，但多数学者所关注的是文学理论和文艺美学意义上的"气韵"，而不是绘画美学意义上的"气韵"。对于"气韵"审美范式在画论史上的发展缺少真正全面系统的梳理，更谈不到深入细致地研究，这实际上与不能在中国审美范式体系中对"气韵"加以准确定位是有关系的。

第二节　"气韵"审美范式的形成及内涵

　　"气韵"是中国美学特有的一种审美范式，是生气和韵味的高度统一，它的基本内涵有五个方面：其一，"气韵"代表了一种有活力和生机的状态，"气韵"的反面是恒定而缺乏变化、呆板而僵直；其二，"气韵"指的是宇宙、人生与艺术的融合，而不是单一、分裂地去看对象的世界；其三，"气韵"包含了有机整体的价值标准，即在特定的范围内，部分与部分之间不是一种机械的联系，而是一种自然而具有创造性的内聚力，整体大于部分之和；其四，"气韵"包含了一定的只可意会、不可言传的因素，并且，这些因素对于审美主体而言具有审美的诱惑力，从而激发审美主体的丰富联想并促使其反复回味；其五，"气韵"经常借助于局部或整体的象征手法。总之，"气韵"代表着一种中国式的宇宙、人生和艺术的理想境界，也贯穿于中国人的人生实践特别是审美实践之中。

一

"气韵"之所以代表着一种有活力和生机的审美状态，是因为"气韵"作为一种审美范式不仅具有感染力，而且具有生发力。"气韵"既出自形而上之本体认识，也与形而下之诗意想象有密切关系，是把理性与感性加以结合之后的象喻型表达。

从理性层面讲，"气韵"背后潜伏着的是形而上的本体论，国内不少学者将之归结为先秦的"元气说"，笔者认为不准确。自源头上梳理，"气韵"的本体论基础应该有三个分支：自然"元气论"、人文"道论"、伦理"德性论"。从感性层面讲，"气韵"与自然外界之云气、生命体本身之呼吸、自然界之天籁、人类创造之音乐（人籁）皆有关系，涉及人的视觉、触觉、嗅觉和听觉，所以，我们可以说，"气韵"是"统觉"或"通感"把握的对象或者结果。

"气"与"韵"在中国秦汉以前并不是一组固定搭配的范畴，而是各有其来源，我们应当先分别加以阐述。蒲震元先生曾就"气"字起源加以考证：

> "气"字在甲骨文中虽早已出现，与金文中的"气"（如《大丰簋》）基本同形，但据已发现的甲骨文资料，那时的气字主要用作动词和副词，有乞求、迄至、迄终等含义，而并无生命原质的意思（气为"云气"的释义）。在已出土的甲骨卜辞资料中至今仍暂付阙如，这是一种令人费解的现象。后来气、乞二字分开，气便与"风"（天之气）及山川之气密切相

关。但初始亦未明确指生命原质。①

《大丰簋》"气衣王祀"句中"气"字写为"三"形，与甲骨文"气"字同形。② 在甲骨卜辞中出现"气"字的通常句式为"气至"某日某时。如第 24 条"气至六日戊戌，允有（下残缺）"；第 130 条"气至七日己巳，允有来艰自北"。在此句式之中，"气至"二字未必解释为"迄至"。在笔者看来，此句式或许反映的是商人以阴阳之气与历法结合的一种惯有表述，类似于后来《管子·四时》所说的"五政苟时，春雨乃来，南方曰日，其时曰夏，其气曰阳，阳生火与气"；"北方曰月，其时曰冬，其气曰寒，寒生水与血"；亦类似于《春秋繁露·五行顺逆》中所说的"金者，秋杀气之始也"。据此推断，"气至七日己巳"之类的表述当为五行思想之雏形；通俗地讲，又类似于现代汉语里常说的"日子到了何时"，则"气"的意思亦指自然之气。故而，许慎《说文解字》中说："气，云气也，象形。"段玉裁注曰："象云起之貌，三者，列多不过三之意也。"（着重号为笔者所加）许、段之注解是就金文"气"字字形而论，但金文"气"字字形与甲骨文"气"字字形相同，上推至甲骨文"气"字含义，实际上也是可以说通的。杨树达先生亦认为卜辞用气有三义："一用本意云气也，一读为迄，一读为讫。"③ 在笔者看来，甲骨文"气"字本义就与云气、山川之气相关，后来经过演变进化，尤其是哲学上兴起了阴阳、六气、五行等观念以后，随之逐渐形成了具有宇宙生命性质的"气"的范畴。

讲了"气"字本义，接着探讨"气"的本体论的三个分支。"气"的本体论的第一个分支是自然元气说，在先秦时自然元气说的含义主要有两种，一指自然造化内在的勃勃生机，是指一种富于

① 蒲震元：《中国艺术意境论》，北京大学出版社，1999，第 108 页。
② 甲骨文"气"字之形参见王宇信、杨升南、聂玉海主编《甲骨文精粹释译》，云南人民出版社，2004，第 65、243、279、293 页。
③ 参见李孝定编《甲骨文学集释》卷首第 151～158 页。

生气的存在方式；二是专指人的生生不息的生命力，即宇宙生命的存在状态。因为中国古人信泛神论，"自然有灵"的观念深入人心，所以，两者也可以合而为一，说"气"是一种宇宙生命的表现形式。《国语·周语》载伯阳父语："夫天地之气，不失其序；若过其序，民乱之也。"可见周人已经认定宇宙是一个整体的生命形态，天地万物都是这个生命的表现形式，每种生命形式都服从整体宇宙的生命运行规律。整体生命的存在状态呈现出有序性、流动性与灵异性。《左传·昭公元年》载医和论病理时说：

> 天有六气，降生五味，发为五色，征为五声，淫生六疾。六气日阴、阳、风、雨、晦、明也。分为四时，序为五节，过则为灾。阴淫寒疾，阳淫热疾，风淫末疾，雨淫腹疾，晦淫惑疾，明淫心疾。

显然，"气"既具有观念上严密的秩序性，又具有存在形态的种种生动变化，同时，自然之气与人的生命及身体直接以想象的形式联系到了一起。一旦人们在实践之中自觉到人只是生命形式之一，而与周围世界在"气"的层面相互感应时，"气"就渐次成为一种"人化的自然"，与主体的情感、生命意识甚至伦理德性的体验融合为一体，于是就产生了人文"道论"与伦理"德论"两个本体意义的"气"。

人文"道论"的"气"主要以《老子》《管子》《庄子》为代表，主要涉及人性之真伪、自然不自然等问题。在《老子》里论及"气"的有三章：

> 载营魄抱一，能无离乎？专气致柔，能婴儿乎？涤除玄览，能无疵乎？爱国治民，能无知乎？天门开阖，能为雌乎？明白四达，能无为乎？（《老子》第十章）
> 道生一，一生二，二生三，三生万物。万物负阴而抱阳，

冲气以为和。人之所恶，唯孤寡不谷，而王公以为称。故物，
或损之而益，或益之而损。（《老子》第四十二章）

心使气曰强。物壮则老，谓之不道，不道早已。（《老子》
第五十五章）① （以上引文中着重号皆为笔者所加）

只表现为"一"的"气"是不能直接生成万物的。老子认为必须
经过"一生二，二生三"的过程，才能产生出万物。"一"即在道
的基础上形成的混沌世界，"二"即阴和阳，阴阳二气是由"一"
分化出来的最基本的"气"，阴阳二气相互作用产生了万事万物。
阴阳二气不能与道相互等同，因为"道"指整体，阴阳二气是对
于道的分化，是"道"的第一演化物，它们不同于形而下的
"器"，它们所带有的"道"性要比其所具有的物质性大得多。老
子所言"专气至柔"与"涤除玄览"互文，王弼注为：

专，任也，极也。言任自然之气，致至柔之和，能若婴儿
之无所欲乎？则物全而性得矣。

玄，物之极也。言能涤除邪饰，至于极览，能不以物介其
明、疵其神乎？则终与玄同也。②

楼宇烈先生讲："所谓玄览，指排除一切物欲障碍之神秘的精神境
界。"③ 笔者认为老子所讲的"专气致柔"强调的主体层面的
"观""为"与客体层面"治乱""物化"皆需依赖主体的生理心
理基础。此种生理、心理基础实际上出自道体之用，万物皆有阴
阳，阴阳二气相互作用自然而然就倾向于"和"。自下而上，由内
至外，由个体到世界，须"专气致柔"；自上而下，由外至内，由

① 以上三段引自王弼注、楼宇烈校释《老子道德经注》，第 25、120、150 页。
② 王弼注，楼宇烈校释：《老子道德经注》，中华书局，2011，第 25 页。
③ 王弼注，楼宇烈校释：《老子道德经注》，中华书局，2011，第 26 页。

世界到个体，则"负阴而抱阳""冲气以为和"，必有损益。前者为"顺"，后者为"逆"，顺逆之间，老子意在强调人之心、性、身皆应当保持"真""率"。所以，老子认为"心使气曰强"。马叙伦先生训"强"为"僵"，符合老子本义。老子所讲的"气"是"道"的自然呈现，作为主体只需顺应接受，并不需要额外生事任心使气，故"使气"反而为"气"所累，陷入僵化窘境。

《管子》一书的作者、成书年代、思想脉络、学派归属等问题，学术界素有争论。"关于《管子》书的著者问题，有管仲全部遗著说、管仲部分遗著说、伪托附会说和管仲学派所著说等几种。关于《管子》的成书年代，有春秋说、春秋至战国说、春秋至秦汉说、战国说、战国至秦汉说和汉代说等若干种。"① 笔者同意北京大学哲学系所编《中国哲学史》的观点，认为"《管子》一书是战国中晚期各家著作的论文集"②。同时，笔者也认为胡适先生断定《管子》为伪书③的论证过程不无道理。至于《管子》四篇中《内业》所载之"精气"说以及《心术》《白心》两篇所载的道家思想，笔者认为当在老子之后，庄子之前，是老子与庄子之间的一种过渡性观点，故在此简论之。

《管子》对于《老子》思想的发展主要表现为两个方面，其一，把老子所讲的关于阴阳二气的冲和思想具体化，提出了化合的观点。《管子·内业》云："包物众者莫大于天地，化物多者莫多于日月。"尹知章注曰："日，阳也；月，阴也。物皆禀阴阳之气然之也。"《管子·四时》又说："是故阴阳者，天地之大理也。四时者，阴阳之大经也。"如果说，在老子的思想体系里，"道"主要属于宇宙论，是"无"与"有"在本体论意义上的融合。那么，管子所讲的化合论，则通过强调阴阳二气的化生作用来对老子的

---

① 宣兆琦、王雁：《〈管子〉三论》，《管子学刊》2002 年第 2 期。
② 北京大学哲学系中国哲学教研室编写《中国哲学史》，中华书局，1980，第 103 页。
③ 胡适：《中国哲学史大纲》，团结出版社，2006，第 13 ~ 16 页。

"道"的有无观加以改造，从而转变为"若无"与"若有"在本体论意义上的融合。其二，管子把"精"与"气"结合，既倾向于从生命生成的角度阐释"气"之功能，又暗含了"气"的精神性质。如《管子·内业》云："精也者，气之精者也。"《管子·水地篇》说："人，水也，男女精气合，而水流形。"尹知章注曰："阴阳交感，流布成形也。"这三段话是强调"气"与生命的内在关联性，说明生命来源于精气合。而《管子·内业》又说："凡物之精，此则为生。下生五谷，上为列星。流于天地之间，谓之鬼神，藏于胸中，谓之圣人。"这段话中"此则为生"句费解。"原文'此'字，张佩纶等先生认为系'化'字之误，郭沫若等先生认为系'比'字之误，而杨柳桥等先生坚持用'此'字……"① 结合《水地篇》所述观点，笔者认为张、郭两位先生看法更接近《管子》本义。"精""藏于胸中，谓之圣人"，一方面有宇宙精华之意，另一方面，亦有物质化精神的暗示。

据笔者粗略统计，《庄子》中出现"气"字共 46 次，其含义主要有以下四种：其一，自然云气。如《逍遥游》中有"乘云气，御飞龙，而游乎四海之外"，是说藐姑射之山神人的特异本领；"绝云气，负青天，然后图南，且适南冥也"是形容大鹏鸟翱翔的气势；《齐物论》有"乘云气，骑日月，而游乎四海之外"；《在宥》有"自而治天下，云气不待族而雨，草木不待黄而落，日月之光益以荒矣，而佞人之心翦翦者，又奚足以语至道"；《天运》有"龙，合而成体，散而成章，乘乎云气而养乎阴阳"，等等。其二，生命之气。如"愁其五藏以为仁义，矜其血气以规法度"（《在宥》）；"汝方将忘汝神气，堕汝形骸，而庶几乎"（《天地》）；"人之生，气之聚也。聚则为生，散则为死"（《知北游》）。其三，自然哲学层面的元气。"云将曰：'天气不和，地气郁结，六气不

---

① 刘青泉：《论〈管子〉"精"、"虚"概念的科学与哲学意义——兼探讨是否存在〈管子〉的"精气论"及其他》，《管子学刊》1996 年第 4 期。

调，四时不节。今我愿合六气之精以育群生，为之奈何？'"（《在宥》）；"受气于阴阳，吾在于天地之间，犹小石小木之在大山也"（《秋水》）。其四，哲学本体论意义上的"气"范畴。如《达生》所云"壹其性，养其气，合其德，以通乎物之所造。夫若是者，其天守全，其神无隙，物奚自入焉"；"臣将为，未尝敢以耗气也，必齐以静心"；《知北游》云"通天下一气耳，圣人故贵一"。

以上所归纳的庄子"气"论四个方面含义包含着逻辑上的递进关系，第一、二层是从"物"理和"生"理的角度把握和阐释"气"的，而第三层是在"物"理基础上升华为自然的哲学"气"论，第四层则是综合前三层的含义，侧重于从人文"道"论的层面来建构"气"的本体哲学。在这个建构的过程之中，庄子虽在一定程度上继承了老子的"专气致柔""冲气为和"所包含着的"无为而无所不为"之积极内涵，但更多地表现出对于现实人生的彻底的失望所导致的虚无观，以及出自失望之余所产生的诗意联想。

从我们对于道家"气"论所进行的梳理之中可以看出，道家对于"气"的描述和阐释，有一个由形而下向形而上演进的过程，这个过程既是哲学层面的概括和升华，同时也带有浓郁的神秘主义和不可知论色彩。而对于重在知生而讳言死亡及彼岸的儒家来说，这种神秘主义和不可知论笼罩下的"气"是不可接受的。所以，在先秦儒家思想里，关于"气"的学说大致经历了孔子和孟子两个阶段。下面我们分别加以讨论。

先来看孔子对于"气"的看法。《论语》中出现"气"字的只有四则，其中"辞气"字眼为《泰伯》篇中曾子所讲，从略。孔子所用的只有"屏气""食气"和"血气"三种。"摄齐升堂，鞠躬如也，屏气似不息者"（《论语·乡党》），"屏气"之"气"专指呼吸；"肉虽多，不使胜食气"（《论语·乡党》），"食气"指消化能力；"君子有三戒：少之时，血气未定，戒之在色；及其壮也，血气方刚，戒之在斗；及其老也，血气既衰，戒之在得。"

（《论语·季氏》）"血气"指精力旺盛的程度。由此可见，孔子纯粹是从生理学角度引用到"气"的，并未注意到"气"的形而上的性质。

孔子之后，孟子对于儒学的贡献甚大，朱熹《孟子章句集注》引程子之言对此加以评估，立论公允，逻辑层次亦非常清晰，故引来：

> 或问于程子曰："孟子还可谓圣人否？"程子曰："未敢便道他是圣人，然学已到至处。"程子又曰："孟子有功于圣门，不可胜言。仲尼只说一个仁字，孟子开口便说仁义。仲尼只说一个志，孟子便说许多养气出来。只此二字，其功甚多。"又曰："孟子有大功于世，以其言性善也。"又曰："孟子性善、养气之论，皆前圣所未发。"又曰："学者全要识时。若不识时，不足以言学。颜子陋巷自乐，以有孔子在焉。若孟子之时，世既无人，安可不以道自任。"又曰："孟子有些英气。才有英气，便有圭角，英气甚害事。如颜子便浑厚不同，颜子去圣人只豪发间。孟子大贤，亚圣之次也。"或曰："英气见于甚处？"曰："但以孔子之言比之，便可见。且如冰与水精，非不光，比之玉，自是有温润含蓄气象，无许多光耀也。"①

程子拈出孟子"性善""养气"二说以赞其"有功于圣门"，可谓切中肯綮。孔子虽然讲过"性相近也，习相远也"（《论语·阳货》），也曾从为学的角度加以发挥，"生而知之者上也，学而知之者次也；困而学之，又其次也；困而不学，民斯为下矣"（《论语·季氏》），但总体看，这种说法大体只能算一种假设。一者，孔子云："我非生而知之者，好古，敏以求之者也。"（《论语·述而》）连孔子这样的圣人都算不得生而知之的人，普通人的情况

---

① 朱熹注：《孟子章句集注》，《四书五经》上册，天津古籍书店影印，1988。

可想而知；二者，孔子的学生子贡也说："夫子之文章，可得而闻也；夫子之言性与天道，不可得而闻也。"（《论语·公冶长》）可见孔子的确是很少讲"性"和"天道"的。孔子为何不讲或少讲"性"与"天道"？主要的原因还在于孔子所关注的焦点在于教育，重视的核心在于行为。换言之，孔子更强调的是"知行合一"与"言行统一"。问题在于，孔子所讲的"生而知之"以及"知之者不如好之者，好之者不如乐之者"（《论语·雍也》），本身需要人性本体的质料因与动力因，因为"知"与"言"皆不能给予"仁"一个绝对必然性的逻辑前提。正是在这个意义上，孟子的"性善"论与"养气"说最终完成了儒学德性本体论的建构。

孟子的"养气"说与其"性善"论是互为表里的，我们此处只是讨论儒家德性本体层面的"气"的学说，故而单讲孟子的"养气"说，而不对孟子的"性善"论展开论述。孟子关于"气"的观点主要见于《公孙丑上》《告子上》与《尽心》三篇，现依其内里存在着的逻辑层次梳理如下。其一，孟子对"气"与"心"、"志"的关系进行了辩证分析：

> 不得于心，勿求于气，可；不得于言，勿求于心，不可。夫志，气之帅也；气，体之充也。夫志至焉，气次焉。故曰："持其志，无暴其气。"
>
> 志壹则动气，气壹则动志也。今夫蹶者趋者，是气也，而反动其心。（《孟子·公孙丑上》）

对"不得于心，勿求于气，可"一句，朱熹注为："心有所不安，则当力制其心，而不必更求其助于气……曰可者，亦仅可而有所未尽之辞耳。若论其极，则志固心之所之，而为气之将帅，然气亦人之所以充满于身而为志之卒徒者也。故志固为至极，而气即次之；人固当敬守其志，然亦不可不致养其气。盖内外本末，交相培养。"① 在朱熹看来，孟子所讲的意思是"心有所不安"就应该通过"制心"来从根本上解决问题，"守志"就是控制"心"的价值取向；"气"虽然不能等同于"心"，却充满于人的身体并成为身心之间的一种过渡环节，故而，"守志"为保持心灵崇高性的最基本的功夫，而"养气"亦为人不能不重视的辅助工作。

其二，孟子的"养气"显然不同于道家所谓的"养生"。这也正是孟子与孔子对于"气"的理解上所呈现的基本差异。《孟子·公孙丑上》云：

> 曰："我知言，我善养吾浩然之气。""敢问何谓浩然之气？"曰："难言也。其为气也，至大至刚，以直养而无害，则塞于天地之间。其为气也，配义与道；无是，馁也。是集义所生者，非义袭而取之也。行有不慊于心，则馁矣。我故曰，告子未尝知义，以其外之也。必有事焉而勿正，心勿忘，勿助长也。"

从上下文句意中可以看出，孟子所讲的"浩然之气"既具有物理属性，又具有与道义相互般配的伦理属性。只不过，在主张"性善"的孟子看来，这种具有伦理属性的天地之气，与人的本性所滋生的道义之间的联系只是自然而然的过程，因此，浩然正气本来就是"集义所生"，而不是依靠人的外力强行介入的结果。换言之，浩然之气既源于天地，亦本于人心，却不是勉强的结果。故而孟子讲："虽存乎人者，岂无仁义之心哉？其所以放其良心者，亦犹斧斤之于木也，旦旦而伐之，可以为美乎？"（《孟子·告子上》）天地浩然之气既与"义""道"相匹配，同时主体又能够加以培养。则孟子所讲的"气"其内涵不单指自然意义上的"气"，而更主要的是指伦理德性与人格追求层面的生命之气。

---

① 朱熹注：《孟子章句集注》，《四书五经》上册，天津古籍书店影印，1988。

　　"气"的学说发展到孟子和庄子，标志着在自然"元气论"基础上生发出来的人文"道论"与伦理"德性论"渐次定型，这种定型所呈现的是"气"的学说在生命哲学与伦理哲学两个维度上的蜕变和升华。而到了汉代董仲舒《春秋繁露》一出，则意味着先秦生命哲学与伦理哲学基础上的"气"论朝着社会学的实用角度转型。在笔者看来，这种转型既是形而上学意义上的僵化，也是生命哲学的神秘化以及伦理哲学的庸俗化。首先，董仲舒的"气"的观念体系的确吸纳了先秦诸家"气"论的理论成果。如《天地阴阳》篇云"天地之间，有阴阳之气"；《为人者天》篇云"人之形体，化天数而成；人之血气，化天志而仁"；《阳尊阴卑》篇云"是故推天地之精，运阴阳之类，以别顺逆之理"。其次，董仲舒改造了先秦的人文道论，使先秦道家的生命哲学趋于神秘化。在老子的道论里，阴阳二气并无道德属性，二气相冲而和合为万物。而董仲舒却认为："阳，天之德；阴，天之刑也。"（《春秋繁露·阳尊阴卑》）并且认为不是以人道合天道，而是天象能够显现人间之吉凶。如《王道》篇云："王正则元气和顺，风雨时，景星见，黄龙下；王不正则上变天，贼气并见。"而且在《天地阴阳》篇中他还提出"气"分治乱、"风"有邪正的看法，认为邪"风"乱"气"占有利地位时，就会出现乱世，反之，则会呈现治世。究其实，这种"天人感应"的理论并非出自像原始初民一样的宗教信仰，而是从国家统治之术出发有意识地宣扬的迷信思想。再次，董仲舒也对孟子的"性善"论和"养气"说进行了变革。我们知道，在儒家创始人孔子之后，先秦时期堪称儒学大家者唯有孟子与荀子。孟子主张"人性善"，荀子主张"人性恶"。"表面看来，荀子对人性的评价很低，而事实上，恰恰相反，荀子的理论可以称之为一种文化哲学。他的理论主旨是认为，一切良善和有价值的事物都是人所创造的。"① 如果说孟子是理想主义的儒学，荀子是现实主

---

　　① 冯友兰：《中国哲学简史》，新世界出版社，2004，第127页。

义的儒学，那么，董仲舒则是庸俗社会学的儒学。他说："人之诚，有贪有仁。仁贪之气，两在于身。身之名，取诸天。天两有阴阳之施，身亦两有贪仁之性。"（《春秋繁露·深察名号》）表面看来，他的这种观点有点类似于我们今天所强调的人性中包含动物性和神性，或如同弗洛伊德人格结构理论中所强调指出的"本我"和"超我"。问题在于，在实践层面，董仲舒主张的是："天人之际，合而为一。同而通理，动而相益，顺而相受谓之德也。"《春秋繁露·深察名号》这样一种逆来顺受的应对主张实际上还是为了维护统治者的尊卑等级秩序而牺牲了个体的行动合理性。所以，笔者认为，董仲舒关于"气"的学说除了整理出一套更加清晰的秩序，并结合阴阳五行、天人感应观念形成更强的系统性之外，与孟子和庄子"气"的观点相比，在人本主义精神上反而是一个较大的倒退。正是因为董仲舒"气"论的倒退，故而到东汉王充《论衡》出世，虽就其"气"论而言并无多少实质性的突破，但在反对天人感应、谶纬之说上反而能够凸显出进步意义。

　　到魏晋时期，虽然还有人在探讨"气"的学说，比如阮籍的《达庄论》和嵇康的《明胆论》，但直接对于"气韵"审美范式产生影响的，不是"气"的哲学，而是隐含了先秦"气"观念的人物品藻风气开始盛行。因魏晋人物品藻不仅使用"气"范畴，同时也使用"韵"范畴，所以，我们放在梳理"韵"的内涵之后再具体加以讨论。

　　概言之，在中国古人眼里，世界笼统地分为两极："形而上者以为道，形而下者以为器"，在"道"与"器"之间所弥漫的就是"气"，不论是阴阳之"气"，还是五行之"气"，都是"道"的表现形式。宇宙循"道"演化，展开天地万物。天地万物有生有死，有成有毁，都可以视为生命流程。在一切具体的生命流程中，"道"以"气"的形式发挥作用。分化为阴阳五行各类的"气"，虽然失去了道的本原性、整体性，不能等同于道，但仍具有"道"的其他所有内涵。"气"不再如同道那样以"无"为主，但气又是一种极不确定的"有"。这种"有"极具生命力，是天地万物生命产生的原初动力。我们可以设想，随着云起云涌、春风秋雨，花儿开了又谢，草儿绿了复枯，世态人情自然而然也会产生沧桑巨变，"曾经沧海难为水，除却巫山不是云"，风云变幻与人间情事在审美实践——或者大而言之——在人生实践中就非常和谐地融合到一起。这就促使审美主体去追问一个更加内在的动因，中国人的归纳结果就是"气"。"气"一方面营构着变化中的事物表象，另一方面也形成事物的蕴涵和成为事物变化的动力。

二

阐释"气韵"之形成及内涵，难度在"韵"不在"气"。"气"在中国哲学及文化之中固然有很浓重的模糊、神秘色彩，但毕竟在《周易》及先秦诸子著作中，多有论及"气"的文字，我们所需要做的多半是内容上的梳理和逻辑上的整合工作。而"韵"字既不见于甲骨文、先秦典籍及汉代碑刻，自然在汉魏之前也就不可能搜检出关于"韵"的直接论证、分析及主张。有学者认为："最早提到'韵'的，可能是先秦古书《尹文子》……已有'发音不同而收音相和'之义。"[①] 但《尹文子》一书真伪学界尚有争议，况且《尹文子》中所谓"韵商而含徵"的说法，即把"韵"列入晏子所说的"七音"即"宫""商""角""徵""羽""变宫""变徵"之内，依然难以揭开"韵"的神秘面纱。较早使用"韵"字的还有曹植的《白鹤赋》："聆雅琴之清韵。"在《世说新语》及其"注"中，多有用"韵"字之处："籍乃缪然长啸，韵响寥亮。"又如："荀勖善解音……自调宫商，无不谐韵。"徐复观先生据此推断，"韵"字或出现于汉魏之间，应该是有说服力的。

对于"韵"的解释，就方法而言，有"直解""曲解""转解""训解"诸种区别。叶朗先生《中国美学史大纲》中采用的是

---

① 刘伟林：《气韵论》，《华南师范大学学报（社会科学版）》1998 年第 4 期。

"直解"的方法："韵本来是指音韵、声韵。但是'气韵生动'的'韵'并非指音韵、声韵，并非指节奏、韵律。'气韵'的'韵'是从当时人物品藻中引过来的概念，是就人物形象所表现的个性、情调而言的。"① 徐复观先生采用的是"曲解"的方法（所谓缩小包围圈的办法），即先从所谓线条的"律动"入手，达到否定"韵"是从绘画中感到音响这种观点的目的；然后，再搜集《世说新语》及其"注"中所使用的"韵"字，从中发现"韵"字除了有四例与音响相关，有十五例皆与"人伦鉴识"相关，进而得出结论："韵是当时在人伦鉴识上所用的重要观念。"② 日本汉学家冈村繁在《汉魏六朝的思想和文学》中收《东晋画论中的老庄思想》一文，对"韵"的含义亦有考释③，采用了与徐复观先生同样的方法。钱锺书先生在《管锥编》中采用的是"转解"方法，即从古代典籍中搜集对于"韵"的阐释，从外国书籍中搜集对于"气韵"的翻译，然后加以整合，以求得出自己对于"韵"的观点和主张。④ 张锡坤先生采用的是训解的方法，即训释"韵"为"运"为"化"，进而说明"气韵"是"气运"而非"形神"。⑤

在笔者看来，四种阐释方法所得出的结论固然可以彼此参照，但比较之下，钱锺书先生所采用的方法、涉及的范围、辨析的角度、揭示的问题，则更加值得我们细细梳理并进一步思考。对于钱锺书先生就谢赫《画品》重新进行的句读，学界多有讨论，在此不赘述。我们只结合钱先生关于"韵"的阐释来展开对"气韵"之"韵"的探讨。首先，钱锺书先生列举谢赫《画品》第一、二、五品以证"'神韵'与'气韵'同指"，并得出两个判断："谈艺

---

① 叶朗：《中国美学史大纲》，上海人民出版社，1985，第220页。
② 徐复观：《中国艺术精神》，商务印书馆，2010，第164~170页。
③ 冈村繁：《汉魏六朝的思想和文学》，上海古籍出版社，2002，第426页。
④ 钱锺书：《管锥编》第四册，中华书局，1979，第1352~1366页。
⑤ 张锡坤：《"气韵"范畴考辨》，《中国社会科学》2000年第2期。

之拈'神韵',实自赫始;品画言'神韵',盖远在说诗之前。"[①]
钱先生得出的两个判断有助于我们确定谢赫在美学史上的位置,亦
有助于我们进一步比较画论与诗论之间的关系。但是,钱锺书先生
提出的"'神韵'与'气韵'同指",则略显牵强。第一品评张
墨、荀勖所言"风范气候,极妙参神",可视为广义的形神论,
"极妙参神"则包含了创作和构思两个方面;第二品评顾骏之曰
"神韵气力,不逮前贤","神韵气力"既可以理解为"神韵"和
"气力",也可以理解为"神""韵""气""力",实际上说明了自
魏晋人物品藻风气以降,用字构词犹未完全定型,故而"神"
"韵""气""力"四个字可以排列组合出不同的概念,讲"神韵"
"气韵""神气""气力"皆可以成立;并且,在这四个字的基础
上累加相同文字,亦可构成不同概念,如"风神""风韵""风
气""风力"之类;这种加字规律是否可以借用钱锺书先生强调过
的"'风骚之道',早著于'画理'"来加以说明,尚待进一步研
究。只是,由不同的字组成概念,概念的含义自有不同,我们只能
说"神"与"气"有一定关联,却不能据第五品中出现的"略于
形色,颇得神气"来断定"神韵"就是"气韵"。

其次,钱锺书先生列出四种西方人对于"六法"中"气韵生
动"的翻译,以为皆属于"悠谬如梦癞醉呓",是"尊奉吾国传
讹,以两语截搭"导致的弊端。而实际上,西文翻译之弊除了视
"气韵"由"气"和"韵"截搭而成,主要障碍还在于中国古代
范畴本来就存在着含蓄和含混特征。钱先生认为古希腊评论雕刻、
绘画所注重的"活力"或"生气"(enargeia),可以骑驿通邮,互
为映衬借鉴,却忽略了如果以 enargeia 译"气韵",则亦可用以翻
译风神、风韵、神韵、风力之类,中国古代美学范畴之细微差别则
泯然湮灭矣。故而,笔者认为,rhythmic vitality(具有节奏之生命
力)译法与宗白华先生对于"气韵"的理解暗合,还是具有一定

---

① 钱锺书:《管锥编》第四册,中华书局,1979,第1353页。

道理的。尽管，徐复观先生认为"'韵'只是和骨气之'气'一样，都是直接从人伦品鉴上转出来的观念，是说明神形合一的两种形相之美，与音响毫无关联。用 rhythm 单译一个'韵'字，笔者认为已经是完全译错了。何况以之来译'气''韵'两个字呢"①。

再次，钱先生认为"气韵生动"只是就谢赫所处时代的人物画作出的理论阐释，并非就绘画艺术整体审美规律进行的探究。他以张彦远《历代名画记》卷一所引顾恺之语为佐证："至于台阁树石车舆器物，无生动之可拟，无气韵之可侔……鬼神人物有生动之可状，须神韵而后全，若气韵不周，空陈形似，谓非妙也。"进而认为顾恺之以"'生动'与'气韵'对称互文、'神韵'与'气韵'通为一谈"恰可以证明"气韵"内涵就是"生动"。按顾恺之所言台阁树石头无"生动"及"气韵"说明"气韵生动"与表现对象的生命性质相关，而顾恺之所说的"须神韵而后全"是相对于"有生动之状"而言，则"神韵"即精神韵味，实为对于生动之状的更高要求，并非如钱先生前文所说的"气韵"就等同于"生动"。

又次，钱锺书先生引唐代司空图《诗品·形容》"离形得似"、《与李生论诗书》"韵外之致"、《与极浦书》"象外之象，景外之景"、《诗品·雄浑》"超以象外，得其环中"、严羽《沧浪诗话》"言有尽而意无穷"、姜夔《诗说》"语贵含蓄，句中有余味"等，说明诗文之"韵"的要旨在"取之象外，得于言表"，这是非常有见地的。

最后，钱锺书提出首拈"韵"字通论诗画者为北宋范温的《潜溪诗眼》，他从《永乐大典》卷八〇七摘录出一则，细加推敲。从今天研究现状看，范温的"韵"论在古代美学中应该是很具系统性的，所涉及对于"韵"的理解也的确有进一步探讨的必要。

其一，范温在《潜溪诗眼》中区别了"韵"与不俗、潇洒、

---

① 徐复观：《中国艺术精神》，商务印书馆，2010，第171页。

生动、简洁之间的不同，他认为"自三代秦汉，非声不言韵；舍声言韵，自晋人始；唐人言韵者，亦不多见、唯论书画者颇及之。至近代先达，始推尊之以为极致；凡事既尽其美，必有其韵，韵苟不胜，亦亡其美"。有余意就是"韵"。余意来自艺术家能够"备众善而自韬晦，行于简易闲淡之中，而有深远无穷之味"。① 范温把"韵"的发展分为四个阶段：三代秦汉"非声不言韵"；晋人"舍声言韵"；唐人以"韵"论书画，北宋之前辈先达以"韵"为美之极致。三代秦汉"非声不言韵"，说明"韵"的本初之义应该与音律有关，或者说"韵"应该是属于"声"的范畴。《说文解字》解"韵"字为"和也"，很明显，韵的本义应是协和不同的声调以达到令人回味无穷的审美效果。至"四声八病"之说兴起，广义的韵变成了文字上的韵律，如刘勰在《文心雕龙·声律》所说：

> 异音相从谓之和，同声相应谓之韵。韵气一定，故余声易遣；和体抑扬，故遗响难契。属笔易巧，选和至难；缀文难精，而作韵甚易。

在中国审美观念的演进之中，在三代秦汉少见"韵"字，但"韵"的含义却包含在音乐的"中和"之美中，只不过"韵"偏重于音乐的形式，而"中和"则是建立于音乐伦理属性考量基础之上的美学观念、艺术哲学及审美范式，故而，我们所经常看到的是以"余音"和"余味"等术语对于音乐之韵加以描述，却看不到以"韵"作为审美标准和尺度对于音乐进行评价的文字。可以说，"中和"审美范式在包含音乐之"韵"的同时也掩盖了音乐的"韵"之美。说到底，这种现象正是三代秦汉艺术观念尚未自觉的实际情况所呈现出的局限性。晋人"舍声言韵"指的是以"风韵"

---

① 转引自钱锺书《管锥编》第四册，中华书局，1979，第1362页。

"神韵""韵致"等来作为品藻人物的常用术语，从而赋予了"韵"概念以新的美学内涵。"韵"的这种新的美学内涵恰恰为"气韵"审美范式的生成提供了契机，因为品藻人物的风气既然影响到了中国人物画的创作实践，那么，品藻人物所惯用的标准和术语也就自然而然地蔓延到品评绘画的领域。唐宋之后，"韵"渐次成为美的极致，有一个大前提是诗画理论开始合流，与之相对应的是中国的意象审美范式与气韵审美范式在美学上逐渐融合，形成了对于审美实践更具整体性的理论概括，即意境审美范式的生成。

其二，范温的"韵"论既融入了文学意象论，也受到了佛学禅境论的影响，标志着中国"气韵"审美范式的总结形态。在范温看来，文学家能够"为韵"大致分为两种情形：一是"备众善而自韬晦，行于简易闲淡之中，而有深远无穷之味"；二是"一长有余，亦足以为韵"。而他所讲的"备众善"和"一长有余"既涉及作家的艺术才能，也涉及作品的风格特色。"有巧丽，有雄伟，有奇，有巧，有典，有富，有深，有稳，有清，有古"①，如此分类，显然受刘勰《文心雕龙·体性》"八体"（典雅、远奥、精约、显附、繁缛、壮丽、新奇、轻靡）及司空图《诗品》二十四类诗风划分所影响，如果说刘勰"八体"是承传并发展了曹丕《典论·论文》的四类八体说，大致还属于广义的文体论，那么，司空图《诗品》则更侧重于从意象建构的角度讨论诗歌的境界。如《诗品·典雅》：

> 玉壶买春，赏雨茆屋，坐中佳士，左右修竹。白云初晴，幽鸟相逐。眠琴绿荫，上有飞瀑。落花无言，人淡如菊。书之岁华，其曰可读。

单从诗学角度来看，司空图所描写的三种境界就已经不是"意象"

---

① 范温：《潜溪诗眼》，转引自钱锺书《管锥编》第四册，中华书局，1979，第1362页。

审美范式所能够包含的。何况，范温在讨论诗家为"韵"的同时，还借用禅宗之"悟入"主张探究黄山谷何以能得《兰亭》之韵。由此可见，"韵"的学说发展至范温，"融关综赅，不独严羽之不逮，即陆时雍、王士祯辈似难继美矣"①。这正是"气韵"理论达到巅峰状态的集中体现。

三

与西方美学之优美、崇高、喜剧、悲剧等相对固定的范畴系列相比，中国美学范畴数量大，含义杂，范畴易于类比而不宜单论，范畴的内在结构也趋于开放松散。以"气韵"为例，围绕"气"和"韵"就分别形成了系列审美范畴。如除"气韵之外"，与"气"关联的有：气象、气味、气格、气骨、元气、壮气、神气、风气、生气、文气、浑厚之气、俊爽之气、刚柔之气，等等；与"韵"关联的有：神韵、风韵、情韵、雅韵、玄韵、余韵、韵味、韵致、韵度，等等。而能够与"气""韵"组合的字群同时既可以彼此重新组合，也可以与别的字群另外组合，进而形成新的系列范畴。如风骨、风气、风神、风味、风格等。那么，是不是这种现象的存在就说明了"气韵"只能分为"气"和"韵"两个内容来梳理，而不能或不必视为一个固定的审美范式来阐释呢？笔者认为不然。

我们上文中对于"气"和"韵"的形成及内涵分别加以剖析，是承认"气""韵"的确为构成"气韵"审美范式内涵的两个内容元素。因为，"谢赫虽未对'气韵'的含义加以阐释，但在评论画家时，提到'壮气'、'神气'、'生气'、'气力'、'神韵'、'情韵'、'体韵'、'韵雅'等，反映其将'气'和'韵'作为这一美学命题的两个主要内容的观点"②。尽管如此，并不意味着"气韵"

---

① 钱锺书：《管锥编》第四册，中华书局，1979，第 1363 页。
② 林同华主编《中国美学大词典》，安徽教育出版社，2002，第 354 页。

只是"气"与"韵"的偶然叠加，相反，笔者认为，"气韵"之所以成为一种基本的中国审美范式，正是因为它不仅能够包含"气"和"韵"的两方面内容，而且，在这两方面内容的融合贯通基础上，形成了具有整体性的美学内涵和审美价值取向。

　　"气韵"审美范式的形成首先得益于魏晋玄学家在音乐美学上取得的突破。前文我们提到，在先秦时期，总体上看是"非声不言韵"，也就是说"韵"所指就是声韵。虽然，在先秦典籍中我们基本看不到"韵"字，但结合先秦时期诸种艺术发展的实际状况加以考察，我们还是可以大致窥到"声韵"的实际内涵。一般而言，与"声"直接相关的艺术门类只有音乐和诗歌，音乐之声为乐器演奏或歌手演唱发出的声音，诗歌之声为诵读发出的声音。在中国先秦时期则比较特殊，其一，诗歌实为歌诗，故不仅丝竹之声是音乐，歌诗之声也是音乐。只不过，在先秦时期，人们尚未有所谓"丝不如竹，竹不如肉"[1] 的针对音乐形式之美所进行的比较。其二，先秦时期，音乐与歌诗之间常以舞蹈为中介环节，即所谓"舞所以节八音而行八风"[2]。在先秦时期，论乐不仅会涉及声音之和（韵），也涉及歌诗、舞蹈、音乐三位一体所形成的整体效果（包括"风"与"味"）。由此可见，先秦时期"非声不言韵"与后来的四声理论无关，而是专门针对音乐而言；先秦"言韵"也与"风"的观念有联系。故而，我们可以得出一个结论，在先秦音乐理论里不仅有"韵"的雏形，亦有"风"（即气）的观念，也就是我们所说的"声气相和"。笔者之所以强调这样一个事实，旨在纠正有些学者对于"气韵"的错误理解，即以为"气韵"仅出自魏晋人物品藻，其含义类似于形神论。笔者认为，"气韵"作为中国审美范式发展的重要一环，既是由先秦"中和"乐论向魏晋之后绘画审美观念演进的一个理论概括，也表现出在艺术自觉之

---

[1] 房玄龄等：《晋书》卷九十八，中华书局，1974，第2581页。
[2] 《左传·隐公五年》，《四书五经》下册，天津古籍书店影印，1988，第50页。

后审美价值观念上所发生的一个根本变化，而在此演进过程中魏晋人物品藻只是产生了巨大影响而已，并不能被视为"气韵"审美范式的终极根源。

先秦诸子时代，显学为杨朱之学、墨家之学以及儒道两家之学。按冯友兰先生的观点，杨朱当为早于老庄的道家人物，而"很可能，老子出生在孔子之前，而《老子》这部书是后人依托之作……应在惠施和公孙龙之后"①。按照冯友兰先生的这种看法，则又涉及《庄子》成书年代，因为《庄子》中不止一次提到惠施，若《庄子》成书在惠施之时，"老庄"顺序应改为"庄老"才对。而冯先生《中国哲学简史》以《老子》为道家第二阶段思想，《庄子》为道家第三阶段思想，则又需要重新斟酌。在此，我们依循学术界的一般看法，不纠缠这些问题。杨朱无著作传世，现存观点亦寥寥无几，且未尝有论及对于音乐的态度。若从享乐主义角度推测，杨朱应该不会全盘否定音乐。而墨家和老子在对待音乐的具体观点上虽有出入，墨家是直接"非乐"，老子是否定"五音"而崇尚"大音希声"，但有一点可以确定，就是墨子和老子对于世俗实际存在的音乐都不持肯定态度。故而，先秦诸子乐论，我们以儒家礼乐文化体系笼罩下的乐论为主要参照系，进而探究"气韵"审美范式在美学价值观念上包含了哪些变化。

由先秦至两汉，中国审美文化发展的主脉是礼乐文化，最基本的审美范式是"中和"。关于"中和"审美范式，我们在第五章中进行了深入的探讨，并在第四节里着重剖析了魏晋玄学对于"中和"审美观念的重新阐释与建构，为求阐明"气韵"审美范式与先秦乐论之间的关系，我们需就两者所包含的审美价值观念进一步加以比较。《国语·郑语》云："声一无听，物一无文，味一无果，物一不讲。"单一乏味而缺少变化的音乐不会具有生动感人的审美效果。但像郑声那样淫靡的新乐，虽然受到了诸侯贵族的普遍欢

---

① 冯友兰：《中国哲学简史》，新世界出版社，2004，第83页。

迎，却遭到儒家思想的强烈否定。个中原因在于，儒家认为音乐不只是作用于人的感官享受，而是与国政、世风、民德有着直接的关系。由政乐相通的角度看，《国语·周语》云："大政象乐，乐从和，和从平。"所以，过分激越的或过于萎靡的音乐，如武乐和郑声，皆属于被排斥的对象。孔子认为理想的音乐就应该像韶乐那样尽善尽美。从世风层面看，乐既是音乐之"乐"（yuè），又是快乐之"乐"（lè）。《论语·季氏》曰："益者三乐，损者三乐。乐节礼乐，乐道人之善，乐多贤友，益矣。乐骄乐，乐佚游，乐宴乐，损矣。"在孔子看来，能够以礼乐来节制人的行为，是有助于改善世风的。而政通人和、风俗醇厚皆有赖于君臣上下好德和有德。在春秋时期，认为音乐与伦理道德有对应关系的并非只有孔子。如《左传·鲁襄公二十九年》记载了吴公子季札在齐国听雅颂之乐的评语：

　　为之歌大雅，曰：广哉！熙熙乎，曲而有直礼，其文王之德乎？为之歌颂，曰：至矣哉！直而不倨，曲而不屈，迩而不偪，远而不携，迁而不淫，复而不厌，哀而不愁，乐而不荒，用而不匮，广而不宣，施而不费，取而不贪，处而不底，行而不流，五声和，八风平，节有度，守有序，盛德之所同也。①

而听了郑声，季札与孔子的观点有相似之处："歌郑，曰：美哉，其细已甚，民弗堪也。是其先亡乎？"此段文字提到的"八风平"可以与《国语·周语下》所载伶州鸠论乐互为参照：

　　气无滞阴，亦无散阳，阴阳序次，风雨时至，嘉生繁祉，人民和利，物备而乐成，上下不罢，故曰乐正。

---

① 《左传·襄公二十九年》，《四书五经》下册，天津古籍书店影印，1988，第400页。

《国语·晋语》载师旷论乐：

> 夫乐以开山川之风也，以耀德于广远也。风德以广之，风
> 山川以远之，风物以听之，修诗以咏之，修礼以节之。

比较三段文字，我们就可以很清楚地看出，先秦时期的人们谈论音乐，既习惯于联系到社会性的伦理道德，也经常性地联想到山川风气。换言之，先秦时期音乐美学思想之中，虽然没有"气韵"审美观念，却有"风德"的审美意识。由先秦产生的"风德"说发展到魏晋时期的"气韵"论，根本的差别在于文艺伦理学向文艺美学的蜕变。

其次，魏晋品藻之风虽然不是"气韵"审美范式产生的最终源头，但我们亦应该看到，"气韵"审美范式在针对人物画这样一个具体审美对象时，它所表现出来的审美标准是与魏晋时期人物品评密切相关的。魏晋时期人物品评的审美标准是什么？一言以蔽之，就是对于真情性的绝对推崇。其一，艺术是一种"有意味的形式"，形式意味不同于与形式对举的内容，而是由形式本身生成的意味。如果说，先秦时期的音乐是一种形式，那么礼教德化就是其内容，"中和"与"风德"就是衡量礼乐的审美标准与价值尺度。抛开哲学意义上内容与形式关系原理不谈，单只从礼教德化与音乐形式的关系加以分析，我们就会发现，人们之所以强调礼对于乐的节制，实际上出自社会功利性目的，即从社会学的角度来看，礼教的严肃性赋予了礼乐的合目的性。到了魏晋之后，现实社会生活之中，礼教以及社会伦理规范经过玄学名士的解构，已经失去了原先固有的严肃性，先秦时期作为音乐的内容的德化礼教精神至汉魏之际渐趋衰落，上古雅乐开始变得徒具形式。在这种情况下，艺术的自律性渐渐凸显出来，艺术的性质开始转变为无目的的合目的性。随着原先严肃性、功利性内容的隐退，人们开始更加关注艺术的形式意味。而艺术的这种形式意味则是由艺术渐渐转化为情感表现形式的总体

趋势决定的。其二，魏晋时期礼教的严肃性并非首先在艺术中而是在生活中被解构的，经过这个解构过程，人们开始体悟和欣赏生活之中主体作为个体的真情真性，并渐次关注到与主体的真性情相关联的形式意味。我们来看《世说新语·任诞》里的几段文字：

> 阮籍遭母丧，在晋文王坐，进酒肉。司隶何曾亦在坐，曰："明公方以孝治天下，而阮籍以重丧，显于公坐饮酒食肉，宜流之海外，以正风教。"文王曰："嗣宗毁顿如此，君不能共忧之，何谓？且有疾而饮酒食肉，固丧礼也！"籍饮啖不辍，神色自若。
>
> 阮籍当葬母，蒸一肥豚，饮酒二斗，然后临诀，直言"穷矣！"都得一号，因吐血，废顿良久。
>
> 阮步兵丧母，裴令公往吊之。阮方醉，散发坐床，箕踞不哭。裴至，下席于地，哭吊唁毕，便去。或问裴："凡吊，主人哭，客乃为礼。阮既不哭，君何为哭？"裴曰："阮方外之人，故不崇礼制；我辈俗中人，故以仪轨自居。"时人叹为两得其中。①

三段话都是描写阮籍丧母后的情状及他人对其态度。我们上面三段引文是循《世说新语》文本先后次序，而按事件发展之时间顺序，则应该倒着看。第三段描写吊丧，第二段描写出葬，第一段写守丧。在整个这样一个过程之中，表现出阮籍"礼不为己设"的思想观念以及种种越礼行为。而针对阮籍的行为，人们的态度又分为理解、容忍和否定三种。中书令裴楷的解释是阮籍属于方外之人，可以不崇礼；晋文王司马昭的看法是按照古礼在服丧期间身体有病是可以饮酒吃肉的②；司隶校尉何曾认为阮籍的行为有违孝道礼

---

① 刘义庆：《世说新语》，浙江古籍出版社，1998，第309、311、312页。

② 《礼记·曲礼上》："居丧之礼……有疾则饮酒食肉，疾止复初。"《四书五经》中册，天津古籍书店影印，1988，第12页。

教,应该流放边地。《世说新语》所记何曾对阮籍责难之言较为简略,《晋书·何曾》记载更为详细:

> 时步兵校尉阮籍负才放诞,居丧无礼。曾面质籍于文帝座曰:"卿纵情背礼,败俗之人,今忠贤执政,综核名实,若卿之曹,不可长也。"因言于帝曰:"公方以孝治天下,而听阮籍以重哀饮酒食肉于公座。宜摈四裔,无令污染华夏。"帝曰:"此子羸病若此,君不能为吾忍邪!"曾重引据,辞理甚切。帝虽不从,时人敬惮之。①

笔者认为,何曾非难阮籍并非尽如人们所言是出于"外宽内忌",实际上表现出了礼教人格与山水人格的对立冲突。我们不妨再读一段《晋书》中的描写:

> 曾性至孝,闺门整肃,自少及长,无声乐嬖幸之好。年老之后,与妻相见,皆正衣冠,相待如宾。已南向,妻北面,再拜上酒,酬酢既毕便出。一岁如此者不过再三焉。②

我们可以喜欢阮籍而讨厌何曾,但我们亦应承认,礼教文化人格与山水审美人格都是个体的一种人生选择,很难以世俗的好坏加以绝对性的区分。只不过,在魏晋人物品评之风中,更加欣赏由人的自然真性真情所铸就的山水人格而已。

再次,在美学史上,"气韵"虽然自产生之初是针对人物画而作出的品评,但实际上包含了山水审美观念的觉醒。"气韵"不仅涉及艺术性的有无高下,亦涉及艺术美的不同呈现方式以及不同艺术风格之间的比较,可以说,"气韵"是审美相对性与独特性的综

---

① 房玄龄等:《晋书》,中华书局,1974,第995~996页。
② 房玄龄等:《晋书》,中华书局,1974,第997页。

合。具体而言，可以分为以下几层意思。其一，"气韵"是"气"和"韵"的融汇，有"气"无"韵"或者有"韵"无"气"都会导致创作及作品整体艺术水准的降低。范温《潜溪诗眼》以文学为例，对此有较为透彻的说明：

> 自《论语》、《六经》，可以晓其辞，不可以名其美，皆自然有韵。左丘明、司马迁、班固之书，意多而语简，行于平夷，不自矜衒，而韵自胜。自曹、刘、沈、谢、徐、庾诸人，割据一奇，臻于极致，尽发其美，无复余蕴，皆难以韵与之。唯陶彭泽体兼众妙，不露锋芒，故曰：质而实绮，癯而实腴，初若散缓不收，反复观之，乃得其奇处；夫绮而腴、与其奇处，韵之所从生；行乎质与癯而又若散缓不收者，韵于是乎成。①

范温认为与陶渊明相比，曹、刘、沈、谢、徐、庾诸人的创作"尽发其美，无复余蕴，皆难以韵与之"，可见，有"气"无"韵"的确会对艺术成就之高下有所制约。当然，有两个因素范温没有论及：①诗体由四言诗向五言诗的演变。如果忽略掉诗体本身的区别，单纯比较陶渊明诗歌与曹操诗歌的"韵"，其实是不公允的。②文人创作与民间创作的差异，《诗经·国风》是民间创作，以"自然有韵"评判，基本符合事实。文人创作之四言诗原已形成固定体式，若以五言诗体的"韵"的标准去衡量四言诗，则曹操在诗尾所写的"幸甚至哉，歌以咏志"，肯定就属于"无复余蕴"。但即便曹操诗歌在"体韵"上不及五言诗，"月明星稀，乌鹊南飞，绕树三匝，何枝可依"亦算得有"韵"之诗句。故而，对于诗之"韵"我们似还可以细分，如"象韵"、"体韵"之类。其二，在谢赫《画品》"六法"之中，"气韵生动"具有居高临

---

① 转引自钱锺书《管锥编》第四册，中华书局，1979，第1363页。

下、总领全局的性质。就谢赫所论画家评语而言，名家虽各有所长。但在第一品五人之中，"气韵"几为核心审美尺度。被作者称作"极乎上品之外"的陆探微，被评为"穷理尽性，事绝言象。包前孕后，古今独立"，"气韵"自不待言；卫协"六法之中，迨为兼善。虽不说备形妙，颇得壮气"；曹不兴画作至谢赫所处时代多已失传，谢赫仅见其所画龙头，评为以"风骨"见长，而卫协直接师承的就是曹不兴画法，则可以从卫协推想曹不兴画作"气韵"定有过人处；张墨、荀勖则被评为"风范气候，极妙参神"。所以，我们可以肯定，在谢赫画论中，"气韵生动"实为绘画艺术的最高境界，只是在论及具体作品时，谢赫尚未把"气韵"作一现成概念加以使用。其三，在《画品》第三品中，顾恺之评语为"除体精微，笔无妄下。但迹不逮意，声过其实"；戴逵评语为"情韵连绵，风趣巧拔。善图贤圣，百工所范"。顾、戴二人皆为中国绘画史上一流艺术家，谢赫以"气韵生动"为尺度，犹觉不足，除了能够看出谢赫"气韵生动"标准甚高之外，也表现出谢赫在推崇"气韵"的同时也承认艺术风格的多样化。同时，若就第二品顾骏之"神韵气力，不逮前贤；精微谨细，有过往哲"的评语推测，谢赫"气韵生动"的美学思想里亦包含了绘画艺术的发展观。

第三节　"气韵"特征：生命灵动与精神高蹈

我们对于"气韵"审美范式的阐释，既要重视谢赫的"气韵生动"说，同时又不应该单从"六法"的范围来考察"气韵"的美学价值及其审美实践表现。就美学观念而言，"气韵"在中国审美文化史上具有承前启后的性质。首先，"气韵"审美观是对于先秦乐教笼罩下的儒家"中和"音乐观念的突破，是把先秦道家法自然、尚无为、重顺生等哲学观念拓展到了审美实践及审美观念之中，是魏晋山水意识与新人文精神（个性）在绘画领域的表现及理论总结。其次，无论是在美学理论还是审美观念以及审美实践中，"气韵"说在谢赫之后都有过很大的发展。在美学理论层面，唐代的张彦远、五代的荆浩、宋代的范温、清代的王士禛都对"气韵"理论发展有过重要贡献。在审美观念和审美实践层面，随着"气韵"适用范围的日趋扩大，"气韵"的内涵也更加丰富。"气韵"不仅被画家、书法家和作家共同奉为创作指导，也被批评家用来品画、评论书法和赏析诗歌。再次，即使仅仅把"气韵"置于绘画理论领域加以探究，由于中国绘画本身有一个演进过程，如人物画到山水画再到水墨画，画的"气韵"所指自然也就产生了很大区别。正是出于上述三个方面的原因，我们需结合美学理论与艺术实践来对"气韵"审美特征论加以研究和总结。

一

"气韵"审美范式的产生有三个重要意义：把玄学改造过的道家哲学转变为一种艺术精神；把以道玄思想为内核的审美观念转化为一种审美价值尺度；把自觉的审美价值尺度具体化为对于绘画艺术形式的规范与品评。

笔者在分析玄学本体论时曾论及王弼对于先秦儒道思想的改造与融通，笔者认为王弼所讲的"无"不同于老子所讲的"道"。老子所讲的"道"本身包含了"有"和"无"两个方面，老子的形而上本体是超越于"有""无"之上的"道"；而王弼却认为本体即"无"，万物皆有一个由无到有的过程，"无"是不可言说的。在王弼看来，"有为"不必妨害"无"之圆满，"无为"未必有益"无"之呈现。经过这样一个逻辑思辨过程，先秦道家尚无为、法自然、重顺生等哲学观念就在人生哲学层面得到了更好的统一。国内有些学者以为"气韵"只是谢赫提出的一个新概念，与魏晋之前中国的思想渊源纯然无关。这种观点既是反历史和反逻辑的，同时也是对于中国审美实践的全然漠视。说到底，"气韵"说是关于造型艺术中"立象"的理论主张。"立象"不是从魏晋才开始，前

面我们论及的"声象""言象""形象"（造型之象）完全可以昭
显这个事实；对于"立象"的理论主张也不是从魏晋才开始，先
秦到两汉的"中和"观念兼有哲学、政治学、伦理学和美学多重
内涵，同时也涉及对于"立象"的基本看法；"中和"不单只属于
儒家的观点，道家也有不同于儒家的"中和"观，道家的"中"
带有"天地之正"的意思，道家的"和"带有"和合天人"的底
蕴；魏晋审美意识自觉之后，中国艺术精神主要是受道家思想影
响，但儒家思想——特别是经过玄学改造过的儒家思想——同样是
中国艺术精神不可或缺的组成部分，并且，后来也受到佛教中国化
的禅宗思想以及宋明理学的影响；以"气韵"范畴来说，其内涵
固然主要是受道玄思想影响，即道家自然哲学经玄学阐释之后生成
的大生命观的影响，但在"气""韵"两者不可偏废的主张里面，
我们亦可隐约看到儒家"过犹不及"审美观念的影子。我们只是
从论述的方便简明出发，抓其主脉，认为主要是道玄思想拓展到了
审美实践及审美观念之中，便转变为审美领域的"形" "神"
"虚""实"，以虚为美、注重传神不仅成为一时风气，进而形成了
"气韵"审美范式，并对中国艺术创作、艺术精神及艺术理论产生
了深远的影响。换言之，"气韵"审美范式正是以虚为美、注重传
神的审美观念在绘画领域的实践以及在绘画美学理论上的概括。

　　在中国美学中，"气韵"首先是一种造型艺术之中的"立象"
理论，至唐宋之后，才逐渐成为贯通书画、诗文、词曲（甚至园
林、舞蹈、建筑等）的普遍性的美学理论。因此，我们欲探究
"气韵"的审美特征，首先应该追本溯源，从中国的绘画艺术入
手，而不宜把所有艺术门类全部拉扯进来，笼统地加以讨论。

　　就绘画所立之"象"而言，大体可以分为人物、山水、动物、
植物、亭台楼阁、器具摆设六大类，六类又可以进一步分为三组：
人物与动物，山水与植物，亭台楼阁与器具。若展开来讲，情况就
更加复杂。其一，在人物之中，有现实世界的人物，有音容已缈的
古人，还有宗教人物以及鬼神；在动物之中，亦有类似情形，如奔

马走狗与龙凤麒麟，在性质上既有不同，"立象"所遵循的原则与使用的创作方法也就有很大区别。其二，在绘画实践之中，有以单独一类为表现对象的，有单画肖像的，画龙、牛、马的，以及专画亭台楼阁的界画，如曹不兴所画的龙、韩干所画的《照夜白图》、唐懿德太子李重润墓道西壁的《阙楼图》、宋徽宗所画的《锦鸡图》、王冕的《南枝春早图》等；又有兼画不同类型对象的，如长沙陈家大山楚墓出土的《龙凤人物图》、洛阳唐宫路南侧汉墓出土的《夫妇宴饮图》、敦煌莫高窟第445窟的《民间乐舞图》、宋代张择端的《清明上河图》，等等。其三，有些画作虽然主要描绘某一类形象，但描写群体和单个的对象在形式上也有质的区别。比如，顾闳中的《韩熙载夜宴图》，虽然主要是描绘人物，但因为涉及不同身份的人物，人物之间构成了特定的呼应关联，显然其复杂性要胜过人物肖像画。从这样一个简单的分类里面可以看出"气韵"的复杂性，"气韵"既可以指向具体形象，也可以指向形象之间的关系，还可以指向整体的画面；"气韵"既可以是对于现实生命或事物的形而上的处理，也可以是对于艺术家想象对象的诗意把握。事实上，我们不可能对于不同类型绘画的"气韵"逐一加以区别界定，我们能做到的是在美学理论层面考察"气韵"究竟讨论到了绘画"立象"的哪些审美特征，并进而总结出"气韵"涵盖了哪些具有普遍性的绘画"立象"的审美特征。

中国绘画理论是从讨论"立象"的难易程度上开始的。顾恺之《论画》里讲："凡画，人最难，次山水，次狗马；台榭一定器耳，难成而易好，不待迁思妙得也。"在绘画中，最难描绘的是人物。何以如此？因为与山水、狗马、台榭相比，人物不仅形体、长相、装束、动作各异，还有各自不同的外在表情、性格特征与精神气质。在特定的画作之中，人的形体、长相、装束是一定的，但只要涉及动作，则一定涉及人物与周围事物的关系，也就一定会引出不同的表情、性格特征乃至精神气质。顾恺之注意到了这一点，他说："凡生人亡有手揖眼视而前无所对者，以形写神而空其实对，荃生之用乖，传神之趋失矣。"（张彦远《历代名画记》卷五引）这段文字讲到的"眼视"对于我们理解绘画"气韵"非常关键。绘画艺术不仅是鉴赏者的审美对象，绘画所表现的对象也是活生生的人，他也在用自己的眼睛看世界，他的"看"会呈现出他自身的特定表情，也会透露出他的性格特征和精神气质。拿这段文字与西方莱辛的《拉奥孔》稍加比较，我们就更能发现中国"气韵"论的独到之处。莱辛认为绘画（含雕塑）是表现情节发展不到顶点的瞬间，所以需要遵循"美"的原则而不是"崇高"的原则，所以，他的理论的直接出发点是拉奥孔的表情和动作。顾恺之讲的"眼视"显然不是指到达高潮之前的那个瞬间，因为在日常生活中，尤其是在中国式的生活中，并没有那么多可以到达高潮的情节，更多的时候是由"眼视"所见带来的表情或者丰富的心理活动。所以，中国绘画也表现瞬间，但这瞬间只是普通生活的某一个瞬间，它并不预示情节发展的特定方向。比如，张择端的《清明上河图》、石涛的《运河扬帆图》，都是表现瞬间，但这些瞬间与情节是否达到高潮几乎没有关系。

以绘画的艺术形式表现瞬间，即使与莱辛的所谓情节发展之顶点无关，也还是有难易之分。在瞬息之间，人物有动作有表情，描绘人物的动作与描绘人物的表情在难度上是完全不同的。顾恺之讲："手挥五弦易，目送飞鸿难。"（《世说新语·巧艺》）[①] 有些学者认为这是"顾恺之比较诗画差别时，强调绘画的造型表现特点，认为其弱点在于难以表现视觉对象的富于变化，而诗歌则可以对时间流逝，拿词汇加以表现"[②]。这种观点实际上是受了莱辛《拉奥孔》的误导，顾恺之并没有比较绘画与诗歌表现力不同的意思，他只是在讲绘画中描绘人物的动作相对比较容易，描绘人物在特定情境下的表情就比较难。这种观点对于《荀子·天论》所讲的

---

① 刘义庆：《世说新语》，浙江古籍出版社，1998，第306页。
② 林同华主编《中华美学大词典》，安徽教育出版社，2002，第352页。

"形具而神生"是一个突破，因为，在绘画之中只求"形具"实际上远远不够；对于《淮南子·说山训》"画西施之面，美而不可说；规孟贲之目，大而不可畏：君形者亡焉"是一个发展，顾恺之注意到了人物表情与情境动作之间有必然的关系。换言之，在不同情境和动作之中，"君形者"应该有所不同才是。

正是因为顾恺之特别重视"眼视"，所以，他在绘画实践中不仅重视画眼睛，而且也非常擅长画眼睛。《世说新语·巧艺》记载："顾长康画人，或数年不点目精。人问其故，顾曰：'四体妍蚩，本无关于妙处；传神写照，正在阿堵中。'"①"阿堵"在六朝时为人们常用词语，为指示代词，意即"此"或"这"。在该段文字中代指眼珠。"写照"指描绘人像，"传神"即表现出人的神情意态。常言讲，眼睛是心灵的窗户，精心点睛，自然有助于传神。但"传神"之"神"不单是指人物的表情。有三个例子可以引来说明其中道理。其一，眼睛有残疾的人，只要描绘得当，亦可以传神。《世说新语·巧艺》记载：

> 顾长康好写起人形。欲图殷荆州，殷曰："我形恶，不烦耳。"顾曰："明府正为眼尔。但明点童子，飞白拂其上，使如轻云之蔽日。"

殷荆州即荆州刺史殷仲堪，殷有一只眼睛失明，顾恺之用"明点童子，飞白拂其上"的特殊技法加以描绘。《晋书》载：

> 仲堪能清言，善属文，每云三日不读《道德论》，便觉舌本间强。其谈理与韩康伯齐名，士咸爱慕之。
> 父病积年，仲堪衣不解带，躬学医术，究其精妙，执药挥泪，遂眇一目。居丧哀毁，以孝闻。

---

① 刘义庆：《世说新语》，浙江古籍出版社，1998，第 305 页。

　　　　仲堪虽有英誉，议着未以分陕许之。既受腹心之任，居上
　　　流之重，朝野属想，谓有异政。及在州，纲目不举，而好行小
　　　惠，夷夏颇安附之。①

乱世之中，人物功过是非原本不宜妄下评语，然读《晋书》所记
载的这三段文字，便知顾恺之所画"轻云之蔽日"，实为神来之
笔，能够很好地表达殷仲堪的精神气质。其二，表现人物的风
貌、气质和精神的技法不只是画眼睛，《世说新语·巧艺》中
记载：

　　　　顾长康画裴叔则，颊上益三毛。人问其故，顾曰："裴楷
　　　俊朗有识具，正此是其识具。"看画者寻之，定觉益三毛如有
　　　神明，殊胜未安时。

张彦远《历代名画记》也收录了这一段文字。《晋书》载：

　　　　楷风神高迈，容仪俊爽，博涉群书，特精理义，时人谓之
　　　"玉人"，又称"见裴叔则如近玉山，映照人也"。②

从《晋书》文字可知，裴楷不仅仪容俊爽，而且博览群书，见解
不凡。面颊上不画这三根胡须，则唯见俊爽，不见其见识矣。其
三，顾恺之讲"传神写照，正在阿堵之中"，"正在"只是就具体
的一幅画而言，"正在"不等于"只在"或者"全在"。他的"传
神"说已经注意到了人物与画面各个细节、画中人物与环境之间
的关系。我们再在顾恺之的《魏晋胜流画赞》和《世说新语》中
撷取两段文字作进一步说明：

───────────

　　① 房玄龄等：《晋书》卷八十四，中华书局，1974，第2192、2194页。
　　② 房玄龄等：《晋书》卷八十四，中华书局，1974，第1048页。

若长短、刚软、深浅、广狭与点睛之节，上下、大小、浓薄，有一毫小失，则神气与之俱变矣。（《魏晋胜流画赞》）

顾长康画谢幼舆在岩石里。人问其所以，顾曰："谢云：'一丘一壑，自谓过之。'此子宜置丘壑中。"（《世说新语·巧艺》）

与谢赫的《画品》比较，"上下""大小"属于"经营位置"，浓薄属于"随类赋彩"，"长短、刚软、深浅、广狭与点睛"属于"骨法用笔"和"应物象形"，"神气俱变"与"气韵生动"相关。唯有不曾论及"传移模写"，而"传移模写"实际上主要是临摹之法，而不是创作技法。很明显，在审美观念上顾恺之的"传神写照"与后来谢赫的"气韵生动"是一致的。

我们讲顾恺之"传神写照"说与谢赫的"气韵生动"说在审美观念上具有一致性，并不等于说两者可以完全等同。谢赫"六法"要比顾恺之的"传神写照"更加具体，层次更加清楚，其理论关注的焦点亦稍有区别。过去不少学者在"形神说"与"气韵说"里纠缠不休，要么混为一谈，要么截然割裂，主要原因在于没有彻底理清其中的逻辑关系。在笔者看来，在逻辑上分层的话，可以分为"形""气""韵"三个层次。与"形"相比较，"气"和"韵"都具有形而上的意味。既不能把"气"等同于"形"，也不能把"韵"等同于"神"。但是，在具体的绘画作品之中，无论是"气"还是"韵"，都离不开"形"的呈现和传达。以上文所引顾恺之"画裴叔则，颊上益三毛"为例，在顾恺之看来是为了传神，在谢赫看来，则是为了逼真而有生气，同时还表现出了人物特殊的韵致。概言之，"气韵"旨在强调审美对象"虚"的方面，即通过画家对于"形"的独特创造，融入画家的艺术想象和感悟理解，使得形而下之"器"通向形而上之"道"，或把形而上之"道"引入到现实的个体存在之中，既使个体形象更加灵动，富于勃勃生机，也使个体形象具有特定的精神属性，从而表现出特定的气质、情致和韵味。

　　钱锺书先生对此提出了自己的看法：

　　　　　谢赫以"生动"诠"气韵"，尚未达意尽蕴，仅道"气"
　　而未申"韵"也；司空图《诗品·精神》："生气远出"，庶
　　可移释，"气"者"生气"，"韵"者"远出"。赫草创为之
　　先，图润色为之后，立说由粗而渐精也。曰"气"曰"神"，
　　所以示别于形体，曰"韵"，所以示别于声响。"神"寓体中，
　　非同形体之显实，"韵"袅声外，非同声响之亮澈；然而神必
　　托体方见，韵必随声得聆，非一亦非异，不即而不离。①

钱先生以司空图"生气远出"解释"气韵"，把"气"和"神"
拢为一体，认为皆是为了区别于形体，而"韵"则是为了区别于
声响。总体看来，略显牵强。理由在上一段笔者已讲清，此处不再
重复。不过，钱先生拈出"远出"二字来释"韵"，亦别有一些道
理。"气韵"不仅是绘画本身所具有的属性，在很大程度上依赖于
欣赏者的参与。一幅作品的气韵既依赖于艺术家的创作才能，也依
赖于接受者的欣赏才能。从接受过程来看，感受"气韵"之"气"
更具有直接性，更依赖于欣赏者的瞬间直觉把握能力；而"气韵"
之"韵"则需要欣赏者具备更高的艺术修养，也需要接受主体长
时间地感受、品味和领悟。从这个角度看，"韵"与"气"相比，
可谓"远出"。在笔者看来，尽管"韵"字出现较晚，但"气韵"
在造型艺术中的表现却非常早，只不过，在战国之前的造型艺术
中，"气韵"不是魏晋时期强调精神性质的"气韵"概念，而是在
画面中真正把云气与乐舞场面一道描绘出来。如成都市百花潭出土
的战国铜壶以及北京故宫博物院收藏的战国铜壶上所描绘的宴乐武

---

　　①　钱锺书：《管锥编》第四册，中华书局，1979，第1365页。

舞图①，在几层乐舞人物之间皆采用了云纹分割线，使得整个画面既有流动性、节奏感，又有秩序感和整体感。可见，在上古造型艺术中，云气与音乐演奏的确共同构成了画面形式。我们不妨视之为"气韵"观念的原型。至于在魏晋之后，"气韵"审美范式里的"气"和"韵"，则主要是在象征基础上生成的概念，与音乐反而没有什么直接的关系了。所以，在音乐艺术中讲"韵袅音外"，可能就更加贴切，而在绘画艺术里，若真正要用节奏、旋律、调式、声韵等来加以分析，偶尔为之，未尝不可，上升为审美规律，则难乎其难。

二

笔者认为优秀画作的审美特征在逻辑上可以划分为"形""气""韵"三个层次。首先是画家能够通过精湛的技艺随物赋形。在这个层面，画家需要有心灵手巧的禀赋，需要长期的技能训练和观察能力的培养，需要熟练掌握并实践应用绘画的形式规律，进而做到在前人的基础上有所继承和有所突破。苏东坡在《与文与可画篔筜谷偃竹记》中所讲的"手不应心"就是指主体缺少这种随物赋形的基本技能。其次，在中国绘画传统中非常强调"画活"，画家笔下的形象要活灵活现，栩栩如生，要生机勃勃、生气充盈，总之要具有生命的普遍性质及特征。这种生命的普遍性质和特征不仅要蕴涵于人和动物之中，也要体现在花草树木等植物中，还要包孕在山水流云之中，即"我看青山多妩媚，料青山看我应如是"（辛弃疾词《贺新郎》）。再次，在绘画实践中，从观察、构思一直到创作完成，自始至终伴随着艺术家丰富的情感活动、艺术想象和独特的感悟理解，这是促使形而下之"器"通向形而上之"道"的关键，也是生成艺术形象之精神属性的根本原因。可以说，"形""气""韵"三者不可或缺，割裂三者而独取其一，则要么

---

① 李晓、曾遂今：《中国艺术史》，华东师范大学出版社，2001，第30、38页。

徒具其形，要么笔不达意，要么淡乎寡味。钱锺书先生曾引用过两个很好的例子来说明这个道理：

> 《百喻经》第一则云："有愚人至于他家，主人与食，嫌淡无味，主人为益盐。既得盐美，便自念，言：'所以美者，缘有盐故；少有尚尔，况复多也！'便空食盐"（参观《吕氏春秋·用民》以"盐之于味"喻"不可无有而不足专恃"）；贺贻孙《诗筏》："写生家每从闲冷处传神，所谓颊上加三毛也。然须从面目颧颊上先着精彩，然后三毛可加。近见诗家正意寥寥，专事闲语，譬如人无面目颜颊，但具三毛，不知果为何物！"南宗画、神韵派诗末流之弊，皆"但具三毛"、"便空食盐"者欤。①

所谓"但具三毛""便空食盐"者，既指食古不化的弊端，更在于批评顾此失彼、矫揉造作的画坛陋习。所以，"气韵"的第二个审美特征就是在审美实践中贯彻自然英旨，形成"羚羊挂角，无迹可寻"的自然之美。如萧子显所言："史臣曰：文章者，盖性情之风标，神明之律吕也。蕴思含毫，游心内运，放言落纸，气韵天成。莫不禀以生灵，迁乎爱嗜，机见殊门，赏悟纷杂。"②

"气韵"的审美特征离不开对于"形"的准确呈现，画虎类猫、画龙如蛇、画云若水，诸如此类的情形在绘画艺术成熟之后似乎已经不成为问题，但在早期绘画中，则是画者必须面对的实际问题。谢赫《画品》中"骨法用笔""应物象形""随类赋彩""经营位置""传移模写"全部涉及"写真"的问题。尽管两汉时期，特别是在东汉之后，绘画技艺有了很大提高，但画家要真正画得像，也不是很容易的事情。一般来说，画亭台楼榭，虽然笔墨繁

---

① 钱锺书：《管锥编》第四册，中华书局，1979，第 1365 页。
② 萧子显：《南齐书》卷五十二，中华书局，1972，第 907 页。

多，但直线居多，并且几无传神问题，所以画起来麻烦，但一旦画好了缺点也就很少。而画人物，传神固然是很高的标准，就是"写真""象形"，也不是最低的水准。我们看原始壁画，如青海省大通县上孙寨出土的舞蹈文饰彩陶盆、广西宁明县花山崖舞蹈壁画，其人物形象只是粗略地勾出轮廓，五官面容完全没有描绘。发展到我国第一幅帛画《龙凤人物图》，所描绘的效果亦是龙腾如蛇爬，凤舞如鸟跑，人物也只是表现出一种稚拙的美丽。到魏晋时期，绘画技法，尤其是人物描绘的技艺可谓突飞猛进。敦煌乐舞壁画《鹿王本生图》描绘的国王和骏马堪称造型艺术的典范之作。即便如此，到五代梁时画家荆浩《笔法记》还着重指出："画者，画也。度物象而取其真。物之华，取其华；物之实，取其实；不可执华为实。若不知术，苟似，可也；图真，不可及也。"再考察一下中国绘画理论便知，时代愈是比较晚近的画论，对于"写真"和"象形"愈是不重视，而是一味强调写意传神。如宋代陈郁《藏一话腴·论写心》云：

> 盖写形不难，写心唯难……夫写屈原之形肖矣，倘不能笔其行吟泽畔，怀忠不平之意，亦非灵均。写少陵之貌而是矣，倘不能笔其风骚冲澹之趣，忠义特杰之气，峻洁葆丽之姿，奇僻赡博之学，离离放旷之怀，亦非浣花翁。

此种议论貌似独到，实际上是以文学作品的表现力和评论标准去要求绘画，是"画中有诗"批评观的极端化。而在顾恺之、谢赫之时，他们对于"气韵"之精神性特质很少展开论述，反而很强调"逼真"的重要性。总而言之，在"气韵"所涵盖的审美特征中，谢赫所讲的"骨法用笔""应物象形""随类赋彩"与五代画家荆浩所讲的"度物象而取其真"都是极其重要的美学原则，而形象的逼真性也是其最基本的审美特征。

达到形象逼真，只是为"气韵生动"铺垫了一个好的基础，或者说，只是达到了"气韵"的最低要求。"气韵"还需具有生气灵动的审美特征。欲使画面及形象能够生气灵动、跃然纸上（或壁上、帛上、碑上、砖上、器物之上等），既需要表现对象的运动感，也需要表现对象本身的形态、动作、表情具有瞬间性，要着力表现处于各种关系之中的对象所具有的个性特征与独特性状。清代邹一山《小山画谱》云："得其所以然，则韵致丰采，自然生动。"生动性来自"得其所以然"，即画家所要表现的审美对象总是处在各种关系之中，如与背景环境的关系、与其他人物的关系、与特定事件的关系，等等，所有这些关系都直接影响其心理情感、表情动作、气质风韵，准确地表现画面对象之间的关系，是使其生机盎然的关键所在。

考察造型艺术早期发展史，我们会发现一个奇妙的现象，在中国古代造型艺术中，雕塑的成熟要早于绘画。这一现象同样出现在希腊文化，甚至比希腊文化更早的古代埃及文化中。以中国为例，在公元前4000～前3000年之间的大汶口文化、仰韶文化中出现的陶猪、陶枭、人首型陶器①，皆属于形神兼备的雕塑艺术品，而同一时期的画于器物或崖壁上的绘画作品（如我们前面谈到的花山崖壁画等）就显得稚拙得多。这种情况一直延续到青铜时代甚至秦汉时期。如三星堆青铜人像、东周的《举铜灯人俑》②及秦始皇兵马俑、汉代人物俑（如四川郫县出土的东汉《击鼓说唱俑》），皆属于造型艺术的典范之作。法国学者丹纳认为，古希腊之所以在人体雕塑上取得空前绝后的成就，是因为人刚刚脱离了野蛮和蒙昧，还处在肉体和精神高度和谐的阶段。如果以同样的推论来考察中国古代雕塑艺术，则陶猪、陶枭之类的出现就成为一个例外。笔者认为，人类早期之所以能在雕塑上取得更高成就，其根本原因不

---

① 陶猪出土于山东泰安，藏于济南山东省博物馆；陶枭出土于陕西华县泉护村，藏于北京中国科学院考古所；人首型陶器出土于甘肃秦安大地湾，由兰州甘肃省博物馆收藏。

② 河北平山一号东周墓出土，石家庄河北文物研究所收藏。

在于精神和肉体和谐，而在于早期器皿、礼器本身就是属于广义的造型，对于原始人的立体造型能力是一个很好的锻炼。而在平面上表现立体形象，就逻辑而言，需要发展出更高的造型技艺才行。

中国早期绘画受媒介材料的影响，画面上对象之间的关系主要依靠画面结构布局及形象的姿态动作来加以表现。如 1973 年发现的《人物御龙图》①，表现内容大致与我们上文引述的《龙凤人物图》相同，但构图形象要复杂得多，有舆盖、巨龙、中年男子、大鱼等，线条勾勒比《龙凤人物图》要流畅，细节描绘也更生动，通过舆盖流苏、人物冠带向后摆动，表现出很强的运动感和速度感。有些学者以为这两幅画处于相近时代。② 笔者认为从技艺娴熟程度上看，《人物御龙图》应稍晚于《龙凤人物图》。又如成都市西郊东汉墓出土的《成都宴乐画像砖》，描绘了"一男鼓瑟、一男击鼓，一女歌，一女舞，余二人观赏"③（笔者看此砖画，舞者为一人，歌者不明显，似除观者两人、舞者一人外，余下三人皆为配乐者），细细欣赏，观者之中为长幼二人，幼者面向舞者，成年的欣赏者则面对乐队，似亦可以看出不同层次欣赏者的兴趣所在。受媒介材料所限，人物表情无从表现，但画面结构及线条的处理富于流动性，可谓动感十足。

形象的生气不仅来自画面的结构布局和对于不同对象之间关系的重视，也来自对于画面形象神情意态的直接描绘以及对于细节的重视，而细节与形象的神情意态共同构成了画面所传达出的瞬间感。魏晋时期的壁画在表现人物表情和细节上相比汉代有重大突破。敦煌石窟和麦积山石窟中出现的乐舞壁画，不仅人物造型更趋生动，线条更加自由流畅，色彩使用更加大胆，色彩对比性更强，而且体现了一定的透视学原理，具有了更强的立体感。而在新疆拜

① 长沙子弹库楚墓出土，长沙湖南省博物馆收藏。
② 李晓、曾遂金：《中国艺术史》，华东师范大学出版社，2001，第 35 页。
③ 李晓、曾遂金：《中国艺术史》，华东师范大学出版社，2001，第 55 页。

城克孜尔壁画中所画的飞天形象，不仅设色上极具异域风情，而飞天以男子形象舞于空中，肌肉劲健与力量之美，与中原佛教壁画中飞天形象之意趣大不相同。而在文人画中，如顾恺之的《女史箴图》《洛神赋图》① 以流畅潇洒的线条描绘衣带随风飘动，以细腻准确的笔墨传达人物面部表情，回眸一瞬，风神尽显。

绘画艺术中"气韵"审美特征的成熟既与画家娴熟地描绘宏大的场面有关，也与画家注重表现艺术形象的个性密切相关。其一，魏晋南北朝时期，随着佛教在中土流行，大规模的佛教塑像运动推动了与之相随的佛教壁画创作。当时的佛教壁画不仅描绘众多的人物和宏大的场面，甚至在壁画中叙写一定的佛教故事情节，而造像经验无疑促进了绘画"气韵"成熟。如敦煌莫高窟第285窟的《五百强盗图》、第428窟《舍身饲虎图》，就是依靠群体形象的描绘而突出宗教"气韵"的。描写宗教故事情节，画面所形成的"气韵"在一定程度上传达和表现出一种文化或者宗教的氛围，使得欣赏者在审美对象中体悟到别样的情怀。其二，绘画艺术中"气韵"审美特征最重要的或者最高理想是通过特定艺术形式创新及艺术形象描绘，准确而含蓄地传导出一种精神特质。而在魏晋时期，随着思想解放和艺术的自觉，既唤醒了士阶层的群体意识，也使得名士的个体性格、气质、情思为士人广为流传和赞许，进而影响到绘画创作实践和对于绘画艺术欣赏的审美趣味。以人物画为例，总体来说，汉代之前人物画主要是以神话人物或历史人物作为题材，除了墓道壁画，很少描写现实生活中的人。而到魏晋南北朝时期，一是在社会上确实出现了一批独立特行且引起极大反响的名士，二是伴随艺术自觉，人不仅只是实践主体和认识主体，人的情感世界被提升到前所未有的审美高度。因此，在绘画艺术中表现人的个性和描绘有个性的人就成了一种时尚。而描写对象的精神气质

---

① 《女史箴图》原藏清内府，现藏大英博物馆，不少学者认为不出于顾恺之之手，属于唐以前摹本；现存世的《洛神赋图》为宋人摹本，藏北京故宫博物院。

又直接影响到绘画作品整体的底蕴和内涵。例如，江苏南京西善桥南朝墓出土的《竹林七贤》砖画（南京博物馆收藏），虽然只是线条勾勒，却生动形象地传达出竹林人物各自不同的性格特点，这正是"气韵"审美特征的集中体现。

三

虽然说"气韵"审美范式原本是对于造型艺术审美实践规律的理论总结，特别是由绘画艺术在魏晋南北朝时期出现的新发展所促成的美学思考，但在后来中国审美实践和美学理论的演进之中，"气韵"事实上已经覆盖了绘画、书法、诗歌、词曲、散文甚至建筑和园林等各种艺术门类，从而成为具有普遍性的审美追求和具有普适性的美学范畴。因此，我们仅仅以绘画艺术为参照来探究"气韵"审美特征，又是不够全面的。要想在其所覆盖的众多艺术门类中概括"气韵"的广审美特征，我们不能脱离"气韵"范畴所反映的魏晋时期总体的审美观念。如前所述，主要是道玄思想拓展到了审美实践及审美观念之中，才形成了"气韵"审美范式。而道玄思想的精神主脉就是处理"有"与"无"、"自然"与"名教"的关系。反映在审美实践领域，注重审美对象的自然品格与精神特质就成为魏晋以后艺术家所共同追求的创作理想。所以，搞清楚自然何以具有精神特质，精神如何在艺术形式呈现中更加自然，无疑成为概括"气韵"广义的审美特征的逻辑起点。

从汉语语源学的角度看，"自然"有三种意义：作为主体实践与认识对象的大自然；自然、人类社会及思维的普遍规律，即本体论意义的自然；强调主体遵循自然之理而进行实践活动（含审美实践），即实践生成论意义的自然而然。与此三种意义相对应，自然既是审美活动得以产生的依据，也是审美主体的重要的审美对象，更是一个至高无上的审美价值标准。胡适先生曾经讲：

道的作用，并不是有意志的作用，只是一个"自然"。自

是自己，然是如此，"自然"只是自己如此（谢著《中国哲学
史》云："自然者，究极之谓也。"不成话）。[1]

在笔者看来，胡适先生所讲的"自己""如此"（此说实自郭象注中
"自己而然"化出），主要是指实践生成论层面的"自然"，而被胡
适批驳的谢无量先生所谓"究极"的"自然"，则是在本体论层面
讨论的"自然"。两个观点只是角度不同，并无不可调和的矛盾。

　　作为自在之物自然是不以人的主观意志为转移的，对于人而言
是一种异己的力量，只有通过人的实践活动，自然才在"自然人
化""人化自然"两个维度上改变其本质，才成为主体的对象。
"自然人化"是指，主体在特定意识支配下按照特定的途径方法改
造世界，从而实现自己的既定目的。"人化自然"是指，通过人类
的实践活动，自然不再是一种自在之物，而是打上了人类活动的烙
印，在一定程度上体现出人的创造本质。在实践过程中，主体不仅
改变了作为实践对象的自然，也改变了人本身，进而使主体既能够
观照对象化的自然，也能够在对象上看到主体自身的本质，进而使
人也成为人的对象。正是这样一种特殊的观照，使得世界具有了承
载精神意蕴的性质，最终不只作为一种物质消费的对象呈现于人的
生活，也作为一种认识和情感的对象呈现于人的意识，并最终指向
人类的生活。正是在这个意义上，我们说自然是审美活动得以产生
的依据。

　　但是，我们不能忽略的是，自然不仅为审美活动提供依据，在
人通过实践来改造世界与通过认识来把握世界之间，还存在着一种
实践精神地把握世界的方式，即艺术地把握世界的方式。与物质实
践比，艺术创造虽然也是实践活动，但不以占有对象和消费对象为
前提；与认识活动相比，艺术创造过程中最活跃的是情感与想象而
不是理性和逻辑。正因如此，在实践精神地把握世界的艺术活动

---

① 胡适：《中国哲学史》，团结出版社，2006，第50页。

中，自然一方面直接与审美实践相连，成为审美的直接对象，并由
审美实践转变为审美意象；另一方面，在审美观念的统摄下，自然
以及一切自然属性（可知性、不可知性、不可逆转性等）皆与人
生产生了诗意化的联系，具有了人性及情感底蕴，成为了特殊意义
的"艺术"。可以说，在中国古代哲学中，所有关于有无、虚实、
动静、形神的概念都无不与自然相关，自然之道也被看做艺术之
道。如《周易·系辞》所言："古者庖牺氏之王天下也，仰则观象
于天，俯则观法于地，观鸟兽之文与地之宜，近取诸身，远取诸
物，于是始作八卦。以通神明之德，以类万物之情。"又如钟嵘在
《诗品》中所写：

> 若乃春风春鸟，秋月秋蝉，夏云暑雨，冬月祁寒。斯四时
> 之感诸诗者也。嘉会寄诗以亲，离群托诗以怨。至于楚臣去
> 境，汉妾辞宫；或骨横四野，或魂逐飞蓬；或负戈外戍，杀气
> 巡边；塞客衣单，孀闺泪尽；或士有解佩出朝，一去忘返；女
> 有扬蛾入宠，再盼倾国。凡斯种种，感荡心灵，非陈诗何以展
> 其义？非长歌何以骋其情？故曰："诗可以群，可以怨。"使
> 穷贱易安，幽居靡闷，莫尚于诗矣。①

钟嵘虽然是借对诗歌题材的讨论来阐明其"诗缘情"主张和"滋
味说"，但同时也形象地描述出自然与人生、情感与诗意、质朴与
审美效应之间的密切关系。而值得注意的还有，钟嵘所列举的种种
情形，虽为诗歌题材，却皆具有画面性，无意中传达出诗画相通的
意思。

　　事实上，不仅在绘画中崇尚自然生气与韵味悠长，在诗歌中也
同样把"自然"作为一种审美价值标准与所追求的艺术风格。司
空图在《二十四诗品》中专门列"自然"一品：

---

　　① 何文焕辑《历代诗话》，中华书局，1981，第 3 页。

　　俯拾即是，不取诸邻。俱道适往，著手成春。如逢花开，
如瞻岁新。真与不夺，强得易贫。幽人空山，过雨采苹，薄言
情语，悠悠天钩。[①]

　　前两句是描绘诗歌的"气韵"天成，生成于有意无意之间，亦即
钟嵘所说的"皆由直寻"，或者康德所讲的"无目的的合目的性"。
最后一句道出了"气韵"所具有的基本审美特征："气韵"须得清
水出芙蓉，天然去雕饰；欣赏"气韵"之美如拈花微笑，雪泥鸿
爪，其妙处韵味自在了悟不言之中。无论司空图所形容的"自然"
是一种艺术风格还是一种审美理想，在精神实质上是与魏晋以来道
玄思想血脉相通的，表现的正是诗画所互通共有的"气韵"。
　　可以肯定地说，由于艺术媒介、表现手段的不同，在造型艺
术、表演艺术和语言艺术之间，"气韵"往往会表现出不同的审美
特征。但"文"无定法，"文"有通理，通过对于不同艺术门类审
美实践过程、实践成果的考察和分析，我们依旧可以从中总结出能
够形成"气韵"的审美特征。
　　首先，气韵往往具有浑然天成的特点。曹丕《典论·论文》
云："文以气为主，气之清浊有体，不可力强而致……虽在父兄，
不能以移子弟。"意思是说文气的清浊来自先天的禀赋，不可以勉
强为之，即使是父亲也无法传给儿子，兄长也不能教给弟弟。这种
说法虽然显得有些神秘，但也有一定的道理。钟嵘《诗品》中记
载："汤惠休曰：'谢诗如芙蓉出水，颜如错彩镂金。'颜终身病
之。"在《南史·颜延之传》中也有记载："延之尝问鲍照己与灵
运优劣，照曰：'谢五言如初发芙蓉，自然可爱；君诗若铺锦列
绣，亦雕缋满眼。'"颜延之"终身病之"却不能改变，就是曹丕讲
的"不可力强而致"，而"谢诗如芙蓉出水"就是萧子显所讲的
"气韵天成"。又如：苏东坡与柳永气之有别，韵亦相异，一个如

――――――――――
　　① 何文焕辑《历代诗话》，中华书局，1981，第40页。

关西大汉，手把铜琵琶，铁棹板，豪歌大江东去；另一个如二八娇
女，执象牙板，轻唱杨柳岸，晓风残月。

我们讲浑然天成，并不是说"气韵"来自于弗洛伊德式的无
意识直觉或康德式的先验能力。"气韵"作为一种审美范式，需要
审美主体全面培养其审美能力、修养和人格，才能够在审美实践中
使自然与人生达到和谐统一。以宋代诗论家田锡为例，他曾经讲：

> 若使援毫之际，属思之时，以情合于性，以性合于道，如
> 天地生于道也，万物生于天地也。随其运用而得性，任其方圆
> 而寓理，亦犹微风动水，了无定文，太虚浮云，莫有常态。则
> 文章之有生气也，不亦宜哉！（田锡《咸平集·贻宋小著书》）

表面看来，"情合于性""性合于道"都有几分神秘，实际上，田
锡是非常强调借鉴文学优秀传统的。他说：

> 但为文为诗，为铭为颂，为箴为赞，为赋为歌，氤氲吻
> 合，心与言会，任其或类于韩，或肖于柳，或依稀于元白，或
> 仿佛于李杜，或浅缓促数，或飞动抑扬，但卷舒一意于洪濛，
> 出入众贤之阃阈，随其所归矣。（田锡《咸平集·贻宋小
> 著书》）

他所说的"卷舒一意于洪濛，出入众贤之阃阈"，道出了"气韵"
生成具有师法自然的一面，也需要向前辈伟大诗人虚心学习、灵活
借鉴。而且，他的以情合性与以性合道的观点实为以玄学融儒道的
回声，故言诗文铭赋先讲韩柳，继而推崇元白，又兼尚李杜。联系
孟子所言之"养气说"，结合清代管同《与友人论文书》所言"孔
子曰：'吾未见刚者。'曾子曰：'士不可以不宏毅，任重而道远。'
圣贤论人，重刚不重柔，取宏毅而不取巽顺"，可以看出后世以
"气韵"言诗，"自然"一词已兼容了儒道玄诸家学说。

其次，"气韵"既可以是多种技法和艺术风格的统一，也可以是一种艺术特征独擅胜场；"气韵"可以是对于前代艺术家的创作成功经验的学习与前人或他人审美实践经验的积淀，也可以是个体审美实践的创新。但无论是哪一种情况，气韵都必须是超乎技法之上的总体审美范式。"气韵"应带有"整体大于部分之和"的特征。换言之，"气韵"作为一种特殊的审美范式，它的感性形式一定程度上具有表层结构与深层结构的区分，而整体之所以成为整体，正是由于深层结构所发挥的能动作用。这种能动作用使得感性形式处于美的运动变化之中，与此同时，审美实践也具有了自然必然的发展态势，具有了一定的方向性。如同苏轼所说："吾文如万斛泉源，不择地而出，常行于必当行，常止于不可不止。"

最后，气韵作为中国美学中一种特殊的审美范式，与中国文化的内在精神密不可分。中国文化在其漫长的发展过程中形成了自己特有的文化符号系统，从建筑物上的重檐斗拱、雕栏玉砌，到园林山石的透漏皱瘦，从京剧艺术中的唱念做打到舞蹈中的俯仰冲拧、"云手""穿掌"，从书法艺术笔法中的提顿圆方、勾连婉转到绘画艺术中的写意工笔、"吴带当风"和"曹衣出水"，甚至琴棋茶酒、家具服饰，所有的一切都成为中国文化的有机组成部分，都具有特定的象征意义，蕴涵着民族的文化精神血脉和神韵，从而也就构成了"气韵"产生的浑厚基础。

第八章 魏晋玄学与作为审美范式的"意境"

"意境"是中国审美实践（尤其是诗画创作）发展到成熟阶段时所形成的审美范式。"意境"可以分为人生、文化和艺术三个层面或三个向度。在人生层面，"意境"是玄学山水人格与本土化佛教（般若学及禅宗）相结合形成的生存观念的外化；在文化层面，"意境"既可以指宗教境界，也可以体现为哲学的、伦理的和审美的境界；在艺术层面，"意境"是语言艺术之"意象"审美范式与造型艺术之"气韵"审美范式的结合，它既融汇了盛唐以后诗画新发展所呈现的互通倾向，也涵盖了中国美学观念和美学理论的蜕变。就艺术本体而言，"意境"主要指在审美实践中，审美主体通过对于"言象"（文学之象）与"形象"（绘画之象）的超越，由个体走向关系，由时间走向空间，由想象走向妙悟，在主客交融、物我两忘的基础上形成的既富有形而上本体意味同时又含蓄隽永、情韵悠长的审美感性形式。当我们对于这种审美感性形式从理论上进行研究和概括时，就形成了"意境"审美范式。

"意境"是中国古典美学独特的审美范式。宗白华先生曾指出："意境""是中国文化史上最中心也最有世界贡献的一方面"①。在中国审美实践的发展演变中，"意境"的出现晚于"意

---

① 宗白华：《美学散步》，上海人民出版社，1981，第58页。

象"和"气韵",但最终超越了"意象"和"气韵",从而成为代表中国审美实践与中国美学理论的终极审美范式。中国美学的"意境"理论,孕育于魏晋南北朝,诞生和发展于唐宋,成熟于明清。"意境"审美范式筑基于诗论画论,拓展于词、曲、小说及书法、音乐和园林理论,并最终上升为中国艺术整体性的理想追求。

第一节　"意境"理论研究的基本现状及得失

　　"意境"理论研究是当代美学界热点问题之一。据古风先生统计,自改革开放到世纪之交,"约有 1452 位学者,发表了 1543 篇'意境'研究论文;平均每年约有 69 位学者投入'意境'研究,发表 73 篇论文"。"先后出版了 6 部学术专著,分别是刘九洲先生的《艺术意境概论》(1987)、林恒勋先生的《中国艺术意境论》(1993)、蒲震元先生的《中国艺术意境论》(1995)、夏昭炎先生的《意境——中国古代文艺美学范畴研究》(1995)、蓝华增先生的《意境论》(1996)和薛富兴先生的《东方神韵——意境论》"。① 据吴慧洁先生②统计,自 1998 至 2007 年,国内学界发表"意境"研究共 2378 篇,仅 2007 年一年就发表"意境"研究论文 468 篇。③ 显然,在新世纪"意境"研究论文数量上有了大幅增加。而近年来,意境研究专著亦不断问世,如古风先生的《意境探微》(2001)、悟远澄明的《禅道:人类智慧的最高境界》(2005)、王章文先生的《意境论溯源》(2006)、王建疆先生的《澹然无极:老庄人生境界的审美生成》(2006)、赵连君先生的《生活境界研究》(2007)、李昌舒先生的《意境的哲学基础:从王

---

①　古风:《意境探微》,百花洲文艺出版社,2001,第 16、21 页。
②　本书中对所引文献的作者称谓不在性别、资历、地位等方面加以区分,统称先生。
③　吴慧洁:《近十年"意境"研究的文献计量分析》,《湛江师范学院学报》2010年第 2 期。

弼到慧能的美学考察》（2008）、杨守森先生的《艺术境界论》（2008）、刘书亮先生的《中国电影意境论》（2008）、付长珍先生的《宋儒境界论》（2008）、赖贤宗先生的《意境美学与诠释学》（2009）、王建疆先生的《自然的空灵：中国诗歌意境的生成和流变》（2009）、陈晓娟先生的《作为元审美判断的意境》（2009）、盛翀先生的《江南园林意境》（2009）、蔡仁厚先生的《孔子的生命境界：儒学的反思与开展》（2010）、辛晓玲先生的《平凡人生宇宙深境：中国现当代散文意境研究》（2011）、张炳煊先生的《意境文气的阐释及其他》（2012），等等。

　　童庆炳先生在 2002 年将国内学者对于"意境"的解说归纳为六大类：情景交融说、"诗画一体"说、境生"象外"说、"生气远出"说、哲学意蕴说和对话交流说。① 兰华增先生认为"意境"研究中"对我国艺坛影响颇大的界说主要有三种：情景交融说，典型形象说，超以象外说"②。古风先生认为现代"意境"研究"'全方位发展'的特点是，多元的课题取向，多角度的学科视野和多方法的研究操作方式等"，主要表现为"意境"史研究、从不同学科的角度研究"意境"、运用不同的方法研究"意境"、文学艺术"意境"研究和术语新用，等等。③ 王汶成先生认为："近几年意境研究的主要内容，可归纳为以下八个方面：一是意境理论的哲学基础和文化底蕴的再探讨，二是意境范畴的形成和发展的再梳理，三是意境范畴的现代阐释，四是运用意境理论解说当代审美和文艺现实，五是意境理论与西方理论的比较研究，六是意境理论的个案研究和重新评价（王国维、宗白华等），七是关于意境理论的现代化和世界化的研究，八是关于意境研究的研究。"④ 与笔者所

---

① 童庆炳：《"意境"说六种及其申说》，《东疆学刊》2002 年第 3 期。
② 蒲震元：《中国艺术意境论》，北京大学出版社，1999，第 5 页。
③ 古风：《现代意境研究综述》，《社会科学战线》1997 年第 2 期。
④ 王汶成：《全球化语境下的"意境"研究评述》，《山东大学学报（哲学社会科学版）》2003 年第 6 期。

列出的童、兰、古、王四位先生的观点不同，黄维梁先生认为当代学术界的"意境"研究过热，实际上没有什么真正的进展。他讲："意境研究者形成一支庞大的学术队伍。浩浩荡荡的大军，战果如何？笔者读过的意境论述文章，只有上述统计数字的极少一部分，如果可据此即下判断，则我只能遗憾地说：几乎是'千篇一律'。论'意境'的文章，其内容大抵不出下面几项：意境一词的渊源；其观念的'发展'；意境、境界二词的异同；意境、情景、意象等各词的异同；意境与典型的异同；王国维《人间词话》的意境说；意境说在中国诗学史上的重要地位。"① 上述诸家观点，不论肯定还是否定，对于我们梳理和概括最近十年来学界意境研究状况皆是有启示的。

在笔者看来，要对"意境"研究现状加以述评，大体有三种方法：统计分析法、逻辑归纳法、撮要评点法。统计分析法的长处在于扎实全面，逻辑归纳法长处在于理路清晰，撮要评点法的长处在于重点突出。理论上讲，三种方法是相互依赖和不可偏废的，从实际应用上看则总归会有所侧重或者取舍。只是，不管采用何种方法，其目的具有一致性，就是要阐明新世纪"意境"研究较之20世纪有哪些问题是大家继续关注的，在哪些方面研究有了新的突破，还有哪些问题是具有重要性却没有讲清楚，有哪些观点在不同学者那里可以自圆其说却没有达成共识的。而这四个问题也就是我们把握"意境"理论研究现状与评判其得失的关键所在。

一

尽管学界有些学者提出"意境"研究应该走出"王国维圈"的影响，也有些学者认为王国维的《人间词话》里"境界说"或"意境说"并没有什么体系性，但一个不争的事实是，中国现代

① 黄维梁：《为意境（境界）研究热降温——中国古代文论探索札记》，《海南师范学院学报（社会科学版）》2006年第3期。

"意境"研究受王国维"境界说"和"意境说"的影响甚深，即便到了新世纪，对于王国维"境界说"或"意境说"的研究依旧是"意境"研究中的一大热点。据笔者的不完全统计，自 2000 年至 2010 年，十年之间直接以王国维"境界说"或"意境说"为研究对象的学术论文就有 72 篇。其中研究其内涵的论文有 37 篇，探讨其思想渊源的论文有 22 篇，讨论其学术价值及应用的有 8 篇，比较"境界"与"意境"差异的有 4 篇，比较王国维与其他学者"意境论"之差异的有 3 篇，对王国维"境界说"加以否定或质疑的有 3 篇，讨论其系统性、研究方法的有 2 篇。由此可见，国内学术界对于王国维"境界说"的研究主要有两个焦点，即阐述其内涵与探讨其思想渊源。但实际上，多数学者在对于王国维"境界说"内涵加以具体论述和分析时，又总是习惯性地从王国维美学思想之渊源入手，因为这样做不仅是符合逻辑的，同时也是行之有效的。如蒋永青先生认为："王国维的境界说受到了叔本华审美'理念'论的影响，这一点是没有疑问的。从这个意义上说，'真感情'与'真景物'之'真'具有'理念'意义上的自身同一性，也是有根据的。从审美'理念'的层面上揭示王国维境界说的'真'的深层内涵，对于深入研究他的境界说具有重要意义。但是，如果说这里的'真'的内涵只是叔本华的'理念'，这也是不够妥当的。"[1] 又如袁济喜先生认为："王国维的境界说是中国古代美学向近代美学转型的产物，也是中国美学与西方美学会通的结晶，其中极为明显地彰显出中国传统的人生与艺术相统一的忧患情结及其观念。"[2] 再如蒋咏华先生认为："王国维以《人间词话》为中心所体现的文学思想，充分反映了我国近现代交替时期文学思想发展的特点，是中西文化思想碰撞影响下的产物，他标志着中国

---

[1] 蒋永青：《关于王国维境界之"真"的讨论》，《云南艺术学院学报》2000 年第 1 期。

[2] 袁济喜：《从人生忧患到审美升华——王国维境界说的人文探幽》，《宝鸡文理学院学报（社会科学版）》2005 年第 5 期。

古代文学理论批评发展的终结和现代文学理论批评发展的开始。"①
不论是主张王国维"境界说"内涵与受西方美学影响有关，还是
认为其主要承传的是中国传统美学精神，抑或认为是中西方美学交
融碰撞的结果，其共同点在于，皆认为理清楚王国维美学思想的理
论渊源是关键所在。故而，两个研究焦点又可以归并为一，就是研
究王国维"境界说"之中包含了哪些中西方美学的观念，受到了
哪些中西美学理论的影响。

　　蒋永青先生认为："前人对王国维境界说基本问题的研究，大
致可归为三类。第一类认为，王国维境界说所讨论的，主要是
'真情实感'问题。……第二种看法认为，王国维的境界主要讨论
的是'情景交融'问题。……第三类看法认为，王国维境界说的
核心，是'真'的问题。"第一种看法以吴文祺先生情感表现说与
叶嘉莹先生"真实感受说"为代表；第二种看法以 20 世纪 30 年
代李长之先生对"作品中的世界"提出的观点为代表；第三种看
法以黄昭彦先生、范宁先生对于"真实性"的推崇为代表。而对
于"真"的看法又有不同，黄志民先生认为"真"是指"事实存
在"；聂振斌先生认为，"真"即人的"本性"和事物的"本质"；
佛雏先生认为，王国维境界说中的"真景物"与"真感情"，皆应
从叔本华的"理念论"求得解释。蒋永青先生认为聂振斌先生提
出的"'真'在王国维那里'具有认识论与本体论的双重意义'"
"是很有见地的一种看法"，但对于认识论与本体论如何得以统一，
则可以借鉴冯友兰先生的观点："冯友兰先生认为，王国维的'不
隔'就是'直观'中的主体人格与所观'理念'的统一；这种
'统一'，冯先生称之为'意义'。"② 蒋永青先生非常清晰地梳理
出一条国内学者对于"境界说"的"真"加以研究的理论发展脉

---

①　蒋咏华：《王国维〈人间词话〉"境界说"评说》，《湘潭师范学院学报（社会
　　科学版）》2005 年第 5 期。
②　蒋永青：《关于王国维境界之"真"的讨论》，《云南艺术学院学报》2000 年第
　　1 期。

络，这对于王国维"境界"内涵研究是有贡献的，但可能受篇幅所限，该文并没有对各家观点展开全面的评述，多少有些美中不足。在笔者看来，冯友兰从主体人格与所观"理念"的角度对于王国维的"不隔"加以分析，虽然兼顾了认识论和本体论，实际上却已经把王国维的"境界说"强硬地拖到了哲学领域来进行解剖，而且，还隐含着一重意思：就是中国的哲学是人格论，西方的哲学是理念说。实际上，这种观点未必完全符合王国维"境界说"所包含的美学精神。而佛雏先生在他的《王国维诗学研究》中，其理论视野实际上是在历时性与共时性两个层面展开的，所以，他注意到了王国维美学思想受到了中西美学的双重影响。而叶嘉莹先生在她的《王国维及其文学批评》中，在评王国维"境界说"时，是与严羽的"兴趣说"、王士禛的"神韵说"加以比较来界定其内涵的。就其深刻性和科学性而言，佛雏和叶嘉莹两位先生在"境界说"研究上远远超过了冯友兰。而佛雏所言"王氏所谓'真景物'之'真'，实指诗人所独自'观'出的、充分体现某一景物本身内在本质力量之类的'形式'之'真'，即'理念'之'真'，而非自然主义与复古主义之'真'；这种'真'虽取诸'自然'，又必经诗人的'生发'，使之跟他自己的美的'理想'相合。故在王氏诗境之'生动直观'与'寄兴深微'是统一的，而非相妨的"①，虽强调了王氏对于叔本华唯意志论的吸收，但在强调可以与"寄兴深微"相统一上，则可与李长之先生的观点互为补充。

在"境界说"包含的"真"和"情"问题上，亦有不少学者提出了具有创见性的观点。如张天曦《论王国维意境说的理论意义》（《山西师范大学学报（社会科学版）》2001年第3期）；陈良运《境界、意境、无我之境——读〈论情境〉与王文生教授商榷》（《文艺理论研究》2003年第3期）；程相占《王国维的

---

① 佛雏：《王国维诗学研究》，北京大学出版社，1999，第198页。

意境论与境界说》（《文史哲》2003 年第 3 期）；张节末《纯粹直观与境界——意境》（《浙江大学学报（人文社会科学版）》2003 年第 4 期）；魏鹏举《王国维境界说的知识谱系》（《文艺理论研究》2004 年第 5 期）；高乃毅《论王国维〈人间词话〉中的境界说》（《河南师范大学学报（哲学社会科学版）》2005 年第 9 期）；罗钢《眼睛的符号学取向——王国维"境界说"探源之一》（《中国文化研究》2006 年冬之卷），《七宝楼台，拆碎不成片断——王国维"有我之境、无我之境"说探源》（《中国现代文学研究丛刊》2006 年第 2 期），《著一"闹"字，而境界全出——王国维"境界说"探源之三》（《文艺研究》2006 年第 3 期）；梁葆莉和苗贵松《论叶嘉莹"感发"说对〈人间词话〉"境界"说的接受》（《云南社会科学》2006 年第 6 期）；等等。受篇幅所限，此处只对陈良运、张节末、罗钢三位先生的观点加以简要评介。

陈良运先生《境界、意境、无我之境——读〈论情境〉与王文生教授商榷》一文虽然是针对王文生先生《论情境》一书有感而发，但不同于一般意义的书评，而是比较系统地阐发了自己对于王国维"境界说"的基本看法。他首先提出：

> 王攸欣博士出版了《选择·接受与疏离》一书，其上篇《王国维接受叔本华美学研究》，正是深入研究了叔本华的文本之后，令人信服地验证了王国维的"境界"说，是由叔本华美学核心——"理念"——替换而来，"王国维的'境界'可以定义为：叔本华理念在文学作品中的真切对应物。"（P92）"境界"与"意境"不在同一个层面上，有客观、主观之别，"因为理念在叔本华哲学中完全是客观的，'是一贯确定的'，而意境之'意'字总使人认为带有主观意味……决定性考虑中选择了更具客观意味的'境界'一词，这是顺理成章的。"（第 114 页）

陈良运先生引述王攸欣先生的观点，旨在反对王文生先生的"定'情境'于一尊"，进而提出自己的主张："诗之境界已经主要不是'物质结构'，主要表现为诗人的'精神结构'——思、情、意的'结构'。"显然，陈良运先生主张的"思、情、意"结构比王文生先生的"情景论"更具有包容性，也更符合中国古代诗歌的创作实际。只是，陈良运先生的这种主张实际上与王攸欣先生的观点也不相同。王攸欣先生讲"理念在叔本华哲学中完全是客观的"，实际上省略了一个环节，就是，叔本华的理念说尽管是从柏拉图那里取来的经，但叔本华并没有照本宣科，而是采取了"六经注我"的方法。如果说在柏拉图那里，"理念"被视为客观的、先验的和超于一切之上的，而在叔本华哲学里，"理念"背后还隐藏了一个"意志"，那么，这个"理念"就既是人本主义的，也是非理性主义的，实际上也隐含了"主观"的意思。只是，在叔本华把理念置于"充分根据律"之中来加以确立之后，因为"充分根据律"的四种形态皆以主体作为前提条件，则理念不是主体，而成为了主体把握的客体，所以它才具有了所谓的"客观"性。这是否能够确证为成为王国维使用"境界"而不使用"意境"范畴的依据，笔者不能下判断。而陈良运先生以"无欲之我"解"无我之境"，认为"'境界'一词自汉而后从物理空间转向心理空间，而到了诗人那里，则是两个空间的迭合，以'境界'统括'意境两忘，物我一体'，前面暂不置'意'、'情'限定，有空灵之妙"，这些观点是独特而有新意的。

　　张节末先生的《纯粹直观与境界——意境》一文认为"王国维对于中国美学的最大贡献，即是以'境界'这一佛教观念来接西方的无利害关系的'纯粹直观'，并以之考察中国的词且及于其他艺术，从而提炼出中国古典美学的最高范畴——境界——意境"。在对于"直观"的理解上，张节末先生与陈良运先生是一致的，即认为王国维所强调的就是"无欲之我"，但具体到对王国维"境界说"的理解上，两人的观点又不尽相同。如前所述，陈良运先生是以"无欲之我"来解释"无我之境"的，张节末先生则说"论到艺术，王国维阐发叔氏曰：艺术既不表现概念，又不表现'个象'，而是以'个象'代表某物之一种之'全体'，这样一种全体的个象，就是所谓实念，故凡艺术品无往而不是直观的对象"。显然，张节末先生所讲的直观对象既包含了"无我之境"，也应该包含"有我之境"。张节末先生接着分析道："王国维援引了康德审美无利害和叔本华'被观之对象，非特别之物，而是此物之种类之形式；观者之意识，非特别之我，而纯粹无欲之我'的审美二原质，已经将此'境界'定位于纯粹直观或纯粹直观下的纯粹之物。不可否认，纯粹直观早在 1904 年已经成为王国维美学的基本理念，境界则是它的中国称谓。"所以，在张节末先生看来，王国维的"有我之境"亦是"直观"所致。他讲："严格说来，喜怒哀乐都是与利害相关的，只有在一种情况之下，或可能脱离利害，那就是把它们都置于直观之下。此时，'诗人之眼'使它们从'特别之物''遗其关系、限制之处'，喜怒哀乐就成为审美之境界了。"张节末先生的这个观点与王攸欣先生的观点也不相同，王攸欣先生讲"境界"是"理念"的中国称谓，张节末先生认为境界是"纯粹直观"的中国称谓，"纯粹直观"其实只是"理念何以可能"，"纯粹直观"并不等于"理念"本身。

　　如果就王国维"境界说"的思想渊源或哲学基础而言，王攸欣、陈良运和张节末三位先生的分析皆能给人以启示，原因有二：其一，王国维的确受到了康德、叔本华的影响，所以王国维说："美之对象，非特别之物，而是此物之种类之形式；又观之之我，非特别之我，而纯粹无欲之我也。夫空间时间，既为吾人直观之形式；物之现于空间者皆并立，现于时间者皆相续，故现于空间时间者，皆特别之物也。既视为特别之物矣，则此物与我利害之关系，欲其不生于心，不可得也。若不视此物为与我有利害之关系，而但观其物，则此物已非特别之物，而代表其物之全种；叔氏谓之曰

'实念'。故美之知识，实念之知识也。"① 这段话里既有康德先验理性和审美无利害等观点的影子，也是对于叔本华唯意志论哲学中"理念说"的化用。其二，王国维"境界说"里对"无我之境"与"有我之境"的区分，其所谓"以我观物"和"以物观物"，也正如王攸欣先生所言："王国维领会了叔本华的纯粹直观之后，在中国哲学史中找寻相近的概念，他认为邵雍的'反观'与叔本华的静观相近，所以借用了邵雍的一些术语。"② 但这样理解也会产生两个疑问，一是这样阐释王国维的"境界说"是否全面；二是康德、叔本华思想对王国维"境界说"的影响有没有副作用。在笔者看来，陈良运先生论述"境界说"与中国古代文论之关系以及张节末分析佛教对于王国维"境界说"的影响似乎是更为有力的补充。叶朗先生也曾论及佛教对于意境形成的影响，笔者认为亦具有启示性。他说：

> 印度佛教（特别是原始佛教）的一个重要特点，是本体和现象的分裂。这个特点也表现在佛教关于"境"或"境界"的说法当中。
> 但是在这个问题上，禅宗却有所不同。禅宗的慧能接受中国传统文化的影响，改变了从印度传来的佛教的这种思想……所以在禅宗那里，"境"这个概念不再意味着此岸世界与彼岸世界的分裂，不再意味着现象界与本体界的分裂。正相反，禅宗的"境"，意味着在普通的日常生活和生命现象中可以直接呈现宇宙的本体，在形而下的东西中可以直接呈现形而上的东西。③

叔本华的生命哲学里所开出的解脱之道有三：短时间解脱的是艺

---

① 王国维：《王国维文集》第三卷，中国文史出版社，1997，第321页。
② 王攸欣：《选择·接受与疏离——王国维接受叔本华朱光潜接受克罗齐美学比较研究》，三联书店，1999，第101页。
③ 叶朗：《再说意境》，《文艺研究》1999年第3期。

术，永远解脱的是死亡，还有可使人解脱的东方的佛教。但叔本华
的"纯粹直观"与禅宗的"妙悟"实际上不能画等号。我们看叔本华的"充分根据律"的四种表现形态，就可以看出西方"逻各斯中心主义"对他的"纯粹直观"说具有多么大的影响。所以，叔本华的纯粹直观与中国禅宗美学在王国维"境界说"中是如何弥合的，这是我们应当思考的问题。

当我们意识到王国维的"境界说"所包含的内涵并不能被叔本华之理念论覆盖时，陈良运先生从中国古典文论寻找另外的线索以及叶朗先生阐述禅宗对于"意境说"的影响皆为行之有效的办法。同时，我们亦不能忽略在西方美学中康德、叔本华之外，来探寻王国维还接受了何种美学观念的影响。而在后一方面，罗钢先生的研究是深入和富有建设性的。他讲：

> 王国维此处"一切景语皆情语"的说法，其实脱胎于海甫定，即他在《屈子文学之精神》中所说的"其写景物也亦必以自己之深邃之感情为之素地"。但这种观点和他在《人间词话》中据以立论的叔本华的直观说产生了直接的冲突，如果把"观"分为"观我"和"观物"两个环节，那么"观物"必须做到"胸中洞然无物"……这种"洞然无物"是以取消一切情感为前提的，所以王国维才说"客观的知识与主观的情感成反比例"，这种"观物"与"观我"是相互联系的两个方面，它们统一于一种审美认识论，假如站在这一立场上看，"一切景语皆情语"就是大谬不然的。这是王国维最后发生犹疑和动摇的原因，这也说明，王国维企图以叔本华的"观我"说来沟通西方认识论和表现论美学，最终是不能成功的。[①]

---

① 罗钢：《眼睛的符号学取向——王国维"境界说"探源之一》，《中国文化研究》，2006 年冬之卷。

罗钢先生的这种分析可谓击中要害，这也正是他在另一篇文章中引用麦基的话所加以阐述的意思："对于叔本华而言，'艺术本质上是认识的，它不是，例如情感的表现，艺术家企图传达的是一种知识形式，一种对事物真正本质的洞察。'正是由于这一原因，叔本华一方面把抒情性的文学也理解为一种认识，即王国维所谓'观我'，另一方面又把它安置在最低的文学等级上。"① 说到底，对于审美经验或美感虽然可以在哲学层面加以解释，但毕竟审美实践不是从哲学出发的，试图通过哲学洞察来代替甚至取消诗人真情实感对于创作的巨大作用，进而以超验空洞的所谓人类的普遍的情感或者理念来代替个体的独特情感体验，不仅是无益的，也是徒劳的。罗钢先生在论及王国维"写境""造境"与席勒美学之关系时，更敏锐地指出：

> 无论在叔本华还是在席勒的理论里，"客观诗"和"主观诗"都是两个基础性的概念，两位理论家都用它来区分不同的文学类型，因此王国维用它们作为沟通和连接两种理论传统，连接"有我之境、无我之境"和"造境、写境"之间的共同的基础和纽带，是可以理解的。但与此同时，王国维又自觉或不自觉地意识到，"主观诗"与"客观诗"的概念，在以叔本华和席勒为代表的两种理论传统里，其意义、价值、功能和相互关系都是完全不同的。因此要用它们来沟通和连接这两种理论传统，沟通和连接"有我之境、无我之境"与"造境、写境"两对范畴，事实上几乎是一件不可能的事，所以他最后放弃了这种努力。②

尽管王国维没有做到弥合叔本华与席勒之间的裂缝，但他的"境

---

① 罗钢：《七宝楼台，拆碎不成片断——王国维"有我之境、无我之境"说探源》，《中国现代文学研究丛刊》2006 年第 2 期。

② 罗钢：《七宝楼台，拆碎不成片断——王国维"有我之境、无我之境"说探源》，《中国现代文学研究丛刊》2006 年第 2 期。

界说"毕竟在不同向度上占有和融合进了这些思想资源。而席勒的美学除了对"素朴的诗"和"感伤的诗"提出了自己的看法，更具代表性的观点还是继承和发展了康德美学的审美无利害主张，进而在"游戏说"上提出了自己独到的观点。所以，罗钢先生也"通过对王国维与席勒游戏说、谷鲁斯的'佯信说'与'内模仿说'的思想关系的分析，指出西方近代心理美学也是王国维'境界说'的重要思想源泉"①。笔者认为，罗钢先生的三篇论文在梳理王国维"境界说"的西学理论渊源上是令人信服的，也是国内学术界对王国维"境界说"研究的重要收获。

综上所述，新世纪王国维"境界说"研究最重要的收获是全面而客观地理清了它的西学思想渊源。不过，笔者认为，不能把王国维"境界说"完全看做叔本华美学的翻版，也不能完全视作叔本华美学加席勒美学再掺杂点柏拉图理念说的混合物。毕竟，王国维是针对中国的文学实践而提出"境界说"的，而他所采用的"词话"形式是中国古典文学传统批评文体，王国维的国学修养也远比他的西学修养要深厚，他不可能完全置中国的批评传统于不顾。所以，刘任萍、钱锺书、佛雏等先生对于王氏"境界说"与中国佛学、诗学、理学之关系的研究，亦是不应被轻易否定的。

二

国内一些学者提出意境研究要跳出"王国维圈"，在笔者看来，这实际上就是自觉地把意境理论真正置于中国传统美学领域来加以审视。因为，只是在王国维之后，人们谈意境才开始引入西学理论资源，比如朱光潜先生所借重的里普斯的"移情说"、温克尔曼的"庄严静穆说"，等等。而在王国维之前，中国美学传统中的意境则主要是本土化和民族化的审美范式。因此，撇开王国维的

---

① 罗钢：《著一"闹"字，而境界全出——王国维"境界说"探源之三》，《文艺研究》2006 年第 3 期。

"境界说"不谈，也就意味着把西学从意境理论里完全剔除出去，以一种纯粹中国美学的立场来审视和阐释意境。当我们论及审视和阐释意境的理论立场时，实际上已经涉及如何研究意境的问题。在新世纪意境研究之中，如何研究意境被不少学者所重视，如，古风先生提出了意境的现代化、世界化和学科化，欧阳友权先生提出了"意境研究的意境"，王汶成先生认为应把意境研究放在全球化语境中加以审视，王建疆先生认为应该对意境理论进行现代整合与内审美的视域超越。① 这些观点有些是重叠或相近的，有些是相关而各有侧重的，还有一些在具体阐述中呈现出了矛盾和冲突，但毫无疑问，皆值得加以评述和分析。

首先，对于意境研究现状所存在的问题，几位先生都提出了自己的看法。早在 1997 年古风先生就提出关于意境泛化的问题，他认为：

　　在意境研究热的背后和意境当代化的过程中，也出现了意境的泛化现象。意境泛化现象的主要表现有三个方面：一是将"意境"作为标签，随意乱贴，认为凡是文艺作品就一定有意境……于是意境成了文艺的普遍的审美特征；二是意境美学术语的泛化。除了人们习惯上常用的"意境"和"境界"外，凡是在古代意境美学史上所使用过的术语，诸如境、物境、情境、境象、意象、情景、诗境、文境、画境、幻境、奇境、象外等，都在新时期的意境美学和意境批评中得以复活和使用；三是意境范畴内涵的泛化。②

① 参见古风《意境理论的现代化与世界化》（《中国社会科学》1998 年第 3 期），《关于当前意境研究的几个问题》（《复旦学报（社会科学版）》2004 年第 5 期）；欧阳友权：《意境研究的意境》（《湘潭师范学院学报（社会科学版）》2001 年第 2 期）；王汶成：《全球化语境下的"意境"研究评述》（《山东大学学报（哲学社会科学版）》2003 年第 6 期）；王建疆：《意境理论的现代整合与内审美的视域超越》（《西北师范大学学报（社会科学版）》2006 年第 1 期）。
② 古风：《意境的泛化和净化》，《北京大学学报（哲学社会科学版）》1997 年第 6 期。

所以，他在几年之后提出了"走向意境内涵的规范化"的学术主张，主要包括两个方面，即"完善意境范畴的内涵定义"和"规范意境范畴的操作行为"。在笔者看来，第一个任务就已经很难完成，因为现在学术界对于"意境"内涵的看法远未达成共识，不同观点的持有者都认为自己是在完善已有范畴的内涵定义，比如，我们前文中提到的童庆炳先生总结出来的学术界六种"意境"观，在童先生的定义中是皆有所吸纳的，但能得到大家的一致认可吗？至少在笔者看来尚是未知数。与第一个任务相比，规范"意境"范畴操作行为就更难，古风先生列举了六种大型工具书中对于"意境"作出的不同定义，既验证了他提出"需要规范"的主张的合理性，也从另一方面反映了规范意境范畴操作行为的难度。在笔者看来，权威性工具书中要收入"意境"词条，应该吸纳最新的研究成果，以便于指导人们准确使用意境范畴，这确实是极其必要的，但真正要达到"规范"的目标，还有很长的路要走。相比之下，笔者认为古风先生提出的要重视少数民族文论和美学中的"意境"研究以及海外汉学界的"意境"研究，可能更重要也更可行，而他对于彝族古代诗论中的"意境"术语和观点所进行的简介，无疑具有启发性。

其次，关于"意境"研究如何进一步发展，上列几位学者也提出了自己的主张。古风先生在提出"意境"现代化和世界化主张的同时，提出了一个发展构想，即"走向'意境学'的全面建构"，具体分为"意境"基础学科研究、"意境"分支学科研究与"意境"的跨学科研究。① 王汶成先生补充强调："在全球化的大视野中，意境的民族性、现代性、世界性三者之间实际上是有着密切关联的，民族性通过现代性上升到世界性，而在世界性的指向中就包含着民族性和现代性。"② 欧阳友权先生则认为："重构意境范

---

① 古风先生上述观点见于其论文《21世纪意境研究的基本走向》，《贵州社会科学》2002年第5期。

② 王汶成：《全球化语境下的"意境"研究评述》，《山东大学学报（哲学社会科学版）》2003年第6期。

畴，厘定意境蕴涵，拓展意境界面，并与现代阐释学、现象学、接受美学等实现理论精神的融通，是达成意境理论现代转换的必要途径。"① 在笔者看来，"意境"现代化和世界化除了需要对"意境"内涵进行界定、丰富和拓展以及与西方美学、文艺理论中一些类似的概念范畴建立关联，还需要从知识考古的角度对"意境论"赖以生成的中国审美实践及美学观念内在的血脉进行整体的还原，也就是在超前看和朝外看的同时，更加重视回顾和内观。"意境"不仅是美学家的研究对象，更是直接在艺术家与欣赏者的审美实践中获得生命力。没有审美实践的支撑，"意境"或者"意境论"就只会渐行渐远或面目皆非。换言之，在当代中国审美实践中，艺术家对于意境的感悟与创造，读者对于意境的接受和共鸣，是"意境"和"意境论"生生不息的前提。在这一点上，陶东风先生有过精辟的论述②，笔者也基本同意王建疆先生的看法："意境和意境论源自古人，但其解释权却在今人手中；今人对意境和意境论的解释又必须符合古人的原意。由于在这一悖论的背后潜伏着古代意境论无通约性的尴尬，因此，意境论的现代整合就不仅可能，而且必须。从内审美的观点看境界、妙悟、意象和意境，将另有一番境界。在意境研究之内，会发现境界的本质和特点；在意境研究之外，会发现意境生成和流变的中轴或道枢。"③ 王建疆先生强调的内审美的观点是值得赞许的，只是，笔者认为这种内审美的观点应该追溯得更远，至少应从中国艺术的自觉时期开始，应该以魏晋时期作为一个关节点，向魏晋之前回溯，向魏晋之后拓展，既照顾到审美观念发展的逻辑和理论范畴演绎的轨迹，也要真正落实到审美实践活动中去，落实到艺术门类上加以具体的分析。所以，笔者认

---

① 欧阳友权：《意境研究的意境》(《湘潭师范学院学报（社会科学版）》2001 年第 2 期。

② 陶东风：《中国古代心理美学六论》，百花文艺出版社，1990。

③ 王建疆：《意境理论的现代整合与内审美的视域超越》，《西北师范大学学报（社会科学版）》2006 年第 1 期。

为，只有在中国美学作为独立学科的前提下，进一步建构中国审美
范式体系，才能做到在中国审美范式体系的历时性与共时性交叉
中，赋予"意境"以准确的令人信服的理论定位与内涵阐释。

　　事实上，现在国内学术界所建构的只是中国的美学史、文艺理
论史、文学批评史和范畴史，并没有建构起真正意义上的中国美
学。而在门类艺术美学中，中国电影美学、电视剧美学之类，其研
究对象本来就是现代的中西合璧的艺术类型，自然不可能完全地本
土化和民族化。例如，我们讲中国电影的"中国"与讲中国诗歌
的"中国"含义其实是不同的，前者在很大程度上只是一个出产
地的概念（虽然也可以包含一部分纯粹的"中国"特色），而后者
则因中国传统文化自身的纯粹性（虽然也吸纳过佛教、基督教和
伊斯兰文化）而具有其独立性与系统性。所以，假使中国诗歌美
学能够摆脱以"史"带"论"的习惯，则有可能建构起与西方诗
学并立的诗学理论体系来。正是在这样一个思考方向上，笔者认为
在学科意义上建构中国美学（超越门类艺术美学）的独立体系，
可能是"意境"审美范式获得理论定位的最终归宿。

　　　三

　　跳出王国维圈谈意境，不仅涉及如何评估意境研究之得失及对
于意境研究如何发展的设想，更关系到把意境真正置于中国美学界
域如何阐释其形成及内涵的问题。近十年来，以此为研究对象并发
表独特见解的学术论文极多，在笔者所拜读过的论文中，笔者认为
较为重要的或具有代表性的有 21 篇，就其研究论题又可以分为四
大类。其一，辨析"意象"与"意境"关系仍是不少学者关注的
焦点，具有代表性的有八篇论文：李颖先生的《"意境"源流浅
探》（《内蒙古社会科学（汉文版）》2001 年第 3 期）、洪孟良先生
的《意境是对意象概念的超越和扬弃——与叶朗先生商榷》（《学
术界》2001 年第 4 期）、吴苏阳先生的《意象与意境》（《松辽学
刊》2002 年第 6 期）、蒋寅先生的《语象·物象·意象·意境》

（《文学评论》2002 年第 3 期）、韩经太和陶文鹏先生的《也论中
国诗学的"意象"与"意境"说——兼与蒋寅先生商榷》（《文学
评论》2003 年第 2 期）、诸葛志先生的《释"意境"》（《浙江师范
大学学报（社会科学版）》2003 年第 5 期）、张中成先生的《诗学
理论从"意象"到"意境"的发展》（《吉林师范大学学报（人文
社会科学版）》2005 年第 5 期）以及邓承奇先生的《意境美学范
畴的形成》（《清远职业技术学院学报》2009 年第 1 期）。其二，
辨析"境界"与"意境"关系的有三篇代表性论文：郁沅先生的
《"境界"与"意境"之辨异》（《文艺理论研究》2002 年第 4
期）、王济民先生的《中国古代文论中的境、境界和意境》（《华中
师范大学学报（人文社会科学版）》2003 年第 1 期）以及陈伯海
先生的《释"意境"——中国诗学的生命境界论》（《社会科学战
线》2006 年第 3 期）。其三，从思想渊源上阐释"意境"的有六
篇论文。强调佛学对于"意境"具有重要影响的是刘艳芬先生的
《意境说与佛家色空观》（《济南大学学报》2003 年第 3 期）、牛延
锋先生的《唯识、禅思与意境说的产生和发展》（《辽宁师范大学
学报（社会科学版）》2006 年第 6 期）以及王振复先生的《唐王
昌龄"意境"说的佛学解》（《复旦学报（社会科学版）》2006 年
第 2 期）；探讨"意境"哲学基础的是姚君喜先生的《意境形成的
哲学基础探源》（《兰州大学学报（社会科学版）》2000 年第 4
期）、刘艳芬先生的《意境说与儒释道的对立互补》（《广西社会科
学》2003 年第 3 期）以及罗湘科先生的《意境理论中的三种主客
体关系》（《文艺研究》2005 年第 6 期）。其四，还有四篇论文值
得重视：童庆炳先生的《"意境"说六种及其申说》（《东疆学刊》
2002 年第 3 期）、范伟先生的《中国古典诗歌意境"空白"论》
（《文艺理论研究》2003 年第 4 期）、陈文先生的《论文人书诗画
与意境论的关捩》（《江淮论坛》2004 年第 3 期）以及齐海英先生
的《论意境叙述的缺席与在场》（《社会科学辑刊》2006 年第 1
期）。另外，2008 年出版了三部在意境研究方面极有分量的专著，

即李昌舒先生的《意境的哲学基础：从王弼到慧能的美学考察》（社会科学文献出版社）、付长珍先生的《宋儒境界论》（上海三联书店）以及杨挺先生的《宋代心性中和诗学研究》（巴蜀书社），此处由于篇幅所限，不再对其进行评述。

　　早在 20 世纪 90 年代，就有不少学者进行"意象"与"意境"关系的研究①，如邬锡鑫先生认为"只有意象的按照一定的艺术要求和方法耦合的系统，才是真正的艺术意境"②；王兴华先生认为"意境创作的核心就是要展现一个与理想人生相契合的审美空间，使这个空间境象成为意境的物质载体"③。尽管如此，学术界一般的观点是，认为"意象"与"意境"之关系依旧是一个悬而未决的问题，所以，在新世纪意境研究中，仍然有不少学者对之继续加以阐释。在笔者列出的八篇论文中，我们首先来评析蒋寅先生与韩经太、陶文鹏先生之间的论辩文章。蒋寅先生在文中提出了四个核心观点，也就是他通过论证得出的四个定义：

　　　　语象是诗歌本文中提示和唤起具体心理表象的文字符号，是构成本文的基本素材。物象是语象的一种，特指由具体名物构成的语象。

　　　　意象是经作者情感和意识加工的由一个或多个语象组成、具有某种意义自足性的语象结构，是构成诗歌本文的组成部分。

　　　　意境是一个完整自足的呼唤性的本文。④

---

① 如陶文鹏《意象与意境关系之我见》（《文学评论》1991 年第 5 期；章亚听：《意象的张力与意境的魅力》（《东岳论丛》1995 年第 3 期）；曹正文：《意境与意象辨析》（《玉林师范专科学报》1997 年第 1 期）以及下文引用的邬锡鑫与王兴华两位先生的文章。

② 邬锡鑫：《从"意象"到"意境"——中国古代文艺美学发展史的一条线索及其启示》，《中国文化研究》1995 年冬之卷。

③ 王兴华：《意境与审美空间的营造——中国美学"意境论"新探之二》，《南开学报》1998 年第 4 期。

④ 蒋寅：《语象·物象·意象·意境》，《文学评论》2002 年第 3 期。

很明显，蒋寅先生所下的这四个定义与四个定义之间的逻辑勾连融汇了多种西方美学理论资源，如结构主义、接受美学、阐释学，笔者从中还多少看到一点英伽登文本结构论的影子。蒋寅先生以语象作为探讨"意象""意境"的逻辑出发点，这无疑是新颖而正确的。本书第六章第一节"从符号学角度看言、书、意、象"虽然不是受蒋寅先生观点的启发，但所讲的"言象"实际上在逻辑序列上大致相当于蒋寅先生的"语象"。在蒋寅先生的逻辑推演中，把"物象"看做"语象"的一种，是因为"语象"中有一些是"名物之象"，这当然是可以成立的。只不过，在笔者看来，这种判断本身具有不周延性。实际上，无论内涵还是外延，"物象"都比"语象"要更加宽广。所谓"物象"就是"观物取象"的结果，就狭义的"观物"而言，是用眼睛来看世界，那么狭义的"观物取象"的结果主要有两种，一种是"形之象"（图画或绘画艺术和书法），一种是"言之象"（文字及文学）；就广义的"观物"而言，是用所有的知觉能力把握世界，其结果除"形之象"和"言之象"之外，还有"声之象"（对于自然之声的模仿及音乐艺术）；而在"观物取象"的过程中，本身就包含着主体的情感与观念，"观物取象"是客观呈现与主观表现的统一，故而，从根本上讲，人类所造之"象"皆是"意象"，而"语象"也不能例外。从逻辑上讲，不是"物象"出于"语象"，而是"语象"出于"物象"。"意象"是"观物取象"的结果，在"意象"之中，除"语象"之外，还有"形象"和"声象"。

　　蒋寅先生对曹正文《意境与意象的辨析》一文以及叶朗先生关于"意象"、"意境"界定的分析也是比较牵强的。曹正文先生视"意象是诗人创造意境的手段方法"，如果单从"意境"审美范式中来看，这种观点并不错，可能只是不够清晰和全面。而叶朗先生所讲的"意境的内涵要大于意象，意境的外延则小于意象"则极具创见，只是其"意境"观更偏重于"理"，有西方叔本华理念论的影子，就学理上而言，是对于学术界王国维"境界说"研究成果的总结，所以，并没有把他本人对禅宗与境界关系阐释出的观点很好地融汇进去，多少有些缺憾。说到底，在叶朗先生的"意境论"中，是没有"情境"立足之地的。回归正题，笔者认为，蒋寅先生的文章对于一些文论原作的断句独到而富有启示，如：

> 王昌龄《诗格》："久用精思，未契意、象。"何景明《与李空同论诗书》："夫意、象应曰合，意、象乖曰离。"

同时，就中国古典诗歌中的"南浦"意象，蒋先生提出了自己的看法：

> 在历代众多的文本中，"南浦"怎么可能不发生变化呢？然而要说有变化，也有问题：南浦作为典故，只具有提示送别主题的意义，从《楚辞》到清代诗词莫不如此。这又如何解释呢？我认为，问题就出在用意象来指称南浦这一点上。南浦虽因有出典而暗示某种惜别的情境，但它本身毕竟只是一个专有名词（地名），其暗示意味只有指涉一定语境才能实现。如果是这样，"南浦"在不同文本中就会因用典方式的差异（正用、反用、直用、虚用）而产生不同的意义，这也才是意象的形态和形成方式。

在笔者看来，这里面存在着民族文化意象与作者个人在此基础上应用和重造该意象的差异。"南浦"在中国审美文化中，肯定不只是一个专有名词，而是所谓的"江淹浦畔"，是一个民族审美文化意象。在具体的文本中，由于个体在用典的同时融入了自己的审美情感，同时也与使用该意象的语境发生了新的关联，故而生发出独特的意蕴。换言之，个别文本中"南浦"意象所含之"意"的具体差异并不能否定"南浦"作为一个民族文化审美意象的存在。在某种程度上，我们可以把超越于个体之上的作为典故存在的"南浦"意象视作一个"原型意象",而每一个"原型意象"背后,不仅包含着原创者(如江淹之于"南浦")个人的情感,这个"意象"能够成为民族审美文化中的"原型意象",既与原创者个人的创造能力有关,也与民族的审美心理结构有着密切的关系。只不过,如果再进一步分析,还有更细微的道理。比如"南浦"意象,在诗歌创作之中,诗人作为个体是否真正去过"南浦",根本就是不重要的;正如朱熹写"胜日寻芳泗水滨",他本人根本就没有去过泗水之滨,两者是同样的道理。但另外一些"原型意象"就不同,比如在中国审美文化中,月亮是一个具有特殊蕴涵的审美意象,但在诗歌中描绘月亮意象的,除非是盲人,就没有从来不曾看到过月亮的诗人。因此,在诗人创作之中,月亮既是物象,也是民族审美文化的原型意象,也是诗人以一己情性直观的个体意象。通过这样一个比较,我们可以明白一个道理,民族审美文化意象一旦形成,都会通过强化和固定"意义"而在一定程度上消解"物象",而诗人如果只是一味在创作中使用这种消解过"物象"之后的审美文化意象原型,就会因为"物象"的缺席而导致"隔"。可见,单从叔本华理念说来阐释王国维的"隔"与不"隔",是远远不够的,他的"隔"与"不隔"还是对于审美实践本身的思考。也正是在这个意义上,笔者赞同韩经太、陶文鹏两位先生的观点:"中国诗学的'意象'便是一个相对于'物象'的美学范畴,它体现出中国诗学'言志''缘情'而颇重主观表现的美学基本特征。"①

　　在不同等级的范畴序列中,对于"意"的强调实际上代表着不同的理论立场,而"意"的内涵也各不相同。在比较境界与意境关系的层面,郁沅先生认为:"'意境'论是一种抒情文学理论。中国最早成熟的文学样式是抒情诗,'意境'理论是在'诗言志'、

---

① 韩经太、陶文鹏:《也论中国诗学的"意象"与"意境"说——兼与蒋寅先生商榷》,《文学评论》2003 年第 2 期。

'诗缘情'的传统诗歌主张的基础上发展起来的，所以在意象和意境中，主体之'意'始终处于主导地位，'以意为主'。'意在笔先'，象随意生，境由意构，所谓'诗人必有轻视外物之意，故能以奴仆命风月'。"这段话间接揭示了意象与意境的异质同构。但郁沅先生这么讲的目的不在彰显意境与意象的异质同构关系，而是旨在说明与境界相比，意境更具有主观性。所以他说："'境界'说以传统的'意境'理论为主，又受到西方思潮和美学理论的影响，这在某些美学观点和美学范畴的运用上，都有所表现。"而且"境界""它既包括意境，又包括实境；既强调"造境"，又强调"写境"；"有造境，有写境……"① 这样一种论述方式其实在国内学界是最常见的，比如，王济民先生亦强调了两点："对境和境界的辨析中可见，二者大致可以等同；其中王国维所论境、境界，含义极为接近"；"古代认为，意境是境之一种，是文学作品中的一种境地，但又不是一般的境地，是有意蕴的境地"。王先生所说的"古代认为"主要也就是"王昌龄认为"，只不过，他把王昌龄的"意境"解释为"有意蕴的境地"。问题在于，王昌龄的"意境"是不是就等于中国美学整体界域的"意境"，是不是等于王国维的"意境"。王先生把"境"分为三类："首先，境是自然境地，人生境地，是文学描写的对象"；"其次，境又是作者构思时的心中之境"；"第三，创作出来的作品所达到的艺术造诣也叫境"。笔者觉得大致可以简称为实境、心境和艺境。我们不能回避的是，王先生的这种分类本身并无问题，但不能与王昌龄的"三境说"对应起来，因为，王昌龄明确讲"诗有三境"，可见，他所划分出来的"物境""情境"和"意境"都属于"诗境"。换言之，王昌龄的"境"说中，"境"属于"艺境"，故而，他的"物境"和"情境"就不能被视作王济民先生的"实境"和"心境"。如何解决这个悖论？笔者认为就是要从审美观念和审美实践出发，而不是只从概念

---

① 郁沅：《"境界"与"意境"之辨异》，《文艺理论研究》2002 年第 4 期。

出发。陈伯海先生提出一种简明而独到的观点："意境作为意中之境，是指为诗人情意（生命体验和审美体验）所灌注和渗透的艺术世界，它呈现为一种层深的建构，从而开启了生命自我超越的通道，并最终指向生命的本真状态……不管哪一种涵义，意境都应具有开拓象外世界的功能；诗歌作品若是只能'意尽象中'，而不能将人的审美生命活动引向超越，就算不上有意境。"①

在世纪之交，姚君喜先生曾经简明扼要地梳理出国内学术界对意境思想渊源提出的三种最具代表性的观点，笔者认为现在依然能够反映国内学术界意境思想渊源研究的实际状况，故引来：

> 其一，意境的思想根源是老庄哲学。这一观点基于对中国美学思想渊源的整体考察，认为意境之形成主要基于老子对"道"的阐释，对"有"、"无"的揭示以及庄子的"意象"之辩及"游心"于物的思想的影响……其二，意境起源于佛学的影响，主要是禅宗心学的影响……认为意境就是禅境，意境源于禅的特殊的体验生活的方式。其三，意境源于儒释道思想的融合。这一观点认为，意境是在儒家诗学言情言志的基础上，融入道家的神与物游，超然物外的境界，并受佛教的静穆地体悟观照生命的方式的影响……②

姚君喜先生认为"意境"的本体特征与龙树的中道观所具有的基本思维方式是相通的，而"在意境的具体构成中，强调独特的时空观，有限与无限的化一，虚实相生、动静结合等，同样和龙树的中观论有内在的一致性"。牛延锋先生则认为是"唯识学说扩大了中国古代文学理论的哲学基础，禅思提供了修行实践，使我国抒情

---

① 陈伯海：《释"意境"——中国诗学的生命境界论》，《社会科学战线》2006 年第 3 期。

② 姚君喜：《意境形成的哲学基础探源》，《兰州大学学报（社会科学版）》2000年第 4 期。

文学在唐宋达到顶峰，并促进了抒情文学的理论精华——意境的产生和发展"①。刘艳芬先生认为是"佛家色空观影响诗人和文论家较为快捷地解决了诗歌创作中的虚实关系，虚实关系的成熟又连带出一系列古典文论概念及其关系的成熟。意境正是在这诸种关系成熟基础上发展起来的更高一级的概念"②。在笔者看来，追溯"意境"审美范式的思想渊源，有求新与求全的区别。尽管我们可以说，最好是既全面又具有创新性，而实际情况往往是，全面的无新意，有新意的不全面。所以，笔者认为这三篇文章虽然观点上不尽一致，但皆是有学术含量的文章。而王振复先生对王昌龄"三境说"的阐释，就是有新意而不执意求全。王先生说："限于篇幅，本文解读'意境'及'诗有三境'，不准备从道家之'无'谈起。仅将本文的阐解与研究，集中在有关佛学方面。认为欲解'诗有三境'之义，从解读佛学'境'、'意'与'三识性'入手，是一个可行的思路"；"假如以渗融着道家思想的中国佛教般若学的'三般若'说来作比喻性描述，那么王昌龄所言之诗学'意境'，其美在弃'文字般若'、经'观照般若'、向'实相般若'的依转之中。因此，它是生命力的虚实、动静与空无的双向流渐。归根到底，它是蹈虚守静，尚无趋空的，是致虚极，守静笃，尚玄无而趋空幻。"③ 这种解释无疑是极具创意的。

　　综上所述，新世纪近十年来的意境研究取得了令人瞩目的成果，相对于20世纪90年代，无论是对具体问题的探讨还是整体思想渊源的梳理阐述，都有了明显的发展。十年中，在意境研究领域有三次比较有意义的商榷和争论，笔者只着重评介了其中的两次，另外一次是王振复先生与古风先生（还涉及叶朗、王文

① 牛延锋：《唯识、禅思与意境说的产生和发展》，《辽宁师范大学学报（社会科学版）》2006年第6期。
② 刘艳芬：《意境说与佛家色空观》，《济南大学学报》2003年第3期。
③ 王振复：《唐王昌龄"意境"说的佛学解》，《复旦学报（社会科学版）》2006年第2期。

生等先生）之间的争论，限于笔者佛学修养的不足，在此不加评述。

第二节　"意境"审美范式的生成和演进轨迹

童庆炳先生曾把国内"意境"研究概括为六种：情景交融说、"诗画一体"说、境生"象外"说、"生气远出"说、哲学意蕴说与对话交流说。在此基础上，童先生给出了自己对"意境"的定义："意境是人的生命力开辟的、寓含人生哲学意味的、情景交融的、具有张力的诗意空间。这种诗意空间是在有读者参与下创造出来的。它是抒情型文学作品的审美理想。'生命力'的活跃是意境的基本美学内容。"① 如果我们对童先生的定义进行文本解构，可以看到它与六种"意境"学说具有如下对应关系："生命力开辟""生命力活跃"以及"具有张力"对应于"生气远出"；"哲学意味"对应于"哲学意蕴"；"情景交融"和"对话交流"原封不动纳入；"具有张力"对应于"景生象外"，"空间"对应于"诗画一体"。通过解构所建立的对应关系，我们可以看出，童先生的定义最大限度地调和与包容了诸种"意境"学说。可以说，童先生的"意境"定义是笔者所见到的最为全面的定义，它做到了对于现有理论资源最大程度的整合。然而，为求"全面"和"整合"，这个定义也付出了极大的代价，并且隐含着难以回避的困境。首先，读者参与创造的问题是西方接受美学的核心观点，在中国古代美学境域中很少直接讨论这方面的问题，把读者反应论也纳入意境之中，等于是"旧瓶装新酒"。其次，就中国"意境"审美范式的发展而言，"景生象外"是一个很关键的理论命题，以更具现代学术色彩的"张力"一词来替代，虽然同样是在强调作品结构的能动性，却忽略了这种结构能动性的动力源，所以并不准确。再次，

---

① 童庆炳：《"意境"说六种及其申说》，《东疆学刊》2002 年第 3 期。

"诗意空间"虽然可以包含"虚实相生"之意，但它的"诗性本体"对于"诗画一体"却是绝对排斥的，"诗画一体"不等于以诗歌代替绘画。如果考虑到这三个方面的代价，则可以得出一个推断，童先生"意境"定义的主干还是"情景交融"。而这个主干也正是学术界形成最早、影响最广的对于意境的界说。在笔者看来，在六种"意境"学说中，"景生象外"与"诗画一体"是意境形成的关键，也是真正领悟意境精髓的众妙之门。只不过，笔者所说的"景生象外"与"诗画一体"并不完全等于学界的"景生象外说"和"诗画一体说"。

"意境"审美范式的思想渊源是玄学（或经玄学改造过的以道家为主、儒家为辅的本土思想）与中国化佛学思想（禅宗）的结合体；"意境"审美范式是"意象"审美范式与"气韵"审美范式的综合与发展；"意境"作为审美范式，孕育于魏晋，形成于唐宋，成熟于明清；"意境"面对的批评对象不只是抒情文学，而是整体的中国艺术。以上是笔者对"意境"生成、演进轨迹的基本看法。现试作申论。

一

"意境"作为中国美学一种基本的审美范式，其之所以能够产生并在中国审美实践和美学理论中获得巨大的生命力，首先是因为它所包含的审美观念或艺术精神能够充分地呈现中国人的世界观、人生观和价值观，即能够与中国的形而上学构筑起一种相融无间的关系。儒道两家的思想是中国哲学的根源，研究中国古典美学范畴时，很多学者会习惯性地把眼光投向先秦时期的儒道两家哲学。因为，先秦儒道两家的哲学作为中国哲学的主要源头，对于中国审美观念的走向以及后世中国人的审美实践均产生了深刻影响，所以多数情况下，能够在先秦哲学中寻找到一些理论支持，也是再自然不过的事情。但是，这样做的结果是导致了关于"意境"起源的阐释分歧迭起。就笔者所见，大体有四种不同的观点：其一，叶朗、顾祖钊、杜慎凡等先生认为"意境"是道家哲学（叶朗认为起于老子哲学，顾祖钊认为起于庄子）的产物；其二，李满、邓承奇等先生认为"意境"是道禅哲学的产物，叶朗先生也论述过禅宗对意境的影响，亦可归入这一种观点之中；其三，潘世秀、刘艳芬、孔建英、寸悟等先生认为"意境"是儒释道互补（或逐渐融合或对立互补）的结果；其四，王振复、姚君喜、牛延锋等先生认为"意境"是来自于佛学（或禅宗、或中道观、或唯识禅思）的概念。

梳理"意境"产生的思想渊源，笔者的思路与潘世秀先生较为接近，他讲：

> 儒家言志说虽然强调文艺以表现主体为旨归，而其过于强调文艺的社会功利，妨碍了对文艺创作特殊规律的深入探讨。情景交融固然是作品主体与客体的和谐统一，是一种中和之美，而儒家所谓中和着眼于美刺统一的主体的感情适度，唯有道家的"齐物"观念，才能打开人们窥测物我关系的户牖，孕育物我和谐的意境说。在大分裂的魏晋南北朝，儒学衰微玄学盛行。魏晋玄学作为东汉经学之反动与继承，当《周易》及其注成为"三玄"之一时，对立的两大学派儒家与道家的理论观点获得了沟通的复合点。《周易》的基本观念：太极生两仪，两仪生四象，四象生八卦，氤氲积聚复归于一的整体观念，用之于文学理论，成为物我统一的意境说从整体上艺术地把握世界的指导原则。①

潘先生的这段论述敏锐地抓住了一个关键点，即在先秦时期，儒道两家是对立的关系，直到魏晋玄学兴起，《周易》及其注成为"三玄"之一，儒道才有了沟通的可能。这个观点能在 20 世纪 80 年代

① 潘世秀：《意境说的形成与发展》，《兰州大学学报（社会科学版）》1985 年第 2 期。

中期提出，是非常超前的，但笔者并不完全赞同潘先生的观点。首先，从今天我们对于玄学的研究来看，玄学之所以能够融合儒道，不仅在于《周易》及其"注"，而是涉及对于"三玄"总体的重新阐释。《周易》作为群经之首，之所以被很多人视为儒家经典，主要是因为《易传》而不是因为《易经》。魏晋玄学家注释《周易》，是融道入儒；注释老庄，又经常融儒入道。这种注释本身就是融汇儒道，所以，玄学改造的不仅是《周易》，同时也改造了老庄。关于这一点，笔者在阐释"中和"审美范式时已经进行过深入的讨论，此处不再赘述。其次，潘先生讲的"儒家所谓中和着眼于美刺统一的主体的感情适度"，实际上这个观点是把"中和"置于诗学范围来加以讨论的。虽然这么说并不错，但不能忽略的是，在先秦儒家思想中直接应用"中和"范畴的是乐论而不是诗论，诗论中的"文质彬彬""诗言志""美刺"多是儒家"中和"乐论的延伸和借用。能够覆盖先秦儒家乐论和诗论的是"比德"说而不是"美刺"说。再次，"齐物"思想主要是庄子的观点，在老子的思想体系中走得还没有那么远，《老子》中涉及类似思想时最常使用的是一个"若"字。在笔者看来，老子是有原则的，庄子则是放弃原则之后呈现的完整诗意。成为魏晋玄学精神主脉的是老子哲学中的"有无"以及涉及儒道关系的"自然与名教"。庄子的"齐物""集虚""无竟"观念是老子道学的拓展，经玄学阐释和推波助澜，在魏晋时期的审美实践中渐趋凸显出来，成为意象和气韵两种范式的一部分内涵，并在唐宋之后的"庄禅"之境中呈现出重要价值。

在先秦时期的"中和"审美范式中，儒家的以礼乐为基础的"比德""中和"观占据主导地位，其作用比道家的自然"中和"思想要大得多。儒家的乐教美学思想不仅影响到人们对于音乐的看法，也影响到人们对于文学（特别是诗歌）的看法。儒家的"诗言志"说、"兴观群怨"说、"养气"说、"知人论世说"都可以视作乐教美学在诗论、文论中的体现。而贯通诗歌和音乐的审美尺度是"尽善尽美"和"过犹不及"，即儒家的"中和"审美观念。儒家的这种审美观念体现了儒家家国一体的伦理文化哲学，即在维护社会等级秩序的同时强调人与人之间的和谐相处。而儒家在现实面前所遭遇的困境也是不言而喻的：一者，春秋战国时期本来就是礼坏乐崩的时代，"春秋无义战"和"八佾舞于庭"互为表里，国家伦理秩序的破坏使得儒家"中和"哲学观成为一种脱离现实的理想。二者，在诸侯争霸格局中，文人操守的堕落、逐利的迫切亦日趋普遍，在连横、合纵之中"士无特操"表现得淋漓尽致。三者，儒家所推崇的以韶乐为代表的宫廷雅乐在现实中渐趋失去了生命力，而为儒家所贬低的新乐如郑卫之音等反而受到欢迎。不仅如此，儒家从"比德"出发对于诗歌作品本身的解释本身也经常显得单调而牵强。

与儒家形成鲜明对比的是道家的文化哲学。我们在分析"中和""气韵"及"意象"三种审美范式时，已反复提到道家的艺术观。在老子看来，"失仁而后义，失义而后礼。夫礼者忠信之薄而乱之首"（《老子》第三十八章）；"五色令人目盲，五音令人耳聋，五味令人口爽，驰骋畋猎令人心发狂，难得之货令人行妨。是以圣人，为腹不为目，故去彼取此"（《老子》第十二章）。可见，老子并不认为礼乐对于人世有什么好处。老子反对五音、五色而主张"大音希声""大象无形"。在老子的《道德经》中，我们看不出他有提倡创作"大音"和"大象"的意思，老子提出"大音希声"的本意是否定音乐（或现实存在着的音乐），"大音"只是借助对实存音乐之否定而推演出来的形而上学意义的"音乐"，老子并没有把"大音希声"看做音乐创作的理想境界。至于把"大音希声"及"大象无形"解释为音乐之中的无声之美及艺术作品里的虚实相生，皆属于后人对于老子思想的发展。笔者有个不成熟的想法，在笔者看来，儒、道两家对于音乐的褒贬态度，可能与早期儒道两家创始人从事的职业有关。儒者主要是礼官，在祭祀或别的王朝重大活动中，礼乐本来就是极其重要的构成要素，所以，主持这些大型活动的儒者不仅能够认识到礼乐所具有的功能性，而且，还不知不觉地对礼乐本身加以神化。而道家创始人老子是周王朝的典藏官，属于广义的史官，史官是那个时代最接近于社会学家的职业，是最习惯从阴暗面观察时代的一类人；老子讲"五色令人目盲，五音令人耳聋"，大概对他而言只是针砭时弊，其目的不是在五音之上要创造出一种"希声"的"大音"。后来司马迁给史官的定位是"不虚美，不隐恶"，老子否定音乐的态度大致可归为"不隐恶"。

　　概言之，先秦儒道两家的文化哲学并不能直接促生"意境"审美范式。我们这么说并不意味着先秦儒道两家的哲学与"意境"的产生没有关系，而是意在强调两者与"意境"产生只是一种间接的关系。儒家对于《周易》"像""辞"的阐释是："子曰：'书不尽言，言不尽意。'然则圣人之意，其不可见乎？子曰：'圣人立像以尽意，设卦以尽情伪，系辞焉以尽其言，变而通之以尽利，鼓之舞之以尽神。'"① 虽然儒家这种观点是从"比德"观念出发来对《周易》加以阐释的，但很显然，"书不尽言，言不尽意"和"立象尽意"为魏晋玄学讨论言、意、象关系提供了一个基础，并直接影响到"意象"审美范式的形成。另外，儒学中所强调的"六义"说，尤其是赋比兴，与诗歌之"象"亦有密切的关系，如《诗经》中的比兴之象以及汉赋中的随物赋形之象；同时也渐次形成了一种诗歌评论尺度，如唐代形成的以陈子昂、殷璠等为代表的"兴象"说。"知常容，容乃公，公乃王，王乃天，天乃道，道乃久，没身不殆。"（《老子》第十六章）儒家以易象为圣人所立之象，故认为可以观象而知晓圣人之意。而老子却认为"大象无形"，在逻辑层面上，"大象"是道之"体"，兼有"有无"两种属性。"执大象，天下往；往而不害，安平太。乐与饵，过客止。道之出口，淡乎其无味，视之不足见，听之不足闻，用之不足既。"（《老子》第

---

① 《全本周易》，北京出版社，2009，第350页。

三十五章）王弼注曰："大象，天象之母也，［不炎］不寒，不温不凉，故能包统万物。无所伤犯。主若执之，则天下往也……而道之出言，淡乎其无味。视之不足见，则不足以悦其目；听之不足闻，则不足以娱其耳。若无所中然，乃用之不可穷极也。"[1] 如果与儒家所言之圣人立象相比，老子的"大象"显然更具有形而上色彩，是直接与哲学层面的"有无"相衔接的。儒道两家对于"象"的不同理解，其背后隐含着的是其对"道"的不同理解。

辨析儒道两家对于"道"的不同理解，笔者认为可以先来统计儒道两家经典著作中"道"以及与"道"关系密切的术语的出现次数，以便于从中求得最接近事实的判断。

儒道经典著作使用术语量表

著作＼术语	道	大	大道	天	天道	天地	命	性
《老子》	76 次	57 次	4 次	92 次	2 次	9 次	3 次	0 次
《论语》	89 次	46 次	0 次	48 次	1 次	0 次	24 次	1 次
《孟子》	133 次	125 次	1 次	283 次	0 次	2 次	50 次	33 次
《庄子》	356 次	364 次	8 次	661 次	7 次	94 次	79 次	86 次

根据上列统计数据，我们可以看出，"道""大""天"在四部经典中均出现多次；"天道""天地""大道"基本属于道家使用的范畴，儒家少用或不用；在《老子》中很少使用"命"，其他三部经典皆多次使用；《老子》中不用"性"的范畴，在《论语》中"性"字出现一次，是"子贡曰：'夫子之文章，可得而闻也；夫子之言性与天道，不可得而闻也'"（《论语·公冶长》），可以忽略不计。如果进一步整合，我们可以看出，在老子和孔子之间，两者皆不言"性"，说明所谓"性命"之学的观念不是出自《老子》和《论语》，而是战国时期流行的观念。但既然《论语》中子

---

[1]　王弼注，楼宇烈校释《老子道德经注》，中华书局，2011，第91页。

贡把"性"与"天道"并列，则春秋时代在老子之外应已出现把"性"与"天道"相提并论，在笔者看来，其代表人物可能是冯友兰先生所说的早于老子的道家人物杨朱。孔孟罕言"天道""天地"和"大道"，可见儒家之道属于早期的"人道"学说；儒家使用"大"和"天"的范畴，说明儒家的"大"和"天"主要是为了进一步阐释和建构其"人道思想"。由此可以得出一个判断：儒家的"天人合一"观是以人伦为中心的文化哲学观念。与儒家相对照的是道家之"道"，笔者所统计的"天地""大道"以及"天道"的使用次数只是对这些术语直接使用的次数，实际上，在《老子》和《庄子》中，间接使用的远远不止这个数。如"功遂身退，天之道"；"知常容，容乃公，公乃王，王乃天，天乃道，道乃久，没身不殆"（着重号为笔者所加）；"故道大、天大、地大、人亦大。域中有大，而人居其一焉。人法地，地法天，天法道，道法自然"。① 又如"道与之貌，天与之形"（《庄子·德充符》）；"夫道有情有信，无为无形；可传而不可受，可得而不可见；自本自根，未有天地，自古以固存"（《庄子·大宗师》）；② 等等。由此可见，道家之"道"实为无所不包之本体论层面的"道"，而不是儒家所推崇的人伦之道。

就儒道经典中术语使用频次加以比较，固然可以部分地见出儒道两家哲学思想上的不同特征，但从审美范式的发展层面而言，笔者认为《庄子》里所强调的"无竟""集虚""齐物"（道通为一）可以视为魏晋玄学在道家思想中为气韵审美范式所找到的非常重要的美学思想资源，这个理论资源经郭象等人的阐释与之前王弼以《老子》解《周易》所形成的新的意象学说结合为一体，成为玄学之所以能够融汇佛学并形成意境审美范式的关键所在。

---

① 王弼注，楼宇烈校释《老子道德经注》，中华书局，2011，第 23、39 ~ 40、66 页。

② 郭象注，成玄英疏《庄子注疏》，中华书局，2011，第 122、136 页。

　　何谓"无竟"？古文中"竟""境"互为通假，解释"无竟"须先从"境"字说起。"境"的原意是时间上的终止点，古文中与"竟"字互通，后来引申为边界。《说文解字》中解释为："竟，乐曲尽为竟。"段玉裁注："曲之所止也。引申之凡事之所止，土地之所止皆曰竟。"在《庄子》中出现了"无竟"一词："忘年忘义，振于无竟，故寓诸无竟。"（《庄子·齐物论》）此处的"无竟"即"无穷"的意思。刘文典先生解释为：

　　　　忘年故玄同生死，忘义故弥贯是非，是非死生，荡而为一，斯至理也。至理畅于无极，故寄之者不得有穷也（附注：竟，穷也，寓寄也无竟，无穷。洞照无穷，寄言无穷）。①

刘文典先生的这段解释基本上是从郭象《庄子注》中搬来的，所以，等于是在阐发玄学对庄子的解释。我们且看郭象对这段话的注释："夫忘年，故玄同生死；忘义，故弥贯是非。是非死生，荡而为一，斯至理也。至理畅于无极，故寄之者不得有穷也。"成玄英疏曰："振，畅也。竟，穷也。寓，寄也。夫年者，生之所禀也。既同于生死，所以忘年也。义者，裁于是非也。既一于是非，所以忘义也。此则遣前知是非无穷之意也。继而生死是非荡而为一，故能通畅妙理、洞照无穷。寄言无穷，亦无无穷之可畅，斯又遣于无极者也。"② 郭象虽承袭庄子"坐忘"之意，但"玄同生死"是把"无竟"与生命哲学结合起来，"弥贯是非"则是对于伦理"认识"的超越。唐代成玄英重玄学又加了一层意思，即"寄言无穷，亦无无穷之可畅，斯有遣于无极者也"，这种看法已暗含了佛学的观点。总之，在玄学阐释中，庄子的"无竟"在内涵上实际上近于"万物与我为一"、生死于我不二的虚

　　① 刘文典：《庄子补正》下卷，云南人民出版社，1982，第98页。
　　② 郭象注，成玄英疏《庄子注疏》，中华书局，2011，第59页。

无之境。

何谓"集虚"?《庄子》载:

仲尼曰:"若一志,无听之以耳而听之以心,无听之以心而听之以气。听止于耳,心止于符。气也者,虚而待物者也。唯道集虚。虚者,心斋也。"(着重号为笔者所加)

此处用"仲尼"字样,用意如郭象所讲:"寄颜孔以显化导之方,托此圣贤以明心斋之术。""若一志",郭象注为"去异端而任独",成玄英疏为"无复异端,凝寂虚忘,冥符独化";"唯道集虚。虚者,心斋也",郭象注为"虚其心则至道集于怀也",成玄英疏为:"唯此真道,集在虚心。故(如)[知]虚心者,心齐妙道也。"① 郭象强调的是"任独"而使"道集于怀",成玄英则加入了"心齐妙道"。如果借用海德格尔的观点来比较两者的区别,则郭象主旨在"去蔽",成玄英则另外加入了"呈现""直观"之意。但无论如何,玄学家对于"集虚"的阐释,都暗含了审美意识不同于一般认识的意味。

何谓"齐物"?《庄子》中以"齐物"名篇,郭象解为:"夫自是而非彼,美己而恶人,物莫不皆然。然故是非虽异,而彼我均也。"即强调万事万物所存在的一致性。笔者认为,《庄子》中"齐物"主要包含有两个意思:"道无所遗"和"道通为一"。"道无所遗"是讲"道"无处不在,对于"道"而言,没有什么事物属于例外。在这个层面上,大致类似于我们今天哲学中的绝对性或者普遍规律。《庄子·胠箧》载:"跖之徒问于跖曰:'盗亦有道乎?'跖曰:'何适而无有道邪?夫妄意室中之藏,圣也;入先,勇也;出后,义也;知可否,知也;分均,仁也。五者不备而能成

---

① 郭象注,成玄英疏:《庄子注疏》,中华书局,2011,第80~81页。

大盗者，天下未之有也。'"① 所谓"盗亦有道"讲的就是"道无所遗"，即"道"的普遍性；只讲"道无所遗"是不够的，因为"自是而非彼，美己而恶人"的差别心也是一个普遍存在，还必须做到"意有所至而爱有所亡"（《庄子·人间世》），即"道通为一"。庄子曰："可乎可，不可乎不可。道行之而成，物谓之而然。恶乎然？然于然；恶乎不然？不然于不然。物固有所然，物固有所可；无物不然，无物不可。故为是举莛与楹，厉与西施，恢诡谲怪，道通为一。"（《庄子·齐物论》）这段文字郭象注为："夫莛横楹纵，厉丑而西施好。所谓齐者，岂必齐形状同规矩哉！故举纵横好丑，恢诡谲怪，各然其所然，各可其所可。则理虽万殊，而性同得，故曰'道通为一'也。"成玄英疏曰："夫纵横美恶，物见所以万殊；恢谲奇异，世情用（之）为颠倒。故有是非可不可，迷执其分。今以玄道观之，本来无二。是以妍丑之状万殊，自得之情为一，故曰'道通为一'也。"我们比较一下郭象和成玄英的解释，即可看出，郭象认为"道通为一"关键在于"性同得"；而成玄英则认为关键有二，一者是"以玄道观之"，即审视角度的改变，二者是"自得之情同一"，即从体物角度来看，物不论美丑，皆有自得之情——物性原本可通。此处成玄英的观点实际上已经部分地隐含了王国维的"以物观物"。

　　郭象对于《庄子》"无竟""集虚""齐物"（道通为一）进行阐释的主导精神是不局限于"象"，同时也不专注于"象"所表现的意义，而是以"无"说"有"，凸显其"独化"之说。而这一点与王弼的"贵无说"既不相同，又形成了互补关系，其中的过渡衔接就在于"象"。我们且看王弼如何阐释易象的。王弼对乾卦九四"或跃在渊，无咎"如此解释："去下体之极，居上体之下，乾道革之时也。上不在天，下不在田，中不在人。履重刚之险，而无定位所处，斯诚进退无常之时也。"对用九象辞进行解释时说：

---

　　① 郭象注，成玄英疏《庄子注疏》，中华书局，2011，第190页。

"天也者，形之名也；健也者，用形者也。夫形也者，物之累也。有天之形，而能永保无亏，为物之首，统之者岂非至健哉！大明乎终始之道，故六位不失其时而成。"① 很明显，与儒家圣人立象观不同，王弼是以《老子》之"道"论来解释易象的，但王弼亦不同于郭象，郭象强调的是"独化"，王弼强调的是"道化"。唐代成玄英从郭象"庄学"中引申出"自得之情"，而魏晋玄学家从王弼的"老学"中发展出山水人格观念，反映在审美范式上，在"意象"与"气韵"两种审美范式上有淋漓尽致的表现，为儒道与佛学的融合进行了有力的铺垫，同时也成为"意境"产生的本土思想渊源。

二

如前所述，从哲学层面梳理"意境"起源，或推崇老子"有无"道学，或强调庄禅宗影响，或肯定儒释道互补，或单崇佛学影响，等等。若从古代美学领域内加以追溯，近者直指王国维，远者回溯到唐代王昌龄、刘禹锡诸人，更远的追溯到刘勰《文心雕龙》，最早的则认为"意境"源起于《周易》。总的来看，国内的多数学者是把"意境"作为一个诗学审美范畴来加以研究，绝大多数论文是专论王昌龄"三境说"以及王国维"境界说"；只有少数学者探讨了《文心雕龙》与"意境"（或境界）理论之间的联系，如张少康先生认为："意境的基础是建立在对艺术创作中情和景、心和物辩证关系认识之上的，即从情和景、心和物到意和境有一个历史发展过程。刘勰对文学创作过程中情物关系或心物关系的论述，承前启后。一是明确提出'意象'的概念，二是指出心和物是互相影响、互相促进的，三是形成了一系列对立统一的理论范畴，对唐代意境理论的正式形成和提出有极为重要的意义。"更加值得注意的是，张少康先生敏锐地指出："刘勰的情物关系论、

---

① 王弼著，楼宇烈校释《王弼集校释》，中华书局，1980，第 212~213 页。

'隐秀'论一方面曾受到刘宋时期宗炳《画山水序》'旨微于言象之外者，可心取于书策之内'说的影响，另一方面也启发了钟嵘《诗品序》解释'兴'时所说的'言有尽而意无穷'的提出。"①只是因为张先生主要还是从诗学理论层面来讨论"意境"，所以，并没有从画论（"气韵"说）和诗论（"意象"说）的结合部探讨宗炳《画山水序》与钟嵘《诗品》对于"意境"生成和发展所产生的重要作用。

宗炳的《画山水序》与钟嵘的《诗品》受到学术界研究者的普遍重视是不言而喻的。据笔者不完全统计，近十年来专论宗炳美学思想的有 37 篇论文，专论钟嵘美学思想的有 136 篇论文；以宗炳美学思想为论文部分研究内容的有 88 篇论文，以钟嵘美学思想为论文部分研究内容的有 260 篇论文；涉及宗炳画论和钟嵘诗论分别为 2211 篇论文和 5306 篇论文。但是，在众多的研究文章中，合论宗炳、钟嵘美学思想的极少，这说明人们犹未重视宗炳的画论与钟嵘的诗论之影响皆具有"跨界"的特点，也没有深入研究魏晋玄学通过影响中国诗学和书画美学进而对中国"意境"审美范式产生的重要推动作用。

宗炳的《画山水序》只是一篇不到五百字的短文，对其研究所得出的结论却有很大不同，尤其是对于宗炳《画山水序》美学思想的主要来源有截然不同的看法。20 世纪 80 年代之前国内学术界一般皆认同徐复观先生的观点："宗炳之所谓'灵'、'神'，两字可以互用，皆是由魏晋时代玄学所产生、滋衍的观念。"② 即认为宗炳这篇画论主要是受魏晋玄学影响。至 80 年代中期，李泽厚提出新的观点："以佛统儒道是宗炳的根本思想，也是他的《画山水序》的根本思想，有人认为《画山水序》的思想全属庄学的表

---

①　张少康：《刘勰〈文心雕龙〉对意境理论形成发展的贡献》，《临沂师范专科学报》1996 年第 5 期。

②　徐复观：《中国艺术精神》，商务印书馆，2010，第 224 页。

现，这是不符合实际的。"① 这就开启了一个新的思路，即研究佛学对于宗炳《画山水序》的影响。到了 20 世纪 90 年代中期，学术界对此逐渐出现诸种观点并列的局面。邹民生先生认为："其思想渊源，大体上出于儒道，尤以老庄为重。而魏晋兴起的玄学的影响也很直接。"② 谢磊先生认为："宗炳的一篇《画山水序》，佛教徒所看到的是借绘画谈佛理的佛学著作；画家所看到的则是融佛理于画理的画论著作。"③ 陈传席先生认为："《画山水序》中的道主要是指老庄之道。"④ 刘道广先生认为："宗炳所以能对山水的观览、山水画的创作、鉴赏作出系统的认知，从'理人'、'行人'达到'畅神'的领悟，我认为主要是受惠于佛学的修养。"⑤ 杨志先生认为："宗炳的《画山水序》探讨了山水画的创作方法，其表现出的思想完全是佛教思想，它并非像有些学者所说的是老庄之道家思想。"⑥

　　在笔者看来，要准确阐释宗炳《画山水序》的美学思想，主要还是要从文本出发，而不宜夹杂进自己的揣度或逻辑推断。细读《画山水序》文本，笔者认为徐复观先生的阐释是最具说服力的。尽管后面其他学者发表的一系列文章在论述佛教对于宗炳美学思想的影响方面亦具有启发性，但拜读之后，笔者认为这些文章多少有过度阐释之嫌。如谢磊先生认为《画山水序》中"圣人含道映物，贤者澄怀味象"所言"圣人"和"贤者"为佛教的圣人和贤者：

　　　　"圣人含道映物"，"含"有包容义，意为圣人以他无量无边包容一切的佛性智慧，照见万物的恒常本性——空。

---

① 李泽厚、刘纲纪：《中国美学史》，安徽文艺出版社，1999，第 473 页。
② 邹民生：《宗炳山水画思想考源》，《上海大学学报》1995 年第 3 期。
③ 谢磊：《观道畅神——宗炳〈画山水序〉正读》，《美术研究》1999 年第 2 期。
④ 陈传席：《中国绘画美学史》，人民美术出版社，2000，第 22 页。
⑤ 刘道广：《〈金刚经〉和〈画山水序〉》，《美术研究》2002 年第 4 期。
⑥ 杨志：《画山水序》中的佛教思想——兼与陈传席教授商榷》，《山东艺术学院学报》2006 年第 4 期。

而"贤者澄怀味象"则是说，贤者虽然未能见道、断惑、证理，不具备圣人那样无量无边的智慧，但可以修习神定，空掉一切妄想杂念，住心于一境（味象），从定中生发佛性智慧以期开悟。

那么为什么紧接着宗炳所列举的没有一个是佛教中人物呢？谢磊先生认为这是有深意的，他援引《明佛论》加以阐释："有些人虽然不是佛教徒，不会像佛教徒那样自觉地修习禅定——'澄怀观道'，却也有可能在冥冥之中感悟到如来之道。"笔者认为，谢磊先生引《明佛论》只可以用以参照，说明宗炳认为浪迹山水亦是"从如来之道"，却无法直接说明《画山水序》里这两句话不是议论绘画之道而是在讲佛家修行之道，或者以为宗炳是把绘画之道直接等同于修行之道的。问题的关键还不在于此，而在于中国佛学之般若学即便到慧远的时代，亦处于众说纷纭之状态。"由于以严密的思辨逻辑来阐释《般若》'性空'之学的三论还未翻译过来，所以，当时的义学者流，对于《般若》学说就存在着不同的理解，因而就产生了所谓的'六家七宗'，即本无宗，即色宗，心无宗，识含宗，幻化宗，缘会宗。"[①] 正因如此，即便是佛教高僧——如本无宗竺法汰大师——对于般若性空之学亦常常受老庄和玄学的影响。这种情况一直到鸠摩罗什译出《三论》（《中论》《十二门论》和《百论》）之后，才逐渐得以改变。鸠摩罗什译经主要在公元401～413年之间，慧远在公元416年去世，而宗炳追随慧远学佛的时间是在402年，那时鸠摩罗什才刚刚在长安开始译经，国内般若空宗犹处于道、玄、佛羼杂时期。宗炳随慧远学佛不到两个月，便离开了白莲社。以如此之短的时间能够根除道、玄影响，实为不可思议之事。宗炳所追随的慧远大师为佛学南宗领袖，慧远与北宗领袖鸠摩罗什当时有书信往来，但慧远所学佛学经典传自其师道

---

① 郭朋：《中国佛教简史》，福建人民出版社，1990，第43页。

安，道安曾注解安世高所译诸经，其中包括《大十二门》《小十二门》等，并非《三论》全部。而慧远自己亦传译《经论》，其所译《达摩多罗禅经》为其得意之作。道安、慧远等高僧的贡献主要还是体现在佛学本土化方面，于禅宗、律宗、净土宗等皆有开启之功。当时，道安、慧远诸高僧皆"严持戒律，坚离六尘六情之迷，力保精神安静；非如西晋老庄学者之放浪不检也"①。此或可支持谢磊等先生的论点，只是，尽管慧远曾经讲"儒道九流，皆糠粃"之类的话，他在庐山白莲社讲佛学的同时依旧兼讲儒学、道学和玄学，我们不能因为宗炳是佛教徒，追随慧远学习过佛学，写过《明佛论》，就断定《画山水序》纯粹只是受佛学影响。

　　在中国美学史上，宗炳的《画山水序》与钟嵘的《诗品》具有一定的可比性。首先《画山水序》是第一篇山水画美学专论，《诗品》是第一部专论五言诗的理论著作。虽然，从魏晋到隋唐，人物画的主流地位并没有被彻底改变，但山水画的产生却足以使画家注意到人物形神之外的山水之境，从而确立起对宽广空间更加清晰的意识。如果说，在人物画创作中，画家与笔下形象的关系还局限于个体与个体的关系，那么，在山水画创作中，画家与画面的关系则有类于主体与世界的关系。主体自觉地审视这样一种关系，是有益于审美观念在空间中得到拓展的。所以，宗炳讲："竖划三寸，当千仞之高；横墨数尺，体百里之迥。是以观画图者，徒患类之不巧，不以制小而累其似，此自然之势。如是，则嵩华之秀，玄牝之灵，皆可得之于一图矣。"显然，通过空间感的建立，画家不仅能够以小拟大，也不仅能够"笼天地于形内，挫万物于笔端"（《陆机·文赋》），而且能够表现出山水的个性和有类生命的灵性。再来看五言诗。五言诗与四言诗相比，尽管每句只增加了一个字，但是，其表现力无疑有了质的飞跃。如陶渊明的"采菊东篱下，悠然见南山"，换成四言诗，就成了"采菊篱下，悠然见山"，方

---

　　① 蒋维乔：《中国佛教史》，团结出版社，2005，第53页。

位词的缺少降低了诗句整体结构的张力；再如，谢灵运的"池塘生春草，园柳变鸣禽"，换成四言诗，就成了"池塘春草，园柳鸣禽"，动词的缺少使得诗句无从表现出早春时节万物复苏的渐变过程。也就是说，在对空间感和时间感的表现上，由四言诗发展到五言诗是一个极大的进步。而诗境也正是在对时间感和空间感的艺术呈现中得以形成的。所以，钟嵘讲，"五言诗，乃众作之有滋味者也"，可以使"味之者无极，闻之者动心"。

其次，《画山水序》和《诗品》虽然所论对象不同，实际上，宗炳和钟嵘都是针对绘画和诗歌门类艺术的不同特征来探究抽象与具象关系的，并且都做到了在前人基础上有所突破和创新。绘画作为造型艺术，其形象的直接性使得"具象"之形似可以直接诉诸人的视觉，因而，如何以"具象"来表现抽象成为画论关注的焦点。在顾恺之那里是形神论，而到《画山水序》中，在宗炳看来，画家应会山水不仅要以"应目会心为理"，即仅仅以自己的心境与山水直接融合，还要"应会感神，神超理得"，即在体悟山水本身所具有的精神特质的基础上，超越山水之"神"的具体性，进而把握更为普遍、内在和永恒之"理"。诗歌作为语言艺术，具有形象的间接性，故而，钟嵘之前人们论诗要么是从伦理层面探究"诗言志"和"兴观群怨"，要么是从心理层面探讨"物感"而"人心动"，钟嵘则不仅注意到了"气之动物，物之感人，故摇荡性情，形诸舞咏"，而且直接从个体形象出发，以说明诗歌在于以具象抒发个体的情感。

再次，宗炳的《画山水序》与钟嵘的《诗品》在审美追求上具有互补性。宗炳推崇绘画创作要超越自然，他讲："理绝于中古之上者，可意求于千载之下。旨微于言象之外者，可心取于书策之内。况乎身所盘桓，目所绸缭。以形写形，以色貌色也。"宗炳的意思是，用心观察可以明古代之不传之理，读书思考可以懂象外之微言大义。更何况身处于山水之中，眼见得大千世界，只是以形写形，以色貌色而已，掌握表现技巧并不困难。言下之意，真正值得追求的是"应会感神，神超理得"。如何达到这个目标？宗炳的办法是"闲居理气，拂觞鸣琴，披图幽对，坐究四荒，不违天励之藂，独应无人之野"，以求"圣贤映于绝代，万趣融其神思"，即得圣贤之道和万物之趣。与宗炳的绘画主张相映衬的是，钟嵘提倡诗歌创作要清新自然。钟嵘在《诗品》中评颜延之诗曰：

> 其源出于陆机。尚巧似，体裁绮密，情喻渊深，动无虚散，一句一字，皆致意焉。又喜用古事，弥见拘束。虽乖秀逸，是经纶文雅才。雅才减若人，则蹈于困踬矣。汤惠休曰："谢诗如芙蓉出水，颜如错采镂金。"颜终身病之。①

现在一些研究者仅注意"芙蓉出水""错彩镂金"字样，"错采镂金"不过只是"尚巧似，体裁绮密"等形式上的毛病，实际上，这一点恰恰是钟嵘与刘勰不同的地方。刘勰讲："深文隐蔚，余味曲包。辞生互体，有似变爻。言之秀矣，万虑一交。"② 而钟嵘则针对玄言诗"理过其辞，淡乎寡味"的毛病，他提出要"干之以风力，润之以丹彩，使味之者无极，闻之者动心"③。所以，他对于"情喻渊深，动无虚散，一句一字，皆致意"亦是持否定态度的。钟嵘与宗炳所讲的道理可以合为一处，即诗忌艰深，画忌肤浅。张少康先生拈出"旨微于言象之外"，与刘勰"隐秀"相关联，犹未完全揭示宗炳绘画美学的独到之处，但他所指出的由宗炳到钟嵘所存在的发展线索，对于我们理解气韵与意象的互通之处却是很有启发的。

---

① 许文雨编著《钟嵘诗品讲疏　人间词话讲疏》，成都古籍书店，1983，第88页。
② 赵仲邑译注《文心雕龙》，漓江出版社，1982，第335页。
③ 许文雨编著《钟嵘诗品讲疏　人间词话讲疏》，成都古籍书店，1983，第2～3页。

综上所述，尽管很少有人深入比较宗炳的《画山水序》和钟嵘的《诗品》，但实际上，《画山水序》和《诗品》所提出的一系列理论观点，在精神实质上是指向"意境"审美范式的，两者亦是"意境"审美范式生成的不可缺少的一环。

三

中国美学的"意境"理论诞生和发展于唐宋。得出这个判断须首先排除一些对于"意境"的认识误区。我们讨论"意境"审美范式的形成发展的轨迹，既是探究一种美学理论的来龙去脉，也是面对中国古人的审美实践作出准确、贴切的阐释，同时还是立足于当下对中国美学理论的体系的建构进行理性的思考。因此，一方面，要避免"各照隅隙，兼观衢路"，从而导致断代过死，标准过苛；另一方面，也要防止主观臆测、过度阐释和六经注我。比如，有的学者认为陶渊明"结庐在人境"和"此中有真意"，有"意""境"二字，所以认为"这首诗首次萌生了意境的学说"。在笔者看来，这就是过度阐释。又如，因为王昌龄提出过"三境说"，于是有些学者便认为"意境"是由王昌龄首创的。在笔者看来，这就是标准过苛。其次，对理论和创作实践既要结合起来讨论，也要明确加以分别。这两种做法表面上有矛盾，其实不然。比如，我们讲"意境"理论诞生和发展于唐宋，并不意味着在唐宋之前的审美实践及其物化成果中没有意境，也不意味着在更加古老的作品里，接受者就欣赏不到意境。如果我们从理论的先验假设出发，认定《诗经》和《楚辞》中就没有意境，这显然是极其荒诞的。我们需要说明的是，"意境"审美范式的诞生，依赖于审美主体自觉地在作品中创造意境、在欣赏中体悟意境，没有这样一种普遍的自觉，也就不会有"意境"理论本身。

"意境"理论之所以形成于唐代，首先有着社会文化的原因。"唐代文化是在继承中国传统文化的基础上，广泛吸收外来文化的精华而创造出来的具有鲜明时代特色和浓郁民族风格的开放性的世界文化"①，其最大的特征就是兼容并包。中国文化的主流是儒道释三派，如南宋时陆九渊在《与王顺伯书》中所说："大抵学说有虚有实，儒者有儒者之说，老者有老者之说，释氏有释氏之说，天下之学术众矣，而大别则此三家。"在隋唐之前，儒释道三家学说中以儒道为主。例如，"北周武帝建德二年'集群臣及沙门、道士等，帝升高座，辩释三教先后，以儒教为先，道教次之，佛教为后'"。② 至于隋朝，情况有所改变。如《隋书·李士谦传》载："客问三教优劣。士谦曰：'佛，日也；道，月也；儒，五星也。'客亦不能难而止。"到了唐代，则儒释道开始熔融贯通，并臻繁荣。陈寅恪先生在审查冯友兰先生《中国哲学史》下卷报告中对于三教辩释有一段深刻的阐述：

> 南北朝时即有儒、释、道三教之目。至李唐之世，遂成固定之制度。如国家有庆典，则召三教之学士讲论于殿庭，是其一例……二千年来华夏民族所受儒家学说之影响最深最巨者，实在制度、法律、公私生活之方面；而关于学说思想之方面，或转有不如佛、道二教者……释迦之教义，无父无君，与吾国传统之学说，存在之制度，无一不相冲突，输入以后，若久不变易则决难保持。是以佛教学说能于吾国思想史上发生重大久长之影响者，皆经国人吸收改造之过程。其忠实输入不改本来面目者，如玄奘唯识之学，虽震荡一时人心，而卒归于消沉歇绝……六朝以后之道教，包罗至广，演变至繁，不似儒教之偏重政治社会制度，故思想上尤易融会吸收。凡新儒家之学说，几无不有道教，或与道教有关之佛教为先导。③

---

① 李斌城主编《唐代文化》上册，中国社会科学出版社，2002，第2页。
② 曹聚仁：《中国学术思想史随笔》，三联书店，1986，第191页。
③ 转引自曹聚仁《中国学术思想随笔》，三联书店，1986，第199页。

这段论述主要包含了三个观点：其一，儒、释、道在唐代之所以呈现出合流的趋势，是历史发展的结果；其二，儒、释、道所产生的具体影响各有不同，儒家主要在制度、法律和公私生活方面，道家与释家则在思想上融会贯通；其三，佛学之所以在中国产生巨大的影响，是中国文化对于佛学成功改造的结果。陈寅恪先生的这段论述是有历史事实依据的。"道儒释并称三教，在南北朝时就已出现。从官方到民间，都称道儒释为三教，则始于唐代。"① 可以说，文化上的兼容并包极大地促进了人们审美观念的解放，并使得各种艺术门类在唐代都得以繁荣发展，这是"意境"理论产生的一个宏观背景。

　　唐代三教合一格局的形成对于"意境"审美范式的影响是巨大的，而尤其值得注意的是佛学及佛学中国化的禅学，对"意境"审美范式的影响更是我们所不能忽略的。正如古风先生所言："唐代佛教很盛行，特别是禅宗的兴起，影响了一代文人墨客的生活方式和思维方式。他们要么与佛门中人交游频繁，要么诵经参禅，要么效法释僧，隐居山林。"② 佛教自东汉明帝永平年间传入中国，魏晋时期与玄学相结合，逐渐形成了一些中国特色，到唐代得到了进一步的发展。可以说唐代"意境"论的提倡者大多是佛教徒或者受到佛学的很深影响。如皎然是僧人，刘禹锡则直接师承皎然和灵澈上人。在佛教经典中经常用"境"或者"境界"来形容佛教徒修养所达到的精神状态或者所领悟到的思想高度。佛教中把"色、声、香、味、触、意"称为"六境"，然后又把六境分为内境和外境两大类。南朝宋僧法云所编《翻译名义集》卷六十二中最早提到佛学上的"意境"一词，大体上指的是主观之境、思想之境。皎然曾用"境"来阐述佛理："境非心外，心非境中，两不相存，两不相废。"（《唐苏州开元寺律和尚坟铭》）至宋代的严羽

---

① 李斌城主编《唐代文化》上册，中国社会科学出版社，2002，第52页。
② 古风：《中古意境研究述评》，《延安大学学报（社会科学版）》1997年第4期。

则更直接以佛教的禅境来比喻诗歌的意境，认为两者是完全一致
的。严羽《沧浪诗话》的中心范畴是"兴趣"，清代袁枚、刘熙载
和王国维都认为"兴趣"和意境同义，笔者认为这种观点符合严
羽"兴趣"论的本义。当然，严羽的"兴趣"内涵并不是纯粹的
佛学，他的"象"论主要还是老庄思想，"兴"则继承了儒家传
统，"趣"则接近于佛学，主要指禅趣。所以严羽讲："诗者，吟
咏情性也。盛唐诸人惟在兴趣，羚羊挂角，无迹可求。故其妙处，
透彻玲珑，不可凑泊，如空中之音，相中之色，水中之月，镜中之
象，言有尽而意无穷。"从这段话我们可以看出他实际上讲的就是
"意境"的基本特征，而意境的基本精神则是儒、道、释三教合一
的结果，最重要的还是经魏晋玄学改造过的道家学说。

　　一个时代的民族精神总是通过共同体内部的个体活动得以呈
现，而个体的审美实践也总是与其生活实践伴随而生。"意境"理
论产生于唐代，与唐代士人生命实践的形式及内容有着密不可分的
关系。纵观中国审美文化的发展历史，我们可以看到一个基本的事
实，那就是艺术的自觉固然离不开杰出艺术家个体创造能力的发
挥，但更重要的在于，这种个体的自觉总是依赖于一个艺术家群体
的形成。魏晋时期由建安七子到竹林七贤，就是明证。而到了唐
代，艺术家群体的庞大和艺术家个体之间的交游活动的广泛则是前
所未有的。如《全唐诗》所收诗人就达 2200 多人。以李白为例，
据笔者粗略统计，其赠诗 110 首左右，遥寄诗 44 首，道别诗有 33
首，送行诗 92 首，酬答诗 29 首，游诗 40 首，登山登楼诗 35 首。
其交往之众，游历之广，由此可见一斑。再以提出"三境说"的
王昌龄为例，"入仕后的王昌龄与崔国辅、綦毋潜、常建等人皆有
交往，互有唱和。后来与王维、岑参、李白也建立了深厚的友情。
而他最亲密的朋友当数孟浩然"①。可以说，唐代士人广泛而有深

----

① 高锋、徐立峰：《一片冰心在玉壶——王昌龄交游、赠答诗评析》，《镇江师范
　专科学报（社会科学版）》1995 年第 3 期。

度的交往活动，不仅对其笔下意境的创造有莫大的促进，也使其对于"意境"的感悟和理解有了前所未有的独特性和新颖性。如，王昌龄所写的"寒雨连江夜入吴，平明送客楚山孤。洛阳亲友如相问，一片冰心在玉壶"，李白所写的《梦游天姥吟留别》，皆为别有意境之作。而李红霞先生更从"绘画与书法""琴酒流韵""弈棋""饮茶"四方面阐释了唐代文人与隐士交往所涉及审美意蕴。①

　　"意境"作为一种美学理论，本身就覆盖了诸门类的艺术，而在中国审美范式的发展史上，"意境"审美范式的形成，标志着中和乐论、诗学"意象论"和绘画"气韵说"在新的高度上的整合和蜕变。因此，"意境"理论的产生不仅得益于各类艺术的蓬勃发展，还得益于唐代之后在审美实践领域出现了大量精通各类艺术的艺术家个体，其中唐代的王维和宋代的苏轼堪为突出的代表人物。苏轼在《书摩诘蓝田烟雨图》题跋中称颂王维道："味摩诘之诗，诗中有画。观摩诘之画，画中有诗。"②而苏轼之所以对王维诗画作如此评价，一方面与王维所创作的诗画本身具有互通性的特点有关。王维诗画本身体现出道佛两家思想的融汇，在诗画中往往表现出虚空、灵动、闲适、清逸的共同审美特征，尤其是能够在诗情画意中透出禅趣生机。另一方面，早在魏晋时期，陆机就已经注意到了绘画和诗歌的相通之处，至唐代张彦远，则明确地讲"记传所以叙其事，不能载其形；赋颂所以咏其美，不能备其像；图画之制，所以兼之也。"王维自己在《为画人谢赐表》中也说："乃无声之箴颂，亦何贱于丹青。"只是在唐代，人们更多的还是从诗画功能性的相似之处来加以探讨，而到了宋代苏轼论王维的诗画，则自觉地上升到对于诗画共有的审美特征的辨析上。所以，苏轼曾明确提出"诗画一律"观点。如他在《书鄢陵王主簿所画折枝二

---

①　李红霞：《唐代文人与隐士交游的动因》，《唐都学刊》2004 年第 2 期。
②　苏轼：《苏轼全集》，上海古籍出版社，2000，第 2189 页。

首·其一》中写道："论画以形似，见与儿童邻。赋诗必此诗，定非知诗人。诗画本一律，天工与清新。边鸾雀写生，赵昌花传神。何如此两幅，疏淡含精匀。谁言一点红，解寄无边春。"①

"意境"一词最早是在传为盛唐诗人王昌龄所作的《诗格》中提出来的，他把"意境"与"物境"、"情境"相并列，用来概括一种诗境。他说：

> 诗有三境：一曰物境，二曰情境，三曰意境。物境一：欲为山水诗，则张泉石云峰之境，极丽绝秀者，神之于心，处身于境，视境于心，莹然掌中，然后用思，了然境象，故得形似。情境二：娱乐愁怨皆张于意而处于身，然后驰思，深得其情。意境三：亦张之于意而思于心，则得其真矣。

其中"物境"与后两境的区别比较明显，我们简单分析以下他所讲"意境"与"情境"的异同。"意境"与"情境"的出发点都是张之于意，即先有主观之"意"作为"境"的产生的原动力，但"情境"之中包含的"意"是情意，倾向于情感，所以"情境"主要抒发审美主体的喜怒哀乐之情；"意境"中包含的则是求真之意，也就是人生的真谛，属于人生哲理的范围，这种哲理往往具有一定的普遍性。王昌龄的意境论主要局限于诗论，三境划分虽有创意，但从总体看，属于魏晋南北朝文论的延续和发展。而唐代对于"意境"理论贡献最大的还是中唐的皎然、刘禹锡以及晚唐的司空图等人。

皎然的诗学理论大致可以归纳为三点：其一，假象见意，即运用传统的比兴手法，通过意象的创造，表达富有创造性的意义。诸种意义不仅指艺术家的主观之意，而且，要揭示处于复杂关系（包括审美关系）中的事物本身所具有的意义。因为，在皎然看

---

① 苏轼：《苏轼全集》，上海古籍出版社，2000，第351页。

来，万事万物都有特定的表象，而每一种表象下面都包含了一定的意义，所以，他在《诗式》"用事"一节中说："诗人皆以征古为用事，不必尽然也。今且于六义之中，略论比兴。取象曰比，取义曰兴，义即象下之义。凡禽鱼、草木、人物、名数，万象之中义类同者，尽入比兴，《关雎》即其义也。"① 其二，"采奇于象外"。他在《诗评》中说："或曰：诗不要苦思，苦思则丧天真。此甚不然。因当绎虑于险中，采奇于象外，状飞动之趣，写真奥之思。"所谓采奇于象外，实质上就是通过具有创造性的审美实践，审美主体可以超越物态化的客观存在物，在主客不分的状态中发掘出新的审美意蕴，这里已经初步涉及"意境"问题。其三，强调取境重要性与不加修饰的统一。皎然讲："诗不假修饰，任其丑朴。但风韵正，天真全，即名上等"；同时，"诗人之思，初发取境偏高，则一首举体便高；取境偏逸，则一首举体便逸。"② 从皎然对于"象"与"境"的剖析中我们可以看出，"境"在于"象"外，"境界"既指具象的形而下的器，也包含惟恍惟惚的"道"，还蕴涵着深藏于人心的情与理，而它最突出的功能就是可以通过具象，把人引入微妙玄远的境界。"象外"一词最早出现于南朝谢赫所著《古品》（宋代之后称《古画品录》）："若拘以体物，则未见精粹；若取之象外，方厌膏腴，可谓微妙也。"唐代刘禹锡也明确讲："境生于象外。"（《董氏五陵集记》）"象外"从实质上讲，是对于象的有限性的突破，"意象之形成，不但有赖于身观目接，而且有赖于'反观内视'"③。象之精粹、象之灵趣皆存在于象外，只有意象与意象有机结合为一体，才能创造出微妙的意境，才能体现作为宇宙的本体和生命的"道"。

晚唐司空图在《二十四诗品》中进一步把"意境"这一审美

① 何文焕辑《历代诗话》上册，中华书局，1981，第30页。
② 何文焕辑《历代诗话》上册，中华书局，1981，第31页，35页。
③ 汪裕雄：《意象探源》，安徽教育出版社，1996，第333页。

范畴具体化。按《二十四诗品》是否为司空图所作，当今学术界有争议。笔者认为陈尚君、汪涌豪两位先生提出的观点值得重视，但此处从旧说。如《二十四诗品》确为晚唐司空图所著，则可以断定，"意境"理论在晚唐时已发展到比较成熟的程度。因为，在《二十四诗品》中，我们可以梳理出一个"意境"论述的逻辑序列："意境"的创造方法是"超以象外，得其环中"；主体的审美意识应该"返虚入浑""俱道适往""思与景偕"；"意境"的存在状态是"如蓝田日暖、良玉生烟，可望而不可置于眉睫之前"；"意境"的最佳理想是"不着一字，尽得风流，语不涉难，若不堪忧""羚羊挂角，无迹可求"。不过，把二十四段文字作为一个总体来考察，则可以看出司空图的"意境"论明显受到了老庄思想的影响，强调的是空寂、玄虚、淡泊和缥缈。

尽管我们说"意境"理论针对的并不只是诗歌，我们不能只是视之为一种诗学理论，国内学界有些研究者用广义的"诗学"来涵盖"意境"理论，实际上是借用了西方美学中"诗学"的范畴，但是，我们亦应看到，由于在中国古代诗文占据了正统地位，相比之下，诗论和文论的比重远比画论、书论等大得多，因而，把"意境"理论研究的重点放在诗论上，比如着重比较"意境"与"意象"的关系以探求"意境"的内涵及审美特征，又是不无道理的。

第三节 "意境"审美范式的基本内涵及特征

从宏观上看，"意境"作为中国古典美学独特的审美范式，既是在审美实践中所创造的有意味的感性形式，标示着审美主体在精神层面所呈现的具有深度的自由，也是人在实践精神地把握世界的过程中获得的诗意的存在方式。在这三个层面上主体所实现的超越，不单是意识外化（如想象、移情）的结果，也不单是艺术家个人才华的集中展示，而是人作为主体以其特定的方式全面占有自己的本质。即主体在"按照美的规律来建造"的同时，也按照美的规律重塑了自我。既在使自然成为人的精神的无机界的过程中，人的精神世界亦成为对象的世界，进而使主体在审视自己精神世界的深邃和丰富性之中，确定主体存在的审美价值。因而，在宏观意义上，"意境"一定不会局限于所谓个体的独特的情境之中，而是面向更加宽广的意识系统敞开。从微观层面看，通过我们对于"意境"理论的起源和内涵考察与分析，可以部分地看到"意境"理论是中国审美范式的一个总体蜕变和升华。其一，"意境"理论在中国美学中是包容性最大的理论系统，几乎没有哪个观点、范畴和命题不可以和它挂起钩来，也没有哪个艺术门类可以完全不讲"意境"。而我们在"意境"审美范式之前所讲的两种基本范式——"意象"和"气韵"——同样被"意境"理论所吸收和包容，并使得"意境"与"意象"及"气韵"形成了异质同构的关联性。从这个角度说，古风先生认为"中国美学就是意境学"亦是不无道理的。其二，从审美价值上看，"意境"明显高于"意象"和"气韵"，对于审美实践产生的实际影响也大于"意象"和"气韵"。我们讲"意境"与"意象""气韵"之间存在异质同构的关系，只是对于审美范式静态分析的结果，即认为三者的关系是同中有异，异中有同，既相互依存，又各自独立。如果从动态的以及艺术的有机结构整体而言，则"意象"、"气韵"与"意境"的关系就是部分与整体、个别与一般、门类艺术美学与普通美学原理的关系。具体而言，又包含了三层意思："意象""气韵"不一定构成意境，它们可以有自己独立的存在方式和存在领域，但"意象"、"气韵"与"意境"之间有相似的性质和特征；"意境"必然包括"意象"和"气韵"，是对于意象创造性建构和对于气韵的主体性悟解；"意象""气韵"与"意境"在整个审美实践中所发挥的作用不能完全等同，与主体人生实践的契合程度也不相同，从"意象""气韵"走向"意境"乃一种必然。下面我们分别加以论述。

一

对于"意境"的内在肌理及内涵进行研究是一个传统课题，如朱光潜、宗白华、佛雏、叶嘉莹、张世禄、叶朗、陈良运、汪裕雄、陶东风、顾祖钊、蒲震元、古风等众多学者都提出过新颖独到的见解。但对此问题，国内研究者的研究方法和观点也各不相同，可谓众说纷纭。区别主要有几个方面：其一，研究的角度不同，有诗学、社会学、文化学、心理学、美学等视界的差异；其二，具体观点不同，如情景交融说（朱光潜）、化实为虚说（宗白华）、典型说（李泽厚）、"形而下与形而上一体说"（汪裕雄）、"生命之外面与内面的综合"（刘若愚）、"意之境，而非意加境"说（陶东风），等等；其三，对于"意境"内在构成的看法有不同。如朱光潜认为情趣与意象合而为"境界"；宗白华认为，主观生命情调与客观的自然景象交融互渗，形成"意境"；汪裕雄认为，由眼耳相接的些微之物，引人入于玄远之"境"；陈良运认为："意象的出现是意境创造的一个中介环节，而意境的完成，是意象有机地组合所致。"所有这些研究成果不仅为我们深入研究"意境"的肌理及内涵开阔了视野，也对我们进一步探讨"意境"审美范式有着重要启发。

在诸位先生观点主张的背后，隐藏着的是研究者对于"意境"之中主客、情景、虚实等关系的基本看法。如王国维把"境界"分为"有我之境"和"无我之境"；宗白华把"境界"分为六种：功利境界、伦理境界、政治境界、学术境界、宗教境界和艺术境界[1]；蒲震元把意境分为"立象以尽意"（表现为写实型、象征型和抽象型）与"境生于象外"两类[2]。尽管在上文我们看到陈良运先生并不把"意境"等同于"意象"，但从他把"意象"分为形

---

① 宗白华：《美学散步》，上海人民出版社，1981，第59页。
② 蒲震元：《中国艺术意境论》，北京大学出版社，1999，第44~45页。

象之象、象征性意象和情感性意象①三大类上，我们依稀可以看到王昌龄"三境说"的影子。而同样的情形也出现在另外一些学者的研究之中，如汪裕雄先生把"意象"分为物象、兴象（含喻象、象征、典故等）和"大象"（"罔象"）三类②；叶朗把"意象"分为兴象、喻象和抽象三类③。这种划分方法实际上并不错，因为，至少在一定程度上揭示了"意境"与"意象"异质同构的关系。笔者认为"意象""气韵"与"意境"异质同构关系建立的基础就是汪裕雄先生所说的形而下与形而上一体，而这种关系的展开则是陈良运先生说的意象有机组合而形成具有整体性的"意境"。

　　就形而下与形而上的结合而言，"意象""气韵"与"意境"异质同构的关系指的就是三者皆在不同程度上呈现着中国人的生命存在样态，蕴涵着中国哲学的天人合一、理一分殊、体用不二的精神特质。也正因为审美范式是生命存在与哲学观念的审美呈现，导致了在中国审美观念之中，没有纯粹客观的与人生相脱离的物象、自然之气与物境，"一切景语皆情语"，"物皆著我之色彩"或"不知何者为我何者为物"（王国维《人间词话》）。这种审美观念体现了中国文化哲学的精髓。中国的儒释道，其共性就在于都不主张自然与人的分离，皆不认为自然是纯粹"物"的自然。在道家，主张自然包含着人事，包含人事的自然本来是完满融和的，即"道生一，一生二，二生三，三生万物"。万物之中，无不包含着道性而且显现着道性。只是由于人的功利性和目的性才使其在现实中不能与道始终合一。在道家看来，"道"是万物之母，它视之不见，听之不闻，只能勉强称之为"无""大""神""妙"；由于万物皆由"道"而生，万物皆受"道"的制约，所以，"道"也可称为

①　陈良运：《中国诗学体系》，中国社会科学出版社，1992，第209～216页。
②　汪裕雄：《意象探源》，安徽教育出版社，1996，第331页。
③　叶朗：《现代美学体系》，北京大学出版社，1999，第115～129页。

"有"；道之"有"不同于个别事物的所谓"具体"，具体的"物"不是"道"本身，任何具体的事物都是有缺陷的；欲使具体人事复归于"道"，必须遵循"为道日损"的原则，即在否定中达到肯定和确认。所以，老子论音乐时，强调的是"大音稀声"而否定人为的艺术："五色令人目盲，五音令人耳聋，五味令人口爽。"（《老子》第十二章）然而，人作为自然的一个组成部分，其本身又是具备自然属性的，只要回归到自然状态，"道"就不再处于遮蔽的状态。故《老子》不只一处提到"婴儿"和"赤子"，如："专气致柔，能婴儿乎？"（《老子》第十章）"复归于婴儿"（《老子》第二十八章）。显然，这里的自然性主要是从生命力角度来立论的，婴儿的柔弱也恰恰代表婴儿作为生命的无限希望，人的成长也意味着逐渐走向死亡，正如老子所说："物壮则老。"（《老子》第七十章）"人之生也柔弱，人之死也坚强。"（《老子》第七十六章）婴儿与成年人相比，社会化程度低，与自然贴得更近，所以，老子所说的"婴儿"又代表自然化的人格，如他所言："含德之厚，比于赤子。"（《老子》第五十五章）① 道家的这个思想对于后代所形成的"性灵说"、"童心说"以及李贽所倡导的"赤子之心"具有开启作用。

儒家也强调天人合一，只不过儒家认为天人内在的精神实际上是一种进取性，天道行健，生生不已，人道施仁，自强不息。所以，君子只有在自强不息中才能够合乎天道或者替天行道；君子行仁义并非外在社会约束的结果，而是表现了人的本性：同情、怜悯和不忍之心。人的外在的德行与内在的德性在君子原本是融合于一处的，也就是弗洛伊德所区分的本我、自我与超我在儒家被视为一体，尽心、知性也就意味着知天，意味着与天地同流。由此出发，单单依靠道家所谓的赤子之心显然不够，需要人生实践的循序渐进，故而孔子在《论语》中就把人生分成几个关键的阶段："三十

---

① 　张松如：《老子说解》，齐鲁书社出版社，1987，第83、69、193、445、345页。

而立，四十而不惑，五十而知天命。"立、不惑、知天命都是实践
理性与社会人格的阶段性表现。儒家的天人合一观就是这样一种顺
势而为的伦理人格观念，其核心是仁，其外在表现是"生生"。
"生生"的宗旨是让生命充满生气，即使生命更加自然、健康、
向上。

说到底，"天人合一"在道家和儒家都代表理想境界，从认识
论上讲，儒道区别只是理一分殊。道家是从形而上的"道"推及
形而下的器，儒家则是从形而下的器追溯形而上的"道"。影响到
"意境"与"意象"的是，道家重视"意境"，儒家重视"意象"。
道家理论主张对于"意象"要解构，即通过"心斋""坐忘"以
显"罔象"和"大象"；儒家主张"立象"以言志抒情、"兴观群
怨"，通过运用赋比兴等多种手法，使象与象有机组合，创造出或
升华到"意境"。具体到中国的审美实践中，儒道之"境""象"
在"天人合一"这一点上并无二致。明人许学夷讲："唐人律诗以
兴象为主，风神为宗。浩然五言律兴象玲珑，风神超迈，即元瑞所
谓大本先立，乃唐人最上乘，不得偏于闲淡幽远求之也。"① 这里
"兴象"主要是儒家范畴，"风神"则与道家更加亲近，唐诗浑不
可分，杂而用之，便是儒道两家境象观念合流的明证。至于佛家境
象论，因涉及更加庞杂的内容，我们存而不论。

从上面的论述还可以看出，自然在中国人眼中，是具有可敬和
可亲双重属性的，一方面，天命可畏，天命不可违，天命不可知，
天命不可见；另一方面，天命与人事不可分，天命就包含了人事或
者包含在人事之中。只不过，道家在人与自然之间更重视人的自然
性、生命性，而儒家更重视人的社会性、伦理性；道家重视无为，
儒家重视实践；道家重视"忘"，儒家重视"知"。佛家则调和儒
道，既强调慧根、缘分和悟性，也强调诵经和修行，禅宗中神秀的
渐悟近乎于儒家，慧能的顿悟则亲近于道家。对于儒释道三家而

---

① 许学夷：《诗源辩体》卷十六，民国壬戌，上海重印本。

言，讨论"意象""气韵"和"意境"都不仅是坐而论道，更是身体力行，换言之，"意境""气韵"与"意象"构成了中国人的人生内涵，天人合一最终还是归结到了人生实践之中，是与"我"的生存理想、生存方式结合在一起的。

二

"意象""气韵"不能包含"意境"，相反，"意境"却可以包含丰富复杂的"意象"和灵动不居的"气韵"，"意象""气韵"与"意境"的第二重关系是部分与整体的关系，即"意境"是整体，"意象""气韵"是构成"意境"的有机组成部分。在这个层面上，学术界讨论最为热烈的是"意象"和"意境"的关系，我们亦沿着这个思路来加以阐述。

首先需要追问的是，单一的意象究竟能不能够构成意境，因为这涉及"意象"是否可以在一定条件下等同于"意境"的问题。国内有一些学者认为，从具体的艺术作品看，单一的意象也可以成为境界。如成功的花鸟画和咏物诗中，虽然只是以某种意象为描绘对象，却可以创造出艺术境界来。笔者认为这种看法不够全面，也不符合中国审美实践的真实状况。从表面上看，在特定艺术作品中，审美意象可以是一种，也可以是一组，并不影响其能否创造出意境。在绘画中，艺术家可以描绘名山大川，也可以局限于草木虫鱼。例如郑板桥笔下的竹子、齐白石的虾、黄胄的驴以及徐悲鸿的奔马，等等，虽然只是取单一之象，却创造出了独特的意境。但是，我们不能够脱离中国绘画艺术实践的具体情况。国画与西洋画在技法的根本区别在于国画擅长于虚实相生、计白当黑。因此，郑板桥画竹，又不止于竹，透过竹子，我们可以感觉到秋风夜雨；齐白石画虾绝非拘泥于虾，面对流淌的线条，我们仿佛感觉出汩汩溪流。也就是清代笪重光在《画筌》中所说的："空本难图，实景清而空景现；神无可绘，真境逼而神境生。"意思是说在表面之象的背后，还隐藏着象外之象。这一点宗白华先生也曾讲过："庄子说：‘虚室生白。’又说：‘唯道务虚。’中国诗词文章里都着重这空中点染，抟虚成实的表现方法，使诗境、词境里面有空间，有荡漾，和中国画面具同样的意境结构。”① 何以如此，除了技法的原因之外，我们还可追因于它的产生过程，即审美实践的动态流程。郑板桥有一段关于画竹的著名描述：“江馆清秋，晨起看竹，烟光日影露气，皆浮动于疏枝密叶之间，胸中勃勃遂有画意。其实胸中之竹，并不是眼中之竹也。因而磨墨展纸落笔，倏作变相，手中之竹又不是胸中之竹也。总之，意在笔先者，定则也；趣在法外者，化机也。独画云乎哉！”② 过去，有些学者简单地把眼中之竹、胸中之竹和笔下之竹视为“物象”“意象”和“形象”，实在只是皮相之见。如果依此观点类推，岂不是在说眼前无意象，胸中无形象，笔下无物象吗？还是看郑板桥自己是如何看这个问题的：“板桥画竹，不特为竹写神，亦为竹写生。瘦劲孤高，是其神也；豪迈凌云，是（其）生也；依于石而不囿于石，是其节也；落于色相而不滞于梗概，是其品也。”③ 正是因为板桥笔下的竹子具备了神、生、品，所以才能做到象外有象，与天地相通，并且表现出人格的力量。

　　其次，“意境”是一种高于“意象”的审美范式，但“意境”不能够完全脱离“意象”。如陈良运先生所讲：“意象的出现是意境创造的一个中介环节，而意境的完成，是意象有机地组合所致。”④ 这种看法符合中国古代美学的传统观点。笔者认为，在中国美学史上讲“意境”是对于“意象”的超越，最为重要的论述有三点值得注意：其一是老子赞赏的“大象”与庄子提出的“罔象”；其二是“观物取象”和“境生于象外”所包含的“象外”意义；其三是庄子提出的“心斋”“坐忘”和“逍遥游”以及儒

---

①　宗白华：《美学散步》，上海人民出版社，1981，第 70 页。
②　郑板桥：《郑板桥诗文书画》，民族出版社，2004，第 177 页。
③　郑板桥：《郑板桥集》，上海古籍出版社，1979，第 224 页。
④　陈良运：《中国诗学体系论》，中国社会科学出版社，1992，第 288 页。

家的赋比兴传统和刘勰所论"神思"。所有这些论述都包含着对于"象"的消解和重建倾向。

有些学者把"罔象"说成是抽象之象，或者既承认"罔象"是指一种境界，同时又说这种境界是一种特殊的审美意象。也有的把"大象"和"罔象"划归到意象之中。对此笔者持保留态度。笔者认为"大象"和"罔象"指的类似于后来形成的"境界"或"意境"范畴。前文我们已经论述了老子所谓的"大音稀声""大象无形"实际上是由形而上的"道"推出来的，所以，它所指的既不是具体的"物象"也不是有限的意象，而是直接与"道"合流。这里我们对庄子的"罔象"作简要分析。庄子在《天地篇》中写了一个寓言："黄帝游赤水之北，登乎昆仑之丘而南望，还归，遗其玄珠，使知索之而不得，使离朱索之而不得，使喫诟索之而不得也，乃使罔象，罔象得之。黄帝曰：'异哉！罔象乃可以得之乎！'"通篇寓言是使用了象征手法，"玄珠"象征道，"知"象征理智和认识，在传说中"离朱"是黄帝时视力最好的人，在此象征五官感觉，"喫诟"象征言辩，"罔象"象征直觉或统觉，即人所具有的一种洞察能力，通俗地说，就是能够透过现象看本质，超越有形趋于无形，超越意象趋于境界。应该注意的是，超越不等于不要，如郭嵩焘在《庄子集释》中所注："象罔者若有形若无形，故眸而得之。即形求之不得，去形亦求之不得也。"笔者的解释是，这段寓言所说明的是人要想把握大道，不能依靠求知、观察和修辞，而需要直觉体悟。因此，"罔象"就是无象或不局限于"意象"，而是由"意象"转为"意境"。

再次，"意象"之所以能够转变为"意境"，其根本动力就包含在"意象"与"意境"的产生过程中："观物取象""境生于象外"和"取其象外，得其环中"。"观物取象"出自《易传》："古者包牺氏之王天下也，仰则观象于天，俯则观法于地，观鸟兽之文与天地之宜，近取诸身，远取诸物，于是始作八卦，以通神明之德，以类万物之情。"① 很明显，此段文字所讲的"象"不是孤立之"象"，而是普遍联系中的"意象"。换言之，"意象"的意义即来自普遍联系，在"意象"中实际上就已经潜在地包含了时空的因素，时空因素的渗透使得"观物取象"的象不是"独象"（孤立之象），创造新的意象也就必然会产生新的意象与意象之间有机联系，使得"意象"转向"意境"，而不是如我们今天简单化的概括：主观之意与客观之象的结合。举例来说，明月在中国审美文化中是一个意象，但并不是一个有恒定意义的意象，在不同审美主体的审美实践或者在同一主体不同的审美实践中往往有着不同的含义，从而也成为不同的意象。李白有"儿时不识月，呼作白玉盘"、"花间一壶酒，独酌无相亲，举杯邀明月，对影成三人"；杜甫有"今夜鄜州月，闺中只独看，可怜小儿女，未解忆长安"；张若虚有"江上何人初见月，江月何年初照人"、"谁家今夜扁舟子，何处春江无月明"；苏东坡有"明月几时有，把酒问青天"；曹雪芹《红楼梦·葬花辞》中有"寒塘渡鹤影，冷月葬花魂"。所有这些作品中的明月意象都是与其他意象形成了有机的联系，可见，"观物取象"的"取""不是单纯摹仿，而起于物我之间因生命之气的交流共鸣而感应互通……"② 在意象与意象的联系之中，形成了各不相同的意境。

　　那么如何由"意象"上升到"意境"呢？道家与儒家的观念有所不同。道家是借助"心斋"和"坐忘"而达到逍遥游的境界，儒家则把传统的赋比兴结合起来加以运用。对于道家（尤其是经过魏晋玄学阐释的道家）而言，"意象"只是通向"意境"和"道"的工具和桥梁，只要真正显示出或者创造出了意境，过河可以拆桥，卸磨不妨杀驴，这就是道家一方面讲"言不尽意，立象尽意"，另一方面又讲"得象忘言、得意忘象"的道理。如我们前

---

① 《全本周易》，北京出版社，2006，第352～353页。
② 汪裕雄：《意象探源》，安徽教育出版社，1996，第332页。

文所述，对于儒家来说，是非常重视"象"的重要功能的，道并不是彼岸的东西，道就在桥上，就在人的日常实践之中，创造意象虽不是最终目的，但意象构成人的日常生活的一个重要部分却是一个基本事实，所以，目的与过程根本就无法截然分开，借用西方符号学的观点，符号当然不是人本身，但人却是符号化的高级动物，符号行为在一定程度上就代表了人的本质。因此，孔子死了，孔门学子要对相貌类于孔子的有若执弟子礼，道理就在于"意象"虽然不是"意境"，但却是"意境"的载体，如果完全摆脱"意象"，"意境"就只能够成为一种抽象的玄理，而不再是可以诉诸感觉的境界。因此，在一定意义上讲，所谓"意境"论亦可称之为"镜像"论。

在道家"意境"论和儒家"意境"论之间是互补的关系，道家所做的是消解的工作，即把意象的局限性彻底打破，儒家更多的在于建构，即通过对于意象与意象的重新组合和创造，来使意象指向意境。结果是殊途同归，无论道家还是儒家都创造了大量的意象。同中之异在于道家境界主要倾向于人生哲理和指向彼岸的超越感，儒家境界主要亲近于人情世故和关注此岸的切身性。

三

"意境"不是在人生实践中分离出来的特殊部分，而是把审美实践的特征以及审美作为人的存在方式推延到一般的人生实践之中，因此，"意境"既是中国人在审美活动中形成的一种特殊境界的存在形式，也是华夏民族的人生实践所追求的理想境界。

"意境"不是物的存在，也不是精神的存在，既不是包含着一定意义的物境，也不是从物境中生发出来的主观意义。童庆炳先生认为"意境"是偏正结构，[①] 即意之境。笔者认为这个观点值得进一步研究。在笔者看来，"意境"就是"意"加"境"，当然不是

---

① 童庆炳：《"意境"说六种及其申说》，《东疆学刊》2002 年第 3 期。

简单的两者相加，而是在实践中，尤其是审美实践中形成的"意"与"境"之浑然一体。中国禅宗有一个著名的公案，是关于旗在风中的辩论，究竟是风动、旗动还是人的心动，最终得出的都是一己之见：说风动，讲的是"树欲静而风不止"，是"无风不起浪"；说旗动，旗有动性才可能动，风吹高山高山却不动；说人心在动，讲的是如果人对于外物没有感觉力，就从根本上取消了静与动的区别。同理，"意境"既不能归于心，也不能归于物，同时还不能单单等同于作品的结构功能，"意境"是心与境在审美实践中形成的浑然一体的感性形式。以此为前提，我们把"意境"的基本审美特征概括为三个方面：有无互动、虚实相生的哲理性意蕴；"境生于象外"与"美在咸酸之外"呈现出的生气；"真境""情境"与"禅境"相互融合形成的总体审美特质。

对于"意境"中的有无虚实之关系，中国传统美学的主要观点可以分为两种，一种是主张从虚无的角度来把握"意境"，认为"意境"就是虚、无、远、空等为基本特征的审美境界。这种观点引申开来就是把"意境"等同于情感、意志和认识，如王国维所说："喜怒哀乐，亦人心中之一境界"，或如清代方东树所说："凡诗写事境易近，写意境易远。近则亲切不泛，远则想味不尽。作文作画亦然。"[①] 第二种观点是认为"意境"实际上可以分为两个部分，即"意"与"境"，"意"偏于虚无，"境"偏于实有，"意"主要指审美主体的情感、精神，"境"主要指外在于主体的景观、形象，由此推导出"情景交融"、"情中景""景中情"等"意境"的具体分类。这种观点可以追溯到魏晋时期形神之辩和言象意之争，张璪在《绘境》中提出的"外师造化，中得心源"也有这个意思。

"意境"中虚实、有无问题其实不仅涉及中国审美文化的根本特征，而且，也涉及中国人对于世界的根本看法。笔者认为首先可

---

① 方东树：《昭昧詹言》，人民文学出版社，1961。

以通过比较中西方审美文化中所贯穿的哲学观念来加以鉴别。中国哲学的基本范畴有天道、虚无、形神、阴阳、理气、格物致知等，西方哲学的基本范畴是万有（Being）、上帝（God）、理念（idea）、物质（Matter）、实体（Substance）、逻各斯（logos）等。在中国文化中最为核心的是"道"的范畴，"道"的本性是虚无，"道"的存在方式是"中和"，"道"的表现是阴阳二气，"道"的内涵是天理人情，"道"的特征是形神兼备。在西方哲学与文化中最重要的范畴是"万有"（或译作"本体"、"存在"、"是"），"万有"是哲学的始基和存在的基础，"万有"的本性是有，从"万有"跨越到实体时，"万有"实际上已经由存在论转向了知识论，但这种转向是由"有"向"有"的转向，而不同于中国的"无中生有"。西方的理念、实体、物质、逻各斯是通过一步步消解"万有"而求得发展的，而中国的虚无、天理人情、形神、理气却是对于"道"的皈依和对于"道"本身的充实和发展。正因如此，西方的"万有"和上帝始终站立在彼岸令人可望而不可即，中国的"道"却渗透在此岸世界的每一个角落，成为中国人生实践与审美实践的核心。日常生活与审美实践既然都可以以"道"为核心，那么，两者就不再是相互隔绝的，而是水乳交融的关系。

　　理解了中西方哲学、文化的这个根本区别，我们再来看"意境"中有无、虚实的问题，答案就相对清楚一些。在"意境"中，"意"与"境"原本不是互相分离的两个世界，而是你中有我，我中有你的关系，也就是说，"意"是"境"中之"意"，"境"是"意"中之"境"。我们讲"意境"就是"意"加"境"，指的就是在审美中"境中之意"和"意中之境"融为一体。单纯把"意"归入虚无，把"境"归为实有，是人为划出的两个世界，说到底还是认识论在作怪。

　　从中国的哲学本体论角度看，"意境"的有无、虚实必然涉及时间和空间问题。"意境"中有无相生、虚实相间依赖于时空的人化。我们在前文中分析了中国人在人生实践中形成的对于时间流逝的极度敏感，正是这种感觉力使中西方人的时间、空间意识截然不同，时间心灵化和空间向时间转化是中国审美实践中明显的特征。时间心灵化表现有两个方面：化客观时间为主观感觉的时间；将人的生命的有限性融入自然生命的无限性之中。空间向时间转化表现为把空间视为凝固着的时间或有着永恒意味的时间。

时间本身是不以人的主观意志、情感为转移的，对于人而言，时间始终是冷酷无情的，代表着一种无情的天道。但在中国，天道和人情、物理本没有明确的界限，"道"已经进入了现实的人生当中，时间主观性的一面由此显示出了无限的温情。时间开始随着人不同的心境绵延。例如：《淮南子·说山训》中有："拘囹圄者，以日为长；当死市者，以日为短。"《诗经》中有："一日不见如三秋兮。"《西厢记·长亭送别》中有："却告了相思回避，破题儿又早别离。"在不同的情景之下，时间具有了可长可短的相对性，成为了一种心理时间。不仅如此，人的生命与自然世界似乎可以相互沟通。万物的更替消亡经常引发主体的生命之忧。《枯树赋》中讲："昔年移柳，依依汉南；今看摇落，悽怆江潭。树犹如此，人何以堪！"身边景象的变化使人对于生命易逝、红颜易老更加敏感。谢榛在《四溟诗话》中有一段精彩的比较：

　　韦苏州曰："窗里人将老，门前树已秋"；白乐天曰："树初黄叶日，人欲白头时"；司空曙曰："雨中黄叶树，灯下白头人"。[①]

说明人情物理在时间中可以相互映衬，形成新的境界。空间时间化使生命的有限寓于自然的无限之中，从而在中国人的审美实践中呈现出化瞬间为永恒的特征。这种审美体验实际上和现实的人生感受是密切相关的，比如，陕西临潼骊山顶上老君殿，是周幽王烽火戏

---

① 丁福保辑《历代诗话续编》下册，中华书局，1983，第1142页。

诸侯的地方，也是唐明皇与杨玉环发誓"在天愿为比翼鸟，在地愿为连理枝"的所在，同一场所连接着的是不同的时间。同理，唐代诗人陈子昂《登幽州台歌》所见的不是眼前的风景，而是在空间之中流淌着的时间之河："前不见古人，后不见来者，念天地之悠悠，独怆然而涕下。"再以中国绘画为例，与西洋画的透视法完全不同。西洋画透视法按宗白华先生总结，有三个基本特点：几何学透视法、光影透视法和空气的透视法。[①] 中国画里的空间构造，既不凭借光与影的烘染衬托，也不精于雕塑和建筑的立体几何透视，反而可以与音乐或舞蹈相通，如流水一般迂回曲折，像远寺钟声，在空中回荡。如范晞文《对床夜语》所说："不以虚为虚，不以实为虚，化景物为情思，从首至尾，自然如行云流水，此其难也。"所以，中国画喜欢在一方直幅里，让欣赏者抬头先见远山，然后逐渐返回到水边林下，正是把空间时间化的真实写照。

　　有无互动、虚实相生其实也就是指在中国人的审美实践中，由时间心理化和空间向时间转化，幻出变化与永恒的意味和情韵。时间心理化使"虚"可以生"实"，审美情感可以通过想象化为种种景象，如"感时花溅泪，恨别鸟惊心""十年生死两茫茫"之类，实则在细腻的心理时间中化情思为境界；空间转化为时间使"实"可以生"虚"，如李商隐《夜雨寄北》所写：

　　　君问归期未有期，巴山夜雨涨秋池。何当共剪西窗烛，却话巴山夜雨时。

描写的只是雨涨秋池和剪烛夜话两个场景，但由于这两个场景并非可以出现于同一时间，而是由空间转换来的时间（当然也是心理时间），就决定了这首诗不是简单的咏物或写景诗，而是地地道道的抒情佳作。

---

　　① 宗白华：《美学散步》，上海人民出版社，1981，第114页。

在人化时空中呈现出的"意境"并不能保证"意境"的意蕴始终是健康向上的，人化时空可以使人"穷且益坚，不坠青云之志"，也可以使"君子安贫，达人知命"；可以包含如儒家所提倡的"进亦忧，退亦忧"、"先天下之忧而忧，后天下之乐而乐"的积极进取的人生态度，但更多的还是人生的无奈和怅然。"江山依旧，人事皆非"是一境，"执手相看泪眼"又是一境。嵇康所写"目送归鸿，手挥五弦。俯仰自得，游心太玄"，是在人化时空中扩大了的人生自由；苏轼却从人化时空中见出了自由背后的虚幻："人生到处知何似，应是飞鸿踏雪泥。泥上偶然留指爪，鸿飞那复计东西。"[1] 总体上看，中国审美实践中形成的意境更擅长表现敏锐的知觉和细致的感情，而不擅长营造宏大的气势和剧烈的冲突。有无互动、虚实相生作为"意境"的重要审美特征，说明了"意境"真正成为了一种特殊的人生境界，而非客观之境与主观之意的机械组合，确实体现了意义在审美中生成的内涵。

四

审美主体之所以能够在"意境"中呈现出有无互动、虚实相生的哲理性意蕴，不仅是由审美实践受人化时空的影响，而且，是因为中国的虚无不同于西方的虚空，西方的虚空是作为实体所占据的位置和运动空间的虚空，而中国的虚无却代表着一种浑然一体包含大道的生气，通过虚空之中的生气，象与象进入了生生不息的生命化境。在中国人看来，宇宙本来就充满着生气，如张载在《正蒙·太和》中所说："太虚无形，气之本体，其聚其散，变化之客形尔。"虚无是气的根源和本体，万物的变化仅仅是相对于虚无的变化，即气的变化。处于天地之中的人同样依靠生气成为万物的灵长，如《礼记·礼运》中论述的："人者，其天地之德，阴阳之

---

[1] 苏轼：《和子由渑池怀旧》，收入《苏轼全集》，上海古籍出版社，2000，第20页。

交，鬼神之会，五行之秀气也。"所以，无论是"象"还是由"象"所构之境，都不可能脱离气而独具活力。张载在《正蒙·乾称》中干脆把"象"与"气"看成一样的东西，他说："凡可状皆有也，凡有皆象也，凡象皆气也。"这种观点表现出中国人的根本观念："中和"是"道"的存在形式，"气"是象的存在形式，象与象在审美实践中凭借"中和"与"气韵"形成意境。

"意象"是"意境"产生的中介，但"意境"又不能拘泥于象，而是以我之性情去与天地之生气融合。董仲舒曾经说：

> 天亦有喜怒之气，哀乐之心，与人相副，以类合之，天人一也。春，喜气也，故生；秋，怒气也，故杀；夏，乐气也，故养；冬，哀气也，故藏。（董仲舒《春秋繁露·阴阳义》）

我们抛开董仲舒"天人感应"论神秘性的一面，就可看到他的论点在中国人的观念和行为之中还是有代表性的。陆机在《文赋》中用更富有文采的语言表述了同样的道理：

> 遵四时以叹逝，瞻万物而思纷；悲落叶于劲秋，喜柔条于芳春。

这个道理最终在审美实践之中得到了印证，郭熙在《林泉高致》中论到：

> 春山烟云连绵人欣欣，夏山嘉木繁荫人坦坦，秋山明净摇落人肃肃，冬山昏霾翳塞人寂寂。真山水之烟岚，四时不同：春山淡怡而如笑，夏山苍翠而如滴，秋山明净而如妆，冬山惨淡而如睡。

春夏秋冬不同的山色在审美实践之中具有了人的情感色调，这就要求审美必须超越具体的"象"而创造美的意境。如清代画家邹一桂在《小山画谱》中所说：

> 人有言绘雪者，不能绘其清；绘月者，不能绘其明；绘花者，不能绘其馨；绘人者，不能绘其情；此数者虚，不可以形求也。不知实者逼肖，则虚者自出，故画北风图则生凉，画云汉图则生热，画水于壁，则夜闻水声。谓为不能者，固不知画者也。

在"意境"之中，宇宙人生成为一个浑然融合、生机勃勃的整体，种种意象都只是多样统一之中的诸相。"意境"之中要求有生气灌注，要能从局部看到整体，从有形体悟精神，如西方人所谓"一粒沙里见世界"和孟子所讲"万物皆备于我"，从而感悟到象外之象，境外之境。

正因为"意境"创造的是一个充满生机的世界，所以，它的基本表征是由真境中见空灵，在情境中写胸臆，于禅境中显幽思。这三种表征把意境大体上分成三类，一主气象，二主情思，三主玄理。同写月夜星天，"大地山河微有影，九天风露浩无声"是自然气象；"半江残月欲无影，一岸冷云何处香"发骚人之叹；"明河有影微云外，清露无声万木中"写幽思妙想。① 真境与禅境类似于王国维所讲的"无我之境"，情境近于王国维所讲的"有我之境"。只不过，在中国人的审美实践中，天人合一的根本特点使审美主体往往把气象、情思与玄理融合为一个有机体。我们且看李白所作的《忆秦娥》：

> 箫声咽，秦娥梦断秦楼月。秦楼月，年年柳色，灞陵伤别。乐游原上清秋节，咸阳古道音尘绝。音尘绝，西风残照，

---

① 参考宗白华《美学散步》，第61页。

汉家陵阙。

在作品中有传说，有景观，有王朝遗迹，情事、景象、哲理在审美中揉为一体，凝聚为无边无际的苍凉境界，即所谓"状难写之景如在目前，含不尽之意见于言外"。[①] 王国维在《人间词话》中评价此诗说："太白纯以气象胜。'西风残照，汉家陵阙'寥寥八字，遂关千古登临之口。""以气象胜"的意思也就是指在作品意象结构中包含着无限情思和人生慨叹，形成了整体的诗歌意境。至于作品中意境究竟是包容着一种情感还是幽思或者玄理，却是说不清道不明的，而这正是"意境"所具有的"美在咸酸之外"[②] 的特点。

我们说"意境"的基本表征是由真境中见空灵，在情境中写胸臆，于禅境中显幽思，也就是说这三种表征体现了审美主体在审美不同层次上的价值追求。表面上看，对真境的审美要求是自然、天真和充满生气；对情境的审美要求是含蓄隽永、韵味无穷；对禅境的审美要求是空灵玄虚、超逸脱俗。但实际上所有这些要求也都是对于意境整体审美价值的衡量尺度。"意境"的内在机制就是"真境"、"情境"和"禅境"之间相互贯通、浑然一体，其基础是在中国审美实践中景、情、理互相渗透、融合无间。因此，在中国人的审美实践中，无论真境、情境还是禅境，都呈现出天真自然、含蓄隽永、空灵生动的总体特征。

审美是一种特殊的人生实践，审美是对于人生的升华，而不是对人生的弃绝。"意境"作为中国审美实践的理想境界，是与人生息息相通的，所以，王国维在《人间词话》中说："大家之作，其言情也必沁人心脾，其写景也必豁人耳目。"何以如此，从根本上说就是天真自然，不假雕饰。自然天真在"意境"创造中有两种

---

① 欧阳修：《六一诗话》所引梅尧臣语。《欧阳修全集》，中国书店，1986，第1037页。

② 苏轼：《书黄子思诗集后》，收入《苏轼全集》下册，上海古籍出版社，2000，第2133页。

含义：一是师法自然，二是反对模拟抄袭、矫揉造作。孙过庭在《书画谱》中把书法意境的特征归纳为"同自然之妙有，非力运之能成"。张彦远在《历代名画记》中也说：

> 夫阴阳陶蒸，万象错布。玄化无言，神工独运。草木敷荣，不待丹绿之彩；云雪飘扬，不待铅粉而白；山不待空青而翠，凤不待五色而绛。是故运墨而五色具，谓之得意。意在五色，则物象乖矣。

这两段话主旨皆在于强调审美实践中所谓"师法自然"是对于自然的重新发现和创造，而不是把自然直接等同于客观对象。也正是因为这个原因，张彦远着重强调了中国水墨画重在传神写意的特点。而他的这种观点在荆浩的《笔法记》里阐述得就更加清楚。荆浩明确反对绘画"贵似得真"的观点，提出了他对于绘画的看法："画者画也，度物象而取其真。"显然，度物象就是指审美活动，只有在丰富复杂的审美活动中，自然的精神底蕴才得以昭显。可见，"意境"并不存在于主观和客观两分的世界中，而是产生于审美实践的过程之中，是在审美活动中的"外师造化，中得心源"。

"意境"自然天真的特征还包含着不矫揉造作、自然而然的意思。在这个层面上，"意境"与人生、人性密切联系起来。审美主体在审美实践之中所见和所知与日常生活的知见虽有所不同，但却可以融合沟通。宋人龚相曾经写过一首诗：

> 学诗浑似学参禅，悟了方知岁是年。点铁成金犹是妄，高山流水自依然。①

明代徐祯卿论述得更加具体：

---

① 龚相：《学诗诗》，《诗人玉屑》卷一，中华书局，2007。

　　凡猝然出于田畯、红女、渔樵、牧子、担夫之口者，皆诗
也。商贾经年，去家万里，居者备述其家事觏缕，并劳其风波
险阻在外劳苦安否；行者度赢息几倍，忖归期久近，嘱家人谨
视门：盖各题平安以相贻，皆天下之至文也。何者？诗不必叶
韵，文不必成章，道其性情肝膈之要而止也……故曰：画西施
之面，美而不可说；规孟贲之目，大而不可畏；曾不若丑女之
能娠，怯夫之作力也。①

徐祯卿的观点不仅阐释了审美实践与人生实践密不可分的关系，也
从另一侧面说明了美是一种特殊的人生境界，意境与人的真情实感
不能割裂。当然，"意境"毕竟不同于徐祯卿所说的那样直接来自
生活琐事。他能够认识到乡下胆小怕事、勤于劳作的农民，会生孩
子、长相奇丑的妇女也有潜在的审美价值，也可以进入境界，这已
经是一件非常了不起的事情。但他所没有意识到的是，丑女、怯夫
并不是因为与西施、孟贲相比更符合功利目的才成为美的对象，而
是因为审美实践原本就是一种特殊的人生实践，"意境"作为理想
的人生境界与审美范式，本来就有注重自然和生命本真的特征。司
空图在《诗品》中曾经专门列了一品来描述"意境"自然天真的
特征：

　　俯拾皆是，不取诸邻，俱道适往，著手成春。如逢花开，
如瞻岁新，真予不夺，强得易贫。

显然，司空图不是从静态的角度把大自然本身等同于美，而是始终
强调"自然"在人的审美实践中的存在状态。从审美过程看，
"意"境的自然特征不是苦思冥想的认识活动，而是"俯拾皆是，
不取诸邻"；这种"俯拾"不是简单地把美的特性归诸客观对象的

_____
①　徐祯卿：《与同年诸翰林论文书》，《明文授读》卷二十二，味芹堂刻本。

属性，而是在"俱道适往，著手成春"中促使"意境"的生成。

　　既然"意境"中的"自然"不仅是指对于大自然的原样模仿，而是经过"俱道适往，著手成春"的"人化自然"，那么，对于这种"自然"的审美要求就不仅仅是质朴、真实和自然而然，而是要使自然与"道"相互融合，由自然走向空灵和含蓄。由真境通往情境和禅境。司空图在《诗品》中也形象地描绘了"意境"的"含蓄"特征：

　　　　不著一字，尽得风流，语不涉难，已不堪忧。是有真宰，与之沉浮，如渌满酒，花时返秋。悠悠空尘，忽忽海沤，浅深聚散，万取一收。

司空图不是把含蓄等同于作品意义的晦涩难懂，而是审美主体通过审美想象超越了形而下个别之物的局限，形成了审美意象，审美意象不仅指向客观世界，同时沟通主体心灵，与人类的共同美感心理结构暗合，因而，才能够做到在质朴、自然的形式中，蕴藏绵绵情韵与深远的意味。"意境"这种空灵含蓄的审美特征之所以形成，深受道家美学思想的影响。老子主张"大音希声，大象无形"、"大巧若拙，大辩若讷"、"知者不言，言者不知"和"信言不美，美言不信"[①]；庄子提出"至乐无乐，至誉无誉"。可以说这些观点奠定了"意境"含蓄空灵的哲学基础。"意境"自然、含蓄与空灵的审美特征从实质上讲，划清了审美与非审美的界限。用陆游的话来形容，就是"文章本天成，妙手偶得之"。朱熹把这种特征概括为"不费力"，在赞扬陆游诗歌时说："陆务观诗：'春寒催唤客尝酒，夜静卧听儿读书'，不费力，好。""不费力"正是"意境"所区别于认识活动、伦理行为的对象——真理与善的根本特征。在"不费力"的审美实践中，审美主体创造出了一个鸢飞鱼跃、活泼

　　① 《老子》第四十一、四十五、五十六、八十一章。

玲珑、渊然而深的世界。"意境"中有生气，如罗敷之美，是在时空中呈现的流光溢彩，"意境"中含真情，如"二十四桥明月夜"的长相思念，"意境"中亦蕴涵着类似于王勃《滕王阁序》、苏轼《赤壁赋》中人生悲喜与生命真谛，但一切都不矫情、"不费力"，是人的自由的创造，而人正是在自由创造之中步入"意境"、超越自我的。

参 考 文 献

（一）中文专著

蔡仪：《新美学》，群艺出版社，1947。

汤用彤、任继愈：《魏晋玄学中的社会政治思想略论》，上海人民出版社，1956。

黄节：《阮步兵咏怀诗注》，人民文学出版社，1957。

〔法〕丹纳：《艺术哲学》，人民文学出版社，1963。

〔希〕柏拉图：《文艺对话集》，人民出版社，1963。

司空图：《诗品》，人民文学出版社，1963。

唐君毅：《生命存在与心灵境界》，台湾学生书局，1977。

〔德〕莱辛：《拉奥孔》，人民文学出版社，1979。

〔德〕黑格尔：《美学》，商务印书馆，1979。

钱锺书：《管锥编》，中华书局，1979。

郭绍虞主编《中国历代文论选》，上海古籍出版社，1980。

楼宇烈：《王弼集校释》，中华书局，1980。

〔希腊〕亚里士多德：《形而上学》，商务印书馆，1981。

〔法〕列维·布留尔：《原始思维》，商务印书馆，1981。

宗白华：《美学散步》，上海人民出版社，1981。

刘勰：《文心雕龙译注》，赵仲邑译注，漓江出版社，1982。

刘贵杰：《支道林思想之研究——魏晋时代玄学与佛学之交融》，商务印书馆，1982。

〔德〕叔本华：《作为意志和表象的世界》，商务印书馆，1982。

〔意〕克罗齐：《美学原理　美学纲要》，人民文学出版社，1983。

〔美〕门罗：《走向科学的美学》，中国文联出版公司，1983。

钱穆：《中国文化特质》，阳明山庄，1983。

钱锺书：《谈艺录》，中华书局，1983。

严羽：《沧浪诗话》，郭绍虞校释，人民文学出版社，1983。

汤一介：《郭象与魏晋玄学》，湖北人民出版社，1983。

〔英〕贝尔：《艺术》，中国文联出版公司，1984。

〔苏〕列·斯托洛维奇：《审美价值的本质》，中国社会科学出版社，1984。

〔德〕格罗塞：《艺术的起源》，商务印书馆，1984。

〔英〕科林伍德：《艺术原理》，中国社会科学出版社，1985。

〔英〕鲍桑葵：《美学史》，商务印书馆，1985。

〔苏〕列·谢·维戈茨基：《艺术心理学》，上海文艺出版社，1985。

叶朗：《中国美学史大纲》，上海人民出版社，1985。

梁启超：《中国近三百年学术史》，中国书店，1985。

冯契：《中国古代哲学的逻辑发展》，上海人民出版社，1985。

〔德〕尼采：《悲剧的诞生》，三联书店，1986。

〔法〕诺安：《笑的历史》，三联书店，1986。

〔匈〕卢卡契：《审美特性》，中国社会科学出版社，1986。

〔苏〕卡冈：《艺术形态学》，三联书店，1986。

〔美〕苏珊·朗格：《情感与形式》，中国社会科学出版社，1986。

〔美〕鲁道夫·阿恩海姆：《视觉思维》，光明日报出版社，

1986。

　　谢选俊：《神话与民族精神》，山东文艺出版社，1986。

　　王昌猷：《意境风格流派》，广东人民出版社，1986。

　　刘东：《西方的丑学》，四川人民出版社，1986。

　　〔美〕布洛克：《美学新解》，辽宁人民出版社，1987。

　　〔英〕弗雷泽：《金枝》，中国民间文艺出版社，1987。

　　〔德〕海德格尔：《存在与时间》，三联书店，1987。

　　〔法〕萨特：《存在与虚无》，三联书店，1987。

　　〔英〕艾耶尔：《二十世纪哲学》，上海译文出版社，1987。

　　〔德〕鲍姆嘉通：《美学》，文化艺术出版社，1987。

　　〔法〕列维·斯特劳斯：《野性的思维》，商务印书馆，1987。

　　梁漱溟：《中国文化要义》，学林出版社，1987。

　　王葆玹：《正始玄学》，齐鲁书社，1987。

　　陈伯君：《阮籍集校注》，中华书局，1987。

　　孔繁：《魏晋玄学和文学》，中国社会科学出版社，1987。

　　高尔泰：《美是自由的象征》，人民文学出版社，1987。

　　徐复观：《中国的艺术精神》，春风文艺出版社，1987。

　　宗白华：《艺境》，北京大学出版社，1987。

　　宗白华：《美学和意境》，人民出版社，1987。

　　敏泽：《形象　意象　情感》，河北教育出版社，1987。

　　田文棠：《魏晋三大思潮论稿》，陕西人民出版社，1988。

　　苏恒：《文学与意境》，成都电讯工程学院出版社，1988。

　　〔美〕M. M. 卡伦：《艺术与自由》，工人出版社，1989。

　　〔希〕亚里士多德：《诗学》，人民文学出版社，1989。

　　许杭生、李中华：《魏晋玄学史》，陕西师范大学出版社，1989。

　　钱世明：《意象通说》，华夏出版社，1989。

　　汪耀进：《意象批评作者》，四川文艺出版社，1989。

　　张首映：《审美形态的立体观照》，人民文学出版社，1989。

　　〔日〕小野泽精一等编：《气的思想》，上海人民出版社，1990。

赵宪章：《文艺学方法通论》，江苏文艺出版社，1990。

吴晓：《意象符号与情感空间——诗学新解》，中国社会科学出版社，1990。

陈植锷：《诗歌意象论》，中国社会科学出版社，1990。

贾文昭主编《中国古代文论类编》，海峡文艺出版社，1990。

苗力田主编《亚里士多德全集》，中国人民大学出版社，1991。

〔美〕赫施：《解释的有效性》，三联书店，1991。

洪忠煌：《戏剧意象作者》，南开大学出版社，1991。

谢赫：《古画品录》，上海古籍出版社，1991。

邓启耀：《宗教美术意象（云南宗教文化研究）》，云南人民出版社，1991。

席臻贯：《中国乐舞意象逻辑》，陕西人民美术出版社，1991。

赵吉惠等主编《中国儒学史》，中州古籍出版社，1991。

罗宗强：《玄学与魏晋士人心态》，浙江人民出版社，1991。

余敦康：《何晏王弼玄学新探》，齐鲁书社，1991。

汤用彤：《理学·佛学·玄学》，北京大学出版社，1991。

朱光潜：《朱光潜全集》，安徽教育出版社，1992。

陈良运：《中国诗学体系》，中国社会科学出版社，1992。

成复旺：《中国古代的人学与美学》，中国人民大学出版社，1992。

〔日〕松浦友久：《唐诗语汇意象论》，中华书局，1992。

刘岱：《意象的流变》，三联书店，1992。

赵书廉：《魏晋玄学探微》，河南人民出版社，1992。

洪修平、吴永和：《禅学与玄学》，浙江人民出版社，1992。

赵宪章：《马克思主义文艺美学基础》，南京大学出版社，1992。

朱光潜：《朱光潜全集》，安徽教育出版社，1993。

夏之放：《文学意象论》，汕头大学出版社，1993。

陈顺智：《魏晋玄学与六朝文学》，武汉大学出版社，1993。

林衡勋：《中国艺术意境论》，新疆大学出版社，1993。

〔美〕鲁·阿恩海姆：《艺术心理学新论》，商务印书馆，1994。

高晨阳：《阮籍评传》，南京大学出版社，1994。

戴燕：《玄意幽远——魏晋玄学风度》，中华书局，1994。

袁禾：《中国舞蹈意象论》，文化艺术出版社，1994。

〔美〕梯利著，伍德增补《西方哲学史》，商务印书馆，1995。

王立：《中国文学主题学：意象的主题史研究》，中州古籍出版社，1995。

袁峰：《魏晋六朝文学与玄学思想》，三秦出版社，1995。

张世英：《天人之际》，人民出版社，1995。

汪裕雄：《意象探源》，安徽教育出版社，1996。

王晓毅：《王弼评传：附何晏评传》，南京大学出版社，1996。

蓝华增：《意境论》，云南人民出版社，1996。

王运熙、顾易生主编：《中国文学批评通史》，上海古籍出版社，1996。

牟宗三：《中西哲学之会通十四讲》，上海古籍出版社，1997。

韩传达：《阮籍评传》，北京大学出版社，1997。

孙良水：《阮籍审美思想研究》，台湾文津出版社，1997。

张海明：《玄妙之境——魏晋玄学美学思潮》，东北师范大学出版社，1997。

郭外芩：《意象文艺论》，敦煌文艺出版社，1997。

〔法〕吕西安·戈德曼：《隐蔽的上帝》，百花文艺出版社，1998。

王国维：《人间词话》，上海古籍出版社，1998。

余英时：《中国思想传统的现代诠释》，江苏人民出版社，1998。

王德有：《老庄意境与现代人生》，中国广播电视出版社，1998。

刘大杰：《魏晋思想论》，上海古籍出版社，1998。

李泽厚：《美学三书》，安徽文艺出版社，1999。

李泽厚：《哲学文存》（上、下编），安徽文艺出版社，1999。

叶朗：《现代美学体系》，北京大学出版社，1999。

蒋孔阳、朱立元主编《西方美学通史》，上海文艺出版社，1999。

朱立元：《美学与实践》，广西师范大学出版社，1999。

张光直：《中国青铜时代》，三联书店，1999。

蒲震元：《中国艺术意境论》，北京大学出版社，1999。

张世英：《进入澄明之境——哲学的新方向》，商务印书馆，1999。

栾栋：《感性学发微——美学与丑学的合题》，商务印书馆，1999。

邹安华编《楚简与帛书老子》，民族出版社，2000。

钟跃英：《气韵论》，上海人民美术出版社，2000。

薛富兴：《东方神韵——意境论》，人民文学出版社，2000。

徐斌：《魏晋玄学新论》，上海古籍出版社，2000。

李戎：《始于玄冥　反于大通：玄学与中国美学》，花城出版社，2000。

高华平：《魏晋玄学人格美研究》，巴蜀书社，2000。

苏轼：《苏轼全集》，上海古籍出版社，2000。

〔德〕于尔根·哈贝马斯：《后形而上学思想》，译林出版社，2001。

汤用彤：《魏晋玄学论稿》，上海古籍出版社，2001。

〔英〕大卫·布鲁尔：《知识和社会意象》，东方出版社，2001。

罗筠筠：《灵与趣的意境》，社会科学文献出版社，2001。

王清淮：《中和论——中国文学批评原则》，中国人民公安大学出版社，2001。

〔希〕柏拉图：《柏拉图全集》，人民出版社，2002。

林同华主编《中国美学大词典》，安徽教育出版社，2002。

徐志钧校注《老子帛书校注》，学林出版社，2002。

胡雪冈：《意象范畴的流变》，百花洲文艺出版社，2002。

黄玉顺：《超越知识与价值的紧张》，四川人民出版社，2002。

卢盛江：《魏晋玄学与中国文学》，百花洲文艺出版社，2002。

强昱：《从魏晋玄学到初唐重玄学》，上海文艺出版社，2002。

皮埃尔·布迪厄：《实践感》，译林出版社，2003。

李建中、高华平：《玄学与魏晋社会》，河北人民出版社，2003。

曹聚仁：《中国学术思想史随笔》，三联书店，2003。

田汉云：《六朝经学与玄学》，南京出版社，2003。

冯俊：《后现代主义哲学讲演录》，商务印书馆，2003。

李建中、高华平：《玄学与魏晋社会》，河北人民出版社，2003。

康中乾：《有无之辨——魏晋玄学本体思想再解读》，人民出版社，2003。

夏昭炎：《意境概说——中国文艺美学范畴研究》，北京广播学院出版社，2003。

王晓毅：《儒释道与魏晋玄学形成》，中华书局，2003。

许建良：《魏晋玄学伦理思想研究》，人民出版社，2003。

皮元珍：《玄学与魏晋文学》，湖南人民出版社，2004。

马良怀：《玄学与长江文化》，湖北教育出版社，2004。

徐国荣：《玄学和诗学》，中国社会科学出版社，2004。

裴传永：《王弼与魏晋玄学》，山东文艺出版社，2004。

余敦康：《魏晋玄学史》，北京大学出版社，2004。

唐翼明：《魏晋玄学与文学》，长江文艺出版社，2004。

陈来：《诠释与重建——王船山的哲学精神》，北京大学出版社，2004。

〔美〕威廉·麦戈伊：《文明的五个纪元——以五个文明划分世界历史》，山东画报出版社，2004。

〔英〕约翰·B.汤普森：《意识形态与现代化》，译林出版社，2005。

邵宏：《衍义的"气韵"：中国画论的观念史研究》，江苏教育出版社，2005。

胡适:《中国哲学史》,团结出版社,2006。

牟宗三:《才性与玄理》,广西师范大学出版社,2006。

张乾元:《象外之意:周易意象学与中国书画美学》,中国书店,2006。

王晓鹰:《从假定性到诗化意象》,中国戏剧出版社,2006。

王建疆:《澹然无极:老庄人生境界的审美生成》,人民出版社,2006。

岳峰:《儒经西传中的翻译与文化意象的变化》,福建人民出版社,2006。

王章文:《意境论溯源》,作家出版社,2006。

葛瑞汉、程德祥:《中国的两位哲学家:二程兄弟的新儒学》,大象出版社,2006。

李有兵:《道德与情感:朱熹中和问题研究》,中国传媒大学出版社,2006。

邬锡鑫:《魏晋玄学与美学》,贵州教育出版社,2006。

朱义禄:《中国学术思潮史》卷三《玄学思潮》,上海社会科学院出版社,2006。

赵志军:《作为中国古代审美范畴的自然》,中国社会科学出版社,2006。

胡海:《王弼玄学的人文智慧》,人民出版社,2007。

姚维:《才性之辨:人格主题与魏晋玄学》,人民出版社,2007。

王澍:《魏晋玄学与玄言诗研究》,中国社会科学出版社,2007。

赵连君:《生活境界研究》,吉林人民出版社,2007。

葛剑雄:《人在时空之间(穿越千年时空体验人文意境)》,中华书局,2007。

毕耀中:《玄学文字学》,吉林文史出版社,2007。

黄圣平:《郭象玄学研究——沿着本性论的理路》,华龄出版社,2007。

杜继文、魏道儒:《中国禅宗通史》,江苏人民出版社,2007。

张瑞瑞:《意象构成》,华中科技大学出版社,2008。

〔德〕瓦格纳:《王弼〈老子注〉研究》,杨立华译,江苏人民出版社,2008。

黎志敏:《诗学构建:形式与意象》,人民出版社,2008。

李青:《中国艺术与意象美学》,三秦出版社,2008。

李昌舒:《意境的哲学基础:从王弼到慧能的美学考察》,社会科学文献出版社,2008。

付长珍:《宋儒境界论》,上海三联书店,2008。

杨挺:《宋代心性中和诗学研究》,巴蜀书社,2008。

陈平原:《魏晋玄学研究》,湖北教育出版社,2008。

李春青:《道家美学与魏晋文化》,中国电影出版社,2008。

吴祚来:《中国古典艺术观照——气韵流淌的性灵之美》,广东人民出版社,2009。

渠红岩:《中国古代文学桃花题材与意象研究》,中国社会科学出版社,2009。

宗白华:《美学与意境》,人民出版社,2009。

古风:《意境探微》,百花洲文艺出版社,2009。

刘固盛:《老庄学文献及思想研究》,岳麓书社,2009。

赖贤宗:《意境美学与诠释学》,北京大学出版社,2009。

王建疆:《自然的空灵:中国诗歌意境的生成和流变》,光明日报出版社,2009。

张国庆:《中和之美——普遍艺术和谐观与特定艺术观风格论》,中央编译出版社,2009。

汤用彤:《儒学佛学玄学》,江苏文艺出版社,2009。

臧要科:《三玄与诠释:诠释学视域下的魏晋玄学研究》,河南大学出版社,2009。

卞敏:《魏晋玄学》,南京大学出版社,2009。

龚鹏程:《儒学新思》,北京大学出版社,2009。

汤一介:《儒学十论及外五篇》,北京大学出版社,2009。

夏增民：《儒学传播与汉晋南朝文化变迁》，华中科技大学出版社，2009。

胡发贵、卞孝萱、周群：《孔孟儒学》，南京大学出版社，2009。

叶朗：《美在意象》，北京大学出版社，2010。

耿建华：《诗歌的意象艺术与批评》，山东大学出版社，2010。

陈晓娟：《作为"元审美判断"的意境作者》，华中师范大学出版社，2010。

汤用彤：《魏晋玄学论稿及其他》，北京大学出版社，2010。

徐复观：《中国艺术精神》，商务印书馆，2010。

郭熙：《林泉高致》，山东画报出版社，2010。

罗中枢：《重玄之思——成玄英的重玄方法和认识论研究》，巴蜀书社，2010。

卢盛江：《魏晋玄学与中国文学》，百花洲文艺出版社，2010。

王德有：《魏晋玄学：高蹈飘逸的闲适人生》，东方出版中心，2010。

陈圣生：《诗路历程（诗歌意象纵横论）》，中国社会科学出版社，2011。

张彦远：《历代名画记》，浙江人民美术出版社，2011。

肖占鹏：《唐代诗文名物意象考释》，天津古籍出版社，2011。

南木子：《回乡之路——寻觅审美生存的家园意境》，浙江大学出版社，2011。

刘玲：《中国古代思想宗教——魏晋玄学"三大派"》，吉林文史出版社，2011。

余英时：《现代儒学论》，上海人民出版社，2010。

陈来：《宋明儒学论》，复旦大学出版社，2010。

王博、汤一介、李中华：《中国儒学史：先秦卷》，北京大学出版社，2011。

陈启云：《儒学与汉代历史文化：陈启云文集》，广西师范大学出版社，2007。

陈来、杨立华、杨柱才、方旭东：《中国儒学史：宋元卷》，北京大学出版社，2011。

许抗生、聂保平、聂清、汤一介：《中国儒学史：两汉卷》，北京大学出版社，2011。

李中华、汤一介：《中国儒学史：魏晋南北朝卷》，北京大学出版社，2011。

郭象注、成玄英疏：《庄子注疏》，中华书局，2011。

（二）中文报刊文章

陈三弟：《"气韵生动"刍议》，《南京艺术学院学报（音乐与表演版）》1981年第4期。

石天河：《新诗古说——当代意象诗理论与中国传统诗学之比较的研究》，《当代文坛》1985年第10期。

张启成：《〈诗经〉恋诗和婚歌的特殊表现手法》，《广西师范大学学报（哲学社会科学版）》1986年第2期。

吴戈：《"气韵"的本质及其意义》，《吉林大学社会科学学报》1986年第5期。

刘益之：《论"气韵生动"与"神""形"的关系》，《艺术探索》1987年第1期。

俞兆平：《意象诗论》，《当代文坛》1989年第4期。

吴功正：《气韵美》，《贵州社会科学》1989年第12期。

陈鼓应：《论道家在中国哲学史上的主干地位——兼论道、儒、墨、法多元互补》，《哲学研究》1990年第1期。

胡健：《气盛韵深——中国美学史上的气韵问题》，《西北师范大学学报（社会科学版）》1991年第1期。

刘衍文：《论气韵》，《文艺理论研究》1991年第5期。

金丹元：《论道佛"互渗"的传统艺术精神》，《云南师范大学学报（哲学社会科学版）》1992年第1期。

赵书廉：《简论玄学的涵义及其本质特征》，《长白学刊》1992

年第 2 期。

　　文子:《玄学的清谈形式及其作用》,《华夏文化》1994 年第 1 期。

　　卢国龙:《从两种"逍遥义"看两晋玄学的转折》,《孔子研究》1994 年第 3 期。

　　王志跃:《玄学三题》,《孔子研究》1994 年第 3 期。

　　启迪:《"两岸谈玄"综述》,《孔子研究》1994 年第 3 期。

　　刘鹤文:《〈周易〉卦爻辞与〈诗经〉的比兴方法》,《晋阳学刊》1994 年第 3 期。

　　吴晟:《中国古代意象诗的哲学探究》,《文艺理论研究》1994 年第 3 期。

　　王晓平:《〈诗经〉文化人类学阐释的得与失》,《天津师范大学学报》1994 年第 6 期。

　　王晓毅:《黄老复兴与魏晋玄学的诞生》,《东岳论丛》1994 年第 5 期。

　　崔大华:《道家思想及其现代意义》,《文史哲》1995 年第 1 期。

　　王建堂:《〈诗经〉中的鸟意象》,《山西师范大学学报(社会科学版)》1995 年第 2 期。

　　周建忠:《〈楚辞〉黄昏意象发微》,《云梦学刊》1995 年第 2 期。

　　温儒敏:《梁宗岱的"纯诗"理论》,《诗探索》1995 年第 3 期。

　　陈桐生:《〈史记〉与〈诗经〉的三种关系》,《社会科学辑刊》1995 年第 3 期。

　　廖群:《〈诗经〉比兴中性意象的文化探源》,《文史哲》1995 年第 3 期。

　　张海明:《从老玄到佛玄——略论玄学的发展与分期》,《中国文化研究》1996 年第 1 期。

　　蒋力余:《先秦比兴鸟瞰》,《湘潭大学社会科学学报》1996

年第 1 期。

顾建华:《论中国艺术理论中的"气韵"之要义》,《北方工业大学学报》1996 年第 2 期。

王贵生:《〈诗经〉比兴意象的生成机制及其文化内蕴》,《西北师范大学学报(社会科学版)》1996 年第 3 期。

杨乃乔:《王弼的阐释学思想与经学玄学化的破坏性误读——兼论儒道诗学的"内道外儒"人格构成》,《浙江学刊》1996 年第 5 期。

邓乔彬:《论气韵生动》,《文艺理论研究》1996 年第 5 期。

黄培坤:《试论〈诗经〉中的意象》,《福建论坛(人文社会科学版)》1996 年第 6 期。

刘承华:《从与意、味、气的关系看中国艺术中的韵》,《文艺研究》1996 年第 6 期。

张海明:《玄学及其影响的再评价》,《中国文化研究》1997 年第 2 期。

张海明:《玄学本体论与魏晋六朝诗学》,《文学评论》1997 年第 2 期。

王晓毅:《向秀〈庄子注〉研究》,《山东大学学报(哲学社会科学版)》1997 年第 3 期。

吴晟:《论中国古代意象诗的价值取向》,《人文杂志》1997 年第 5 期。

古风:《意境的泛化和净化》,《北京大学学报》1997 年第 6 期。

刘伟林:《气韵论》,《华南师范大学学报(社会科学版)》1998 年第 4 期。

陈立旭:《儒学精神旨趣与魏晋玄学的兴起》,《福建论坛(文史哲版)》1999 年第 1 期。

许晓晴:《论〈古诗十九首〉的生命意象与主题》,《山西大学学报(哲学社会科学版)》1999 年第 1 期。

周建忠：《"兰意象"原型发微——兼释〈楚辞〉用兰意象》，《东南文化》1999 年第 1 期。

罗振亚：《"纯诗"艺术的理论基石——30 年代现代诗派的诗学思想》，《社会科学辑刊》1999 年第 2 期。

王定璋：《饮酒与服药——阮籍和嵇康的个性悲剧》，《文史杂志》1999 年第 3 期。

高华平：《阮籍、嵇康与酒及道释宗教之关系》，《江汉论坛》1999 年第 3 期。

范子烨：《自由与脱俗：阮籍和嵇康的神仙意识》，《求是学刊》1999 年第 3 期。

刘涛：《嵇康阮籍音乐思想简论》，《郑州大学学报（哲学社会科学版）》1999 年第 4 期。

阮忠：《论阮籍、嵇康诗歌的文化品格》，《华中师范大学学报（人文社会科学版）》1999 年第 6 期。

李少龙：《关于"气韵学说"的几个问题》，《南开大学学报（哲学社会科学版）》2000 年第 1 期。

张锡坤：《"气韵"范畴考辨》，《中国社会科学》2000 年第 2 期。

王晓毅：《魏晋玄学研究的回顾与瞻望》，《哲学研究》2000 年第 2 期。

高建立：《玄学思潮与魏晋士林风气》，《河北师范大学学报（哲学社会科学版）》2000 年第 3 期。

张锡坤、徐正考：《气韵源于"气运"——当代谢赫美学思想研究质疑》，《吉林大学社会科学学报》2000 年第 3 期。

李建中：《魏晋时期儒家人格的玄学化历程》，《华中师范大学学报（人文社会科学版）》2000 年第 4 期。

顾农：《七贤林下之游的时间与方式》，《中国文化研究》2000 年第 4 期。

张锡坤：《气韵并非"传神"》，《烟台大学学报（哲学社会科学版）》2000 年第 4 期。

吴云：《二十世纪阮籍研究》，《天津师范大学学报（社会科学版）》2000 年第 6 期。

张红运：《〈古诗十九首〉时空意象论》，《陕西师范大学学报（哲学社会科学版）》2001 年第 1 期。

景蜀慧：《〈咏怀诗〉所见阮籍政治情感及思想历程》，《社会科学研究》2001 年第 1 期。

段美乔：《实践意义上的梁宗岱"纯诗"理论》，《北京大学学报（哲学社会科学版）》2001 年第 2 期。

叶志衡：《"荷戟独彷徨"——论阮籍作品中的儒道互补意识》，《社会科学辑刊》2001 年第 3 期。

邵明珍：《王维与阮籍——兼论对王维的评价问题》，《华东师范大学学报（哲学社会科学版）》2001 年第 4 期。

孙明君：《阮籍与司马氏集团之关系辨析》，《北京大学学报（哲学社会科学版）》2002 年第 1 期。

尚永亮：《魏晋名士的注〈庄〉解〈庄〉及其误读》，《湖南社会科学》2002 年第 1 期。

王莹：《〈诗经·国风〉女性形象与水文化意象关系之探微》，《徐州师范大学学报（哲学社会科学版）》2002 年第 1 期。

柴忠月：《论庄子人生哲学》，《广西社会科学》2002 年第 2 期。

朱生坚：《"气韵"在中国古代美学中的发展》，《社会科学》2002 年第 2 期。

李慧：《试论〈楚辞〉中的"香草"意象》，《西南民族学院学报（哲学社会科学版）》2002 年第 3 期。

汪春泓：《玄学背景下阮籍、嵇康之比较》，《文艺理论研究》2002 年第 3 期。

韩长生：《中国画气韵说》，《唐都学刊》2002 年第 3 期。

李耀南：《玄学视野中的陶渊明人生观和审美人生境界》，《华中科技大学学报（社会科学版）》2002 年第 6 期。

曾智安：《阮籍对待礼教态度之再考察》，《首都师范大学学报（社会科学版）》2003 年第 1 期。

肖建军：《论"气韵生动"之概念内涵在绘画领域内的嬗变》，《聊城大学学报（社会科学版）》2003 年第 1 期。

何石妹：《〈诗经〉中飞鸟的比兴意蕴》，《河北学刊》2003 年第 2 期。

曹万生：《30 年代现代派对中西纯诗理论的引入及其变异》，《文学评论》2003 年第 2 期。

高淮生：《从〈红楼梦〉看阮籍、嵇康、陶渊明对曹雪芹的影响》，《红楼梦学刊》2003 年第 2 期。

张晴雨：《再谈"气韵生动"》，《北方美术》2003 年第 3 期。

许建良：《郭象、王弼与〈庄子〉》，《广西社会科学》2003 年第 3 期。

杨青芝：《论〈诗经〉比兴物象的农耕特征》，《河北大学学报（哲学社会科学版）》2003 年第 3 期。

高婉瑜：《〈诗经〉中的马：名目、功能及意象》，《浙江学刊》2003 年第 3 期。

赵治中：《也谈阮籍的政治态度》，《甘肃社会科学》2003 年第 3 期。

程相占：《王国维的意境论与境界说》，《文史哲》2003 年第 3 期。

陈晓春：《王国维"境界论"述评》，《四川师范大学学报（社会科学版）》2003 年第 4 期。

李洲良：《钱锺书对"韵"的阐释》，《北方论丛》2003 年第 4 期。

盛敏桐：《说"气"论"韵"》，《湖南社会科学》2003 年第 5 期。

赵茂林：《〈诗经·邶风·匏有苦叶〉的"渡水"意象分析》，

《西北师范大学学报（社会科学版）》2003 年第 5 期。

徐斌：《嵇康、阮籍的社会关怀》，《浙江社会科学》2003 年第 6 期。

王文奇：《气韵生动与生命的艺术表达》，《广西社会科学》2003 年第 11 期。

张宝林：《〈诗经〉东门意象解读》，《齐齐哈尔大学学报（哲学社会科学版）》2004 年第 1 期。

蒋耀辉：《精神消费与艺术生存状态》，《文艺研究》2004 年第 1 期。

王庆卫：《"气韵"与中国古典美学的诗性思维》，《烟台大学学报（哲学社会科学版）》2004 年第 2 期。

王晓毅：《阮籍〈达庄论〉与汉魏之际庄学》，《史学月刊》2004 年第 2 期。

张锡坤：《中国古代诗歌"以悲为美"探索三题》，《文艺研究》2004 年第 3 期。

赵茂林：《〈诗经〉"渡水"意象分析》，《扬州大学学报（人文社会科学版）》2004 年第 3 期。

丁厚祥：《自然："气韵生动"之本源》，《文艺研究》2004 年第 3 期。

张道一：《人的自我创造与生活之美》，《文艺研究》2004 年第 3 期。

李磊：《论阮籍的庄学思想》，《云南社会科学》2004 年第 4 期。

王庆卫：《"气韵"与相关美学范畴之比较》，《江汉大学学报（人文科学版）》2004 年第 6 期。

刘雅杰：《水态水势皆含情——论〈诗经〉中单一型水意象》，《学术交流》2004 年第 12 期。

黄宁：《阮籍政治倾向考辨》，《华南师范大学学报（社会科学版）》2005 年第 1 期。

赵茂林：《〈诗经〉中的"渡水"诗及其意象内涵》，《中国典籍与文化》2005 年第 1 期。

杨志：《气韵生动与文人画》，《甘肃高师学报》2005 年第 1 期。

施荣华：《论谢赫"气韵生动"的美学思想》，《云南师范大学学报（哲学社会科学版)》2005 年第 2 期。

陈恒：《试论意境源流》，《浙江师范大学学报（社会科学版)》2005 年第 1 期。

刘宏凤、高建新：《阮籍：暗夜里痛苦挣扎的独行者》，《内蒙古大学学报（人文社会科学版)》2005 年第 2 期。

曹桂生：《"气韵"审美范畴辨——兼评张锡坤的"气韵"范畴观》，《陕西师范大学学报（哲学社会科学版)》2005 年第 2 期。

施荣华：《论谢赫"气韵生动"的美学思想》，《云南师范大学学报（哲学社会科学版)》2005 年第 2 期。

高利民：《庄子无用之用的另一种解读》，《复旦学报（社会科学版)》2005 年第 4 期。

罗湘科：《意境理论中的三种主客体关系》，《文艺研究》2005 年第 6 期。

于唯德：《气韵流行：中国书法艺术的生命图式》，《西北大学学报（哲学社会科学版)》2005 年第 6 期。

朴相泳：《略论"气韵生动"及其美学意义》，《理论学刊》2005 年第 4 期。

陈太胜：《走向诗的本体：中国现代"纯诗"理论》，《社会科学》2005 年第 5 期。

张中成：《诗学理论从"意象"到"意境"的发展》，《吉林师范大学学报（人文社会科学版)》2005 年第 5 期。

贺昌盛：《现代性视阈中的汉语"纯诗"理论》，《厦门大学学报（哲学社会科学版)》2006 年第 1 期。

潘繁生：《"气韵"释义》，《东南大学学报（哲学社会科学版)》2006 年第 3 期。

胡秦葆：《试论〈诗经〉爱情诗中的水意象》，《文艺理论与批评》2006 年第 3 期。

孙光：《从嵇康、阮籍的创作看玄学大潮中的文学自觉》，《河北学刊》2006 年第 3 期。

熊良智：《试论楚辞"荃"、"荪"喻君的原始意象》，《四川师范大学学报（社会科学版）》2006 年第 5 期。

邵宏：《谢赫"六法"及"气韵"西传考释》，《文艺研究》2006 年第 6 期。

冀秀美：《诗经中植物比兴与水意象的密切关系及其几种表现》，《太原师范学院学报（社会科学版）》2006 年第 6 期。

叶萍：《论中国古代绘画和音乐的气韵相通》，《国画家》2006 年第 6 期。

周春宇：《"虚静"说对六朝美学的影响》，《黑龙江社会科学》2006 年第 6 期。

楚墨：《气韵与南北宗山水画》，《美与时代》2006 年第 7 期。

徐大威：《美在关系——意象、意境审美形态辨异》，《社科纵横》2006 年第 8 期。

王明道：《"气韵生动"之我见》，《美术大观》2006 年第 9 期。

赵鸣：《传统中国画的气韵与笔墨》，《山东社会科学》2006 年第 9 期。

秦跃宇：《向秀玄儒兼治研究》，《兰州学刊》2006 年第 10 期。

郑敏惠：《从概念到语义：审美语词研究维度的转换——以唐朝画论"气韵"为例》，《文艺研究》2007 年第 1 期。

陈冠梅：《论楚辞的夜、时间、命运意象》，《船山学刊》2007 年第 1 期。

林泰胜：《以形势表现出的印象："气韵生动"的绘画美学涵义》，《文艺理论研究》2007 年第 3 期。

龚妮丽：《生命活力的充盈与显现——从"气韵生动"的审美诉求看中国传统音乐》，《贵州大学学报（艺术版）》2007 年第 3 期。

胡家祥：《简论"气韵"范畴的基础理论意义》，《文学评论》2007 年第 6 期。

魏新民：《歌唱与传统美学概念"气韵"的形成》，《中国音乐》2008 年第 2 期。

王乃元：《谢赫六法中的"气韵生动"与"骨法用笔"新解》，《徐州师范大学学报（哲学社会科学版）》2008 年第 5 期。

张树业：《"立象尽意"与中国哲学的言说传统》，《学术论坛》2008 年第 10 期。

杨华：《谢赫的绘画"六法"与"气韵生动"》，《殷都学刊》2009 年第 2 期。

王赠怡：《论气韵生动的"技"内涵》，《西南交通大学学报（社会科学版）》2009 年第 4 期。

王筱青：《"气韵生动"的符号学解析》，《大众文艺（理论）》2009 年第 5 期。

袁丽萍：《从玄学的兴起到"气韵生动"的提出》，《美术界》2009 年第 7 期。

胡家祥：《气韵：艺术风格学研究的突破口》，《文艺研究》2009 年第 9 期。

锁武通：《论中国画中的气韵》，《美与时代》（下半月），2009 年第 9 期。

胡家祥：《论气韵与意境的联系与区别》，《江汉论坛》2009 年第 12 期。

吴丹：《魏晋玄学本体论的特质》，《北方论丛》2010 年第 1 期。

金成辉：《论"气韵"与"格式塔质"的共通性》，《艺术研究》2010 年第 1 期。

赵运虎：《浅谈气韵生动是"法"》，《河南师范大学学报（哲学社会科学版)》2010 年第 1 期。

欧阳文风：《通向感悟：梁宗岱对西方纯诗理论的醇化》，《中国现代文学研究丛刊》2010 年第 2 期。

孙青瑜：《从语言的陌生化看"气韵神境"》，《文艺评论》2010 年第 3 期。

张晨霞：《略论阮籍的亦儒亦道思想》，《船山学刊》2010 年第 3 期。

程国君：《从"音乐的美"到"纯诗"——论新月诗人现代诗歌美学建构的深层理论与实践》，《陕西师范大学学报（哲学社会科学版)》2010 年第 3 期。

李措吉：《太阳诗人的精神寻根——楚辞中的日神意象及其人类学解读》，《青海民族研究》2010 年第 3 期。

童书业：《气韵说的演变》，《中国画画刊》2010 年第 5 期。

孙秀华：《〈古诗十九首〉植物意象统观及文化意蕴诠释》，《宁夏社会科学》2010 年第 5 期。

刘汉光：《略论意境的乐本源》，《湖南社会科学》2010 年第 5 期。

徐恩存：《形神与气韵——艺术创造的永恒命题》，《中国美术》2010 年第 5 期。

康建强：《论"意境"的源起、生成及判定标准》，《青海社会科学》2010 年第 6 期。

曾肖：《气韵考论》，《社会科学家》2010 年第 6 期。

康建强：《论"意境"的源起、生成及判定标准》，《青海社会科学》2010 年第 6 期。

孙宪华：《由重"气"到重"韵"》，《东方艺术》2010 年第 8 期。

霍俊国：《气韵生动：中国画的最高境界》，《美术观察》2010 年第 10 期。

谢建军：《书法艺术"气韵"之形式美学分析》，《美术大观》2010 年第 10 期。

屈中正：《"意境"钩沉》，《求索》2010 年第 11 期。

杨延：《〈诗经·陈风〉中"东门"意象与陈国地域风格考论》，《美与时代（下）》2010 年第 12 期。

郝虹：《从两汉经学到魏晋玄学的过渡：汉末社会批判思潮》，《烟台大学学报（哲学社会科学版)》2011 年第 1 期。

孙亦平：《葛洪与魏晋玄学》，《南京社会科学》2011 年第 1 期。

马鹏翔：《"辨名析理"与"得意忘言"——冯友兰、汤用彤先生魏晋玄学方法论研究论析》，《中州学刊》2011 年第 2 期。

康中乾：《裴頠"有"论在魏晋玄学中的思想贡献》，《中国哲学史》2011 年第 2 期。

卢旭：《魏晋玄学的生发理路》，《船山学刊》2011 年第 2 期。

康中乾：《晋玄学关于宇宙本体思想的逻辑演进》，《哲学研究》2011 年第 5 期。

高春燕：《陶诗意象与魏晋玄学人格》，《求索》2011 年第 5 期。

李晓蕾：《魏晋玄学美学思想对青瓷艺术的影响》，《社会科学战线》2011 年第 7 期。

林军：《玄学对魏晋南北朝绘画美学的影响》，《文艺研究》2011 年第 8 期。

白光：《魏晋玄学新论》，《理论界》2011 年第 8 期。

孙婧：《气韵与意境的共通性》，《绵阳师范学院学报》2011 年第 10 期。

王晓毅：《王戎与魏晋玄学》，《东岳论丛》2011 年第 12 期。

蔡钊：《"气韵本乎游心"——道家"气"思想的心学意义》，《宗教学研究》2011 年第 1 期。

何秋瑛：《魏晋玄学与诗歌意境之探析》，《西南农业大学学报

（社会科学版）》2012 年第 2 期。

张楠木:《"气韵生动"的意义指向及阐释拓展》,《兰州大学学报（社会科学版）》2012 年第 1 期。

（三）外文著作

1. Chisholm, Roderick. *Realism and the Background of Phenomenology.* Glencoe, IL: Free Press, 1960.

2. Goodman, N. *Language of Art.* New York: Bobbs Merill, 1968.

3. Aristotle. *Metaphysics.* ed. Jonathan Barnes. Princeton: Princeton University Press, 1984.

4. Jusdanis, G. *Belated Modernity and Aesthetic Culture: Inventing Nantional Literature,* Minneapolis: University of Minnesota Press, 1991.

5. Francis Fukuyama. *The End of History and Last Man.* New York: The Free Press, 1992.

6. Anderson, B. *The Imagined Community.* London: Verso, 1992.

7. Spanos, W. V. *Heidegger and Criticism: Retrieving the Cultural Politics of Destruction.* Minnesota: University of Minnesota Press, 1993.

8. Rolf Wiggershaus. *The Frankfurt School: Its History, Theories, and Political Significance,* trans. Michael Robertson. Cambridge, Massachusetts: The MIT Press, 1994.

9. B. Wyss. *Hegel's Art History and the Critique of Modernity.* Cambridge: Cambridge University Press, 1999.

后　记

　　记得在给研究生讲授中西比较美学时，我曾经引述精神分析学创始人弗洛伊德的观点："没有一只鸟儿从房顶落下不是出于上帝的意旨。"当时激发起大家在哲学层面对于偶然性与必然性的热烈讨论。我提出了自己的两个见解：当遭遇小概率事件时，我们要么解释为命运使然，要么解释为前缘所定；生活不都是选择的结果，多数时候，我们只能在碰见的生活中生活，但即便不能选择生活，至少我们能够选择一种生活的态度。14年前，我在复旦大学跟随朱立元先生攻读博士研究生，恰逢教育部委托朱老师主持编写《美学》，先生指定我参与撰写"审美形态"一章的初稿，这应该属于"碰见"的小概率事件，我把它视作一种学术缘分。2004年我以博士学位论文《审美形态研究》获江苏省教育厅项目资助并顺利结项之后，便开始从魏晋玄学角度展开对中国审美范式的进一步研究，至2011年我以"魏晋玄学：日常生活转型与文学镜像重建"为研究课题获国家社科基金立项（项目编号：11BZW014）。对审美范式的持续研究，应该能够表明我在"碰见"之后所抱有的认真态度。

　　没有进行玄学研究之前，从不曾料到会有如此多的贤达智者躲在这个不起眼的角落，有的窃窃私语，有的冥思苦想，有的独辟蹊径，有的铸就华章。读过玄学美学的近百部专著、上千篇论文之后，更觉得草木葱茏，云蒸霞蔚。总体的感觉是，在这样一个喧哗和骚动的时代，与其说玄学需要我们，不如说我们更需要玄学精神的滋养。

玄学是感性的，也是理性的，玄学的影响是无形的，也是具体的。不能想象，在魏晋乱世之中，如果没有了那片青翠的竹林，中国文化将失去几许光华。倘若诗无陶谢，画无陆顾，书无二王，雕塑无敦煌、云冈、龙门、麦积山，中国艺术是否会略显荒凉？中国艺术的自觉时代在魏晋，中国美学能够形成理论体系是在魏晋，中国审美范式全面展开在魏晋。在我看来，魏晋玄学就是研究中国审美范式的“众妙之门”。“中和”“意象”“气韵”“意境”四大审美范式或在魏晋转型，或在魏晋生发，或在魏晋孕育，其直接的思想土壤就是魏晋玄学。本书就是通过比较中西本体论的基本差异，探讨玄学本体论的内在体系，揭示中国审美范式的哲学基础；通过对种族、时代、环境三要素的综合考察，阐明中国审美范式形成的社会、文化根源；通过探究魏晋玄学美学对中国艺术精神之影响，重新阐释中国审美范式的演进轨迹、范畴建构及内在逻辑；通过对“中和”“意象”“气韵”“意境”四大审美范式的细致辨析，最终阐明中国审美范式所具有的体系性、合理性和生命力。本书以实践本体论美学为理论立场，以历史与逻辑结合、历史优先为基本方法，以审美实践与审美范畴为研究向度，以知识考古与艺术形式意味的分析为重要参照，努力建构中国审美范式的理论体系。本书在理论构架上属于历时性的纵向研究，其基本内容与我在所承担的国家社科基金一般项目“魏晋玄学：日常生活转型与文学镜像重建”中即将展开的玄学美学断代研究互为表里。

身居扬子江头这样一个温馨恬静的城市，记不清有多少个不眠之夜，我的灵魂在思想的天空翱翔。世界的静谧，抑或不知名的虫儿的歌唱，还有夜阑时温度的变化，随微风入室的青草的清香，都让我深深觉察到自己作为个体的存在。尽管我知道自己亦是背着行囊的行者，并且，无处购得返程的船票，但有了这一个个的瞬间，令我驻足、凝眸、沉思，便滋生出了一种充盈、踏实和镇定，还有无悔。

写这篇后记已是黎明时分，独坐书屋，南风拂面，回忆之门再一次敞开。想起十多年前在复旦园读书之际，我的导师朱立元先生用红笔在我写的文稿上细细批改，指点我如何使自己的学术观点更加公允理性，如何在占有第一手材料的基础上阐发己意。更想起二十年前在南京大学跟随赵宪章师苦读康德《实践理性批判》的情景，似又听到赵老师用略带山东口音的普通话在讲"批判的武器不能代替武器的批判"。回首往事，更觉人生如白驹过隙，唯有真情常驻。有一点需要强调指出，在研究中，我努力应用历史与逻辑相结合的方法，但具体而言，则是受赵宪章师的形式主义研究与朱立元师的实践本体论思想启迪，试图在中国审美范式研究中做到形式规律和实践本体两者之间的统一。

本书是我为下一步进行魏晋玄学美学断代研究而从历时性角度展开的玄学影响史研究，属于我主持的国家社科基金项目的阶段性成果。在这部书稿完成过半之时，恰逢扬州大学"十一五"参照"211工程"三期重点学科建设项目"人文传承与区域社会发展"的申请和立项工作，我所在学科的带头人姚文放先生参与负责该项目，经过申请和遴选，本书作为子项目研究成果被列入出版计划。

本书完成之际，朱立元老师正忙于他指导的博士生论文答辩，先生能抽身出来审读书中主要章节，并为本书作序，实为难得。在此我表示衷心感谢！

感谢总项目负责人周新国先生、姚文放先生在我进行课题研究过程中给予的支持以及对于本书学术价值的肯定，感谢社会科学文献出版社领导对于课题研究可行性的认可，感谢项目统筹王绯主任所给予的大力支持！特别要感谢本书责任编辑李兰生先生和何宗思先生！在审校书稿的过程中，两位先生不仅纠正了初稿中所出现的不少引文、标点及句式方面的失误，也就书中观点不够周全、逻辑不够严谨的地方提出了很多切实可行的建议，他们深厚的学术功底令我无比钦佩，他们无私的奉献精神让我铭记在心！

苏保华

2012 年仲夏　于扬州

图书在版编目（CIP）数据

魏晋玄学与中国审美范式/苏保华著. —北京：社会科学文献
出版社，2013.2
（人文传承与区域社会发展研究丛书）
ISBN 978 - 7 - 5097 - 4112 - 2

Ⅰ.①魏… Ⅱ.①苏… Ⅲ.①玄学 - 研究 - 中国 - 魏晋南北
朝时代 ②审美分析 - 研究 - 中国 Ⅳ.①B235.05 ②B83 - 0

中国版本图书馆 CIP 数据核字（2012）第 304708 号

·人文传承与区域社会发展研究丛书·

魏晋玄学与中国审美范式

著　者／苏保华

出 版 人／谢寿光
出 版 者／社会科学文献出版社
地　　址／北京市西城区北三环中路甲 29 号院 3 号楼华龙大厦
邮政编码／100029

责任部门／社会政法分社（010）59367156　　责任编辑／李兰生　何宗思
电子信箱／shekebu@ssap.cn　　　　　　　　责任校对／师晶晶
项目统筹／王　绯　　　　　　　　　　　　责任印制／岳　阳
经　　销／社会科学文献出版社市场营销中心（010）59367081　59367089
读者服务／读者服务中心（010）59367028

印　　装／北京季蜂印刷有限公司
开　　本／787mm×1092mm　1/20　　　　　印　张／24.8
版　　次／2013 年 2 月第 1 版　　　　　　　字　数／432 千字
印　　次／2013 年 2 月第 1 次印刷
书　　号／ISBN 978 - 7 - 5097 - 4112 - 2
定　　价／75.00 元